绿原译文集

第八卷

VIII

美学拾贝

〔德〕里普斯 等／著　绿原／译

LÜ YUAN
SAMMLUNG
VON
ÜBERSETZUNGEN

人民文学出版社

目　次

悲剧性 ……………………………………………………………… 1
喜剧性与幽默 ……………………………………………………… 13
美学入门(节译) …………………………………………………… 31
关于美文学和艺术讲座——导论(1801—1802) ……………… 55
马克思和比喻 ……………………………………………………… 65
资本主义和艺术 …………………………………………………… 71
美学初探 …………………………………………………………… 84
叙述与描写——为讨论自然主义和形式主义而作(1936年) …… 195
文学与文学批评 …………………………………………………… 240
古典作家及其现代意义 …………………………………………… 250
《现代美学析疑》译者弁言 ………………………………………… 257
美学方面 …………………………………………………………… 261
新的感受力 ………………………………………………………… 302
反现实主义的政治 ………………………………………………… 323
弗洛伊德与文学 …………………………………………………… 354
弗兰茨·卡夫卡作品中的希望和荒诞 …………………………… 375
叶芝论 ……………………………………………………………… 386
《儒林外史》德译本译后记 ………………………………………… 399

悲剧性

〔德〕里普斯①

通过否定增强喜悦

方才说到喜悦能在悲哀中存在,但是尚未说尽一切。我已丧失者,我不仅目前依然能享受,并似乎更热烈地在享受。它业已丧失,它的价值因此尤其令我感动;这一点能加强悲痛,不过也能加强喜悦。假设失物仍然为我所有,也许我就很少甚或不会看重它。

我们由此达到一个已涉及的论点。我说过,如果一件崇高的或具有肯定价值的事物,带着一种缺陷或遭到一种损害性的干犯,那么,崇高性和肯定性愈是为我们所看重,损害或干犯,简言之,否定便会发生愈加强烈的嫌恶作用。但是反过来,附带或遭受这种否定的肯定性,却能通过否定增强它的感人力。

---

① 泰奥多尔·里普斯(Theodor Lipps, 1851—1914),德国著名心理学派美学家,明兴大学美学和伦理学教授,主要著作有《美学——美与艺术的心理学》《悲剧论辩》《喜剧性与幽默》《伦理学基本问题》《逻辑纲要》等。十九世纪末期,由于自然科学的巨大进展,在西方学术界出现了实验心理学派,主要代表有费希纳(G. Th. Fechner, 1801—1887)和冯特(W. Wundt,1832—1920),费希纳主张把自然科学里、实验室里的方法应用到美学上去,有很大的影响。里普斯的美学理论,正是在这种风气里建立起来的。本篇从作者的主要著作《美学——美与艺术的心理学》上卷《美学基础》(1923,莱比锡,Leopold Voss 出版社)中选译。译文首发于《古典文艺理论译丛 6》(人民文学出版社 1963 年版),再版于《古典文艺理论译丛》卷二(知识产权出版社 2010 年版)。

后一种情况正是问题所在。如前所述，失物的价值尤其令我感动。还必须补充：单是被损坏的贵重物品的价值也尤其令我感动。干犯了贵重物品的持续性，也就提高了尊重。

至于其他种种事实，皆可作如是观。语云："De mortuis nilnisibene"（关于死者，能说好话，就只应说好话）。实话实说：这样才符合我们的天然感情。死者已遭遇我们心目中的大灾大难，即不复生存。这就使我们对他有了温情。

我们还会同罪犯和解，假如他受到了刑罚。我们会袒护他，似乎觉得他高尚起来，假如我们认为刑罚太苛的话。

一切灾难就这样使人同受难者和解。所谓使人和解，就是说，他身上的善良使我们感动；我们对他的尊重增长了。

这种尊重的感情，我们也可以称为怜悯。同时必须指出：怜悯不单是怜悯，它同时是尊重。我们懂得怜悯人：这个人不被怜悯，原不成为尊重的对象。我们一面感到怜悯，一面就在行使尊重。在怜悯的感情中，同时还包含着痛苦，即嫌恶的成分。

悲剧性与"堵塞"法则

现在我们谈悲剧感情。怜悯一向被称为悲剧感情的一个或唯一的基本要素。这个名词也许不完全合适。在任何情况下，"怜悯"这个名词不是十分确切的。也可能这样认为，把悲剧感情和怜悯等同起来，未免贬低了前者。但是，问题不在名词。

无论它所处的情势如何，灾难当然为悲剧所必具；悲剧特有的快感正是和灾难相联系的。

那么，它是怎样和后者相联系的呢？上述情况首先对这一点有所启发。灾难，或按普通说法，对贵重事物的持续性的干犯，加强了对它的价值的感情。它同时赋予这种感情一种奇特的性格，一种真正的余味。

灾难加强价值感,是根据一个普遍法则实现的。我寻常称之为"心理堵塞"法则:一个心理变化、一个表象系列,在它的自然发展中,如果受到遏制、障碍、隔断,那么,心理运动便被堵塞起来,即停滞不前,并且就在发生遏制、障碍、隔断的地方,提高了它的程度。

或者另换一种说法:假定我体验到任何一件事故。但是我所体验的并不完全,只是一个部分;这是一个局部体验,根据它的性质或者按照一般的心理法则,它有待于补充或者完成。但是这种补充或者完成并非体验分所应有,或者它分所应有的是这样一种"补充",即按照体验的性质或精神的性质,这种补充和它原不相属。所以就体验本身而言,体验是未完成的,或者是沾染上了某种异物。于是我心灵的目光便停留在这个局部体验上,特别凝注在理应发生补充或者完成的一点上,凝注在有待于或者有求于补充或者完成的方面;它努力凝注着。

我说,"目光"凝注在这一点上。这就是说,注意力停留在这里、集中在这里;它停留和集中的限度,比这个缺陷或这个异物未被发现时更高,比体验已经完成时更高。简言之,注意力被"堵塞"了,恰如在概念中顺流的河水,在一道水闸前,被堵塞住一样。

我的室内墙上某个地方,我一向看到某一幅画。于是这幅画在我看来,是"属于"这堵墙和这个地方的。忽然有一天,这幅画不见了。于是对这堵墙的感知,便不按照它的固有方式被完成着。结果就是空地方使我诧异;它干扰着我,从我赢得一种心理重量或者一种心理容积,迥然异乎寻常。它对我具有的心理重量,比寻常这样一块空地方所有的更大,并且比它从前不挂这幅画时所有的更大。

我方才谈到,一件贵重物品的毁坏、一个朋友的死亡、罪犯的惩治等等经验,同样是未完成的经验。贵重物品曾经为我所有,我的朋友曾经生存。我曾经使用或享受过这件物品,朋友曾经为我所指望,或者曾经能为我所指望。但是这件物品现在丧失了。于是它失去和现实发生关系的存在;我能想象它,但是再也不能把它和这个关系接合起来。对物品的想象,因此是局部体验;现实关系中的存在是它所应有的,是它在这个情况下,按照经验所应有的。但是在我目前的体验中,却缺乏这一要素。死亡把我的朋友从我这里拖走以后,对于他的想象,同样缺乏按照经验为他所应有的要素,即现实的存在和他与我之间发生现实交往的可能性。

于是对失物或亡友的想象,便对我具有更大的心理重量,对他们的怀念便具有更大的强度和逼人性。

心理堵塞作为提高评价的根据

但是关于这一问题,我们必须特别注意一点。我说过,根据经验,现实关系中的存在,对我来说,本为失物所应有。但是前者为后者所应有,对我说来,并非以纯粹经验即物品实际上存在过的状况为它的根据,而是以物品对我具有的价值为它的根据。物品被我所看重这一点,使我这样感动地要求它的现实性或对它加以实际占有。同样情形也适合于亡友。

那么,同时可以说,正是物品或朋友身上的贵重性,目前高度地引起我的注意。后果就是我高度地意识到这种贵重性,或者高度地意识到我为它要求存在的价值。这一价值逐渐移近我的目光,从而移近我的感情。物品或朋友并未在我眼中获得新价值,而是它或他的价值目前对我更高度地存在着。

在上述其他事例中,情况亦然。一个人,即使他是最大的罪犯,对于我永远是人、和我一样的人。他身上有着人性和人的贵重性。他身上有着这种对于为人之道(而且在这个词的最高意义上)有贡献的东西;所以这是最高的和绝对的,即伦理学的意义上的贵重性;他身上有着改过迁善的萌芽。连这些萌芽也具有这样的最高价值。因为他是人,或者倘若他是人,那么,在他是人这个情况下,我便要求他像人一样生活和感觉。倘若他是人,他能这样,我认为这也是人所应当的。

也许平时我没有意识到那种人的价值。在我看来,做人是一件很平常的事情。只有人的价值超过一般尺度时,我才对它有特殊的感觉。

但是因为一个人无论有罪或无辜,都将招来灾难,所以我认为,这一灾难也可能是人所应有的,就是说,我在某种情况下也可能招来灾难。但是只有在人不成其为人的情况下,即只有在他否定了人性或"人"的属性的情况下,这种灾难才确乎是人所应有的。不过灾难会一般地落在人身上;它也会落在同我一样是人、同我一样具有人的价值的人身上。已经说过,生活和充分生活的权利也是人所"应有"的。当他在这方面被拒绝或被妨害时,我便关注到我的要求(要求他生活和充分生活)所证明的一切,即关注到他身上贵重的一切,亦即使他成为人、赋予他以人的价值的一切。这种贵重性使我感动。其中存在着"和解",或者说,我和那个业已"赎罪",即受难的负罪者"言归于好"。

而这个在我身上被灾难所唤醒或增强的价值感,现在连同令人嫌恶的灾难事实本身,一起构成了"怜悯"。

悲剧性的怜悯

最后还可以提出一个问题:到底是什么使我能一般地感到另一个人的人的价值呢?这一问题已经在前面回答过了。另外,在下面这个说法中,也找得到解答:我自己是人。这就是说,这种对另一个人的人的价值的感觉,是同情或者同感。从前说过,假如我不曾根据我自己本质的特征构成异己人格的形象,异己的人对我是根本不存在的。异己的人格或异己的我,是一个被限定的、客观化的、固定在我以外的世界的某一位置上的自有的我。尽管有一切限定,它的基本特征当中仍然有——我。据此,对异己的人的评价,无非是客观化的自我评价,对异己人格的价值感,无非是客观化的自我价值感。

这种客观化的自我价值感,由于看到别人的灾难而增强。我在别人身上高度地感到我自己和我的人的价值。我更高度地体验到或感受到所谓作一个人。

所以灾难就是媒介。没有什么能比灾难在同等程度上使人的价值为我所感动。在这种效果中,我们可以说,存在着人间灾难的一部分伦理学使命。但是同时,正是在这种效果中,还存在着它的全部美学使命。我重复说,我已意识到即感觉到所谓作一个人;这种绝对价值令我感动。

被我看到的灾难在我身上造成的、对人的价值的感觉,叫作同感。同感就是感情移入、共同体验。

这种共同体验,也显著地表现在"怜悯"这一名词中。怜悯就是同情,即为灾难所唤起的同情,但是每种同情本身都是价值感,而最高级的价值感正是对人的价值感。即使是对动物的同情,也是以我们在动物身上发现或相信会发现的、人的特征为基础的。其中也存在着客观化的自我价值感。

那么,一切悲剧性的本质,"对悲剧对象的欣赏"的普遍基础,便由此得到表明。这种欣赏是从悲痛提高的快感,它的来源就是由于看到灾难而被引起的、从而是最亲切的、对异己人格的共同体验。

有人说过,悲剧人格应当凌驾于人之上。这一要求未免过苛。即使道德贫乏与败坏的人也还是人。因而他的命运、他的灾难、他的毁灭也可能是悲剧性的。命运可能对他刻薄,我们可能因此意识到他身上同样具备的人的价值。

不仅一个人肉体上的毁灭,就是他精神上的毁灭,也可能看来是悲剧性的。一个人在精神上被命运研成齑粉。他最后完全背弃了自己内在的人性。但是他身上原有过人所应有的力量。这种力量被毁坏了,于是使它的价值尤其令我们感动。

当然,必须永远考虑到:这里问题在于悲剧的快感或者悲剧的鼓舞,在于虽然悲痛,但是仍不失为快感的快感。这就是说,悲痛的要素在悲剧感情中,必须从属于积极要素即鼓舞的要素。否则悲剧性就会转化为厌恶、反感、畏惧。

但是和受难者的人的价值相比,这种从属又不意味着灾难不应过重。这里异乎寻常,从属并不表明一种简单的量的关系,而是另有用意;灾难在悲剧中并非为它的自身而存在,我们不愿为了看人受难而看人受难,灾难应当导向受难的人格。

当然还应说到,一个人的灾难可能表现得过火。假如灾难超过了它的美学目标,假如它不再能充分阐明人格价值,或者不再能在内心把我们和具有悲剧人格的人统一起来,开始为了自身而存在,那么,从这一点起,灾难便不再是悲剧性的了。

造型艺术和诗中的悲剧性

但是这里首要的是,灾难必须和受难者的人的贵重性发生最密切的关系。这一点使我们能从本质上区别悲剧性的不同领域。我是指用绘画或雕塑表现的悲剧性和用诗表现的悲剧性的对立。

在前者中,灾难是怎样发生的,我一无所知。它确乎存在。我依然在灾难中同时直接看见它所面临的或者它所破坏的贵重性。我也许还看见这种贵重性对于灾难的反抗力。

我也许看到拉奥孔的灾难,不过也看到昂然反抗灾难并在灾难中毁灭的力量和美德。我另一次看到死亡,但是同时直接看到正在消逝或已经消逝的旺盛的生命。或者我看见某种心灵上或精神上的事物化为乌有。我看到悲痛,但是同时看到为悲痛所打动的爱。

反之,诗的描写却能同时向我表达,灾难是怎样降临的;特别是,灾难是由于受难者本身的哪一种肯定性、由于他身上哪一种为人所理解并值得人同情的特征而发生的。

我看见人格是怎样在一种优点或者一种力量(抽象地说,力量永远是好的)的参与下,为自己决定了命运,或者为命运铺平了道路。

这里便不再单纯是这样一种关系,即以人性和人的贵重性为一方、以灾难为另一方,在这一意义上,即我们看见的、人的贵重性为灾难所打动的关系,而是存在着一种因果关系。这种关系加强灾难对于人的贵重性的暗示。灾难不再单纯是具有人的价值的人的灾难,它是一种生发于、凭借于、依存于人的贵重性的灾难。因而我们便在更高的程度上意识到这种贵重性。

悲剧性的特殊因素

由此造成了从最一般的悲剧性质到个别地规定悲剧印象的特殊因素的过渡。这里要讲究多样性。不过一切最终归结于一点。我是指——简言之,主要因素。

对于悲剧印象,首要的是,受难者是一个什么样的人,就其本身而论,即撇开他的灾难不谈,我们能同情他、同情他身上的优点或同情他的力量到什么程度。他身上这种人的价值愈大,它便愈能被灾难所提高;我们从这种提高中也就获益愈多。

再者,还必须问到:悲剧人格的受难是怎样的深重。一个人受难越是深重,具有的深度也就越大,我们的共同体验也就沉入更深的深处。

问题还在于,人是在什么情况下受难的。人们可能由于受伤的虚荣心,或者由于更其卑劣的品质而深重受难。但是一个人受难,也可能由于他在具有较高或最高的价值方面受到打击。也许他在灾难中所执着的,实际上并没有最高的价值,但是它具有这样的特性,以致我们认为,一个人为之作孤注一掷,乃是理所当然。——告诉我,你是在什么情况下受难,那么,我告诉你,你是什么人。

此外,问题还在于,受难者是怎样在受难,就是说,他在灾难中是怎样经受考验,他是在斗争还是软弱地沉灭,是坚韧不拔还是自暴自弃。

性格悲剧与命运悲剧

但是尤其重要的,最后还必须问到,一个人是由于什么或者为了什么而受难。

这里存在着两类悲剧性的基本对立:一个人由于善良的愿望而受难;或者由于一种邪恶的愿望而受难。他为了善良而受难,或者他为了邪恶而受难。前者是冤枉,后者多少是活该。

这就如上所述,表明了两类对立的悲剧性。我们可以称之为"祸殃悲剧"和"邪恶悲剧"。也就是说,在一种情况下,灾难是落在人头上的一种祸殃,而在另一种情况下,灾难是人本身的邪恶所招惹。"命运悲剧"和"性格悲剧"两个名词同样说明情况。在一种情况下,命运对灾难"负责",而在另一种情况下,性格对灾难"负责"。

这并不排除,在两种情况下,灾难通过命运被引起,而又通过性格被证实。人所遭遇的一切,同时见于两种情况中。人所遭遇的一切,从来没有单只以他的性格为根据的,或者从来不是所谓"必然地"基因于性格的。

在两种情况下,都有同一悲剧性的最终意义。这一意义两次都见于同病相怜的共同体验中,见于积极的感情移入中。但在两种情况下,共同体验都朝四面八方进行,因而具有多种多样的性格。

在第一种情况,在祸殃悲剧或"命运悲剧"中(它不应和文学史中特定的命运悲剧相混淆),一个人身上的某种善良获得为灾难所提高的感人力。

性格悲剧就不同了。这里是一种相反的因此另一方面又是同类的要素,代替了上述这一要素。在这类悲剧中,恶人为了邪恶而受难。不仅事实如此。恶人还感到,灾难是一种邪恶招来的灾难。他感到自己在受惩罚。他曾狂妄地着手反抗善良,并相信会把善良打败。他眼见这种妄图破灭了。于是尽管违反意志,他承认善良正当。善良的威力在他身上、在他内心越是显示出来,他对善良的反抗便越是徒劳。

这并不意味着,"邪恶的"悲剧主角一定会领悟、承认和懊悔他的不义。他失策了;他着手反抗正义,或反抗道德上的宇宙秩序,这一妄图已经变成耻辱;他知道这一点;我们观众共同体验到这一点,所以在悲剧人格身上，和他一起或以他的名义，感受到道德的威力：这样也就够了。

最后还必须补充：这两类悲剧可能如此多样化，它们很少是彼此绝缘的。我们在悲剧艺术中，特别是在悲剧作品中，甚至处处看见它们相互转化。并且善良永远首先提供命运一个口实，使命运似乎可以理解。接着我们又或多或少地看到，这个纯粹的"口实"转化成为一种"罪愆"。

而恶人也并非绝对是邪恶的，反之，不管他是人，不管他的意志力，他身上仍然找得到人性。

"正义的理想性"与"命运的崇高性"

人们曾谈到，在"邪恶"悲剧中主宰着一种"正义的理想性"。人们继续在祸殃悲剧中找寻过这种正义的理想性，于是——也找到了。总而言之，我们的满足毕竟应当依据于或关联到罪愆得到报应，也就是说，对悲剧人物科以一种与其罪责相称的灾难。

正义的理想性这样一个普遍原则，现在并不存在。现实的"正义的理想性"仅见于这种情况中，即灾难对于我们只是手段，帮助我们对人格、对人格价值、对其中活动着的或对人格起支配作用的善良的威力，进行富于同情的共同体验。

显然，按照这种"正义的理想性"的理论，诗人必须永远尽可能把灾难表现为罪有应得。灾难越发罪有应得，惩罚便越发显得合情合理。但是对于最大的罪犯，诗人反而减轻了他的罪愆；对于麦克佩斯就是这样，最后看来，他似乎是无意之间为恶人所裹胁，而罪行的真正唆使者，一开始就是他身旁的麦克佩斯夫人。因此，诗人没有使灾难显得罪有应得，反而提高了我们的同情的可能性。

我再谈一下另外一种有助于解答悲剧快感基础的大团圆，这种大团圆意在达到公平合理，然而有可能受到误解。

我是指这样一种大团圆:在悲剧中影响我们的,是命运的崇高性,它摧毁了邪恶,而最良好的意愿对它也无能为力。

这里要研究,何谓"崇高的命运"。倘若它是偶然或者盲目的绝对必然,那么,就毫无崇高性可言。倘若它体现在人的意愿中,那么,毫无疑问,这种人的意愿可能是崇高的,而这种崇高的意愿可能有助于悲剧艺术品的全部印象。但是就这一点来说,问题不在于悲剧艺术品的全部效果,而在于悲剧性即在于灾难和毁灭。但是这一点,如我们已在前一章中看到的①,是并不崇高的;除非因为给我们创造出了肯定性的事物。

这又是指人的价值的印象而言。没有什么像人这样崇高的了。连悲剧的命运也不是作为命运而崇高,而是作为人的命运而崇高,就是说,它是作为那种教导我们从人的崇高性中理解人、理解人性的事物而崇高。它是作为那种教导我们更强烈、更深刻地感到自己是人,从而鼓舞了我们的事物而崇高。

我方才说过,同悲剧人物相对立的崇高意愿,有助于悲剧艺术品的印象。那么,一般说来,我们在悲剧艺术品面前所体验和共同体验的一切,都属于艺术品的内容。而这并不都是悲剧性的。实在说,一切不过是压缩在和归并在悲剧主角的悲剧命运之中。

批判的补遗

虽然目前对悲剧性的考察,并不打算研讨悲剧性的各种不同理论,我对这些理论仍想略评如下:

任何一种悲剧性理论,如果它要求我们在悲剧艺术品面前避开作品本身,沉湎于任何一种悲观的或乐观的世界观或人生观,或者去构思我们自己的命运,并为它的结局而庆幸,那么,它是不值一驳的。悲

---

① 指原书第六部分第二章《崇高性》。

剧从来不"教导"我们这些把戏；反之，它只提供它所提供的一切：特定的人的行为和命运。

我这里特别想到这样一种理论，它责成我们从悲剧中掬取"抚慰性的"思想，即我们有朝一日也会进入无何有之乡，并将在那里找到一种有名无实的宁静、一种有名无实的安息和融洽。

众所周知，这种理论还同时要求我们超越诗作，继续构思悲剧主角的命运。否则我们怎么能知道主角死后应有的宁静呢？然而，我们给诗作画蛇添足的概念，恰巧不是诗。

可以同样看待这一种理论，它为了"善良"的毁灭，想这样抚慰我们，说是善良将在来世得到报偿。事实上，这类悲剧的意义却在于，善良并不得到报偿，而是依然如故。只是我们观众被报偿了，即我们通过这种善良，获得了纯粹而高尚的快感。

这种纯粹的快感，也就是亚里士多德所归结的"净化作用"。亚里士多德说，悲剧唤起恐惧和怜悯，并随而促成这些情感的净化作用。"恐惧"在这里并不是为我们自己而恐惧，它是我们和主角一起、为主角而恐惧、而忧虑。这种恐惧，和主角一起的共同受难，实际上在悲剧中给净化了、醇化了、精致化了。这就是说，悲剧教导我们正当的恐惧和正当的同情，教导我们为值得恐惧或忧虑的事物而恐惧或忧虑，教导我们真正的人的同情。

悲剧的感情，我再说一遍，不是喜悦和嫌恶；它是独特的合而为一的感情，这里同时包含着喜悦和嫌恶，喜悦通过嫌恶而加深，因为它通过灾难而被导向人的最深的深处。

刘半九[①] 译

[①] 刘半九，译者一九五五年被卷入"胡风集团"案，六十年代出狱后尚未平反，从事翻译不能使用本名，便以"刘半九"为译名。

喜剧性与幽默*

〔德〕里普斯

喜剧性种种

优 美

我曾将不崇高、即不属于"崇高"那一类的美同崇高对比。并且我还特地提到优美。我说过,前者侧重于力量的巨大、紧张、丰富和收敛,后者则侧重于无拘无束的受用生活。优美在极致的意义上可能是崇高的;但是我们将优美和崇高对比时,却想到专门的意义——优美在专门的意义上不是崇高的。

我这里特地再说一下,凡不是猛烈地、粗暴地、强霸地,而是以柔和的力侵袭我们,也许侵入得更深些,并抓住了我们内心的一切,便是"优美的"。这是免于苛刻、窘困、生硬的自由,不意味着无力,而意味着无争,它以内在的明了性,在本体自自然然的发展中,保持它的本色,履行它所履行的任务;前提既定,力量现存,它于是永远顺乎自然,连绵不绝,朝着可能的方向畅流下去。这是同一切分歧、踌躇、疑惑相对立,同参差、争执或矛盾相对立的"自由"。

---

* 译文首发于《古典文艺理论译丛 7》(人民文学出版社1964年版),再版于《古典文艺理论译丛》卷三(知识产权出版社2010年版)。

一股力或几股交流的力,一旦纵放出来,在任何地方都不发生陡然的干预或游离,任何点上都不停顿,更不横遭挫折,完全是自然而然地向前进展,那么,这一股或这几股力沿着向前进展的线条,便是优美的。

一个身体的动作,由于可理解的动作冲动,由于动作的身体的精力,从容不迫,不矫不怯,没有陡然的干预和游离,没有躲闪和退却的支助,简言之,被赋以一种显豁的性格,畅流出来或似乎畅流出来,那么,身体的这种动作,同样是优美的。

我说过,优美并不排斥崇高性。它主要地不排斥、反之包括内在性。真正的优美具有大度;它还具有稳静和深沉。

妩媚①。美感中的小

相反,妩媚则更外在一些;不那么稳静,不那么深沉,也不那么有力;优美是不知不觉的,出乎望外的,或者必须显得这样;我不"想"做到理所当然,我却——理所当然地那样做,而且我并未意识到这一点。妩媚则相反,它可能是存心的,有意的;可能是造作的,挑逗的,撩人的和调皮的。此外,妩媚也逍遥自在,不粗暴,不费力,不生硬,不苛刻,不参差,同优美一个样。

这种妩媚大约宜于形式轻浮的洛可可②。科累佐③的一些人物是妩媚的,没有一个据我所知是优美的。拉斐尔的许多人物是优美的;

---

① Die Grazie,美学专门用语,在中文中似无定译。从本文来看,作者是指同"优美"(das Anmutige)具有深浅、内外、大小之分的一种柔性美,一种神韵或风致,可泛用于诗歌、绘画、人体及建筑等方面。在一般的美学概念中,本来只分刚性美和柔性美两种;作者却进一步把柔性美再分为两种,以与代表刚性美的"崇高"(das Erhabene,又可译作"雄伟")相对照。为了体现作者的这个区分,姑将这两种柔性美译作"优美"和"妩媚"。国内有的美学家在讨论柔性美时,曾将 Grace(英文,即德文的 die Grazie)译作"清秀""幽美""秀美"等(见朱光潜的《文艺心理学》)。
② 洛可可,从法国路易十四王朝开始,到十八世纪风行全欧的一种建筑、装饰风格,讲究花哨纤巧。
③ 科累佐(Cotreggio,1494—1534),意大利画家。

没有一个据我所知,仅仅是妩媚的。

美感中的小,易于理会,以及轻松地占据我们内心,这一切最终标志出和崇高性的完全对立。一般称审美享受为一种游戏。假如我们把游戏和具有实际目的的劳动对立,我们人人有权游戏。但是我这里所说的游戏,不是和实际劳动相对立,而是和一本正经相对立的。我所指的游戏性,意味着欠缺大度、力量以及过分深沉。它是这么一回事,即给精神生活激起了一阵微波,同时,假如微波不受干扰地荡漾下去,还会唤起一种独特的、轻松愉快的喜悦感情。

喜剧性。一般的规定

有人也曾让喜剧性和崇高性相对立。但是喜剧性和崇高性并非直接相对立的。同样,喜剧性也不是直接和悲剧性相对立的。真正作为喜剧性的对立面的,却是惊人的大。喜剧性乃是惊人的小。

后一句话还须作进一步的规定。我们一般说:喜剧性是小,是较少感人性,较少重要性、严重性,故此不是崇高性,它代替了一种相对的大,代替了感人性、重要性、严重性、崇高性。它是这样一种小,即装作大,吹成大,扮演大的角色,另一方面却仍然显得是一种小,一种相对的无,或者化为乌有。同时,主要在于这种化为乌有是突然发生的。

这里可以区分出两种可能性。一种是:一种大或者一种较大在被期待着,而一种较小却出场了,它似乎是来满足这种期待的,但是另一方面又由于它的小,仍然不能显得是一种大。

另一种是:并非因为一种较大在被期待着,而是"按照它的自身",即由于它的本性或者来历,或者由于和它有关系的任何想象等等,某物显得是一种大,或者作为一种大出现,但是另一方面,又丝毫没有表现成这种大,反过来在我看来倒变成一种"无"。

不过这还没有标志出本质上的对立面。这两种情况都切合上面所采用的说法:某物"装作"一种大,但看来却是一种小。

喜剧感情中的喜悦要素

喜剧感情中的喜悦要素,可以首先由此理解。这种要素具有独特的即格外开心的性质。先前已经强调过这一点,喜剧性并非使人欢快,有如高尚的行为或者伟大的情操,而是"使人开心"。先前还补充说过,这种特别的喜悦,可能具有最紧张的性质;但是它始终和那种更庄重、更深刻的喜悦有区别;它始终是轻松的,内容贫乏的,稀薄的,空洞的;而且它始终浮在表面,是一阵与心灵无关的痒痒。

这样就可以知道,假如心灵对理解某一对象的天然敏捷性,超过了对象根据它的性质对我的理解力所提的要求,便产生了这种轻松的喜悦感。

按照方才所说,喜剧性的这种情况尤其明显。可以举"阵痛的大山"①为例。我看见大山在阵痛,于是我期待一个巨大的、非常的,亦即对我的理解力提出高度要求的自然奇迹。我期待着它,就是说,我专心致志于它;我作好精神准备来理解它,所以在我内心腾出为着接纳它所必需的"空间",或者,把它根据它的性质所要求的理解力全部交给它支配。但是现在,代替巨大的自然奇迹,却出现了某种渺小的、毫无意义的东西。一只小耗子露出身来。它恰巧显露在我期待出现巨大自然奇迹的地方;它是阵痛的大山所分娩的;它是它的产儿。我所期待的,原来是这个玩意。结果,我交给被期待的巨大自然奇迹所支配的理解力,对于它竟然是恰到好处;它从我身上的全部敏捷性捡到了便宜;它因此轻而易举地被理解了,在智力上被克服了。

喜剧性的喜悦感便是这样产生的。同时,这是它得以产生的唯一方法。

嫌恶要素

但是我们还揣摩到另外一种要素,它在喜剧感情中和喜悦相关联

---

① 这个典故出自《伊索寓言》,又见于法国作家拉·封丹的《寓言》。

着。我在前面不想把喜剧性和悲剧性对立起来。但是二者有一个共同点。在喜剧性中,正如在悲剧性中,除去喜悦要素,同时还存在着嫌恶要素和它的附加物。

对于巨大自然奇迹的期待,在小耗子身上得到满足。但是同时,它另一方面又没有在它身上得到满足。一个小代替了被期待的大。我的期待到这时候便落空了。而落空本身永远是嫌恶的根据。所以这种嫌恶要素,在喜剧性中,是和喜悦要素在一起的。不如说,这种要素和那种喜悦要素合而为一,构成一种新的感情,也就是喜剧的感情。

这种感情自然是各色各样的,视嫌恶要素的大小而定。但是嫌恶要素的大小,却又取决于我期待出现一个大的热切程度,取决于我一般地或者目前对这个大感到兴味的强烈或深沉程度。也许兴味并不怎么强烈或者深沉。于是嫌恶要素便或多或少地从属于喜悦要素,最后以至完全不可觉察:我便感到自己仅仅是被逗乐了。

相反,还有一种情况,嫌恶要素可能最清楚不过地被感觉到。我曾由于实际的或者道德的或者美学的理由,无条件地要求过期待对象的出现。于是喜剧感情便可能是最高的嫌恶感情了。

某人装模作样,似乎他能够并且愿意解决重大而紧要的任务,结果却成就微末或者一无所成。于是他变得"可笑"了。同时一种喜剧感情便由显著的嫌恶要素给标志出来。紧要任务本来应当解决的,而且我正要求能够解决它并对它负责的人来解决它。

最后,有一种苦的、最苦的喜剧感情;有一种灰心丧气的笑;大概发生在这类人身上:他眼见自己付出一切以求实现的意图破灭了,或者眼见自己整个生命连同一切奢望化为乌有了。

我这里提到"笑"。有人这样来提喜剧性问题:"我们什么时候笑?"可以这样回答:照例是我想笑的时候,或者感到被搔痒了的时候。在这些情况下,笑和喜剧性并不相干。在另外的情况下,它却和喜剧性的确有关系;它是后者的一个天然征候。但是另一方面,它也并不必然为后者所有。我为了讲礼貌,也许忍得住笑;我却不能同时忍住喜剧感情。简单地说，喜剧性和笑是两回事。不过我们这里谈喜剧性，不谈笑。

喜剧性的想象活动

一切喜剧性的这个共同点，即喜剧对象先"装"成一个大，接着显得却是一个小或一个相对的无，——也可以这样来表述：在喜剧性中，相继地产生了两个要素；先是愕然大惊，后是恍然大悟。实际上，可以更一般地这样表述喜剧性。愕然大惊在于，喜剧对象首先为自己要求过分的理解力；恍然大悟在于，它接着显得空空如也，所以不能再要求理解力了。

愕然大惊和恍然大悟的相继发生，还制约着一个广泛的心理活动；要充分说明喜剧经验，不能不提到这一活动。注意力从什么东西满足了期待和尚未满足期待，转向了什么东西激发起这个期待；被堵塞的统觉波①倒流起来，正如这类被堵塞的统觉波到处惯于倒流起来一样。我追问："这是怎么一回事？"这个问题还可以提得更确切些："这怎么可能呢？"好比说，我这里看见一只小耗子，而那里原是一座大山在阵痛：这怎么可能呢？

我于是又想到大山和它的阵痛。既然这样，期待又抬头了。它将又一次落空。心理活动即刻重新开始。我这样低回往复了好一阵。波浪随着缓缓退落。就是说，喜剧性的想象活动自动消失了。

向主观喜剧性的过渡

这里又引的喜剧性例子，是指这种情况，即一种"期待"既被满足了，却又落空了。和这种情况相对立的，还有另外一种情况，这里谈不上满足和落空的期待这一概念。在若干情况下，这一概念尤欠妥当。我们就谈谈这样的情况。

---

① Die Apperzeptionswelle，"统觉"，心理学术语，指每一新知觉对于知觉主体的以往生活经验和主体在知觉过程中的心理状态的依赖性。

当我感到大胖子、"啤酒桶"或者"脂肪窝"①好笑时,我可能也会谈期待的满足和落空。我可能会说,一个人的身体究竟应当是身体,应当生动活泼,能适应生活机能,克尽厥职;我没有发现这一切,却发现某种窝囊、颟顸的东西,人随身携带的一团粘着脱不了身、什么用处也没有、反而妨碍他的生存和肉体机能的物质。

这时候,期待这个观念便不能按照上述情况中的含义来理解,即不能理解为期待某种东西会发生或者对我显现。

在另外的情况中,我们更谈不上期待的满足和落空。

我指的情况,是诙谐喜剧性(或简称诙谐)的情况。

某人讲了一句俏皮话。就是说:他讲了一句这样的话,这句话促使别人要求它道破一点什么,传达一个意义,宣布或证实一个真理。它在我眼中引起了这个要求。这句话一瞬间对我具有一定的逻辑重量。可是接着它又对我显出是一个以同样语音表达的游戏。同样的语音曾诱惑过我,接着它却显得逻辑上空空如也,像它本来那样,言辞的重量也就跟着消失了。只要言辞对我具有逻辑重量,它便对我或者我的注意力抱有要求。后来,这个要求消失了。但是注意力已经转向言辞。在要求消失以后,言辞就占了便宜。于是大量的注意力为言辞所据有,像它所要求的那样。注意力或者对于理解的敏捷性,在分量上或者重量上超过了对于原来应当理解对象的要求,这时也会产生喜悦的感情。由于上述原因,接着产生嫌恶要素。最后,又由于上述原因,还会产生想象运动的那种低回往复。

客观的、主观的和天真的喜剧性

这样,我们就得到两类根本不同的喜剧性。先前提到的情况是客观喜剧性的情况;俏皮话相反,属于诙谐的或者主观喜剧性的范围。如上所述,满足和未满足的"期待"这个概念更适宜于前一类喜剧性。

---

① 胖子的绰号。

至于后一类喜剧性,我们反而一般这样说:某物先装作一个大,后来在我们眼中变小了,或者:同一东西按照双重状态直接地相继出现;先是某种意味深长、关系重大,接着又是某种渺不足道、空空如也。

此外,客观喜剧性和主观喜剧性,像它们的名称所显示的,是互相对立的。在前一类中,一个人、一个物、一件事客观地表现成一个大,即表现成一个赋有资格、具备特征、完成了带一定重量的成就的大。但是接着它又显得并非这种资格或者特征或者成就的承受者。相反,在主观喜剧性中,一句话、一个表情、一个举动表现成一个意义、一个意旨、一个真理的承受者。它们对于我是一种思想内容的表征;这个思想内容是我给它们添上的,但是我又把它从它们那边勾销;这句话、这个表情、这个举动在我眼中有一种逻辑重量,但是接着它们又没有这种重量。一种逻辑重量的存在和消失,便是主观喜剧性的特点。

但是最后,还有一个第三类可能性和这两类相对立:对着客观喜剧性和主观喜剧性,出现了天真的喜剧性。在这类喜剧性中,大和小的对立同时是立场的对立。假如我们也想在这里谈谈佯托和省悟,那么我们必须这样说:佯托发生在纯粹喜剧性中,但是只要我们站在一个立场上,它同时又不是单纯的佯托;我们站到另一个立场的时候,佯托便消失了,"省悟"就出现了。

这里所谈的"立场",一方面是天真个性的立场,另一方面是我自己实际上或者表面上优越的立场。

我把一个天真的表示,好比一个儿童的表示,和童心联系起来,或者从这个立场来观察它。只要是作为童心的表现,它在我看来便是许可的,诚实的,也许还是聪明的,从而具有我认为属于童心的崇高性。但是接着我把这个表示和童心分开,再照原来的样子把它和习俗、风尚、我的优越和知识联系起来,并从这个立场来观察它。现在,它在我看来只是一种笨拙,一种冒犯,不再是聪明的,而且是愚蠢的了;它丧失了它所有的价值;和先前对照,它什么也不再是了。——这便是天真喜剧性的意义。

喜剧性的三种特性

客观的、主观的和天真的喜剧性的各色各样亚种,我这里就不细论了。我已经在另外的地方,即在我论喜剧性和幽默的书里,相当全面、系统地介绍了喜剧性的可能性,并确定了它们的特点。我这里权且引用一下这本书。

我想在本文中谈谈客观喜剧性的三种不同可能性;不过只是重复一下我在上书已经说过了的。这三种喜剧性就是:滑稽性、戏谑性和怪诞喜剧性。

滑稽性主要是一种粗鄙喜剧性,所以我们对它不是微笑,而是大笑;我们忍俊不禁,为之发噱,打起哈哈来,虽然是善意的。

但是这里要作一点补充:我们所称为滑稽的,不是天然附着或者发生在某人身上、我们从他身上旁观到的那种粗鄙喜剧性,而只是存心做作出来的那种喜剧性。滑稽性是一种故意使别人或自己显得好笑的方法。

滑稽喜剧性因此主要是开玩笑或者"打诨"的喜剧性,它表演愚蠢、笨拙、懦怯怎样自以为或者装作聪明、伶俐、勇敢,使那些特质欲盖弥彰,从而贻笑大方。

进而言之,某人以喜剧方式显出自己愚蠢、笨拙、懦怯等等,或者使他的生理缺陷惹人发笑,或者他为了逗乐,扮演傻瓜、笨汉、胆小鬼等等,或者带某种缺陷的人,佯装出那些样子来——这也是滑稽的。

最后,以招笑的文字和图画表现的喜剧性也是滑稽的,假如它描写了、叙述了、报道了,或者用图画复现了仅仅一件真实的或者佯装的笑料,假如它使一个人或者物通过表现手法显得是一件笑料,或者使他或它成为一件笑料。特别是,俏皮话按照粗鄙喜剧性的方式表现出诙谐性或者其他什么,也叫作滑稽。

由此可见,在所有这些情况下,"滑稽性"原本不是喜剧性或这些喜剧事物的一种名称,而更是我们借以称呼那种意在引起喜剧效果的人的举动的一种名称。滑稽的不是被开玩笑,而是玩笑,不是丑角所装扮的愚蠢,而是他的装扮,不是文字和图画中被表现的笑料,而是这种表现;同时只有这种表现具备这种特定的内容或者以这种特定的手法引起这种特定的喜剧效果,它才是滑稽的,否则就不是滑稽的。

现在,放下这种滑稽喜剧性,谈谈戏谑喜剧性。这里,我们必须同样说:"戏谑的"这个称法,原本也不用于喜剧事物的一种特定样式或者特定性格,而是用于一种使某物显得好笑的方法,或者一种带有喜剧内容或者效果的表现方法。假如我们称谐文歪诗之类的喜剧表现为戏谑的,那么,就历史来看,通过俗语来看,这是相当合理的。

最后,喜剧表现如果以漫画、大话、鬼脸、荒唐无稽、奇形怪伏、异想天开为生产喜剧效果的手段,我们便有理由称它为怪诞的。

性格喜剧和命运喜剧

还有一种区别比已经谈到的区别更其重要,应当在这里一并谈谈。我们在前面给悲剧性区分出两种可能性:其一,悲剧主人公所遭遇的灾难是无辜的、为命运所施加的祸殃;其二,灾难是由主人公本身的邪恶招惹出来的。我们称前一种为命运悲剧,后一种为性格悲剧。这种对立,我们可以推及一般。一切"不应有",或者是附着于一人一物本身的"不应有",即此人此物的属性或者规定,或者是此人此物所遭受的损害或者否定。前一种情况是性格问题,后一种情况是命运问题。

喜剧性也是一种"不应有"或者否定;它在我们看来是一种化为乌有。同样,这种否定也能存在于一人一物本身中,或者也能为命运施加于此人此物身上。这两种对立的可能性,我们用相应的悲剧可能性的名称来称呼。前一种可以称为性格喜剧,后一种可以称为命运喜剧。当然,在这两种情况下,我宁可先想一想,喜剧性是人所固有的,还是他所遭遇的。

幽　默

喜剧性和幽默

我们这里联系美学来谈谈喜剧性。不过，喜剧性本身在美学上是无关紧要的，正如灾难就它本身来说，是无关紧要的一样。前文一再说过：喜剧性是否定，是我们眼中的一种化为乌有。由此看来，我们在喜剧性中，并没有得到什么，反而是失掉什么。

或者有人会反驳：我们在喜剧性中，仍然可以得到一点什么，那就是开心。开心就是喜悦，令人喜悦的就是具有审美价值的。但是我们同样知道：并非每种喜悦都是审美的喜悦，并非每种喜悦感情都是具有审美价值的感情。

有两层理由证明，喜剧性的喜悦属于非审美的喜悦。其一："美的"或者"有审美价值的"这个词表明，一个被观照的对象对我具有价值，价值感是对象价值感，即被观照的客体的特有价值感。

既然如此，这就不切合喜剧性的喜悦了。因为它不是对我们称为喜剧性的对象的快感，而是对对象被牵连进去的精神活动的快感。它所以成为快感，更正确地说，娱乐，是由于这个事实，即对象似乎具有一种心理重量，另一方面却又没有，或者似乎没有；它是对我的理解活动的这种游戏的快感。

因此，对喜剧性的喜悦，显然接近于"理智上的"喜悦，后者也不是对认识对象的喜悦，而是对一种与对象有关的精神活动的喜悦，对认识的喜悦，对对象已为我所理解这一事实的喜悦。这种理智上的喜悦，当然不是由于某种东西的消失，而是由于某种东西的构成，那就是认识的来龙去脉。

同时，还可以举出第二层理由：喜剧性就它本身来说，缺乏审美的内容，缺乏人的贵重性，缺乏我们能同情地体验的生活实践。

但是，这并不妨碍喜剧因素和患难一样，成为获得审美价值感的可能手段。它和患难一样，正好能充当这种手段，因为它是否定。我们知道，人的贵重性在被否定之后，便更令人感动，更显得意味无穷，并且更强烈地被人欣赏。

假如否定是一种喜剧性的否定，假如价值的承受者喜剧地被否定了，情况也是这样。否定通过灾难、通过被痛感到的对人的存在的干犯，产生悲剧性。同样，否定通过喜剧因素、通过对人的存在的逗乐的干犯，产生幽默。喜剧性在幽默中吸收了具有肯定价值的要素时，它便获得审美的意义。

天真喜剧性和幽默

从喜剧性到幽默的过渡，最直接地发生在我们称为天真喜剧性的那种喜剧性中。过渡在这里毋宁说是已经完成了。真正的天真喜剧性是喜剧的，同时也是崇高的。我在儿童的天真烂漫中看到了童心，这里面就有崇高性。假如我把天真烂漫和童心分开，那么，崇高性无疑地会在我的立场面前消失，或者得到否定的表现。但是天真烂漫毕竟归于童心所有。前文所说的惊愕或者堵塞，扭转了我的视线。天真烂漫越是和我对于聪明、适当、老练、优越的观念相矛盾，我的视线便越是被迫地转向童心，天真烂漫在童心中，或者作为童心的自然表现，便对我显示出一种完全不同的状态，即崇高性的状态。在喜剧程序中被抹杀的崇高性再度出现了，而且，它终于坚持下来，不再消失了。这个情况和我从自己立场所提出的要求的矛盾，便从属于这种崇高性。这个矛盾在这种从属关系中，就更使我被这种崇高性所感动。

这种从属关系发生在这样的情况下，即对照起来，一方面是我对于老练、适当、礼貌等等的要求，另一方面是儿童的天真无邪。前者的价值显示出它的本色，那不过是一种相对的价值；换一句话说，我开始意识到天真无邪的童心所特有的绝对价值了。

由此可见，这和我们在悲剧性中所遇到的情况是一样的。否定、客观事物和我的要求的矛盾，在悲剧性中，也迫使我注意到被否定或者经受矛盾的事物,使它更接近我的内心,使它的价值对我更富于感动力。

不过,悲剧性和幽默毕竟有所区别,即在前者,否定是一种真正的否定,通过祸殃、灾难的否定,而在后者,它却是喜剧性的否定。

这样就可以确定幽默的意义了。这一名词表明:一件崇高的或者具有任何人的重要性的事物,其所以被喜剧地否定,或者说,在喜剧程序中消灭,仅仅是为了通过否定,或者通过它被否定的因素来提高它的感人力。如果不这样说——它的感人力被提高了,也可以换一种说法:我对它的共同体验变得更深刻了,更见效了。

同时,这样就可以规定幽默感情的特点。这是一种在喜剧感被制约于崇高感的情况下产生的混合感情;这是喜剧性中的、并且通过喜剧性产生的崇高感。

幽默的三种存在方式

现在必须区分一下幽默概念的种种不同用法。幽默的存在方式是各种各样的。更确切地说,它有三种。

有一回,我幽默地或者带有幽默地观照了世界,观照了它的举止行为,最后又观照了我自己。在这种情况下,幽默是我本身的一种状态,一种自有的心境。喜剧性当然是由客观提供的,但是,崇高性却是我的崇高性,因为喜剧性是我所体验的或者发现的,因为是我观照地沉迷在喜剧性中。这种幽默不是审美的幽默,即不是我在对客体的审美观照中所发现的幽默。

又有一回,我在一种表现中或者一部诗作中发现到幽默,包含幽默的不是被表现的事物,而是表现方式。表现——不是一种幽默性的表现,而是带有幽默的表现。我在表现中发现崇高性超过被表现的喜剧性,这种喜剧性本身不是崇高的,而仅是喜剧的。这样的幽默是一种美学事实。

也可以说,在这种幽默表现中,幽默不是对象的事,而是诗人的事。诗人通过表现方式表示了他对世界的幽默理解和对它的同情。到此为止,这种幽默属于抒情诗的范围。抒情诗的特点正在于,诗人在抒情诗中表示了一种特有的内心的态度,"宣布了"一种特有的理想的我。

最后,幽默对于我还能显得更客观一些(在这个词的充分意义上):幽默在于被表现的客体,特别在于被表现的人,就是说,在他们身上不仅有喜剧性,而且有崇高性,这种崇高性通过喜剧程序而更令人感动;我看到了经过艺术表现的幽默人物。

幽默的三阶段

和这种三分法相联系的,是另一种三分法。现在不仅要对比幽默的三种不同存在方式,而且要对比它的三个不同阶段。我们称它们为和解幽默、挑衅幽默与再和解幽默。第一种是狭义上的幽默,可以说,是幽默性幽默。第二种应当称为讽刺性幽默,第三种是隐嘲性幽默[①]。

这三种幽默阶段,主要是我观照或者理解世界时可能有的幽默阶段。

首先,假如我看到世界上渺小、卑贱、可笑的事物,微笑地感到自己优越,假如尽管这样,我仍然确信我自己,或者确信我对世界的诚意,那么,我是在狭义上幽默地对待世界。

其次,假如我认识到可笑、愚蠢、荒谬事物的卑劣性、荒谬性,把我自己、把我对于美好事物以及对它们的理想的意识和这些事物相对立,并且坚持和这些事物相对立,那么,我借以观照世界的幽默,是讽刺性幽默。"讽刺"就意味着这种对立。

---

① Der ironische Humor, Die Ironie 和 ironisch 在中文中似无定译。姑按这个词的通义,即"用隐语或反语讽嘲",译作"隐嘲"。作者这里所谓的 ironischer(Humor),是沿袭德国浪漫派弗·施莱格尔以来的传统用法,有"超脱""看破""玩世不恭""逢场作戏"的意味。

最后，假如我不仅认识到可笑、愚蠢、荒谬的事物，而且同时还意识到这些事物本身已经归结为不合理，或者终将归结为不合理①，意识到一切"不合理"归根到底不过"聊博宙斯一笑"，那么，我这时借以观照世界的幽默，是隐嘲性幽默。这里，应有的前提是："隐嘲"以"不合理"的自我否定为特征。

由此可以清楚了解，所谓对立是狭义上的幽默表现和讽刺表现，及最后和隐嘲表现之间的对立。隐嘲表现按照前者所说，就是这样一种表现——它没有表现和解幽默、挑衅幽默或者隐嘲性幽默的任何承受者，而表现了空虚性或者喜剧性，但是却以一种我可以感知或者可以共同体验的方式，幽默地、讽刺地或者隐嘲地对它采取心安理得的态度。

这种"幽默表现"②，如上所述，按照它的性质，是抒情的。顺便说到，它和一般通称为"讽刺"的那种幽默表现是同时发生的。

不过，"讽刺"一词在这里包含了一种比前文所规定的意义较广泛的意义。假如我们满意讽刺的这个较广泛的概念，那么就可以有：一种狭义上"幽默的"讽刺，即微笑地玩弄世间荒谬事物的讽刺；一种讽刺性的讽刺，即以对于理想事物的意识的激情和荒谬事物相对立，并对后者进行惩戒、矫正的讽刺；最后，又一种隐嘲性讽刺，即虽然同样进行惩戒、矫正，但是同时由于意识到"不合理"必将自我否定，从而本身感到心安理得的讽刺。

和"讽刺"一词的这种较广泛的用法相对照，这里还谈一下我们的较狭隘的概念，即谈一下和解幽默性、讽刺性和隐嘲性的区别。那么，讽刺按类别说，就是第二类"讽刺"，可以说，是"悲观的"讽刺。——顺便说到，问题不在于名称。如果有人不想参加我们的定义正名，那么，他可以到处用"挑衅的"或者"未和解的幽默"代替

---

① （sich）ad absurdum führen，即逻辑学中的所谓"归谬论证"。通俗的解释就是"驳倒"（schlagend widerlegen）。
② 仍指"隐嘲表现"，不是指"狭义上的幽默表现"。

"讽刺性幽默"。

最后，同时也是最重要的，上面所说的幽默三阶段，在客观的或者被表现的幽默方面获得意义。

客观幽默的阶段。命运幽默和性格幽默

这里必须把那三个阶段并入两类幽默的对立，这种对立是从前文所确定的命运喜剧性和性格喜剧性的对立中自然地产生的。这就是命运幽默和性格幽默的对立。这一种对立恰巧同命运悲剧性和性格悲剧性的对立相对称。假如在一个人遭遇的命运的喜剧性中，这个人身上的一种人的重要性或者相对的崇高性得以显现，并且通过喜剧性提高了它的感人力，那么这时候，就可以谈到命运幽默。另一方面，假如和一个人的品质有关的喜剧性或者可笑性，显豁地说明了这种品质的人的重要性，或者使一种人的重要性正在它①本身中显现出来，那么这时候，就可以谈到性格幽默。

假如被表现的人格尽管遭到喜剧的命运等等，尽管在它的本质中带有喜剧性，在我们心目中仍然受到尊重，并且和喜剧要素相对照，越发对我们表现出，它本来是或者根本上是善良的、正直的、能干的或者优越的，那么这时候，命运幽默或者性格幽默就是第一阶段的幽默，即和解幽默。

在客观幽默的第二阶段，我们将明确地区分命运幽默和性格幽默。第二阶段的命运幽默即讽刺性命运幽默的特点是这样的：幽默的承受者遭到喜剧的命运，他被嘲笑了，所以从表面看来，是被喜剧地否定了。但是，他以他对于善良与理性的意识，以他的正直与能干和喜剧命运相对立。他仍然保存他的本色，坚持凭借自己的正确和嘲笑相抗衡，并且在内心显得比喜剧命运更强大；在他被嘲笑的时候，我们反而更爱他了。

---

① 指"喜剧性或者可笑性"。

和这种第二阶段的命运幽默相对立的,是讽刺性性格幽默:一个人的品质中的可笑、愚蠢和道德上的荒谬,装扮成为伟大;它要求承认,并且得到承认;它也许还处于光荣和体面中。但是,它脸上的假面具被撕掉了,使它赤裸裸地、一丝不挂地暴露出来。

这里,崇高或者"理想"首先存在于命运中、事件的发生过程中。命运和它的支配力量正是在揭露"不合理"中矫正着"不合理"。我们感到理想是有影响的,不是在表面,而是在内心更强大的;它让自吹自擂的"不合理"枉然地对它自吹自擂。

但是接着,我们又看到命运在人身上凝结起来。人们暴露了可笑性;他们身上的善良和能干起来反对这种可笑性,并且引起了嘲笑。

在方才自吹自擂的"不合理"感到理想的优势的时候,在"不合理"看见自己为了要求承认而丢脸或者在内心被否定的时候,问题于是又进了一步。

向隐嘲幽默,特别是向隐嘲性性格幽默的过渡,由此得到完成。

我们这里仍然先谈命运幽默。当人们无辜地被牵连进去的喜剧命运在它的结果中自行解脱时,便产生了这种幽默。理性和善良在这种幽默中,不仅显示出内在的优势,而且显示出外在的优势。帮助这种理性和善良获得胜利的,正是喜剧命运本身。

第三阶段的性格幽默就不同了。这里我们又碰到一个人或者多数人的本质中的一种可笑性。但是"理想"战胜了他们,或者战胜了他们身上的可笑性。这些人喜剧地被否定了,或者感到自己被否定了。他们不得不承认健全理性的正当。他们最后也变得合理了,不是出于偶然,而是因为不合理性产生了它的恶果。无理性在他们身上什么地方反驳了它自己,并且看到它是怎样地不合理;他们不得不弃绝他们不合理的品行。

刘半九 译

译后记 本刊上一期译载了作者的一篇《悲剧性》，并对作者做了简介。本期发表的《喜剧性种种》(*Die Komik und Verwandtes*)和《幽默》(*Der Humor*)两篇，同前一篇一样，仍是从作者的美学代表作《美学——美与艺术的心理学》(汉堡版，1903，卷一)第六部分《美的方式》中摘译的。

作为哲学家，里普斯认为，"科学的哲学"的任务在于研究以心理学为基础的精神科学；作为心理学家，他又认为，心理取决于"直接的经验"，即取决于对意识状态的观察和分析——他代表一个学派，反对在生理的基础上研究心理。里普斯的以"感情移入""共同体验"为中心内容的美学见解，是同他的这种唯心主义的哲学立场和心理学立场分不开的。

作者的美学观点，特别是关于喜剧性和幽默的观点，在近代德国唯心主义美学思想中，是有相当重要的地位的。他的《喜剧性与幽默》(汉堡和莱比锡版，1898)一书，更详尽地阐释了他在本文中所表达的基本见解；近代德国美学界在讨论这个美学范畴时，经常把这本书同让·波尔(Jean Paul)的《美学入门》和费歇尔(Vischer)的《美学》相提并论。

美学入门*（节译）

〔德〕让·波尔

第六章 论可笑

§26 可笑的诸定义

可笑大概从来不会符合哲学家们的定义（偶合者例外），只因为它有多少丑相，它所引起的感受便具备多少形象；在一切感受中，唯独这种感受有一种无穷尽的素材，多得像曲线一样。西塞罗和昆提里央早已发现，可笑执拗地背反着任何关于它的说法，这个变幻莫测的怪物甚至在它的变态中，对于想用一种说法把它束缚起来的人，都是危险的。康德新近认为①，可笑产生于期望的突然化而为无：这种说法就颇为强词夺理。首先，并非每一种无都会产生可笑，不道德的无、理性的或非感性的无、悲痛、喜悦等情绪上的无，都不产生可笑。其次，对于无的期望化而为有，也常惹人发笑。第三，在整个幽默情调和幽默表现中，任何期望甚至一进门就给撂下了。把大和小搭配起来的警句和某种俏皮话，还可以照这样再说一些。但是，在本质上，这样并不能惹

---

* 译文首发于《古典文艺理论译丛　7》（人民文学出版社 1964 年版），再版于《古典文艺理论译丛》卷三（知识产权出版社 2010 年版）。

① 见《判断力批判》§54 注文。

笑,像把六翼天使和蛆虫摆在一起不能惹笑一样;而且,这对于定义也是利少而弊多,因为蛆虫出现在前,六翼天使继后,效果依然如故。

最后,假如我说,可笑产生于对某种严肃事物的期望突然化为一种可笑的无:这个说明是同样靠不住的,因此要说真实,也是同样真实的。亚里士多德的古老定义①(目光敏锐的阿尔古斯和学问渊博的格里翁②从不会把它忽略),即可笑产生于一种无害的乖谬,至少可谓"虽不中亦不远"了。但是,动物的无害的乖谬,疯子的无害的乖谬,却并不是好笑的;大至于整个民族的无害的乖谬,例如堪察加人让他们的大神库尔卡把他自己冻结的粪便在融解之前当作爱神③,这也没有什么好笑的。佛洛伊格尔④想发现,伦盖⑤关于面包有毒的见解,卢梭关于野蛮生活之优越性的见解,或者那个阴郁、傲慢的浪荡子波斯特尔认为他的威尼斯妓女约翰娜是女人的救世主的见解,具有喜剧效果⑥;但是,纯粹的错误(每个图书馆充满着这类错误,并没有因此成为一个théatre aux Italiens⑦或者des variétes amusantes⑧)没有艺术作陪嫁,怎能把自己打扮得富于喜剧魅力呢?——佛洛伊格尔错误地认为⑨,纯粹精神上的乖谬,不经过实体化,就是喜剧性的;另方面,他同样错误地认为,实体上的乖谬,不经过精神化,也是喜剧性的,例如在

---

① 见《诗学》第五章。
② 见希腊神话。巨人阿尔古斯(Argus)有一百只眼睛,巨人格里翁(Geryon)有三头六臂。
③ 引自佛洛伊格尔《喜剧文学史》卷一(1784年)第九十九页。"按照原书,大神的名称应为'库特卡'。"——明兴版编注
④ 佛洛伊格尔(Karl Friedrich Flögel, 1729—1788),德国文学史家,著《喜剧文学史》四卷(1784年)、《怪诞喜剧史》(1788年)。见前著卷一。
⑤ 伦盖(Simon Nicolas Henri Linguet, 1736—1794),法国经济学家,法学家,被处斩刑。
⑥ 佛洛伊格尔说:"但假如波斯特尔坚持认为威尼斯的童贞女约翰娜是女人的救世主,恰像基督是男人的救世主一样,那么人们应当同情他,因为波斯特尔的确是愚蠢癫狂到异想天开。"——莱比锡版编注
⑦ 法文:意大利剧院,在巴黎。
⑧ 法文:杂耍摊。
⑨ 见佛著《喜剧文学史》卷二(1785年)。

地狱的布洛赫尔①、巴勒尔摩的巴拉贡尼亚邦君②那里,他看到基督受难的浮雕给摆在一个不倒翁旁边,或者看到骑马的黑人给摆在一个长鹰钩鼻子的罗马皇帝对面,便错误地认为,这都是可笑的。需知,造型现实的这种位置错乱,同人的怪相,同动物一样,缺乏精神上的意义。然而,何必喋喋不休地排斥不合己见的定义呢?倒不如把自己的定义写出来,要是自己的定义有效的话,别的那些定义自会消亡,就像鹰会毁掉附近的鸟类一样。何况一个作者尽管再怎样希望,他也不可能预防所有敌对的定义,因为很多、也许大多数的这类定义是在他死后才出来反对他的,因此他必须使自己的定义即使在他百年之后,也永远立于不败之地。

此外,我们除了关于可笑的定义,还必须探讨一个更难于解答的问题,那就是,为什么可笑即使作为对于缺陷的感觉,仍然给我们提供快意,甚至不仅在使霉菌开花、为棺材饰彩的诗艺之中,而且就在枯燥无味的生活之中。

探索一种感受,最好是研究它的对立面。那么,可笑的对立面是什么呢?既不是悲剧性,也不是伤感性,如"悲喜剧的"和"可泣的喜剧"等词所表明的。莎士比亚不论在悱恻的热烈中,还是在喜剧的寒冷中,同样能使他幽默的北国花卉盛开不败。悱恻性和喜剧性不但相继发生在他的作品中,甚至同时存在在一个明星身上③。

但是,这二者所独有的诙谐妙句,要是在一篇英雄史诗中放进一行,那么这一行便把史诗给毁了。嘲笑,即道德上的厌憎,在荷马、密尔顿、克罗普斯托克等人的作品中,是同崇高的感觉并存的;但是,笑

---

① 地狱的布洛赫尔:荷兰画家彼得·布洛赫尔(Pieter Breughel,1525—1569)及其同名的儿子(1564—1638)的绰号,父子二人因擅长描画地狱诸相而闻名。
② 巴勒尔摩的巴拉贡尼亚邦君(Prinz von Pallagonia in Palermo):在他的喀达尼亚城(Catania)的宫殿里搜集了大批奇形怪状的雕像和幻想的怪兽。见歌德的《意大利游记》中《巴勒尔摩》一文。
③ 指哈姆莱特。

却从不能这样。简言之,可笑是崇高的宿世冤仇①。喜剧性的英雄诗篇是一个自相矛盾的称谓,应叫作喜剧性的叙事诗。所以说,可笑是无限的小;这种理想的小又在哪里呢?

§28 可笑研究

……既有引起惊羡的无限大②,就一定有引起相反感觉的无限小,和它相对立。

但是,在道德领域中却没有什么小③——因为内向的德行引起自己的和别人的尊重,不是轻蔑,而外向的德行则唤起爱,不是恨;可笑对于轻蔑是太不足道了,而对于恨却又太善良。于是,剩给可笑的便只有悟性的领域了,而愚蠢的确就从这里产生。但是悟性为了引起一种感觉,它必须在一种行为(情节)或一种状态(环境)中被感性地观照;而且,只有当行为作为错误手段表现出悟性的意图,或者当状态作为反面表现出悟性的见解,惩罚了撒谎时,这才是可能的。

我们还没有达到目的。虽然并非凡属感性④(即无生命物,除非通过拟人化)都是可笑的,也并非凡属精神性都是可笑的(纯粹的错

---

① 在新版《赫斯培鲁斯》卷三第三行[1]中,我曾不充分地说到这一点。我注解一下,免得有人以为我把它当作自己的创见——小偷偷东西,有时会装得若无其事的。当年出类拔萃的美学家普拉特纳[2]说过:"美在于崇高与可笑之适度的混合。"把一个肯定的大和一个否定的大加起来,哲学家在下定义时,当然就会获得真空的空间,使读者的观照得以把被要求的对象一尘不染地置放进去。——作者原注

[1]《赫斯培鲁斯》(Hesperus),意为"金星",作者的长篇小说。
[2]普拉特纳(Ernst Platner,1744—1818),德国人类学家,哲学家。

② 指崇高而言。本节和第二十六节之间还有《崇高作为可笑之反面的理论》一节。

③ 关于把喜剧性局限于"悟性范围"这一点,参见赞费歇尔《美学》卷一第390页的附注:"人们不应反对,喜剧性不仅接触悟性世界,而且接触整个道德世界,因为让·波尔这里不是说的素材,而是说的形式,这种形式从素材取得了道德上伤人的芒刺。他仅忘记了研究,喜剧性是怎样深远地作为后者的内容而同非道德性相涉的。"等等。——莱比锡版编注

④ 即使外在与内在之间原来可笑的对照碰在非生物身上,这种感性也不是可笑的。一个装扮起来的巴黎玩偶,就不能使它和它的装扮任何可能的对照成为可笑。——原注

误、纯粹的无理智就不是可笑的),那么就要问一问:精神性是通过什么感性反映的呢?感性又是通过什么精神性反映的呢?

错误本身是不可笑的,正如无知本身不可笑一样;否则,各种不同的教派和阶层就会彼此认为可笑了。反之,错误必须通过一种努力,通过一种行为表现出来;所以,同一种偶像崇拜,尽管作为一种纯观念,我们能够认真地对待,但当我们看到有人把它加以试行时,它便变得可笑了。一个健康的人,偏认为自己有病,想煞有介事地就诊服药,我们看来便正是可笑的了。努力和处境为了使它们的矛盾达到喜剧高度,两者都必须是直观的。不过,我们只是常犯一种直观表现出来的有限的错误,这种错误还不是无限的乖谬。因为在一定的情况下,人们只能按照自己对于事物的观念,而不能按照事物本身来行动。当桑丘①设想脚下是个深渊,通宵地把自己悬挂在一道浅沟上面的时候,他的努力就这个设想而言是颇有道理的;要是他居然敢做粉身碎骨的冒险,那他反倒真是岂有此理了。既然如此,为什么我们还要发笑呢?关键就在这里:我们把我们的见解赋予了他的努力,并由于这样一个矛盾产生了无限的乖谬;我们的想像力起着这种转达作用,因为它在这里如在崇高方面一样,乃是内在与外在之间的媒介,同样如在崇高方面一样,它只有通过对于错误的感性观照,才能成为这种媒介。我们以自己的幻觉按照相反的认识解释了别人的努力,这种幻觉正使得这种努力成为最低限度的悟性,成为被观照的愚蠢,从而使我们发笑了,所以说,喜剧性也和崇高一样,绝不在于客体中,而在于主体中。

因此,我们是嘲笑还是赞成一种内在而又外在的行为,就看我们能不能构成我们的误解。没有人会笑一个把自己当作商人而把他的医生当作债户的精神病患者;也没有人会笑设法治疗这个患者的医

---

① 关于桑丘的这段故事,在《堂吉诃德》中根本没有,米勒(Joseph Müller)在《幽默的本质》(1896)中首先指出这一点。这个故事看来是由小说卷一第二十节和卷二第五十五节的两场拼凑起来的。这个例子也不是从小说本身,而是从英国美学家霍姆(Henry Home)的《批评的要素》第七章中引来的。——明兴版编注

生。然而，在福特①的《骗子手》中，尽管表面上发生了和上面所说完全一样的情况，只是病人在内心和医生一样有理性，可是当真实的商人等待一个医生偿付真实的货款时，我们想到女骗子也曾经按照固定观念给这个商人偿付过债款，便不禁发笑了。我们通过喜剧性的迷惑作用，以我们关于女骗子的知识附会了这两个有理性的人的行为。

但是一定有人会问：为什么我们不能使每种公认的错误和愚蠢都变成喜剧性的呢？回答是：只有万能而迅速的感性观照，才能强使我们堕入这种迷误。例如，在荷迦兹的《巡回喜剧演员》中，假如在云朵上晾袜子的场面使人发笑，那么，手段和目的之间的矛盾所具有的感性的突然性，便使我们刹那间几乎相信：一个人需要用真实的雨云来作晾绳。喜剧演员本人并不觉得，我们随后也并不觉得，在一个固定的云朵道具上晾东西，有什么好笑的。——感性直观性在逗笑方面的威力，更强烈地表现在最相异事物完全无目的、无效果的配合中，例如在 Propos interrompus② 中（用德语来说，即在所谓"斟酒和留宿"③中），又例如从一份报纸的半面逐行读到下半面时，刹那间由于一种有意的连接和选读发生错觉或误解，一定也会产生使人发笑的效果。如果没有那种误解（好比感觉的一种三段论式）做先导，那么一切最相异事物的配合仍不会引起笑来。例如，在夜空下面，这些最相异事物（星云、睡帽、银河、畜栏点灯人、更夫、夜游汉等等）同时凑在一起，又有什么喜剧效果呢？我说这些干吗？宇宙间每秒钟不都是亲密无间地充满着最低物和最高物吗？假如只要它们凑在一起就引人发笑，试问笑声嗤嗤何时才可罢休呢？所以说，比较性的对照本身并不是可笑的，反倒经常是很严肃的，例如我这里可以说：地球在上帝面前是一个雪球，或者——时间的轮子对于永恒来说是一个纺轮。

有时会出现相反的情况，表面现象正是通过对对象的内心或意

---

① 福特（Samuel Foote，1720—1777），英国演员和喜剧作家。
② 拉丁文：中断的谈话。
③ 原文为 Schenken und Logieren，一种集体游戏，相当于中国的"藏阄"。

图有所了解,才带有喜剧性的。例如,一个荷兰人站在一座美丽花园的墙垣旁,从墙上的窗口眺望附近的景色。在一个凭窗欣赏自然的人身上,本没有什么喜剧性可谈,更不值得把他放入任何一本《美学入门》中。但是,假如我们再补充一些情节:他因为看见邻近所有荷兰人都有宜于远眺景色的别墅或亭榭,于是便尽自己的所能来模仿,又因为他无力购置一整座别墅,于是退而求其次,至少为自己筑了一道有窗的矮墙,以便自己在凭窗时,可以自由自在地从窗口远眺和欣赏面前的风景——那么,这个无辜的荷兰人便立刻被引入了喜剧领域。可是,我们为了含笑地从他伸出窗口的脑袋前面走过,事先必须对他有所构思,即他原来希望为自己开辟风景,同时却又为自己堵塞了风景。

或者,当诗人阿里奥斯托恭顺地聆听他那斥责他的父亲时,父亲和儿子的外貌并没有任何可笑之处,假如我们没有经验到儿子的内心,即他在一出喜剧中创造了一个暴躁的父亲,因此他把自己的父亲当成了一个被发现的范例、一面绝妙的镜子、剧中父亲的一首直观的诗,仔细地加以观察,并把他的面貌当作表情的草图加以观察;——我们的见解一被假借过来,就会使得父子二人成为可笑的了,虽然一个庭训的父亲或者荷迦兹所画的一个父亲本没有什么可笑。

再者,人们嘲笑堂·吉诃德貌似合理的夸夸其谈,而不大嘲笑他的所作所为——因为癫狂是无从误解的;但是,桑乔·邦扎却善于用言辞和行动使自己变得可笑。或者,因为 jeune① 意为"年轻的",jeûne 意为"断粮的",而 général 同时意为"普遍的"和"一位将军",那么一个翻译者把 jeûne général 的两个意义,即"普遍断粮"和"年轻的将军"混淆起来,这个著名的混淆(这在战时是罕见的)只有被我们理解为有意识的混淆,它才是可笑的。

最后,为什么一个带有一种本身并不可笑的特征的人,经过一种

---

① 这里引用的几个外国字都是法文。

表情上的、一点也不是谑化的模拟和仿效之后,便由于在别人脸上的复现变得可笑了呢?反之,为什么两个相像的兄弟和双生子①,同时一起被看见,却更容易引起惊骇②,而不是笑呢?至此为止,我对这个问题已经作了回答。

所以,没有人会在行动中发现自己可笑,必须经过一个时刻之后,他才可能这样,这时他已成为第二个我了,并能用第二个我的见解来设想第一个我了。人在行为中可能尊重自己和鄙视自己,行为是一个人或另一个人的对象,但他却不能嘲笑自己,如同不能爱自己和恨自己一样(参见《昆图斯·菲克斯莱因》第395页)。——假如一个天才跟一个蠢材一样顾影自怜,以为自己了不得(其中包含不少骄傲),假如两人把这种骄傲以同样的具体标志供人直观:虽然骄傲和标志是同样的,我们却只嘲笑蠢材,仅因为我们单对后者赋予了某种见解。所以,完全的愚蠢或不智是难以成为可笑的,因为它使我们难以附会③我们进行对照的见解。

所以,可笑的一般定义都是错误的,它们只认可一个简单的真实的对照,而不认可第二种似是而非的对照;所以,可笑事物及其缺陷至少必须具有活动余地的假象;所以,我们只为聪明的动物发笑,它们允许我们进行一种拟人的附会。所以,可笑性是和对于可笑人物的理解一起发生的。所以,凌驾于生活及其动机之上的人,可以欣赏到最长的喜剧,因为他能以他高尚的动机来解释众人的卑下的追求,从而能使后者成为不合理;但是,假如宵小之徒以他卑下的动机来理解高尚的追求,那么他转而也能使这种追求成为不合理。所以,德国书业的

---

① 原文为 Menächmen,罗马喜剧家普劳塔斯(Plautus)的喜剧中两个面貌一样的双生子的名字。
② 令我诧异的是,人们只是在喜剧中,而不是在悲剧中应用这种可怕的形体重复。——原注
③ 所以,高级存在物诚然能够(虽然难得)嘲笑我们,并以他们的见解同我们的行为相对立,不过适合这种对立的不是我们的愚蠢行为,而是我们的聪明行为。所以,有的哲学,例如谢林哲学,把理解力排斥于理性领域之外,便很难使客观事物可笑了;因为我们想赋予它的我们主观的对照,正是它自身的对照。——原注

大量说明书、文绉绉的广告和通知以及沉甸甸的包装等等,原来是令人作呕地在那里匍匐爬行,一旦冒充艺术作品满天飞,人们立刻就只想到(也就是以高尚的动机来解释它们),它们是某某人为了开玩笑而戏拟出来的。

在状态(环境)的可笑性中,正如在行为(情节)的可笑性中一样,喜剧事物除了具有真实的同外表的矛盾之外,我们还必须使它具有一种设想出来的内在的同它本身的矛盾,尽管在一种生动感觉①过于丰富的情况下探索枯燥的法则,经常就像在任何动物身上探索动物天生的结构(例如鱼的骨骼)一样的困难。

为了简短的缘故,请允许我在后面的探讨中,把可笑(作为一种被感性地观照的无限的愚蠢)的三要素这样来称呼:可笑事物的追求和存在同被感性地观照的关系所处的矛盾,我称之为客观的对照;这种关系称为感性的关系;我们通过自己的心理和见解的附会,作为第二种矛盾强加于前二者的这种矛盾,我称之为主观的对照。

可笑的三要素在艺术的美化过程中,由于重点各不相同,必定会产生多种多样的喜剧性。造型艺术或古代的诗歌艺术使带有感性追求的客观对照在喜剧性中占优势;主观的对照则隐藏在表情的模拟后面。一切模拟原本是一种取笑的模拟,所以在各民族中,戏剧都是从喜剧开始的。等到引起爱慕或惊骇的事物成为模拟对象时,便进入了一个较高级的时代。带有三要素的喜剧性,也是最容易经过表情的模拟而产生的。从表情的模拟可以上升到诗意的模拟。不过,在喜剧性中,如在严肃性中一样,古人始终忠实于他们造型上的客观性,所以,他们的喜剧性的桂冠只是挂在他们的剧场里,而今人们却挂在别的地

---

① 例如,快的表现就是可笑的——多的表现也是——字母 s〔versessen(切望的),besessen(着魔的),等等〕也是——精神性对于机械的机械从属性(例如讲道讲得汗流浃背)也是;所以,甚至被动式也比主动式更有喜剧气——连 der 也比 die 更可笑——还有,一个生物向一个抽象物的转化(例如,某种蓝色东西骑在马上)等等。虽然如此,可笑性的三要素在这里仍然必须(但是也很难)像一个孩子所看到的那样,在可笑性中呈现出来。——原注

方。当我们研究什么是浪漫的喜剧性,考察和分析讽刺、幽默、隐嘲、风趣时,这个区别就变得更加显著了。

§29 讽刺和喜剧性的区别

讽刺的领域是和喜剧性的领域相毗邻的——小警句就是界石;但这一领域也住着另一领域的居民,也结着另一领域的果实。裘维那尔、柏喜阿斯①等人抒情地表达了对于邪恶的严肃的道德上的愤慨,从而使我们变得严肃,并提高了我们;他们画幅的偶然的对照,也发苦到令人欲笑不得。反之,喜剧性则从事于诗意地玩弄愚蠢性的小,并且玩弄得活泼而自由。被嘲笑的不道德不是假象,但被嘲笑的不合理却有一半是假象。愚笨受到讽刺的打击,未免太无辜、太无知了,正如邪恶受到笑的搔痒,未免太可恨了一样,虽然前者的不道德方面和后者的愚蠢方面,同样也可以受到嘲笑。语言已使讥诮、挖苦、嘲笑同诙谐、戏谑、逗乐尖锐地相对立。讽刺领域作为道德领域的一半,是较小的领域,因为人们不能随心所欲地挖苦嘲笑;而笑的领域却是无限地大,就像悟性或无限性的领域一样大,因为在每一程度上都有一种使人变小的主观对照被创造出来。在讽刺领域中,人们在道德上感到拘束,而在笑的领域中,则获得诗意的解放。谐谑除了自身的存在,不知有其他目的。它的荨麻所开放的诗的花朵并不刺人,它的繁茂的枝叶也打不了人。假如一部真正的喜剧作品中,鲜明地流露出某些讽刺成分,那是偶然的,人的情绪甚至会因此受到干扰。假如在喜剧中,演员们偶尔互相说出严肃的讽刺,那么他们便由于互相赋予的道德上的严重性,而打断了表演。

讽刺性的愤慨和玩笑性的谐谑在一些作品中,经常像理性和悟性在哲学中一样,是彼此混淆的:这样的作品,例如杨格的讽刺文章和蒲柏的《愚人记》,使人同时品出两种相反的韵味而感到苦恼。所以,抒

---

① 裘维那尔(Decimus Junius Juvenal,47—130),柏喜阿斯(Aulus Persius Flaccus,34—62),罗马讽刺作家。

情的天才容易写出讽刺作品来，例如塔西佗、J. J. 卢梭、《堂·卡洛斯》①中的席勒、克罗卜斯托克、赫尔德；而叙事的天才却容易写出喜剧②，特别是容易写出一些玩世的喜剧来。这两种体裁的混淆包含一个道德的方面和危险。假如有人将邪恶事物付之一笑，那么这就多半使它成为一个悟性问题；而神圣事物随着也被带到这个不合法的审判席前。假如讽刺惩罚愚蠢，那么它必将陷入不公正，而把偶然的和表面的过失诿之于意愿。犯后一种错误的是英国的讽刺作家；犯前一种错误的是德国和法国的喜剧作家，他们往往把严重的恶德写成喜剧。

同时，也容易发生变换和混同。因为讽刺的义愤这时不得不转而反对魔鬼的两种圣礼，反对道德上的二元论，即反对无情和无耻，因此它在同后者交战中将会碰见谐谑，谐谑在同愚蠢交战中曾冒犯到对手的虚荣。对世态的嘲弄，讽刺与谐谑之间一个真正的媒介，是我们时代的产儿。

一个民族或者时代越是非诗的，便越是容易把谐谑当作讽刺，正如按照前文，它越是不道德的，反而越是会把讽刺变成谐谑。教堂里古老的驴祭③、愚人公会④以及诗的时代的其他游戏，今天就会成为明显的讽刺了⑤；它们不再是将有蝶蛾从中飞出的蚕茧，而变成了一个捕捉蚊蚋的蛛网。我们缺少谐谑，只因为我们缺少——严肃，取而代之的乃是对万物一视同仁的机智，它对于德行和邪恶一律加以嘲笑和废

---

① 《堂·卡洛斯》(*Don Carlos*)，席勒的剧本。
② 在他的《学者共和国》中。
③ 驴祭(die Eselsfeste)，中世纪末流行在法国教会里的一种滑稽游戏：在忏悔节那天，把一匹穿上牧师服装的驴子，牵进教堂，同它一起望弥撒。
④ 愚人公会(der Geckenorden)，一三八一年创立于克利夫。
⑤ 请允许我从一八〇一年的《新年手册》中，引我自己文章中的一段话："愚人节、驴祭、神秘游戏以及第一个复活节的诙谐传道词所以恰好产生在最虔敬的时代，只因为那时崇拜和这些戏拟之间还保持着极大的距离，如同色诺芬风的苏格拉底和阿里斯托芬风的苏格拉底之间的距离一样。到了后来，严肃的暧昧性再也抵不住谐谑的逼近，于是彼此拖到喜剧凹镜面前来的，便只有亲朋好友，而不是敌人了。"——原注

弃。所以，正是善于嘲弄的民族①，才能至少在幽默上和诗的喜剧性上同严肃的英国民族相较量。放肆的谐谑在巴黎，例如在宫廷中，变成了受拘束的讽喻；巴黎人由于他们机智的讽喻癖，丧失了对于严肃诗篇的特权和欣赏。所以，庄重的西班牙人比任何民族有更多的喜剧，经常在一出戏中有两个丑角。

严肃甚至在个人身上，也被证明是谐谑的条件。严肃的宗教阶层有过最伟大的喜剧家②，例如相当遥远的拉伯雷、斯威夫特、斯泰恩、杨格，更其遥远的亚伯拉罕·阿·桑塔·克那拉③和雷尼叶④，此外还有一个牧师之子⑤也应被列入最伟大的喜剧家行列中。略加一瞥，就可证实谐谑在严肃中的这种有效的移植。例如，严肃的民族对于喜剧性便有更高、更内在的鉴赏能力；且勿论严肃的英国人，同样严肃的西班牙人便提供了比意大利人和法国人加起来还要多的喜剧（引自里可波尼⑥）。西班牙的喜剧在从一五五六年到一六六五年三个菲力普朝代，正处于鼎盛时期（引自包特菲克⑦）；当阿尔巴⑧在荷兰四处屠杀时，塞万提斯在监狱里写出了《堂·吉诃德》，宗教裁判所的密探洛卜·德·维迦写出了喜剧。——假如引证了这些历史偶合，仍不敢做出明确的判断，那么我们还可以补充一点：抑郁的爱尔兰也产生了优

---

① 指法国。
② 极多极好的妙语说中了教士和演员——特别是说中了后者，因为他们的舞台是整个世界的暗箱和小世界，从而是整个世界全部奇妙的组合，这种组合拥挤不堪，由于大世界的假装置和机关装置，以致荷迦兹的《喜剧演员》在机智的结合中，既表现不出丰富性，也表现不出节制性；——但是，这二者却由于它们对于偶然事件的真关系和假关系的高度，而共同提供了更大的对照。在基督教中世纪各国中，黑衣教士也是这样成为讽刺的黑靶的。——原注
③ 亚伯拉罕·阿·桑塔·克那拉（Abraham a Santa Clara），乌尔利希·麦格尔列（Ulrich Megerle, 1644—1709）的化名，维也纳的传教士，讽刺作家。
④ 雷尼叶（Mathurin Regnier, 1573—1613），法国讽刺作家。
⑤ 指赫尔德（明兴版编注）；指作者本人（莱比锡版编注）。
⑥ 里可波尼（Lodovico Riccoboni, 1667—1753），意大利剧作家，剧评家。
⑦ 包特菲克（Friedrich Bouterwek, 1766—1828），德国诗人，历史学家，美学家。参见包著《十三世纪末叶以来诗与辩才轶闻》。
⑧ 阿尔巴（Alba, 1508—1582），西班牙侵略军统帅。

秀的喜剧家（当然还有许多别的作家，即使不过是些交游广泛的作家），其中在斯威夫特和斯泰恩后面，还应该提到海米尔顿伯爵①，他像著名的巴黎人卡伦②一样，沉默而又庄重地度过了一生。幽默、隐嘲和各种喜剧力量终于随着时代而成熟了，而在冷雾蒙蒙的浑浊年代，爽朗宛如晚夏的喜剧，排练得更加爽朗起来。

丑角随同古代的纯严肃一起，已从德国人中间一去不复返了——首先是在快活的莱比锡③。我们多一点公民（citoyens）气，少一点市侩气，我们对于这样或那样的谐谑，也许仍然是够古板的。因为我们什么都不公开，一切都严守秘密，所以，每个人只要看到自己的名字给印出来，都会感到脸红。我记得，本文作者在假面舞会上失落了他的专用纽扣，在周报上刊登启事时，他并没有署名，只是附加了一行："何人所失？请询广告课。"因为在我们这里，只有职位才享受公开的荣誉，像在英国一样，个人是享受不到这种荣誉的：所以，个人也不愿遭受公开的谐谑。没有一个德国贵妇会像那位英国贵妇④，将自己剪下的卷发给编成一首叙事诗——除非是一首端庄的叙事诗，而且，她更不耐教皇的开心式的倾慕，即他的有条件的赞美。德国人思考问题，慎重得真是无法形容。例如，某个家庭给席利希特格洛尔⑤投寄什么传记和悼词之类，也许相当直爽地给他提供许多有关家谱的秘密，如死者的生、卒、婚娶、任职年份，以及这类情况，如此人曾是一位慈父、信友或其他方面的优秀人物等。但是，如果有一点逸事误附入邮件

---

① 海米尔顿伯爵（Anthony Graf von Hamilton, 1646—1720），用法文写作的苏格兰作家，出生爱尔兰，名作为 *Mémoires du comte de Grammont*（《格拉芒伯爵回忆录》）。
② 著名的巴黎人卡伦（Carlin），即 Carlo Antonio Bertinazzo，又名 Carlino（1710—1783），巴黎"意大利剧院"的名丑，死于疑病。
③ 高特舍特（Gottsched，1700—1766，德国启蒙学者）在一七三七年把丑角赶下了舞台。——明兴版编注
④ 指费尔摩夫人（Mrs. Arabella Fermor）；她是蒲柏的滑稽叙事诗《夺发记》的对象，作者的这部作品就是献给她的。
⑤ 席利希特格洛尔（Adolf Heinrich Fr. Schlichtegroll，1765—1822），在一七九六至一八〇六年出版了一部四卷本《德国死者传略》。

中，例如谈到去世者或一个小城人物生前穿的是整洁的便衣，而不是穿的绸缎，那么，这一家便会把邮件从邮站里给追回来，从里面掏出这件逸事，以免家丑外扬。不仅没有一个德国家庭会割断他们父亲的头颅，送给加尔医生①做铜雕（也不会愿意送另一个人的头颅，除了自己的），而且假定他们是伏尔泰的家庭，他们也不会愿意看到，Citoyen Français 的主笔——勒麦赫②，把那位咬人的老讽刺家的一颗牙齿镶起金边来，戴在手指上，这家人会说："我们的老祖宗怎么可以在大街小巷抛头露面呀？他的犬牙是属于他家里人的，怎么可以向全世界公开呀？何况牙齿还有蛀损和别的污垢呢！"

§30 可笑产生快感的本源

追溯这个既深且曲的本源，是困难的，又是必要的；因为它正好揭示了可笑的实质。人们如果试图从它的那些定义里（只有一种例外）导出它产生快感的才能，那么，诸如可笑之无害的乖谬，或者化为乌有，或者悟性整体之可悲的中断等等，总之，这一切真实缺陷都不能为本来害怕缺陷的人类悟力提供任何欢快，更不能提供一种沁人心脾的欢快，使他几乎再也控制不住这种精神游戏的有形后果，就像希腊的腓力门③——喜剧作家，在百岁高龄，仅因看到一匹贪吃无花果的驴子就笑死了那样。艺术中的喜剧性，甚至能使精神上的痒感达到精神痛苦的边沿，例如在维兰德的《阿布提拉人》④中，全体参议员由于一阵突如其来的恐怖，都从背心里拔出了暗藏的匕首，在刀光剑影中彼此对峙起来；或者例如在斯摩莱特的《柏尔葛伦·辟克尔》中，那个黑夜

---

① 加尔医生，指 Franz Joseph Gall(1758—1828)，德国医生，创立医学上的头盖学。
② 勒麦赫(Henri Lemaire, 1756—1808)，法国报人，主编过《法兰西公民》(*Citoyen Français*)。
③ 腓力门(Philemon，前361—前262)，希腊喜剧作家，活到一百岁，死于在舞台上接受桂冠的时候。关于驴子的逸事，不详。
④ 维兰德著有《阿布提拉人的历史》一书；阿布提拉(Abdera)，古希腊色雷斯(Thrazien)的海港，其居民素以愚钝著称。

里躺在别人床上思索的画家,用手摸到一个蹲在旁边的光秃秃的和尚头,像摸到一个光滑的球体,这个球体开始慢慢连手一起升高起来,于是画家对于球体这样不可理解的升高感到惊讶不止,直到他把手摸进了头颅的嘴巴。——我们大家所熟悉的作者①,也曾感到喜剧性的同样一种难受的过度喜悦,例如当他描写这样的情节:心不在焉的牧师在讲坛上,随着赞美诗的歌声,匍匐下来,却没有听到教徒们已经唱完,仍然匍匐在那里,一面还久久寻思着缄默的、等待他招呼起身的教徒们,直到最后他摘下披在脑后的假发,悄悄溜到了圣器室,把假发当作传教助手给撂在讲桌上面。②

有形的笑或者只是精神的笑所产生的后果,同样适于盛怒、绝望等等所引起的悲痛,或者它不受精神刺激也可以产生,那么它便只能是痛苦的,例如横隔膜受伤、歇斯底里以至痒痒都会产生笑。此外,同一种肌体可以顺应完全不同的精神活动:同样的眼泪,露水似的挂在喜悦上,暴雨点似的挂在悲痛上,毒汗珠似的挂在盛怒上,圣水似的挂在惊羡上。从有形的笑来解释精神的笑所产生的快感③,无异于把眼枯泪尽当作刺激,来解释甜蜜的哀哭。

在从精神性探求喜剧快感中,霍布士④从骄傲来探求,是最靠不住的。首先,骄傲感觉非常严肃,它同喜剧性的、虽然同样严肃的轻蔑根本无关。人们在笑的时候,很少感到自己被抬高了,而是(或许常常相反)感到别人被降低了。每当理会到别人的错误和别人的低下时,自我比较的痒感必定是作为喜剧快感而出现的,而且人站得越高,这种感觉便越是开心可笑,但同时人们却经常相反地带着痛苦,感受别人的屈服。

既然被笑的对象经常处在一个低下的、同我们完全不可比拟的

---

① 指作者自己。
② 《昆图斯·菲克斯莱因》第二版,第371页。
③ 指康德而言。康德把笑所产生的快感归之于横隔膜的健康的运动。——明兴版编注
④ 霍布士(Thomas Hobbes,1588—1678),英国哲学家。

(不可计量的)等级,例如前面提到的腓力门所笑的驴子,或者跌跤、错认等等引起的有形的笑,哪里可能有什么特殊的抬高感呢?笑者是好意的,而且经常是同被笑者站在一起的;儿童和妇女笑得最多;骄傲的自我比较者笑得最少;不摆架子的 Arlekino① 对一切发笑,而骄傲的穆斯林对什么也不发笑。——没有人会因为笑了而害羞,但是,像霍布士所假定的,一种着眼的自我抬高,每个人都会隐藏起来。最后,任何笑者都不会把这当作坏事,而是当作好事,假如还有千百万人同他一起笑,从而使千百万人同自己一起抬高;但是,假定霍布士是有道理的,那么这种好事是不可能的,因为在一切社交场合,一种显著的骄傲是最不可容忍的,甚至显著的吝啬、饕餮都比它显得宽厚大方。

自然的可笑性所产生的快感,像任何感觉一样,不是由于缺乏善、而是由于善的存在而产生的。谁要是像某些人做过的那样②,把它解释为美学喜剧性所产生的快感之反作用,那么他不过是从更美丽的女儿身上探讨相似的母亲;然而笑者比喜剧家出生得更早。喜剧快感和任何快感一样,在周围关系发生影响的过程中,诚然被悟性分解成许多因素,但一旦达到感觉的燃点时,一切因素(像玻璃的成分一样)便熔化成为一块结实的透明的铸件。——喜剧快感因素的基本精神,就在于对下面三种呈现在和固定在一种直观中的观念顺序产生快感:一、自己的真实顺序,二、别人的真实顺序,三、别人的为我们所误解的虚假顺序。直观性强迫我们把这三种互相冲突的顺序换来换去,但是这种强迫却由于顺序互相冲突,消失成为一种怡然自得的任意。喜剧性所以是彻底解放成为自由民的悟性的快感,或者是它的幻想和诗,这种悟性在三段论法上面或者三个花环上面轻快地发展着,在上面跳来跳去。有三种因素把悟性的这种快感和它的任何一种别的快感区分开来。

第一,没有任何强烈的感觉会闯进来干扰这种快感的自由进程。

---

① 意大利文"Arlecchino"(小丑)的变写。
② 指普拉特纳(Platner)的《新人类学》§880。——明兴版编注

喜剧性同理性和心灵毫无摩擦地滑过去,悟性在一个宽阔空旷的领域中自由活动,不会冲撞到什么。——它能够这样无拘无束地嬉戏,甚至把被爱和被关心的人当作对象,也不致伤害他们,是因为可笑只不过是我们在自己心中制造的一种假象,别人在这个哈哈镜的照耀下,没有什么受不了的。

第二个因素就是喜剧性和机智的接近,不过前者的长处是,它在使人胸怀舒畅方面,远远超过了后者。因为机智——可惜要到《入门》第二卷才能详尽地证明这一点——本来是直观的悟性或者感性的聪敏,所以很容易导致它和喜剧性的混淆,同时也很容易反过来举例证明严肃而崇高的机智和没有机智的喜剧性。因为二者更重要的区别在于:悟性在机智中渗透和欣赏的只是物的单方面关系,在喜剧性中则是人的多方面关系,前者包含一些智力上的环节,后者包含行动上的环节;在前者中,诸关系无缘无故地消散,在后者中,诸关系被总括起来,寄存在一个人身上。人的个性给心灵提供了活动空间,同样给悟性提供了更不确定、更广阔的活动空间。喜剧性还给这一切优先赋予感性直观性。纯粹机智间或也带有喜剧味道,所以有人认为,机智必须从喜剧环境或者喜剧情调中取得这种长处。例如,蒲柏在他的《夺发记》中这样描写女主角:"她担心,她会污损她的名誉呢,还是会污损她的锦缎衣服?她会耽误她的祷告呢,还是会耽误一次假面舞会?她在舞会上会失掉她的勇气呢,还是会失掉她的围巾?"那么,喜剧力量仅发生于女主角的想法,而不是发生于最相异事物的配合,因为在康培①的词典中,衣服的污损,以及和前者不相干的名誉的污损,都是没有喜剧效果的。

喜剧快感的第三个要素,就是模棱两可所具有的魅力,就是(对于别人的最低悟性的)表面的嫌恶和判断力所固有的喜悦相互交替而产生的搔痒,这种搔痒习见于我们的任意性中,便越发又甜又辣地(引人

---

① 康培(Joachim Heinrich Campe, 1746—1818),德国教育家,一八〇七至一八一一年出版《德语字典》五卷。

人胜地)搔到了并嘲弄了这二者。所以,就这一点来说,喜剧性接近这样一种有形的痒感,这种痒感作为一种滑稽可笑的双音和复义震颤于痛苦与喜悦之间。颇为离奇的,几乎带喜剧性的是(我现在在第二版中才觉察到),有一个情况作为譬喻,和我在第一版中给可笑所下的定义是巧合的,这个情况就是:当我们碰到别人的手指时,我们甚至从肉体上不由自主地感到肩头和脚跟发痒,而自己的手指却不能产生这种效果;又,当自己的手摸到别人的手时,只会产生四分之一的效果(只要手是按照人的意志向四周移动),但如果手自发地移动着,那么即使是碰到自己的手,也会立刻产生全部效果。假如这里不是谈手,而是谈人,那是多么滑稽的事啊!

所以,可笑永远附属于精神的有限性。当吹笛人 Quod deusvult① (在尚未出版的《淘气的年代》第29卷中②)诉苦道——也许多半是为了开心吧——,他经常苦恼不堪地设想,他是享受天福的,他不得不放弃世俗所谓的赏心乐事,作为一代完人而度过永恒:这人可说真是自寻烦恼了,因为喜剧性的位置变换所引起的错觉,万变不离其宗,始终是一种有限性——或者是观照的有限性,或者是被观照的有限性,只不过变到了更高的阶段;假如我们是天使长,那么连天使也是可以嘲笑的。

第八章　论叙事诗的、戏剧的和抒情诗的幽默

§39　戏剧的喜剧性

在从叙事诗的喜剧性到戏剧的喜剧性的转化中,我们马上会遇到

---

① 拉丁文:上帝所愿望的。作者的小说《淘气的年代》的主角的名字。
② 开玩笑的说法。"让·波尔在《提坦》的《初步纲领》中同样地说到'二十卷本世界通史'。斯泰恩在《特利斯特拉姆·项狄》(Ⅰ,13;Ⅶ,2)中,也曾一再以二十卷本或四十卷本威胁过读者;拉伯雷甚至警告倾心的读者,不要为第七十八卷笑死了(《庞大固埃》卷二序言)。"——明兴版编注

这样一种差别,即许多伟大的和渺小的喜剧叙事诗人如塞万提斯、斯威夫特、阿利奥斯特、伏尔泰、斯梯尔①、拉封丹、菲尔丁,都不能创作喜剧,或者只能创作蹩脚的喜剧②;相反地,伟大的喜剧诗人却将被算作蹩脚的讽刺家,例如霍尔贝克在他的散文中,福特在他的剧本《演说家》中③。——这种转化的困难(或者任何转化的困难),究竟是更多地包含了一种品格的顶点呢,还是仅仅包含了才力和修养的差异?也许是后一情况吧,荷马之转化为索福克勒斯,正如后者之转化为前者,是同样的困难。从历史上看,没有一个伟大的叙事诗人是一个伟大的戏剧家,反之亦然;叙事诗的严肃与悲剧的严肃之相距,超过二者与同它们相反的谐谑之相距,谐谑也许紧靠在他们的背后。一般至少可以这样推论:叙事诗的才力和修养并不能代替和节省戏剧的才力和修养,后者也不能代替和节省前者;可是,二者中间的隔墙究竟又有多高呢?

首先,暂且将严肃的叙事诗和戏剧区别开来④。虽然二者都是在客观地表现,但是前者更多地表现外在、形态和巧合,而后者却表现内在、情感和决断;前者表现过去,而后者表现现在;前者是一种徐缓的延续,以致是行动之前冗长的序言,而后者是言辞和行动的抒情的闪光;前者由于地点和时间罕见的统一所损失的,同后者由于这两个条件所收获的,乃是一样的多。——观此种种,戏剧则更为抒情。试问我们能不使悲剧中的一切人物都成为抒情诗人吗?或者,如其不然,索福克勒斯的合唱队,岂不成了这部和声中冗长的噪音?

但是,在喜剧性中,叙事诗和戏剧的这种差别却又是多种多样的。严肃的叙事诗人可以尽量升高自己,想升多高就升多高:再高也高不

---

① 斯梯尔(Richard Steele, 1671—1729),英国启蒙作家,讽刺作家,艾狄生的合作者。
② 塞万提斯有八部喜剧、八部插剧(Zweischenspiele),阿利奥斯特有八部喜剧,菲尔丁有一系列喜剧,但其中只有一部分真正为让·波尔批评对了。——明兴版编注
③ 霍尔贝克除了剧本外,还写过讽刺小说《尼古拉斯·克林的地下旅行》等。福特在他的剧本《演说家》中,有很长一段关于雄辩术的讽刺讲演。——明兴版编注
④ 作者在本书第十一章《戏剧与叙事诗的历史虚构》中将详论二者的区分。

过崇高和顶峰,而只能达到崇高和顶峰;所以,无论如何,他必须去画那种使画家和对象融合为一的题材①。反之,喜剧的叙事诗人却远远扩大了画家和对象的对立;绘画的价值则随着二者的反比而提高。严肃的诗人好像悲剧演员,在他的内心,我们不愿也不能假定和注意他的英雄角色的戏拟和反面②;喜剧诗人却像喜剧演员,他通过客观的对照把主观的对照加了一倍,他在自己身上和观众身上树立起这种对照③。因此,同叙事诗的严肃迥然相异,主观性和它的对立面相比较,则凌驾平淡寡味的海面之上④。我说的是喜剧的叙事诗人;但是,喜剧

---

① 即他能够表现他最纯粹的个性、他最高尚的力量,从而在个性、力量中体现他的理想的那种题材。——莱比锡版编注

② 因为悲剧的激情作为禀赋,即使同最高贵的品质也并不相矛盾。由此产生的邪恶的结局作为准则,按照一种特有的史诗方式,将演员和一般人隔开了,并且是个性的一个比古代有形面具更好的面具;演员——即天才的和道德的演员,甚至不道德的演员——变成纯艺术性的了,他充其量更近乎裴维纳尔式的讽刺。然而,喜剧演员却必须每分钟更新和抓住他的意识和他的表演(两者在外人看来,实则是二而一的)之间的对照。一部拙劣的悲剧作品不能通过表演造就出一个弗列克,但一部拙劣的喜剧作品或许能够通过表演造就出一个伊夫兰。——戏剧的观众和读者的差别,给悲剧和喜剧提供了各自固有的规则,至少提供了暗示。对于戏剧的读者,机智、尤其是幽默能够补充许多具体的情节;对于戏剧的观众,绝顶的幽默——即使是福尔斯塔夫的幽默——在舞台上也容易变瘟;但是,有形的差误,口吃,错听,赘词(这一切因为容易通过重复制作出来,对于读者是无关紧要的),却以具体表现的魅力丰富了观众,并且这些差误在重复过程中,通过重新接近和多方面个性化的魅力,令人百看不厌。所以,例如在科兹布的《当差的手腕》中,不断喜剧性地响着一句弹簧发条似的台词:"当我从席托尔培到但泽旅行的时候"。(甚至阅读也期待和热望这句噱头的复现,只是在非常大的间隔中。)——反之,悲剧在舞台上可以把被掩盖的受苦的心分解为悲叹的言辞,但它却必须把外在情节的残忍的匕首尽可能地掩盖起来;我们愿意想象痛苦,而不愿意看见痛苦,因为比起外在的痛苦来,我们更容易为内在的痛苦所哄骗。——原注

③ 演员作为作品的聪明的表演者,表现着和传达着主观的对照,即被表演的愚蠢和观照愚蠢的诗人心灵之间的对比;作为这样的表演者,他必须凭借那种自由的、从更高的立场观照荒唐可笑的人世纷扰的喜剧精神;而他作为有限的、偏颇的剧中人物(他的愿望和周围关系处于喜剧性的矛盾中),则实现着客观的对照。——莱比锡版编注

④ 喜剧演员越高地凌驾他的对象之上,越广泛、越深刻地识别人类的愚蠢,并且越强烈地以其优胜的见识同这种愚蠢相对照,那么他的创作的诗的价值和影响,便越是伟大。——莱比锡版编注

的戏剧家(不同于他的舞台上的表演者)则将他的"我"完全隐藏在他所创造的喜剧世界后面;不过,这个世界必须同时以客观的对照表示出主观的对照,而且,如同诗人在隐嘲中扮演傻子一样,傻子在戏中必须扮演自己和诗人①。就这一点来说,如果悲剧的戏剧家是抒情的,那么依据同样的理由,喜剧的戏剧家便是客观的。只是,为了通过同猿猴形态和鹦鹉语言的恰当联系,来表达他的理想,为了像伟大的自然一样,通过傻子所属的动物界,继续发展神的肖像的典型,诗人必须站得多高,多稳,多美啊!——诗人必须能够颠倒地写他的手稿,以便在艺术反映中经过第二次倒转而显得明了易懂。这两种本性(神的本性和人的本性)在一体上的结合②是如此之难,以致往往不是产生二者的结合,而是二者的混淆,从而是二者的消逝。由此看来,既然只有傻子才同时表现和兼备客观对照和主观对照③,那么可知,在逻辑上不外乎通过三层差误来促成这一点:或者客观对照被夸大,即所谓粗鄙;或者主观对照被夸大,即癫狂和矛盾;或者两种对照都被夸大,即一种克吕格式④的或庸俗的德国喜剧⑤。但还有第四种差误,即让喜剧性格降低为抒情性格,让他说出思想,而不是激发思想,让他一味地嘲笑自己和别人,而不是本身变得可笑。据说,康格里夫⑥和科茨布为了不在这方面犯错误,往往过多地运用了机智。

---

① 喜剧家不应当对他的戏剧多嘴多舌,他的见解只应通过他的表现的明了性和一致性,即通过行为、对话、性格前后一贯的发展来表白;所谓 Raisonneur(法文:解答人),作者的传声筒,永远不过是一份贫困证明书。——莱比锡版编注
② 原文:(die)hypostatishe Union。
③ 所以,在现实中,即在主观对照存在于客体之外的情况下,并没有像在喜剧中那样荒唐的傻子。——原注
④ 克吕格(Johann Christian Krüger, 1723—1750),德国演员,喜剧作家。莱辛在《汉堡剧评》第八十三篇中对他有过评述。
⑤ 对于科茨布,遗憾的是,他有太多的机智和太多非诗的歧径,以致不能给我们写出很多比他那些像样的喜剧更好的喜剧。常常是在正路上走不了几步,他就给搬上了戏剧年鉴。——原注
⑥ 康格里夫(William Congreve, 1670—1729),英国戏剧家。"S. 詹逊在作家传记中谈到他,说他机智太多,不能当一个喜剧作家"。——明兴版编注

这种双重对照的困难，因此常常发生在另一类模仿法国羞怯即低级喜剧的作家身上，例如发生在格勒尔特①、魏采尔、安东·瓦尔②等人身上。有人说过③，年轻人容易写好一部悲剧，而不容易写好一部喜剧——这句话是真的；而另一种说法，即一切年轻民族正是从喜剧开始，并不因此同前一说法相矛盾，因为喜剧开始只是形体上的模拟，后来是精神上的模拟，直到最后才是诗的模拟。并非年轻人对于人的知识的缺乏（因为天才在青春时期也具有这种知识，虽然对于风俗习惯的知识的缺乏，在这里是更重要的），而是更高一级的缺乏，把年轻人关闭在喜剧之宫的门外，那就是对于自由的缺乏。幸运儿首先获得的是取之不尽的钱袋，然后才是那顶戴着可以凌空飞行的希望之冠，或自由之冠。阿里斯托芬、莎士比亚和歌齐等人的喜剧，没有成为风暴，没有成为凸透镜④，而是明媚的、久远的阳光；而这种监察职位，如同罗马时代的监察职位一样，没有成年的人，是担任不了的。

刘半九　译

译后记　让·波尔(Jean Paul，1763—1825)，德国著名幽默作家，原名约翰·保尔·弗利德利希·利希特尔(Johann Paul Friedrich Richter)。著有《快活的小教师马利亚·乌茨传》(1790年)、《赫斯培鲁斯》(1795年)、《昆图斯·菲克斯莱因传》(1795年)、《花、果实与荆棘片段；或称穷律师弗·席·西奔克斯的夫妻生活、死亡和结婚》(1796—1797年)、《提坦》(1800—1803年)、《淘气的年代》

---

① 格勒尔特(Christian Fürchtegott Gellert，1715—1769)，德国诗人，美学家。
② 安东·瓦尔(Anton Wall)，本名Christian Leberecht Heyne(1751—1821)，德国喜剧作家，小说家。
③ 见莱辛《汉堡剧评》第九十六篇。
④ 所以，在抒情的严肃中显得高贵以至崇高的作家，在谐谑中却变得粗鲁而又讨厌，因为他们不断地煽动着他们的热情。因此，席勒在论尼可莱兼论讽刺的鞭子时说道，这种鞭子要是给拿到某些人手里，他们不如同时拿起普通的鞭子来。甚至更高级的赫尔德有时在谐谑中，也忘记了高级的赫尔德。——原注
　　"见席勒《论素朴的诗和感伤的诗》：'当蠢态反映成为蠢态，当讽刺的鞭子落到天生要狠狠抽人一顿的手中，我们读者可就遭殃了。'"——明兴版编注

(1804—1805年)等,还写过一本《美学入门》(Vorschule der Ästhetik,1804年),一本《莱伐那或教育学》(1807年),以及其他政治杂文。

出身于小资产阶级,从小经受穷困生活的折磨,作者对于所谓"小人物"怀着温厚的同情。法国资产阶级革命更鼓舞了他对于民主的向往,对于封建教会势力的厌憎和反抗。但是他摆不脱德国资产阶级的软弱性,在反封建斗争中,不能真正认识人民群众的要求和力量;后来,由于找不到出路,便转而从内心寻求妥协。这种妥协在当时德国知识分子中间原是普遍的,必然的,有的人甚至可耻地向反动的封建和教会势力低头。让·波尔的可贵处就在于他政治上始终没有倒向反动阵营,而是孤独地走着自己的文学道路。无限的感觉和狭隘的现实生活的矛盾,构成他的一切创作的出发点,由此产生了作者的温柔的伤感、"含泪的微笑",也就是他所特有的幽默。

对于让·波尔,幽默无疑是一个掩饰他的牧歌式人道主义理想在当时德国冷酷的社会矛盾面前破产的工具。按照让·波尔的意思,幽默家应当抚慰人类,试图使人类同命运相调和,使他们能对自己的不幸微笑;当然,他并不要求抹杀不幸;他承认不幸,不过希望人们不去注意它,而要对它微笑,即使是含着泪水微笑。波尔式的幽默,实际上是德国小资产阶级的政治苦闷在艺术上的反映,是一种逆来顺受的产物。但是在作者笔下,不幸愈是使人微笑,便愈是露出了凄惨;社会矛盾愈是可以使人顺受,便愈是露出了它的横逆性。这毕竟是作者的现实主义特征。

让·波尔的作品,作为十八世纪末叶德国文学中伤感和讽刺的结合,投合了一些和作者同样苦闷的读者。当时,他为读者所倾慕的程度,几乎超过了歌德。他有一种特异的所谓"无形式"的风格,马克思曾为此称他为"文学上的药剂师"。这种"药剂师"式的风格,同时也限制了他的艺术成就。例如,滥用生造词、外国字,爱写复杂而冗长的复合句,一味搜罗离奇的想象、怪诞的比拟,以及落笔千言,离题万里等等,结果对自己创作的对象(性格和情节)不但没有最深刻的把握,反而使它们被湮没、被窒息在五花八门和珠光宝气之中,给读者留下了矫揉造作的印象。

尽管如此,让·波尔在德国文学的民主潮流中,仍然占有重要的地位,得以侧身于莱辛、赫尔德、歌德、席勒的伟大行列而无愧。他不但对于穷苦大众满怀同情,能够从贫贱中见出高贵,从弱小中见出伟大,同时还以幽默和讽刺的笔触进行了战斗。他嘲笑了德国的宫廷和贵族,挖苦了德国资产阶级的侏儒气和商贩气,并且在艺术思想上坚决反对以所谓"憧憬"代替现实的德国浪漫派。在哲学立场上，让·波尔当然是唯心主义的，早年并受过费希特的影响，但是他后来却尖锐地斥责费希特的"唯我论"。

作者不是专门意义上的美学理论家。他在长期的创作实践之后，才写出了一本《美学入门》。这本书并不是一本系统的全面的美学论著，可以说只是他对自己创作活动的一个理论上的总结，或者一个理论上的自我辩护。让·波尔在《美学入门》中，凭借感性经验的说服力，中肯而生动地道破了他作为一个成功的幽默作家的诀窍。

本刊这一期译载了《美学入门》第六章《论可笑》的四小节和第八章《论叙事诗的、戏剧的和抒情诗的幽默》的一小节。在前四节中，作者批驳了康德和其他同时代人关于"可笑"的定义，提出了自己的定义，即"可笑是被感性地观照的愚蠢"，接着区别了讽刺和喜剧性，断言"喜剧性也和崇高一样，绝不在于客体中，而在于主体中"；在后一节中，指出了戏剧的喜剧性所在，并规定了叙事诗喜剧才能和叙事诗戏剧才能的区别。

译文是根据德国卡尔·汉塞出版社（明兴）的《让·波尔全集》（1963年）第五卷译出的，并参考了德国书志学会（莱比锡）的《让·波尔全集》第四卷《美学入门》的编注。

关于美文学和艺术讲座
——导论(1801—1802)

〔德〕奥古斯特·威廉·施莱格尔①

  这次讲演的题目是关于美的艺术的理论、历史和批评。我不准备孤立地、个别地评述这三项中间的任何一项,而是尽可能设法把它们结合在一起,熔铸在一起。这不仅是因为我确信,这样办会使其中每一项变得更有裨益,更引人入胜,还因为它们如果彼此脱离开来,简直就不可能存在,而且其中一项永远只有通过另一项作媒介才能谈得清楚而透彻……

  美的艺术和美的科学的理论。后一个附加词是不适当的,美的科学本身就包含着矛盾。因为科学是真理的一个体系或者一个井然有序的整体,其中每一条真理必然是从前一条真理产生的。因此,一切科学就其本性而言都是严谨的,其中完全排除了游戏和自由的面貌,

---

① 奥古斯特·威廉·施莱格尔(1767—1845),德国浪漫主义的理论代表之一,一七九六年在耶纳与其弟弗·施莱格尔共同创办了《雅典女神》杂志,鼓吹浪漫主义的理论。一七九八年他执教于耶纳大学。在这段时期,他们兄弟成了德国浪漫主义耶纳集团的核心人物。一八○一年他在柏林期间主持了《关于美文学和艺术讲座》,系统地阐述了他对艺术本质的看法。这里所收的即是这部著作的导论部分。一八○八年奥·施莱格尔在维也纳又做了题为《关于戏剧艺术和文学的讲演》。除了一些理论著作之外,他还写了一些诗和剧本,但成就不很大。奥·施莱格尔还是一个杰出的翻译家,他所译的莎士比亚戏剧直到今天仍有一定的价值。
译文选自《德国散文精选》(北岳文艺出版社 1999 年版)。

而这正是一切美所不可缺的。毫无疑问,这不过是 belles-lettres① 的一个笨拙的翻译,而且据说作诗法和雄辩术就是两门美的科学。同时,这个如今几乎老掉牙的名称还可能助长一个荒谬的要求,似乎艺术的科学本身应当是美的。人们认为,谈起艺术来总不免要讲些美的词句,因此才这样肤浅地附庸风雅。

但是,即使"美的艺术"这个说法,也不免令人怀疑。有人认为,艺术除了美之外,决不应当也决不可能产生别的什么,因此美就是艺术本身的目标和本质,那个形容词至少流于浮词赘语。还有人认为,美和艺术这两个领域究竟是互不相干呢,是互相干预呢,还是完全重叠呢,都还大成问题,所以这个附加词侵害了研究的进程,超出了艺术存在中既有的纯粹事实。还有些理论家原本否认美是各种各样只令人感到适意和美好的事物,不是把感性欢快、就是把教训和道德用途当作艺术的最终目的,但他们依然不断地把艺术称作美的艺术,这就说明了"美"这个词在这个短语中是按照通俗的用法,用得相当欠考虑。

另一个称法是由鲍姆嘉通发明的,此后就在德国流行开来,现在还流传到了国外,那就是 Ästhetik(美学)。这个词的本来意义是:关于感性知觉的学说。因此,只要这门学说涉及感觉的工具,它便只能带有生理学的性质;只要它从自然规律来阐明各种感觉的现象,它便只能带有物理学的性质。这类科学实际上是由视觉器官和听觉器官建立的,即光学和声学。但鲍姆嘉通发明这个名词,则完全另有所指,即一种对于低级(感性)认识能力的分析,这种认识能力是高级认识能力或逻辑的对立面。正如后者教导人们正确运用理智,前者则教导人们正确运用低级认识能力,但两者都未必能做到这一点。整个误解的根源在于按照沃尔夫体系对感性作了错误的理解,这个理解在后文概述艺术理论的各种处理方式时还将再谈到。沃尔夫学派把直觉说成是一种混乱的思维,也就是某种纯消极的东西,是思维的局限,他们因此

---

① 法语:美文学、纯文艺。

就否认了直观。康德恢复了直观的本色,他还首先按照其真正含义使用过 Ästhetik 这个名称。例如他在《纯粹理性批判》中把论述感性知觉中普遍适用,必然产生和本身确定无疑的成分的一章称之为 die transzendentale Ästhetik(先验的美学)。他在其中一条注文里驳斥了沃尔夫式的用词惯例,不过他本人后来也重蹈覆辙,例如他把他的《判断力批判》的前半部便称之为 Kritik der ästhetischen Urteilskraft(审美判断力的批判)。

继康德之后,在反思哲学家(Philosophische Selbstdenker)的文章中还一再出现 Ästhetik 这个词,尽管大家经常看得出它的悖谬,现在到了彻底废除这个不适当的名词的时候了。无疑,它造成了严重的损害:das Ästhetische 已变成了一种真正的 qualitas occulta①,在这个不可能的词儿后面可能隐藏着许多什么也不清的论断,许多循环论证,这些货色如果赤裸裸地摆出来,都会令人目瞪口呆。

当然,鲍姆嘉通还是有功劳的,首先他有意识地尝试过(虽然没有成功)完满地建立一个哲学性的艺术理论。因为,他的前辈们所写的有关论述,有一些零碎不全,荒唐不稽,有一些连提倡者本人也搞不清楚,他们的某些命题究竟有没有或者又有多少哲学价值。

一门艺术的哲学理论和纯技术理论的区别。后一种理论提供了可以把任何东西加以规范化的办法。它预定了一个必须实现的目的,反之,哲学理论则把这个目的本身作为研究的对象,它只是把它作为必然的结论引申出来。前者指出,某事物怎样才能做得到;后者指出,一般应当做到的是什么。例如,力学教导我们,物体的相互作用怎样才可以由于万有引力、弹性等等,被用来达成物质世界中的许多后果。但是,这些后果是不是应当发生,为什么应当发生,力学是不关心的,它只是一门纯技术理论。反之,关于国家的理论即政治学才是一门哲学理论,它必须事先证明人按其本性应当生活于国家中,然后才得出

---

① 拉丁文:玄虚。

一个完善国家的概念。至于这个国家必须怎样逐步实现,这个办法在应用政治学中才有所规定。

康德的盲从者们千辛万苦地去建立艺术的哲学理论,这些理论没有一种能够先验地演绎出——例如——经济学。此外,它们就只达到了一些空洞的原则公式,这些公式大体上同莫里哀笔下的资产阶级贵族所学的击剑术的最高原则差不多。一种健全的技术理论无疑比一种什么用处也没有的哲学理论优胜得多;从前者还可以真正学到一点什么,在后者里面只可以找到一些空荚壳。

那么,试问,究竟能不能有一种所谓美的艺术的哲学理论呢?
…………

一座房屋是用来在里面住人的。但是,在这个意义上,一幅画或一首诗又有什么用处呢?一点用处也没有。许多人一向善意对待艺术,但是如果试图从效用方面来推荐它,那就未免方枘圆凿了。这等于把它极度贬低并把事情完全搞颠倒了。毋宁说,不愿意有用,才是美的艺术的本质。美在某种意义上是效用性的对立面;它就是使效用性成为多余的东西。一切有用的东西都从属于它为之有用的东西。因此,必定会有某种作为最终目的或者自在目的的东西,否则人们将带着无穷无尽的有用的东西再去找另一种东西,而效用性这个概念归根到底没有任何现实意义。

如果说美的艺术如我们所已见,并不适宜于而且也没有为一个有限的目的服务,因而不应当愁眉苦脸、装模作样,那么美的艺术就必定会符合这样一种自在的目的。这样说,并不违背我们前面的说法,即美的艺术是无目的的,因为,具有一种绝对目的的东西,又以某种方式显得无目的,原来我们通称之为目的者,不过是知性的一种有限任务,是一种绝对目的的否定而已。一般说,可以把艺术解作真正完成人在自然中任何一种目的的技巧。人的目的有些是有限的、偶然的,有些又是无限的、必然的。只有从追求后一类目的的艺术中才能产生出一种哲学理论,因为哲学不研究别的什么,只研究人的精神中永恒不变的东西……

一旦有人宣称,正如我们后来当然也会宣称的那样,美的艺术的一种哲学理论是可能的,我们因此便为美的艺术找到了一个标志,它使我们有理由在一切行业之先,在机械的、有用的或适意的技能之先,把美的艺术优先地称之为艺术。倒不如在这个意义上把各种艺术的集中体现称之为艺术:这就是说,它的共同点(人的目的)才是它们本质所在,而它们的区别点(表演手段)则是偶然的。按照这种说法,它们的哲学理论按照伦理学、法学、科学直到政治学类推,便可称为最适宜的艺术学了,因为人们一致同意,在一切美的艺术中,除了机械(技巧)部分外,在这一部分之上还有一个诗的部分;这就是说,在这些艺术中可以看出一种想象力(ποιησις)的自由的创造性的活动。那么,在更普遍的意义上说,诗才是一切艺术所共有的,它只是按照其表现的特殊范围而有所变化。

那么,这样一种艺术学或诗学将提出什么样的见解来呢?

它将不得不提出如下基本原则:艺术应当是艺术,或者说,不得不产生出美来,如果我们愿意这样称呼艺术对象的话。它必须把这个基本原则视同一般哲学的最高原则。此外,它还不得不证明美的自主性、美的本质特征及其对于伦理上的善的独立性:它将坚持艺术的自主权(如果从事艺术创造的才能甚至为它提供了规律,它就是自主的;如果它不得不从无关的才能借用规律,它就是不自主的)。于是,它将测量并描绘出艺术的全部可能的范围,还将确定出不同艺术的特殊范围及其不同品种的必然界限,并通过不断的综合,进一步达成最明确的艺术规律。

....

现在我来谈谈艺术史的概念及其对理论的关系。按照通用的概念,历史是让我们了解已经发生的事件和变故。那么,乍看之下,它似乎同理论完全相反,因为它教导人们认识实际的事物,而不像理论那样研究可能的和必然的事物。但是,所有实际事物倒真正是必然的,只是其中的必然性往往不可能直接看见,有时甚至完全不可能看见。一大堆没有联系、没有整体意义的事件,除了在同一地点(一个城市、一个国家)发生外,没有任何共同点,除了时间上的次序,也没有任何次序可寻:这就是历史最粗糙的形态。这是纪年法,它几乎对一个小城镇的案卷都不够用,那些案卷除了记录官吏的定期选举,偶尔记录一两次冰雹或火灾之外,本来什么大事也没有。如果说历史就是这个样子,那么它无疑是最烦难、也最贫乏的记忆。但是,如果人们的精神略为审慎地观察一下某个事件,他就会设法从它的发端来把握它,就是说,追究它的原因。这样,他将设法在历史中把事件的联系作为彼此的因与果来陈述,并将为那些没有这类联系的事件从其他一系列事物中寻求原因。果是和因同时在一起的,果因此被认为是必然的,但这只是一种有条件的必然性,因为直到我认识下一个原因的原因为止,这下一个原因在我看来又是偶然的,可以如此无穷尽地追溯下去。因此,历史决不可能达到无条件的必然性的认识,因为它不可能提出绝对的第一原因,因为万物的起源消失在我们从历史上对之一无所知的时间阴影之中。

由此看来,历史将不得不在实际事物向必然事物的过渡中发展自己的业务。但是,不言而喻,天下事千差万别,千变万化,仅仅为了知道并记住一个城市在一个小时中所生的一切事件(如果能够知道一切的话),一个人就可能耗费他一生的光阴。这样,历史要是没有一个原则来选择事实,它将重新消失在无目的的令人疲惫的冗杂状态之中。大家一致同意:历史只应记录重大事件。那么,什么才是重大的呢?当然不是平凡的事件,但一些非凡的、怪异的事件,要是没有更多的意义,没有持久的影响,也称不上是重大的。这还是编年的方法。个别的人们,如果思想上超不出对于表面生活的忧惧,永远机械地重复狭隘的业务,他们是不配在历史上占一席之地的。如果整个人类正是这个样子转圈子,历史也就变得毫无希望,完全不配由一个有思维的心灵来写它了。但是,每个比较高尚的人都感到自身有一种不断接近某种不可企及之物的追求,他把这种追求归之于整个人类,只有人类才是不朽的个人。这个决定历史的全部价值的要求,因此是对于人类的不断进步的要求,它的对象只是其中能够产生这种进步的一切事物。所以,全部历史乃是使人类达到它的自在目的,也就是达到善、真、美的教育史,其主要种类有:政治史(社会人的伦理生活取决于各民族结合的国家,政治史就指明这种国家的形成过程),科学史(特别是哲学史)和艺术史。

....

这就清楚地说明了:历史和理论正因为性质不同,沿着相反的方向活动,所以二者努力彼此迎合,一个努力向另一个转化。……迄今有足够的事实证明,艺术史不可能缺少艺术理论。因为每个个别的艺术现象只有联系到艺术的理念,才可以显示出它的本色,即有助于发展理论,而谁要是多少明白一点艺术的理念,他便具有了理,虽然他还没有讲出它来。

从另方面来说,理论没有艺术史,也同样不能存在。首先,它的产生一般以艺术的事实为前提。因为,如果我们在世界上任何地方都没有从事过艺术,我们怎么会想到要研究人类心灵据以从事艺术的规律呢? 但是,艺术的事实又只能通过抽象才可以设想为一个不确定的事实,这就是说,如果一般地存在着一门艺术,那么这门艺术正像它在不同的时代,在不同的民族中间已经形成的那样存在着。这一个事实因此就包括了历史的整个内容。当然,理论一开始是把这一点置之度外的,它只关注最普遍的东西;但它不断给后者增补了细密的规定,最后甚至碰到了民族的和地方的制约。

可能会有人认为,如果理论一旦包含现有艺术的普遍事实,那么它就可以同历史告别了,就可以不关心历史,继而来讲艺术所应完成的内容了。但是,由于下列两个原因,它做不到这一点。一因它的对象不是按照单纯概念就能认识的,它因此必须不断论及对象本身;二因美的艺术的任命完全是这样的,其可能性只有通过实际的解决才能认识到。因此，它为了可以被理解，并为了可以照其概念而得到证明，必须表述历史向它提出的一系列相应的见解。历史对于它是永恒的法典，它只有努力不断完善地阐明和披露这一法典的启示。

凡此种种，一言以蔽之，就是一个尽人皆知的真理，即美的艺术只有通过例证才能讲得清楚。

…………

一般说来，真正写好一部艺术史，是一项非常艰巨的任务。首先由于在如此重要的古代史中有着巨大的不可弥补的漏洞。由于缺乏详细资料，常常不得不从一首诗来推测某一时代的精神，那首诗乃是从那个时代给我们留下来的唯一纪念品，而且甚至还得重新回到当时的观点才能加以评断。因为天才多少是无意识地行动的，所以一部作品的作者最明确的说法也可能使人对他的意图和见解产生误会。维吉尔和但丁就是例子。归根到底，历史性的表现是艰难的，因为它关系到最高级表现的作品。因此，完全直观的艺术史即使采用散文形式，也是一首二次幂的诗，而艺术的发展也许可以最深刻地表现在一部伟大的诗篇中。

希腊人当然不可能有自己的艺术史，因为从诗的方面来说，他们不知道任何别的民族，可供他们作为自己发展的比较点，而且一般说来，他们感觉自己多于理解自己。罗马人不过是希腊人的模仿者，他们钻研了希腊人所有的艺术形式。大多数近代民族则片面地局限于自己的民族性，并在一定程度上认为，只能够模仿古人。他们的文论家们根本没有注意到，他们最伟大的头脑正在努力创造完全不同于古人的作品，他们按照古人的一套来理解这些作品（例如，西班牙的学究们就是按照亚里士多德的规律来解释《堂·吉诃德》的），或者干脆忽略个中的精华。这个任务似乎只有留待德国人来解决了。只有他们才把专和博结合起来，他们的民族性正在于能够随意舍弃他们的民族性。一部比较真实的艺术史，也是在他们中间开始着手的。可以把温克尔曼称作这种艺术史的真正创始人。他从精神上说是一丝不苟、有条不紊的,尽管在作品的形式上完全不是这样。他首先认为整个古代艺术世界统一而不可分,把它看作一个有机的整体,看作一个特殊的个体。在古代造型艺术中,他至少正确地提出了原则,从而使研究工作走上了正轨。当然,还有很多很多问题有待于缕述。例如,对于诗的历史,他不过略加一瞥而已。后来在这方面取得了重大的进展,但仍然留下大量的工作要做。

对于艺术史来说,最重要的是承认现代趣味和古代趣味大有差别。人们(特别是路易十四时期的法国人)常常争论古人与今人孰优,但他们只是按照程度、而不是按照方式来识别他们,通常只把那些完全按照古风修养自身、试图遵循古典途径继续前进的作者同古人相比。现代文学史中真正划时代的作品,按其整个倾向、按其最本质的愿望而言,是同古代的作品相对立的,但却不能不承认它们是优秀的作品:这个观点最近才有人提出来,但也引起了不少异议。人们把古代文学称之为古典的,把现代文学称之为浪漫的;我在后文申述这些概念时将要指出,这种称法是很恰当的。艺术史上的一个伟大的发现是,人们(由于承认古人有无限的权威)迄今视之为艺术的整个领域的,只不过这个领域的一半。古典的古代按照这个观点来理解,远比单从其自身来理解要更好。古代趣味和现代趣味的这种巨大的普遍的背反(这种背反还见于其他艺术),是由历史提出来的,只能留待理论来解决,我们因此在这里又看到理论同历史的内在的相互联系了。那些想按照一种分析哲学把一切归结为僵死的一律的人,一听说对立事物也有同等的尊严、同等的权利,他们立即便会垂头丧气,认为自己陷入迷津了。但是,如果情况不然,我们反倒会感到奇怪,因为我们知道,我们的整个生活就建立在不断解决和不断更新的矛盾的轮回之上。外在的物质世界的诸相也是从同样的矛盾产生的。我们在外在物质世界的种种形象中间,很容易感受到艺术的背反。因此,可以把古代文学设想为一根磁线的一极,把浪漫文学设想为另一极,而历史家和理论家为了正确观察二者,则必须努力保持在心理零点之上,当然,我们的历史知识决不可能完满无缺,它永远得由预测来补充。久而久之就可以看清,我们目前视之为另一极的东西,只不过是一次过渡、一次生成(其性格甚至可以用浪漫文学中的可能性来显示),而且正是这样,未来将会提供与古代文学相适应而又与之对立的整体。
....

刘半九　译

马克思和比喻[*]

[德]弗朗茨·梅林

卡尔·马克思在《资本论》第二版所加的跋语的一条注释中写道："德意志庸俗社会学的满嘴流涎的笨伯们叱责我的著作的文风和表达方法。没有谁能够比我本人更严格地批判《资本论》文字上的缺点。不过，为了对这些先生及其读者有所补益并使他们感到快意起见，我想在这里摘引一个英国人和一个俄国人的批评如下。"①在俄国人的那条批评中是这样说的，马克思跟大多数德国学者差不多，他们都以那样晦涩而枯燥的语言写书，使普通人读起来简直都要胀破脑袋。

卡尔·马克思的语言是值得深入研究的；这样一项研究大大有助于认识其人其书。但是这项任务并不容易，它也不是他的后辈所应做的首要工作；他本人未必会希望人们因此而忽略了对他的思想进行切实的宣传。所以，至今只有几条零散的注释来谈论他的语言。为了纪念他的忌辰，我们批判地浏览了资产阶级学者们惯于对他的文风和表达方法所作的最流行的谴责，但即使在这里也不宜举更多的例子。从

---

* 《马克思和比喻》刊于《文艺理论译丛 1》(中国社会科学院外国文学研究所《文艺理论译丛》编辑委员会编，中国文联出版公司1983年版)。

① 见《资本论》，第一卷。由于本文着重研究马克思的文风，此处及其后各处引文均系本文译者自译。

威廉·罗歇尔①先生直到最年轻的大学讲师，他们一致谴责他欢喜打比喻，比喻本身无可非议，但却表明，他决不是一个有卓见的人，而只是一个有才智的人，这种人囿于"朦胧的神秘主义"，只善于以完全模糊的、"用形象补缀起来"的方式解释历史唯物主义。

　　对于这一派胡言，只需引证一下亚里士多德的话就够了，据说天才的标志就是 το δμοιον δεωρειν（认识相同的事物）。诚然可以说，天才的这一标志同样也是笨伯的标志；在十六世纪路德的语言和十八世纪歌德的语言所具有的感性力量和新鲜气息之间，还有十七世纪的靡丽文风和夸饰文风，阿尔布莱希特·封·哈勒②曾经说过，这种文风就是一种"把比喻作为气泡来垫着漂浮的大言壮语"。只是这个事实一点也没有驳倒，反而证实了亚里士多德的话。夸饰文风的作者们正是不能认识相同的事物，他们才把不相同的事物勉强地扭在一起。在这个问题上大作文章，不过证明了鼠目寸光，分不清少女脸颊上焕发的红润和老处女用以打扮枯颜的刺目的胭脂。

　　在德国古典作家中，莱辛大概是把比喻作为文学表现形式研究得最多的一位。他曾经用一个绝妙的比喻描绘过自己：他作为诗人不是天生的，而是后来变成的——他作为比喻大师也可以这样说。在他早期的著作中还看不出多少对比喻的爱好，即使有一些，也表现得并不总是成功的。莱辛在《拉奥孔》中还这样写道："仅仅一个比喻证明不了什么，也辩白不了什么"，同一页还有几行却这样说："虽然如此，这里意义等于零，画面就是一切，而没有画面的意义却使最活泼的诗人变成最无聊的饶舌家"，这些话的片面性在莱辛后来的一个比喻中被纠正过来，他承认在完美的表现中，概念和形象有如夫妇一般互不可少。莱辛阐明了问题的两方面，他既写道："要不是过分地、刻意地运用最大胆的譬喻，诗人怎么会变得浮夸呢？"他又写道："我当然要设法通过想象的合作来影响我的读者的知性。用形象来装扮本旨，用暗示

---

① 威廉·罗歇尔(1817—1894)，德国资产阶级国民经济学历史学派奠基人。
② 阿·封·哈勒(1708—1777)，瑞士医生，诗人，卢梭自然观的先驱。

来表达引起一个个联想的附带概念,我认为不仅是有用的,而且是必要的。谁要是不懂得这一点,就决不要想当什么作家,因为所有好作家都只有这样才变成作家的。"莱辛在《反格采》①这组文章中就是这样说的,因为他的才智横溢的灿烂比喻引起了汉堡那位可怜的大牧师的令人心碎的责难,正如马克思的比喻引起了罗歇尔及其同伙的责难一样。

歌德不像莱辛,他作为"比喻制作者"(他这样自称)不是变成的,而是天生的。大家知道,他在一首诗中说过,人们不应阻拦他打比喻,因为否则他将不知道怎样来表达自己;他还给封·斯坦因夫人这样写过,"我在用比喻同桑绰·庞萨的谚语赛跑。"而这个比喻恰好说中了歌德所有的比喻。谚语就是人民用以思考和创作的比喻,歌德为了使他的语言具有形象和意义的坚实丰富性,早就欢喜满口"老百姓"的腔调。正如我们古典文学的领袖一样,我们古典哲学的领袖也是一个伟大的"比喻制作者";黑格尔在这一点上也比康德跨前了一大步,康德真得为德国学者们的蹩脚的学生腔负咎,特别因为他本人曾经很好地驾驭过一种明朗而悦目的文风,他的过失就更大了②。黑格尔的语言以十分夸张的方式变成了一个笨拙而晦涩的思想纺织厂;黑格尔的传记作者罗森克朗茨说得很中肯,他的语言充满了德语中从中世纪神秘主义到启蒙主义的一切因素,它特别以一种常常显得既大胆而又有说服力的形象性著称。

在这一点上,正如在其他方面,马克思是黑格尔最聪敏的学生。他也天生是一个"比喻制作者";在他的博士论文中,比喻仿佛是从一个取之不尽的底层涌出来的。整篇文章就好像一个大比喻,说明

---

① 约翰·麦尔肖瓦·格采(1717—1786),汉堡传教士,是莱辛在一七七八年宗教论战中所遇到的最顽固的敌人,他的名字仅见于莱辛的论战文章《反格采》中。
② 本文作者在另外的地方这样说:"在哲学方面,他(指康德)也把他的革命性隐藏在一种阴暗而晦涩的学院语言中,他使用这种语言,简直是对德国语言犯了重罪,尤其不可恕的是,如许多人所指出的,他本来是能够写得生动活泼的,特别是他的早期著作。"(引自《保卫马克思主义》,人民出版社1982年版)

伊壁鸠鲁的自然哲学怎样在天体说中取得它最大的胜利,又怎样正由于碰到这些天体而全盘瓦解。马克思在青年时期就已运用比喻了:"这种精神在哲学家的头脑中建立了哲学体系,头脑则用工厂的人手造成了铁路。"①这个比喻也是他青年时期写的:"宗教只是幻想的太阳,只要人没有围着自身转,它就总是围着人来转。"②马克思大约在《政治经济学批判》中最富于比喻了,他在该书序言中想必"用形象补缀"了历史唯物主义方法,而且是用非常模糊的方式;后来在《资本论》序论那一章中也是这样,这部著作又一次综述了前一部早期著作的内容。

我们认为,纯粹就写作观点而论,马克思在这一章中达到了他的写作成就的顶峰,我们可以在这一章中最明白、最精确地研究他的比喻的本质,而且(并非无所谓)还可以从中认识一下,为什么资产阶级学者们那样痛恨马克思的比喻。

"乍看之下,一件商品似乎是一件不言而喻的、微不足道的东西。把它分析一下就可知道,它是一个非常古怪的东西,充满玄学的狡狯性和神学的狂想。只要是在它的使用价值的限度内,……它便毫无神秘性可言。例如,用木材做一张桌子,木材的形态改变了。尽管如此,桌子仍然是木材,一个普通的、可感觉的东西。但是,它一旦作为商品出现,就变成一个在感觉上超感觉的东西。它不仅用脚站在地上,它还面对所有其他商品,用头倒立着,并且从它的木脑袋中演绎出种种怪癖,远比它开始自动跳舞更加不可思议。"③所有木脑袋只会大量制造超感觉的空论和神学的狂想,而不能像一张普通的可感觉的木桌所显示的那样,制造出那么富于感性的东西,他们难道不会痛恨马克思的这段话吗?

在马克思笔下,比喻从来不是装饰品,从来不是单纯的辞藻。但

---

① 见马克思为《科隆报》第一百七十九期所写的社论。
② 见《黑格尔法哲学批判》导言。
③ 见《资本论》,第一卷。

是,它也不像在莱辛笔下那样,只是一个帮助读者更好更容易理解本文的杠杆,一种不仅作用于知性而且是作用于想象的努力,它乃是对于相同事物的一种最初的综观,乃是莱辛所谓的概念与形象在其中有如夫妇相配的那种完满表现方式之被实现的理想。马克思运用的比喻,正是思想的感性的母亲,它从她才得到了生气勃勃的呼吸。

资产阶级学者们不懂得这一点,这里根本用不着他们的恶意来帮忙。他们不能懂,甚至也不敢懂。如果在他们的大学讲坛上,革命辩证法的形象力变得生动起来,那么资产阶级社会又会成个什么样子呢!所以,那些出色的爱国主义者便像发狂一样,唠叨什么"暧昧的神秘主义"和"补缀起来的形象";因为马克思的比喻从最高级来说,乃是天才的秘密,这个秘密对于他们毕竟是一个永恒的哑谜。

他们认为,马克思的比喻赶不上他们的"概念分析",赶不上那些单调地撞击着资本主义监狱四壁的超感觉概念之永恒的幢幢鬼影;他们引以自傲的是,为了说明拥抱这些鬼影不会产生一个活生生的婴儿,根本不需要"暧昧的神秘主义",不需要"补缀起来的形象"。在什么也没有的地方,连比喻也丧失了它的特权啊。

译后记 弗朗茨·梅林(1846—1919)当然是第二国际时期最重要、最广博、最有影响的马克思主义理论家之一。他的一些名著如《马克思传》《德国社会民主党党史》《德国近代史》等早有中译本问世。最近人民出版社还出版了他的一本哲学选集《保卫马克思主义》,人民文学出版社出版了他的一本文学论文集《梅林论文学》。但是,梅林的理论遗产对于我们,还只是未窥的全豹,还有待于进一步介绍,特别有待于我国学术界进一步研究。

梅林从资产阶级民主主义立场转到无产阶级革命立场以后,在哲学、政治领域同第二国际的修正主义思潮进行了长期的斗争,保卫了历史唯物主义和马克思主义革命原则,有过重大的贡献。在文学艺术方面,他认为辩证唯物主义的任务正在于尽可能全面地把握文学现象的复杂性,批判了第二国际时期盛行的庸俗社会学艺术观的简单化倾向。此外,他还在工人群众中间进行马克思主义通俗化的工作,取得了卓著的成就。所有这些都是值得后人认真学习的榜样。

但是，梅林的整个理论生涯也有不少经常引起争论的问题，例如他对拉萨尔的评价问题，在弗莱里格拉特事件中的态度问题，以及对革命时期的无产阶级文学前途的估计问题。在哲学上，他认为德国古典哲学的中心人物是康德而不是黑格尔，同样在美学上，他重视康德的《判断力批判》超过黑格尔的辩证法大厦——《美学》。这只是他同拉萨尔共渊源的一方面表现。因此，他不能科学地解释拉萨尔为什么偏爱席勒，而马克思为什么欣赏塞万提斯、莎士比亚、狄德罗和巴尔扎克，仅简单地归之于各人的口味不同。在无产阶级文学问题上，梅林一再断定"没落的资产阶级再不能产生伟大的艺术，而上升的无产阶级则还不能产生伟大的艺术，尽管它在心灵深处对艺术怀着热望"（见《美学漫游》，1899年）。毋庸讳言，梅林在上述这些问题上始终同马克思、恩格斯有着深刻的分歧。这些分歧不是三言两语说得透的，其中涉及一些根本性的理论问题；但是，如能经过全面而深入的研究，把这几个长期没有说透的理论分歧大体上说清楚，无疑有助于我国文艺理论工作的开展。

《文艺理论译丛》复刊了，并将以充分的篇幅介绍早期马克思主义批评家们的文艺理论，这是一件十分切合时宜的大好事。遵照编者的嘱托，译介了梅林两篇过去在我国没有翻译过的论文。这里的第一篇《马克思和比喻》，标明写作的日期是一九〇八年三月一十三日：正是为纪念马克思逝世二十五周年而作的。这篇文章不长，但却精辟地分析了文风问题。作者指出，比喻有两种：一种是花哨、夸张的浮词赘语，它"正是不能认识相同的事物，他们才把不相同的事物勉强地扭在一起"；另一种是马克思的比喻，它"是对于相同事物的一种最初的综观，乃是莱辛所谓的概念与形象在其中有如夫妇相配的那种完满表现方式之被实现的理想。"

本文最初发表在了《新时代》一九〇七至一九〇八年第二十六期年刊，第一卷。现译自《梅林全集》，第十二卷，柏林狄茨出版社一九六三年版。

资本主义和艺术[*]

[德]弗·梅林

I

几个月以前,德国首都举办了一次国际性的艺术展览。表面的缘起是"柏林艺术家协会"成立五十周年纪念。这个协会是一个极其奉公守法的会社,它几年前由于流年不利,在一位普鲁士检察官手里留下了一份保证它品行端正的悔过书,所以连它的周年纪念也没有能够稍微和缓一下它的原则的严格性,从而使工人协会有希望得到比较便利的入场条件。也可能是它出于对工人的好意,只想避免一场煞风景的失望。因为假如这些工人仍然相信,他们也属于值得来一次艺术表现的世界,那么这次国际性艺术展览便会使他们恍然大悟。在这四五千件展品中间,每千件未必会有一两件能使有阶级觉悟的工人感到那种适合他的思想和感觉、生活和苦难、斗争和追求的气氛。

在这样的情况下,不妨问一声,《新时代》报道一下这次展览,是不是必要的,或者是不是恰当的。如果指的是资产阶级报刊流行的报道,这个问题的答案无疑是否定的,那些报道往往挑出一两百件"最卓越"的展品,每件备有一段"艺术评语",然后由不学无术者流在啤酒

---

[*] 《资本主义和艺术》刊于《文艺理论译丛 1》(中国社会科学院外国文学研究所《文艺理论译丛》编辑委员会编,中国文联出版公司1983年版)。

桌或茶桌上高谈阔论一番。诸如此类的报道，即使在资产阶级报刊中（只要它们稍微认真对待一下自己的任务），也是天下最多余的东西，因为"艺术评语"毕竟是另一码子事。资产阶级世界观根本没有为这种评语提供任何可靠的尺度，尽管每个人只是在资产阶级报刊的头版头条上阅读关于国际展览会上个别艺术品的乱七八糟的评语，而且每个人都很容易从字面上来相信它。这个现象的内在原因就是，唯物主义历史观对于资产阶级报刊乃是一个不解之谜，——为了惩罚它的生存！——也不得不是一个谜。正如在一个时代的政法机构中，以及在它的政治、哲学和宗教观点中一样，在它的艺术创作中也反映出这个时代的经济关系来。从某种倾向来看，甚至首先是在那些艺术创作中反映出来的。在法律和政权方面，在政治、哲学和宗教中，即使统治阶级也只是在某种程度上参与讲话；但是在艺术中——只有抒情诗和叙事诗例外——唯独统治阶级才有发言权。且不说音乐和戏剧，整个造型艺术在今天的资产阶级社会，更是完全以资本主义前提为基础，正如物理学家在实验中把一些自然现象归结为它们最简单的形态；尽可能避免它们实际上所伴随的种种干扰，从而最清楚地指示了气压、重量、电一样，社会政治家在一次国际性艺术展览中也有最可靠的价值尺度，来判断资本主义对于各国人民生活的思想影响。

特别是德国的一些资产阶级，它们对于资本主义和艺术的相互关系，即使没有一个明晰的意识，也确有一个清楚的预感；如果不是它们在这个领域里以专制君主自居，它们也不至于以噪耳的掌声来欢迎一个内行的底比斯人①的建议，即把艺术看作借以自拔于泥潭的发辫。《教育者伦勃朗。一个德国人著》这本书，在不到一年内，至少据其扉页所称，已经印行了三十三版；不管怎么说，它在一个就德国资产阶级的教育状况来说是史无前例的范围内被阅读着，还有无数的剽窃本（这在一个贪求利润的社会正是最可靠的成功标志）冲击着资产阶级

---

① 底比斯是希腊神话的发源地。"底比斯人"在此处系讽语。本文译注不逐条说明。

的书市。这本书是为"德国知识界的佼佼者"而写的,要求他们"转向艺术"以拯救"德国民族的精神生活"免于"缓慢的、有人认为也是迅速的堕落状况"。必须保护"德意志特有的思想方法","俾斯麦就有这样的思想方法;正如他经常所强调,他系出易北河左岸,这就使他在人种上和政治上既不同于容克地主,又不同于进步党人。现在就可以在施滕达尔和唐格明德①之间,在低等民族当中找到一种最强悍的人了,闪亮闪亮的蓝眼睛,又大胆又谨慎的面部表情;古老的萨克逊精神活在他们身上,俾斯麦必定是他们的一个高贵的翻版。"我们不妨单刀直入吧!"正如在造型艺术品中可以区分对称轴和韵律轴一样,这种分法也适用于德意志民族的未来生存;它的对称轴和政治轴必须一如既往地指向波罗的海;但它的韵律轴或精神轴则必须从今而后指向北海。这两个轴一般可以用两条河的方向来称呼,即和煦的莱茵河和阴凉的奥得河;在这两条河流的交叉点上,在为这两条河流划出一道中线的那条河上即在易北河上,就是阿尔特马克——普鲁士的核心和俾斯麦的诞生地。这两种因素,政治因素和精神因素,一方面相辅相成,另方面相互歧异,正由于上述地理关系而表现得最为可信,而新德意志的体现者——俾斯麦则因此似可称为德意志民族性格赖以完成其绕轴旋转的枢轴了。是易北河左岸而不是右岸,是德意志的莱茵河而不是易北河,再次成为德意志文化的命脉。伦勃朗——梵·里因——就是德意志个人主义的处于自由而又受束缚的运动中的磁针所不断指向的北极,远在这个北极的那一方还有一颗美丽的北极星,它就是莎士比亚。真正德意志文化的轴从俾斯麦经过伦勃朗通向了莎士比亚。"够了:这正好像俗话说的,十万个傻子在合唱!从这本包括三百多印张的著作中摘引这几句话,完全可以作为德国资产阶级今天狼吞虎咽的精神食粮的样品。不幸中的大幸是,它的历史哲学家甚至把一种用途如此有限的工具(如在一八九〇年国会选举的统计中,在阿尔

---

① 施滕达尔,萨克逊州首邑马德堡附近小城;唐格明德,小城名,位于施滕达尔东南部。

特马克的特别地图中和俾斯麦伯爵的《以西结书》①中所显示的)都给抛弃了,因为否则根本谈不上什么"真正德意志文化"和什么"德意志民族性格的绕轴旋转"了。统计将会表明:施滕达尔和唐格明德之间的"低等民族"的"不畏风雨的人们",一点也不知道什么"古老萨克逊精神",倒是很想知道新的社会主义精神;在地图上也看得出来,俾斯麦的诞生地不在易北河以西,而在易北河以东,最后—— 俾斯麦伯爵的书还将证明,阿尔特马克诚然从户籍上说是他的诞生地,但是"在人种上和政治上"却决不是,因为他的父母在他一出世后就迁到后波美拉尼亚去了,"新德意志政治的体现者"在那里,在奥得河以东二十里地,就已经接受了他的童年、青年以至成年初期的决定性的印象。

此外还有一点。由于德国科学"全面瓦解",需用艺术来拯救"德意志个人主义",这个建议姑且无论根据如何,也未免提得过迟了,这一点不必看完国际艺术展览的德国部分,单看柏林部分就可以知道。这一部分完全缺少"划时代的个性",它在国际竞赛中遭到惨败,恰如德国工业在菲勒德尔菲亚世界博览会上一样。即使资产阶级报刊的艺术评论家有再多的沙文主义,也不能对这桩可恼的事件闭口不谈;他们试图以甜里带酸的俏皮话把它一笔带过,说什么德国在艺术领域里让自己被外国打败,未免有点过分讲究国际礼貌。可惜事情并未就此了结。德国艺术缺乏首创性,缺乏自主精神;它什么也不敢尝试;它挥舞凿子或画笔的时候,总要惴惴不安地回头睨视社会政治生活中最有能量的权威;它天生一副奴才相,最喜欢趋炎附势。

当然不是说,对艺术自由和绝对自然性的追求、印象主义、外光画风②等等,在它身上消失得无影无踪!但是,它只追随时尚;它只学习新技巧;它一点也感受不到使这种技巧具有灵感的精神。这就更是一

---

① 以西结,基督教《圣经·旧约》中的预言者,曾预言犹太人经过巴比伦囚禁之后,在道德和社会生活方面的复兴;他的预言载《以西结书》。此处系讽语。
② 外光画风,十九世纪初叶在英国,后在法国,最后在全欧盛行的一种画风,主要画户外的露天风景,被认为是印象主义的先驱。

种退步,而不是进步,因为印象主义单纯从技巧上说,更容易产生反动的作用,而不是革命的作用。印象主义在抵制学院派传统的、疏远自然的、过时的和陈旧的画风的同时,把婴儿同洗澡水一起泼掉了,它由于要求仅按其自然真实性来判断艺术品的意义,要求仅将所谓自然的逼真复现视作艺术的盛誉,要求从艺术家的幻想中屏弃每种特定的润饰、每种艺术构思和艺术布局,这就否定了每一种艺术的本质。这样一来,就不可避免地达到这个结论:照相乃是造型艺术的最高成就。大概艺术就藏在自然之中,正如阿尔布莱希特·度勒以其隽永的方式说过:谁能把艺术从中拽出来,谁就得到了它,但它是"通过作品和某人在心中按照某物的形象创造出来的新生物而显现的"。在印象主义的审判台前,这次展览的最优秀的作品,按照这个用滥了的形容词的真实意义来说——唯一优秀的作品,伯克林①的《海静》和《通向酒神之路》,充满深刻而奇妙的幻想并且事实上充满"新生物"的创作,就只算是破铜烂铁了,而这位瑞士大师却同时在他的珍贵的《沐浴的苏珊娜》中,对艺术中朦胧而虚妄的唯心主义举起了画笔,所谓左右开弓地掴打它的耳光。

如果对印象主义讲点公道,那么首先必须研究它为什么要自由、自由得像山风一样。而答案并不难找到,如果我们考虑一下,它是通过绝对献身于自然而寻找艺术自由的。它想自由与艺术注定生活于其中的社会,即(如今天的事态所表明)自由于资本主义社会,这个社会随着自身一年年枯萎的程度,它的桎梏愈来愈令人有切肤之痛了。印象主义在造型艺术的领域中,恰如自然主义在戏剧中一样,是一种艺术上的反抗;它是开始触摸到资本主义肉体的艺术:"它四处游行,它从中向外游行,它在所有水函中狂饮。"事实上,这样就很容易理解造型艺术的印象主义者和创作艺术的自然主义者在资本主义社会所有污秽的残渣剩屑上所感到的愉悦,否则这种愉悦是不容易理解的;

---

① 伯克林(1827—1901),瑞士现实主义画家。

他们生活并活动在这样一堆垃圾中，他们在朦胧的冲动中根本不可能对他们的折磨者当面投掷痛苦的抗议。但是，从一种朦胧的冲动发展到明确认识一种新的艺术观和世界观，还有很长一段路，而在这段路上，回头追求真实艺术的新流派只跨出了摇摇晃晃的一步。资本主义正是如此稳固地囚禁了造型艺术，这门艺术的年轻有为的力量只能向监狱的四壁投掷他们借以嘲笑监狱长的那些大胆的漫画。印象主义者在艺术领域中是一种资产阶级的社会主义者；他们以酷烈的批评打击资本主义社会的赘疣，但不是为了消灭这个社会，而正是为了净化它，强化它，作为他们不可移动的发育基础来保存它。他们描绘破衣烂衫的粗鲁的无产阶级，却不描绘劳动的斗争的无产阶级。这是通例，就造型艺术的资本主义前提来说，也不得不是通例。印象主义只有打破了资本主义思维方式，懂得从其内在本质把握一个新世界的萌芽，这时它才会产生革命的作用，才会变成一种新的艺术表现形式，这种形式在其所属的等级和力量方面已不次于以往任何形式，而且将来在美和真实方面肯定还会超过它们。这样的作品在国际艺术展览会上也并非完全没有，即使它们由于上述种种原因，只能算是那个通例的例外。

II

印象主义只是在这些民族的造型艺术中，例如在美国、英国、比利时、意大利的艺术中，才会成为天然的现象，资本主义已在它们的经济状况中达到了顶点，并走上了它的发展的下坡路。法国在这次国际艺术展览会上则由于众所周知的缘故，简直没有或仅仅很少得到表现，以致它在这里可以避免任何比较。无论在哪里，只要资产阶级仍然处于上坡路，因此仍然相信它的理想，古老的画风就会根深蒂固地存在下去，并且正会在本文所评的这个展览会上获得巨大的成功。波兰、匈牙利以至俄国的艺术有丰富的画作来代表，这些画作几乎没有一处由于外光苍白而病容满目,它们的突出意义却一点也不因此而有所削弱。除了柏林克,布洛齐克、蒙卡契①、马太伊柯就是这个展览会上的英雄了。

还有一点要说。经济发展对于造型艺术的题材,正如对于技巧一样,也是有影响的。在资本主义发达的社会,宗教画和历史画已经衰亡,风俗画浅薄而枯燥,风景画死气沉沉,只有肖像画以圆熟的造诣繁荣起来。试问在一个交易所老板的沙龙里,挂上耶稣受难图或者仅仅一幅演义性的历史画,又算怎么一回事呢?他充其量还欢喜风俗画,假如这幅画是以祖传的小市民画风画的一个祖传的小市民题材,例如画一群闹酒的农民,或者画一个工人,他充分意识到他"幸福的贫穷",靠微薄的粗茶淡饭颐养天年,在任何情况下一点也不像一个罢工参加者。他也可能在墙上还挂上一幅风景画,特别是如果这幅画画着他一度在它山脚下站过一会儿的阿尔卑斯山峰,或者画着一个因有盛装的模特儿而显得生气盎然的海滩。但他认为胜过其他一切的还是肖像画,首先当然是他本人的和将要继承他而统治世界的晚辈的肖像画。所以,展览会上几乎充斥着种种肖像画和半身塑像。英国,资本主义的前沿地,令人触目地几乎只由一系列肖像画家如休伯特·赫柯麦、W. W. 奥莱斯、W. B. 里奇蒙、J. J. 香农等人来代表,这也许只是一个偶然,但无论如何是一个能说明问题的偶然。此外,英国生活所固有的名流显贵依然特别受到重视,例如奥莱斯画的大主教曼宁或者里奇蒙画的达尔文(附带说一下,这幅人像在眼睛周围和宽大的头盖上面同卡尔·马克思有一种看不出来的近似)都是具有永久价值的杰作。德国部分看起来就显得很寒碜了。连一位名不虚传的大师如伦巴赫②也变得不够真实,他试图给一个加冕的头颅赋予一种高贵的表情,而脾气傲慢的自然是不允许有关相貌具有这种表情的;还有顿因霍尔德·

---

① 米哈利叶·蒙卡契(1844—1909),匈牙利风俗画家、历史画家。
② 弗朗兹·封·伦巴赫(1836—1904),德国肖像画家,师承提香、伦勃朗等巨匠,画过造型、威廉一世、瓦格纳、李斯特等人。

贝加斯也不够真实，他三十年前在拉萨尔的半身塑像上创造过一个华贵的凯撒式的头颅，这次在施特罗斯伯格的墓碑上又展出了一件技巧尽管十全十美、内容却空洞无物的作品。"艺术追求面包"，固然言之有理，可惜对于艺术来说，城堡大街的证券经纪人，今天一切福利的赐予者，实际上一点儿也不像十六世纪奥格斯堡和纽伦堡的贵族。

反之，在资本主义尚未全面获胜的那些民族中间，仍然盛行着宗教画和历史画；例如在波兰、匈牙利、俄国以及欧洲另一端的西班牙。简直不可设想，小资产阶级特别是农民会不要他的上帝，正如上升的工业会不要它的民族热情一样。例如，阿尔帕德·封·菲茨蒂的一幅画《基督墓前穿丧服的妇人们》，德国艺术家或英国艺术家就不能以同样动人的手法，以同样朴素的信仰快感和创造快感画出来，正如一位当代诗人写不出《尼伯龙根之歌》一样。布洛齐克的历史画《布拉格的窗楣》和马太伊柯的《斯卡加当着国王西吉斯蒙德三世①的面向国会讲道》，就题材而论对于我们是无足轻重的，或者甚至像萨尔瓦多·马蒂内茨·库贝尔的《伊内斯·德·卡斯特罗夫人》）和马太伊柯的《马赛伊·波尔科维奇的幽禁》一样令人十分反感，但是虽然如此，它们仍然产生高度的魅力，不愧为卓越而真实的艺术品；它们身上甚至还活跃着一种实实在在的民族精神。关于那些民族的风俗画，也可以这样评价。波兰、俄国和匈牙利大师们笔下源源展现的农民生活场面，正喷射着与克瑙斯、沃蒂耶、德弗雷格尔②的农民画迥然相异的热情和力量。这些德国小资产阶级艺术代表倒也大名鼎鼎，但他们所描绘的却是一个不复存在的、或者不再像画中那样显现的世界，是一个或者已经没落或者日趋没落的世界。如果脚下失去了逼真性——任何艺术的母土，再强有力的才能也将一筹莫展了。

比利时－荷兰部分同意大利部分一样，处于某种居间地位。这两

---

① 斯卡加（1536—1612），波兰耶稣会传教士，一五九五年向波兰国会讲道。西吉斯蒙德三世（1566—1632），波兰国王。
② 德弗雷格尔（1835—1921），奥地利风俗画家、历史画家。

部分一方面有一种伟大艺术的丰富传统在起作用,另方面虽然社会性的阶级形势局部地尖锐化起来,政治性的阶级斗争似乎仍然潜藏着,因此还没有引起那种持久的恶意的猜疑,不致于把工人世界的任何真实描绘都当作隐晦地号召人们参加巷战而加以屏弃。事实上,个别的比利时和意大利艺术家,果然曾经试图打破资本主义的栅栏,按照现代无产者的本来面目来描绘和雕刻他们。这不是指的奥古斯托·柯列里的水彩画《叛变》,虽然它是这个展览会上的一个主磁体,在意大利部分的许多卓越艺术品中是首屈一指的。因为它作为永远新颖的古代史插画,完全属于小资产阶级的浪漫主义。个别描绘农民的画,如乔万尼·西冈梯尼①的《恩加丁的庄稼汉》,倒更其接近无产阶级范围;尤其是阿基利·多尔西的铜雕《你的同类》,一个用锄掘地的土工,真可说是资本主义所创造的人的一个绝妙的化身。这尊动人心弦的雕刻品已被收入罗马国立美术馆,说明了意大利的阶级斗争相当幼稚的性格;一位德国艺术家要是取得同等的成就,柏林国立美术馆肯定对它饷以闭门羹。在比利时部分,雷昂·弗雷德里克用《粉笔商贩》这三幅画,画了他们怎样上工,怎样午休,怎样回家,而康斯坦丁·爱弥儿·穆尼叶②则在一块大画板上画了《回家的矿工》。无产阶级的世界在这里以动人的逼真性整个地反映了出来。是这样一些人们——贫困和忧愁使他们显得说不出的无望、抑郁和迟钝,而劳动和斗争又使他们具有一种不可描述的坚决、强健而又满怀胜利信心的表情。多少懂点艺术、多少有点博爱心肠的资产阶级分子看到这些画,没有一个不是哑口无言的。特别是穆尼叶的画使人想起左拉的《萌芽》里的一个场面。矿工的行列,燃烧的荒地,背景是高炉的熊熊的火光,自然像人一样阴暗、忧伤、凄惨,而又充满一种无穷无尽的不可比拟的兴味!在这幅画面上,正如在弗雷德里克的画作中,外光取得最强有力

---

① 乔力尼·西冈梯尼(1858—1899),意大利画家,以表现阿尔卑斯山民生活为主。
② 康斯坦丁·穆尼叶(1831—1905),比利时画家、雕塑家,以表现矿工和码头工人生活为主。

的效果。穆尼叶还有几件雕刻品，都是典型的无产者形象，一个"锻工"，一个"吹玻璃的工人"，都表现得同样优异而大胆。在雕刻厅里，在"锻工"对面，还竖立着另一个手握榔头的人形，显得更加壮大，更加雄心勃勃，这就是尼古劳斯·盖格尔的寓意画《劳动》。这位德国雕刻家在他的同行中数一数二，从技巧观点来看，他的《劳动》大有可称赞之处；大概路德维希·巴尔奈先生或者一位著名的哑剧演员和会思考的资本主义艺术家，同样会在宫廷宴会上以活生生的形象来体现劳动的概念吧。我们先看着穆尼叶的《锻工》，接着看看盖格尔的《劳动》，回头再看看穆尼叶的"锻工"，这两者的区别几乎是可以用手摸得着的，一方面是一种过时的、衰朽的、内容空洞无物的艺术，另方面则是生气勃勃的、对未来抱乐观态度的艺术。

在德国部分，只有一件艺术品，虽然不见得完全可以同多尔西、弗雷德里克和穆尼叶的壮丽的构图相并列，但总可以同它们比一比，这就是杜塞尔多夫画家埃米儿·施瓦贝的《工人委员会》。四五个工人形象围着会议桌，其特征未免画得有点战战兢兢，但的确显得栩栩如生，发言人眼中鲜明地流露出阶级意识，他的同志们看来多少若有所悟，这些不同的表情渲染得可谓惟妙惟肖了。"雇主们"也画得很好，年长的一位审慎而安详地考虑了自己的利润，仍然怀着族长式的好意，为工人留下了一点什么，而年轻的一位在他身后靠着桌子，文雅、刚毅、戴着夹鼻眼镜，皱缩着嘴角露出居高临下的嘲讽神色，眼睛则是心里有鬼因而小心翼翼的表情：简言之，这副头颅使它的主人似乎注定要在枢密院当上"社会改良家"。但是，除此之外、德国资产阶级的造型艺术便对德国无产阶级一无所知了。假使坎普茨[①]和施马尔茨从坟墓里爬出来一小时，来逛逛这个展览会的德国部分，他们重新躺进坟墓时，会越来越清楚地意识到，他们已经真正达到他们检举煽动分子的目的，原来德意志民族永远退缩到最卑屈的君侯徭役中和一种偏

[①] 卡尔·阿尔贝特·封·坎普茨(1769—1849)，普鲁士反动政客，狂热镇压一切所谓煽惑活动，著有一部《宪兵法典》，一八一七年瓦特堡节日被大学生焚毁。

狭的庸人生活中去了。

德国资产阶级正想给专制主义和封建主义以致命打击时,它突然发觉无产阶级狠狠抓住了它的脖子,狠狠踩住了它的脚跟:这个悲惨的政治命运也反映在它的艺术之中。它处于进退维谷的严重窘境,不敢享受它的生活之乐,更不敢为了它按照历史性的生存权利很可以自夸一下而自夸。三十年前,当它的艺术理论还"在劳动中寻找德国人民"时,富于普鲁士特色的天才艺术家阿道尔夫·门策尔①(附带说一下,他在这个展览会上只展出了几幅次要的旧作),就画出了那幅在本市国立美术馆闻名的《轧钢工场》:他用大胆的现实主义的画笔描绘了劳动的独眼巨人,资本主义生产方式所解放的巨大的原动力。关于现代工业的这样一些奇迹,德国艺术再也不知道报道什么好,或者充其量报道一些比什么也不报道还要糟的东西。唯一使人想起我们生活在机器时代的一幅画,是魏玛画家汉斯·W.施密特展出的,它在目录上的标题是:《撒克逊大公殿下莅临阿波尔德的封·L.施泰贝利茨铸铁厂》。一幅中不溜的画:流动的金属在铸模中缓流着,不是为了构成创造性劳动的工具,而是为了构成——大公的签名,工人们的眼睛带着忠心耿耿的热情盯着他的脸。这简直像童话一样难以置信,但又确然如此。

德国资产阶级的"理想"在它的艺术反映中表现出同样一种衰落。当它对"民族希望"还抱信心的时候,阿道尔夫·门策尔就创作了他的在本市国立美术馆同样闻名的弗里德里希肖像画、《圆桌武士团》和松苏西的《横笛演奏会》,柏林画家罗伯特·瓦特米勒现在还画了《施威林葬礼上的弗里德里希大帝》;门策尔在弗里德里希身旁还画上了巴哈和格劳恩②、拉美特里和伏尔泰③;瓦特米勒则在他身旁画上了骠骑

---

① 阿道尔夫·门策尔(1815—1905),德国著名画家,铜版画家,插画家,印象派的先驱。
② 格劳恩兄弟二人,均系普鲁士弗里德里希二世的宫廷乐师,弟弟卡尔是柏林歌剧院的创建人。
③ 这两位法国名流都曾受过弗里德里希二世的庇护。

兵和前哨将军齐顿①，他发皱的双手在痉挛，突出的双眼同样在痉挛，活像一个喃喃自语的祈祷者。这种合乎时宜的选材和画法（如果现在像经常发生过的那样，柏林有什么新教堂奠基了，那么就会众炮齐鸣，简直像是一场"漂亮的骑兵袭击"的序曲），保证瓦特米勒的这幅在艺术上毫不出色的画甚至会为国家所购买。此外，在这次展览会的历史画中（如果为了公道起见，不把一些服装画计算在内，这类画始终是同样一些五颜六色的布片，只看里面裹着的是卡尔五世还是瓦仑斯坦还是别的什么人，而在布局上略见差异而已），瓦特米勒的这幅画还有一个争宠者，那就是普鲁士宫廷艺术家安东·封·维尔纳②以冷淡而颓靡的风格画出来的一幅画：《弗里德里希·威廉太子在威森堡的阿贝尔·道埃将军的葬礼上》。这里一次葬礼，那里又一次葬礼，真教人闻到尸臭。正如哈姆莱特在教堂墓地上一样，德国的历史画也对头盖骨讲起哲理来了，不过要假定这些头盖骨都是由某种凶器打碎了的。

　　德国风景画家中倒有不少人无愧于他们的令名，例如阿亨巴赫③、布拉赫特、道策特、埃施克、弗利克尔及其他人等；还有个别的肖像画家如古索夫也创造了精品。公道甚至吩咐我们承认，巴伐利亚和奥地利艺术要高于北德—普鲁士的艺术。但是，整个说来，大而言之，德国艺术在这次国际展览会上抽了一枚大空阄；它被波兰、俄国和匈牙利的艺术彻底打败了，也被比利时和英国的、意大利和西班牙的艺术打败了。教训是严酷的，也是应得的，但是否有成效，尚需拭目以待。资产阶级在艺术上和科学上的衰落，同它在政治上和社会上的衰落有十分密切的关系，因此它不可能有希望受益于这个教训。艺术在从资本主义梦魇下解脱出来之前，是决不会奋飞再起的。

　　当前我们引以自慰的是，碰上德国艺术的惨败的，不过是德国的资产阶级，决不是德国民族，德国民族最伟大、最强有力的一部分——

---

① 齐顿（1699—1786），普鲁士轻骑兵的创始人。
② 安东·封·维尔纳（1843—1915），德国历史画家、肖像画家、插图家。
③ 安德列阿斯·阿亨巴赫（1815—1910），德国画家，长于现实主义的心情风景画。

德国无产阶级,在它的死敌日益严重的无能为力之中,只会看到它的日益临近的世界节日的强大保证。

译后记　《资本主义和艺术》一文是为《新时代》而写的对一次国际性艺术展览的评述,其中充满了马克思主义理论家们所共有的鲜明而热烈的阶级观点。本文着重指出,印象主义画风只是在资本主义发达国家才出现的一种天然现象;同时,对于一些资本主义尚不发达国家(如波兰、匈牙利和俄国)的宗教画和历史画,作者也进行了中肯而持平的分析。不过,在这里正如在其他文艺论文中一样,梅林虽然深刻地批判了没落资产阶级的艺术堕落,认为它们很本不会也不能正确反映无产阶级的劳动和战争,但战斗的无产阶级本身对于艺术的创作要求和创作权利却没有受到足够的重视。本文原载《新时代》一八九一年第九期年刊第二卷,现译自《梅林全集》,第十二卷,柏林狄茨出版社一九六三年版。

美学初探*

〔德〕弗·梅林

译者前言 弗朗茨·梅林的《美学初探》(Ästhetische Streifzüge,1898),一共包括十篇并不十分连贯的书评,原刊于《新时代》第十七年年刊(1898—1899)第一卷,后收入《梅林全集》第十一卷(柏林狄茨出版社,1961)。这十篇书评针对当时德国出版的十二部传记和论著,围绕康德、歌德与席勒、古典美学与自然主义美学、G.霍普特曼、A.霍尔茨、自然主义与无产阶级的阶级斗争等专题,阐述了作者本人的一些有关的基本观点。对于《美学初探》,当时曾经有人提出过不同的意见,梅林接着分别撰文作了答辩(例如,1899 年"论'真正'的马克思主义",1900 年"再论'真正'的马克思主义",1902 年"论康德的美学",1907 年"论古典的美学"等)。《初探》的这一组文论虽然如作者本人所说,并不是系统的美学著作,不过是在美学领域的几次 Streifzüge(亦可译作"漫游"或"突击"),但它们及其后一些答辩式或论战式的文字证明,梅林并不是一个不研究美学、没有固定的美学观点的文学批评家,如一些研究者所设想的那样。恰巧相反,梅林不但有他的明确的美学观,他的美学观还由于往往同他的文学批评实践相矛盾而显得分外突出。大家知道,梅林有一个关于无产阶级文学远景的论断,即"没落的资产阶级再不能创造出伟大的作品,而上升的无产阶级则还不能创造出伟大的作品",这段话就出自《美学初探》中。这个论断尽管使一些研究者感到诧异,实际上联系他的美学观来看,却是不难理解的。

---

* 《译者前言》和〔康德〕《美学初探(一)》刊于《文艺理论译丛　2》(中国社会科学院外国文学研究所《文艺理论译丛》编辑委员会编,中国文联出版公司1984年版)。

《初探》的第一篇是关于康德美学的。梅林在这里针对 M. 克龙伦伯格的一本《康德传》(明兴，1897，伯克书店出版)，扼要而周全地介绍了康德美学的精华。自不待言，他对康德美学的评述，要比那本《康德传》的作者高明得多，也确切得多。但是，梅林本人一贯十分推崇康德，几乎认为康德是美的唯一的发现者和阐释者，连德国古典美学之集大成者黑格尔都不在话下。这样，他对于康德美学便很少持批判的态度，反之在如数家珍的评述中往往不免有溢美之嫌。本文关于康德美学的一些论断，在马克思主义者看来，并不是完全适当的，其中显著的几条已由《梅林全集》的编者(汉斯·柯赫)在注释中指出来了。

谈到康德的美学，首先应当记住，它不过是他的批判哲学的一部分。康德的美学见解主要见于他的第三部《批判》，即《判断力批判》中。康德不像一般的美学家，他研究美学并不是以艺术本身为目的，而是出于他的哲学体系的需要，是为了从哲学的广度和深度达到真善美统一的结论。因此，有些美学问题他研究得很深刻，有些则根本没有触及(例如悲剧)；而一些研究得很深刻的问题，又往往越出了美学范围，而与他的伦理学相连接了，例如他提出了"主观的合目的性"原则，坚持在合目的性的原则基础上对于自然与艺术的统一观。

为了使自己的哲学体系趋于完备，康德把人类的智能分成三类：认识的机能，快感与不快感，欲求的机能；在认识的机能方面，又分知性，判断力，理性；相应的先天原则是规律性，合目的性，最终目的；相应的应用范围则是自然，艺术和自由。从这个先验模式中可以看出康德的美学在其整个哲学体系中的地位和作用。在康德看来，审美活动(审美快感)既不能归入知识范畴，也不能归入道德范畴，它在人类智能中处于真与美的中项。为了批判审美快感，康德把对于美的鉴赏能力称为"判断力"(die Urteilskraft)，它是知性与理性的中项。知性以规律性为先天原则而认识自然，理性以最终目的为先天原则而达成自由，判断力则以合目的性为先天原则而鉴赏和创作艺术——自然与自由的中项。主观的合目的性是审美快感的基本内涵，所以这种快感是一种道德上的快感，是"价值感"的同义语，不能同体现一般享乐欲望的弗洛伊德所谓的"快乐原则"(pleasure principle)相混同。康德认为，正是在这样的审美活动中，理论和实践才相遇而融为一体，因为既然"美是道德上的善的象征"，审美活动便进入人的行为领域了。足见，康德的美学不但是他的整个哲学体系的一部分，而且按照他本人和一些专家的说法，要研究康德的批判哲学，正应当从第三部《批判》即《判断力批判》开始。

康德在这部《批判》中深入地研究了美和崇高，研究了审美对象能够引起特殊快感的原因。他规定了美的四项特征如下：一，"美是令人愉快而不涉及利害的东西"；二，"美是不借助概念而使一切人愉快的东西"；三，"美是对象的合目的性形式，因为它是在没有目的的表象的情况下而在对象中被感知的"；四，"美是不依赖概念而被当作一种必然的愉快的现象"。他进而区别了美与崇高：如果说美本身是愉快的直接的感性对象，那么崇高使人感到愉快，则需要"推理"，因此是间接的，它不包含在感性形式中，而只诉诸"理性观念"（Vernunftidee）。美吸引人，审美是不涉及利害的"游戏"，崇高既吸引人又排斥人，崇高感则是"想象力的严肃活动"，美使想象力与知性打交道，崇高则使想象力与理性（行为的立法者）打交道。例如，在一件可怕的事物面前，采取不害怕的态度，克服了由于惯常尺度被破坏而产生的恐惧，从而达到道德上的满足——这就是崇高感，这种崇高感要求"与道德感相类似的心灵的好感"。康德就是这样顺理成章地从美学过渡到了伦理学。

对自然美进行判断，需要"判断力"；而创造艺术美，则需要"天才"。康德接着探讨了艺术创造过程和艺术分类，从而建立了影响深远的"天才"论。他规定了"天才"的四项特征如下：一，独创性——天才是创造那种不能为之提供任何固定规则的作品的才能；二，典范性——天才的创作必须是典范的；三，自然性——天才不可能对别人说明自己的创作是怎样产生的；四，艺术性——天才的领域不是科学，而是艺术，而且是优美的艺术（例如，牛顿的学说是可以学习的，所以不能称为"天才"；而荷马的创作才能是不可以学习的，所以恰是"天才"）。康德企图证明，似乎在科学上，连最伟大的才能"与可怜的摹仿者和学徒之间只有程度上的差别，而那天然赋有创造优美艺术才能的人与摹仿者之间的差别却是特殊的"。

康德美学的基本特征可以归纳如下：一，将审美属性只看作对自然美与艺术美的反思；二，将审美判断力同认识过程中的概念分开；三，将物体形式的特殊作用看作审美快感的源泉；四，将艺术置于自然之上（认为艺术不是模仿自然，反之是自然的范本。自然只有在显现出类似"天才"所遵循的那种合目的性时才是美的）；五，排斥科学才能的"天才"论。康德美学的这些特征对于后世的资产阶级美学家都起了不可估量的深远影响，甚至在他们的学说中达到荒谬的极端的结论（例如"天才"论在谢林的学说中）。然而，从康德美学本身来说，以上这些特征的演绎过程实际上包含着一系列不可忽视的矛盾的内容，即所谓"二律背反"（Antinomien），例如：一，审美判断不以概念为依据，否则就可以对它进行辩论；审美判断是以概念为依据,否则就不可以对它进行辩论。二,审美对象不是质料而是形式;在艺术的背后又必须有表现"审美理念"的能力。三,自然只有貌似艺术才是美的;艺术只有看起来像自然而又可以从中见出艺术才是美的。四,天才是没有任何艺术规则可遵循的;固定的艺术规则又是必要的,不可摈弃的("浅薄的头脑相信,他们不能更好地表示,他们是欣欣向荣的天才,除非摆脱所有规则的束缚,还相信骑一匹爱晕倒的马游行,比骑一匹训练有素的马要更好")。这些二律背反显示了康德的辩证法的创见,同时也显示了他的时代局限性。这些问题的提出实在是划时代的,但它们的彻底解决却不是康德的主观主义和不可知论所能做到的,只有后人按照辩证唯物主义原则才能做到。事实上,康德的美学也只有摆在包括马克思、恩格斯乃至达尔文的学说在内的人类思维全部成果面前,才能得到全面而适当的评价。

  梅林的《美学初探》除了这一篇,还将在下一篇《歌德与席勒》中继续谈到康德的美学。如前所说,梅林坚持把康德看作美学史上的中心人物,因此忽视了十七、八世纪进步资产阶级哲学家们为创立科学的美学而做出的贡献,忽视了康德以后的德国古典哲学家们(除席勒外)在美学上的贡献,特别是不承认黑格尔美学的伟大成就。事实上,康德本人在《判断力批判》中公平地对待了以往各派的美学,例如他把不涉及利害的快感规定为审美判断的内容,就是吸取了英国经验主义美学家(特别是爱德蒙·博克)的研究成果。因此,梅林的那种偏狭的美学态度不能不在原则上违反了辩证唯物主义的理论基础。例如,他为了强调康德在美学史上的"开创性的业绩",不惜武断地宣称"历来的美学把艺术说成是对自然的平板的模拟,或者给它掺合什么道德教训,或者把它视作哲学的一种婉转形式,而康德却……以一种深思熟虑的,正因此也不免矫揉造作的,但富于自由而远大的前景的体系,把它说成是一种人类固有的原始的能力"。这个论断不但夸大了康德的先行者们的错误,也似乎夸大了康德的功绩。用"平板"一词抹杀了模仿自然的艺术理论(尽管其中经常包含机械论的论述),把一些反映客观现实的作品贬之为"照相",势必对十八、九世纪资产阶级现实主义文学的巨大成就采取不公正的态度。至于黑格尔,他在历史上或方法上把艺术作为人类历史整体关系中的一个阶段,而梅林却把康德关于人类智能的机械划分颂扬为美学发展的顶峰,这就证明他的辩证法和历史感远远赶不上黑格尔。在艺术品的内容与形式的关系问题上,梅林的世界观的矛盾表现得尤为突出。他在《席勒评传》中这样写道:"康德认为审美对象不是质料而是形式,到席勒则变成'大师的真正的艺术秘密在于,以形式取消了内容!'一般说,席勒的美学论文并未达到康德的哲学深度,但因他是诗人,他对于纯审美判断的理解比康德更丰富,更敏锐。"看来,康德从主观唯心主义出发的形式优于内容的说法,梅林似乎是全盘接接受了。

梅林否定反映现实的艺术理论,执着于康德美学,他在评价一件艺术品中,照说缺乏一个具体的符合社会发展辩证法的尺度。然而,奇怪的是,他的文学批评实践却往往违反了他的上述美学观。他在许多批评文论中强调尽可能全面地掌握文学现象的复杂性(像恩格斯论巴尔扎克,列宁论托尔斯泰那样),极力反对第二国际庸俗社会学的简单化倾向,这个立场又远远超出了当时德国工人运动的水平。梅林的世界观的这种矛盾,值得我们运用更多的材料做进一步的研究。用黑格尔的说法,任何哲学思想体系都不过是整个人类思维发展过程的一部分,美学上也可以这样说。后来居上者由于所处时代的先进性,可能比先行者们懂得更多一些,但决不能因此抹杀他们的成就和功绩:我们今天对待康德和梅林,都应当抱这样科学而谦逊的态度。

《美学初探》共十篇,将陆续刊出。

(M.克罗伦伯格:《康德评传》,慕尼黑 1897 年,伯克出版社出版…………①)

凭借历史唯物主义,撰写一部科学的美学,是一项艰巨而又值得一试的任务。下列尝试不敢奢望对这座宏伟的建筑贡献一砖一瓦,充其量只是为建筑工地清除一下荆棘而已。它们起源于对上列诸文的批判,这些文论均由本文作者在《新时代》上评论过。就内容和价值而言,所有这些文论都非常驳杂地讨论过美学的问题,或者引起过这类问题的讨论。因为它们不是系统地从有关出版物中整理出来的,而只

---

① 本文由十篇书评组成,分别对康德、歌德、席勒、霍普特曼、霍尔茨、尼采等作家进行了批判研究。作者在全文前面列举了将被评论的十部著作;中译文为了醒目,将有关著作分别改放在每篇书评的前面。

是偶然地凑到了评论者的桌上,所以谈不上系统的陈述。但,有没有这样的陈述也无关紧要,这不过是在美学领域的几次初探,读者不妨从中判断,它们是否打开了可观的前景。

〔康　德〕

克罗伦伯格关于康德的著作,属于那一类普及读物,只因把一位重大而难于理解的思想家的思想世界摆到所谓有教养的读者面前,它们才可能有了某种功绩。

可能有了某种功绩?且不论归根到底是否弊多利少,至少对于认为半瓶醋比无知识更糟的人,这是大可怀疑的。要真是半瓶醋倒也好!最糟糕的是,这类普及读物的作者们开始"诠释"他们的原作者了。众所周知,康德以纯粹理性取消了上帝、自由和不朽,以便通过实践理性作为理念重新将它们唤醒过来,这种理念脱离了人的认识,但仍然为人的理性所需要。而今克罗伦伯格毫不迟疑地给这三个实践理性的理念添上了一个第四个,即"人的社会的共同生活",他写道:

> 这些理念一再地欺骗了许多人,但他们把它们当作一种直接认识的对象;所以,才一再地出现了狂热的空想家(他们从来没有像现在这样忙于工作),他们详尽地描述这些理念,同时甚至借助于傻子和被骗者,努力争取实现它们。但是,另一方面,只要人们紧盯着这些理念,只要所有个别努力整个地为这些理念所引导,其结果又确实可以产生进步。当然,一个偏执的头脑的标志,就是希望直接认识或实现一个理念,而一个呆板的头脑则相反,其标志就是对理念一无所知,或者根本不想有所知。理念好像星星一样,它们在黑夜里从无限的远方向我们投来一缕微光,来照亮我们的道路。我们越是盯住它们,越是起劲地追随它们的光,我

们就走得越安心,尽管我们永远也达不到它们。

看来我们的天主教社会主义者们真是康德的嫡派子孙,我因此希望他们不要相信他们自己。

这种普及尝试的另一个恶劣方面,就是尽可能努力抬高阐述的对象,于是谦逊的阐述者也就同时一齐达到那个高度了。在论及康德的历史地位的那篇导论中,克罗伦伯格解释说,世界史有四个伟大的转折点,由四个天才即苏格拉底、基督、路德和康德来标志。这个观点充分表明,克罗伦伯格的历史感到底是怎么一回事,这样的夸张口吻是同康德的清醒、明智的特性一点也不相称的。康德实际完成的功绩,仍然是十分重要的,而且只有按照它的历史局限性来理解它,才是真正重要的。

康德于一七八一年发表他的关于"纯粹理性批判"的开拓性著作时,怀疑主义在英国,唯物主义在法国,独断主义在德国正掌握着哲学上的霸权。怀疑主义一般地怀疑一种可靠认识的可能性,唯物主义在事物的自然关系中找到了认识的钥匙,独断主义则希图通过理性推断来证实基督教教条的超自然想象。[①] 这些不相同的哲学生根于英国、法国和德国各不相同的经济-政治发展状况。在英国,哲学的沉思由于方兴未艾的大工业的黄金实践而衰落下来,连它的最乐观的辩护人大卫·休谟、怀疑主义的最著名的代表都在大赚硬币。在法国,蒸蒸日上的市民阶级则将唯物主义作为最锐利的武器指向荣邀天宠的封建正统。在德国,哲学只有继续同僧侣化的专制政治相妥协才能繁荣,而专制政治并不因其个别推行者如普鲁士国王弗里德里希与众不同,信仰无神论,便不那么严厉。

康德并不是一个自天而降的世界史上的天才,而是哪怕在德国也在逐渐成长的市民阶级的一个代表,他以探本求源的果断态度解决了

[①] 梅林对康德美学的错误评价,在这里表现得特别明显。梅林混淆了哲学的基本问题。——原编者注

唯物主义和怀疑主义之间的争论①，一举粉碎了独断主义。他说，我们凭借感官和知性所设想的整个现象世界，是为我们的感官和知性的机制所制约的，但是我们的认识并不因此变得不值一文，暧昧不清，而是必要的，真实的，同我们的本质不可分的。康德最接近法国的唯物主义了，他卓有成效地发展了它的自然科学方面的见解，尽管这只是为了发挥他的合乎理性权利的要求。法国的唯物主义代表一种论证虽颇欠缺，但却始终如一、并为猛烈的革命形势所鼓舞的世界观，康德这时则机敏地把自然的王国划定了界限，而把自由的王国移到理念的天空去了。市民的理性权利的要求在这里并不那么容易同现实的硬性阻力相冲突，这是确实的；但同样确实的是，这些要求在这个云烟缭绕的领域同上帝、不朽、原罪等等教条迷雾混成一团了：一方面，法国革命的工业前驱们并不赞成康德的那个对一切利润有致命危险的命题，即不能把人看作工具，应当把每个人只看作目的，但是另方面，康德关于人性过恶的发霉的学说，又是同人性本善说赋予法国革命的那种明朗的胜利信心直接相矛盾的。康德不仅是一位被恩格斯尊为前辈的革命思想家，而且还是一个让叔本华从中汲取市侩哲学的德国庸人。

康德的体系虽然从唯心主义方面几乎引起了最猛烈的震荡，不久即为其他一系列体系所代替，这些体系和康德的体系共有一个错误，即认为可以在唯心主义道路上去把握绝对真理，但它们和德国社会的发展相适应，本身却表现了一个不断前进的发展学说。德国社会的大工业繁荣反过来助长了唯物主义，然而这是具有发展形式的唯物主义，是为了给相对认识创造牢固基础而不考虑绝对真理的历史唯物主义，因此在社会科学的领域，便实现了康德的认识论一度在自然科学

---

① 梅林将不同国家的主要哲学倾向分为怀疑主义（＝不可知论）、唯物主义和独断主义，是大可怀疑的。请参阅马克思和恩格斯的《路德维希·费尔巴哈和德国古典哲学的终结》《神圣的家族》《资本论》《社会主义从空想到科学的发展》英译本序言，以及列宁的《唯物主义与经验批判主义》等。——原编者注

的领域中取得过的同等成就①。

① 我写完了上面这几段,《新时代》第五期才发表普列汉诺夫就康德问题驳康拉德·施米特的文章(梅林指普列汉诺夫:《康拉德·施米特反对卡尔·马克思和弗里德里希·恩格斯》一文。——原编者注)。为了防止某些误解,不得不把我在论康德认识论的正文中说过的话再申述几句。正如我把它的核心说成是唯物主义的正题和怀疑主义的反题的真正合题,康德的认识论仅见于《纯粹理性批判》第一版,其中提到"自在之物"无非是人的知性的极限概念。康德在这里明确地说(克尔巴赫版第314页):"因此先验的唯心主义者是一个经验的唯实论者,承认物质作为现象乃是一种现实,这种现实不是闭合的,而是可以直接被感知的。"先验的唯心主义认为:物质的存在,实体或者有形物,无非是我们的外部感官的对象,外在的现象,我们身上的现象,而经验的唯实论则认为,这种外在现象的存在是直接被感知的,是直接可靠的。康德申述这个思想的那些章节,属于他的这部主要著作中最以批判研究之精微、尖锐与深刻而见长的部分。

但是,康德在第二版及其后各版中却把这些章节都删去了,而代之以插句,那些插句虽然没有直接否认经验的唯实论,但却削弱了、模糊了以至歪曲了他的严峻的结论,仿佛"自在之物"被包含在现象中,只是作为它的隐藏的未知数。什么缘故使得他把他的认识论删得如此支离破碎呢? 这一点还不能确切地说清楚。

叔本华认为,康德这样做,乃是人的恐惧心使然,而库诺·非舍尔则相信,康德曾经企图通过对信仰独断主义的群氓的让步,来普及他的学说。如果只能在这两种假说中有所选择,那么叔本华的看法似乎更可靠一些,也更温和一些;如果迟早必死的市侩康德在肉体上,正如不朽的思想家康德在精神上变得衰弱了,那么这个看法所说的那种情况更可理解一些,也更可原谅一些。虽然如此,我仍将认为叔本华的观点是错误的,正因为他用以"从外部"来支持他的观点的唯一理由,结果变成了一番滑稽可笑的长篇大论。

《纯粹理性批判》第二版问世于一七八七年,约为老弗里茨(弗里德里希二世,通称腓特烈大帝——译者)逝世后半年不久,而叔本华却将康德被断定的人的恐惧心归因于"伟大的国王,光明之友与真理的庇护者,不幸崩驾"。这位"光明之友与真理的庇护者"到底起过什么作用,这里用不着详述了;事实上,"伟大的国王"一点也没有觉察到康德的存在,何况"无忧宫的哲学家"("无忧宫"是腓特烈在波茨坦修建的宫殿。"无忧宫的哲学家"即腓特烈大帝。——译者)的厄运对刻尼希堡的智者而言,却未始不是大幸。诚然还可以说(尽管叔本华并没有这样说过),康德在弗里德里希的后继者治下确曾不得不忍受一些折磨,但那些折磨发生在一七九四年(1794年10月12日,康德因就宗教问题发表意见受普鲁士国王威廉二世的申斥。——译者)已是他缓和认识论之后七年了。康德开始这种缓和之际,他的保护人、教育大臣封·策特利茨(《纯粹理性批判》第一版和第二版就是题献给他的)仍处于炙手可热的领导地位,因此康德没有任何明显的理由惧怕迫害。

我将第二版同第一版作了仔细的比较,出于内在和外在的原因,不由得产生了如下的信念:康德割裂他的认识论,乃是由于为一切唯心主义哲学的难题所苦,即为体系与方法相协调的必要性所苦。他出版第二版时,正在从事于体系的完善;《实践理虽然康德把自然的王国(现存事物的王国)和自由的王国(应有事物的王国)区别开来,但如何在理性中解决自然和自由的对立,对于他仍然是个难题。如果使人的意志屈从于自然规律的现象世界并立于由人的意志所统治的云雾世界,如果自然和自由、纯粹理性和实践理性是相互排斥的,那么毕竟是一种理性的人的理性便变得支离破碎了。但是,因为自由的规律应当贯彻到感官世界中去,所以实践理性又必然位于纯粹理性之上;问题在于发现一种知性和意志之间、认识能力和欲望能力之间的理性能力,在于一种使自然从属于自由的能力。这种能力就是判断力,康德于一七九〇年发表了对判断力的批判,作为他的宏伟的主要著作的结论。

性批判》把上帝和不朽还原为实践理性的先决条件,则出版于一七八七年。我在这里不能对我的见解加以详论(为此将需要一篇长文),但我相信,任何人不带偏见地比较一下这两个版本,都会产生同样的见解,康德已经使他的批判方法趋于缓和,正如后来黑格尔使他的辩证方法趋于缓和一样,都是为了不致把他们的体系刺穿。但这只能发生在所谓不自觉的自我欺骗中,而无任何虚荣或懦怯的意图;我们必须由此推断唯心主义哲学的无能为力,但不能认为唯心主义哲学家们的人格有缺陷。

康德就这样一直毫不动摇地坚持第二版的说法(按照这个说法,我们可以认识对我们的感官和知性所显现的事物,但不能认识它们的实际真相,而"自在之说"则像幽灵一样无处不在而又处处不在地在现象世界里四下游荡),康德的哲学就是以这种说法成为精神上的公共财产。只是在五十年以后,到一八三七年,罗森克兰茨和叔本华才证实了第一版和第二版之间的巨大差别,但是第一版的说法远没有因此具有唯一的或者占优势的效力。因此,谁想从历史上描述康德哲学在德国精神发展的关系中的影响,当然不得不只依据第二种说法,像我在《德国社会民主党史》中所做的那样。出于同样的原因,马克思和恩格斯在同唯心主义哲学论战中,也不得不同那第二种说法相周旋。他们用来批驳唯心主义哲学的论据是十分彻底的,正因为它就是康德的第一种说法,康德的本来的原始的见解,康德的"经验的唯实论"。他们事实上是让未被曲解的康德同被曲解的康德作战,而且确切地做到了按照康拉德·施米特所说他们不曾做到的事情:他们不是在独断地摇晃着的尾巴上,而是在已经粉碎一切超感觉的独断主义的批判的牛角上,抓住了康德的认识论这条公牛。

为了预防可能发生的误解,且作如上补充。我因此完全同意普列汉诺夫对康拉德·施米特的批判。历史唯物主义的发展诚然包含着一种对马克思和恩格斯的批判态度,但是康拉德·施米特为克罗伦伯格的浅薄的汇编所"动","回到了"任何游泳者都泅不到新岸的资产阶级混乱的泥潭,则实在是在完全错误的道路上追求那个值得称赞的目标了。——作者注

judgment力的原则就是天然的合目的性,就是人的理性置于自然中的目的,自然本身是无目的可言的,其基础就是我们观察事物时有所好恶的感觉;一切基于这种感觉的想象都是审美的;审美判断力之于纯粹理性与实践理性,恰如好恶感觉之于认识能力与欲望能力。知性概念的世界是自然,理念的世界是自由之伦理的王国,天然合目的性的世界则是美与艺术。

康德研究了美,把它同可爱,同善,同真细致地区别开来。审美的愉悦既不是感性的,也不是伦理的,也不是逻辑的;它是在自由而宁静地观察事物中所感到的愉悦,而观察的对象仅只是形式。"如果有人问我,我是否觉得我眼前所见的这座宫殿美,固然我可以回答:我不欢喜仅仅为了使人瞠目结舌而制作出来的那些东西。或者像那个伊洛魁族的酋长一样说:巴黎没有什么比小吃店更使他高兴。此外,我还可以按照卢梭的风格,把那些大人物的虚荣痛骂一通,他们竟然为一些可有可无的东西浪费人民的血汗。人们可以宽容或嘉许我的这一切,不过现在不来谈这一点。人们只想知道,对于对象的单纯想象是不是在我身上伴随着愉悦,我在观看这种现象的实体时是不是始终无动于衷。每个人必须承认,对美的判断哪怕掺杂了一点儿利害观念,那种判断就是偏颇的,就决不是纯粹的鉴赏判断。我们对于鉴赏对象的实体,一点也不能事先有所偏爱,而必须在对它的观察中完全无动于衷,才可以在趣味案件上扮演法官。"康德就是这样把美解释为不涉及利害观念而以其单纯的形式使一切人必然感到愉悦的东西。它通过想象力和知性的无意的和谐,通过这两种力量的自由活动,引起了喜悦的感觉。

反之,想象力和理性之间的和谐则在于,理性被认为是更高级的、无限优越于感性想象的存在。如果我们觉得我们的超感性存在高于我们的感性,我们就感受到这种和谐。把我们提高了的东西:超越任何感性尺度的事物,都是崇高的。它引起一种不悦的感觉,因为我们觉得自己作为感性生物被消灭了,但是这个不悦的感觉又会变成愉悦的感觉,因为我们正由于自己作为感性生物仿佛在自己面前消失了,才觉得自己是超感性的存在。

康德区分了自由的美和依附的美。纯粹的审美对象是自由的美,而美的对象只有既不依附于另一个对象,又不为了对它进行观赏,要求一个补充审美想象所必需的概念,它才是自由的。所有审美愉悦的对象,如果体现出一个种,便都是依附的美,因为对它的观赏以种概念为前提,它的美仿佛依附于这个概念。每件艺术品都是按照一个理念创作出来的,这个理念必然出现在我们的观赏中,否则我们便不能审美地判断艺术品。因此,自由美的领域不在艺术之中,而只在自然之中。自然现象越是无心无意,越是不意味什么明确事物,它的美便越是自由的,它的审美效果便越是纯粹的。反之,依附美的对象诚然也只是通过其形式而使人愉悦,但这种形式使人愉悦的程度可大可小,审美判断以形式的完满性为转移,这种完满性在等级上可以有无限的刻度。足见形式的完满性无非是种和个体之间的和谐;种在个体中表现得越纯粹,个体便越显得美。这样的种不是经验,而是理念;被呈现出来的种就是作为个体的理念,也就是理想。审美判断的最高级呈现就是人的理想,它的理想就是人。①

美的艺术的任务,就是将理想变成一种自然现象。美是艺术的意图,但美决不是有意的效果;至少它不会作为有意的效果被判断,也不可以表现为有意的效果。艺术进行创造,应当像想象力所呈现的那样,合乎规律而又没有规律,故意而又无意,合乎目的而又没有目的。"自然只有看起来像艺术,它才是美的,而艺术则只有当我们意识到它是艺术,看起来它又像自然,这时才可能称之为美。"规律赋予艺术的,是天才,是艺术家与生俱来的禀赋,这种禀赋是独出心裁的,完全新颖

---

① "理念"(Idee 的通译),在西方哲学中有歧义。柏拉图认为它是一个完整而又永恒的原始模型,现实不过是它的不完整的复本;笛卡尔及其他哲学家把它看作一种心眼所见的形象,即意象;康德则说它独立于感性认识之外,是理性、绝对真理等等所理解的最终原则。此处所谓"理念",指艺术品的精神内容;所谓"理想"(Ideal)则指具体化的理念。——本文不另注明者均为译注

的。并非一切新颖的东西都是卓越的;"浅薄的头脑相信,除非摆脱所有规则的束缚,他们无法更好地表示,他们是欣欣向荣的天才;他们还相信,骑一匹患癫厥病的马游行,比骑一匹训练有素的马更好";天才只能给美的艺术提供丰富的创作素材,素材的加工和形式则需要一种训练有素的才能来运用它们,使之经得起审美判断的考验。但是,天才的独创性又是合乎规律的,因此具有典型性;它见诸行动,可以作为楷模,因此是自然的;因为它在创造中合乎自然,它的作品既不是科学的,也不是伦理的,而是审美的或艺术的。天才卓尔不群地立于多种才力的等级次序中,因为以概念为基础的东西是能够学到的,而只能凭天分创造的东西是永远学不到的。牛顿教导的东西是能够学到的,但像荷马那样作诗却永远学不到。所有审美能力、趣味、知性、想象力在天才身上,都是极其生气勃勃地发生作用,但是正如这些能力都混合在天才的气质中,这种才能便像天才本身一样不能加以批判的限定。艺术的批判于是停留在这个界限上面。

  康德就这样解释了审美的判断力,最后他还问道:审美的判断是怎样发生的呢?趣味的动机纯粹是主观的,所以趣味是个人的,每个人都有自己的趣味。趣味判断中的一致,纯粹是偶然的协调,它不以概念为基础,所以不可能通过论据对趣味做出决定。人们对于趣味,对于事物的美学性格,对于艺术和艺术批评往往争论不休,但是如果不承认趣味的客观动机,这类争论是不会有结果的。康德于是这样来解决矛盾,他说,审美的判断诚然并不基于明确的概念,但却基于一个不明确的概念,即基于"我们身上超感性事物的不明确的理念"——它是破解这种以我们自身为其源泉的潜在能力的唯一线索。天然的合目的性,审美判断力的原则,就是合目的性的理想境界。

  这样看来,连《判断力批判》都要到天空的云雾中去寻根求源了。但是,虽然如此,它同《纯粹理性批判》和《实践理性批判》一样,仍有一个非常真实的基础。康德埋头撰写他的美学的时候:莱辛和温克尔曼完成了他们伟大的日课;赫尔德宣告了诗艺是人类的一种共同才能,搜集了"各族人民的声音",指示了古老的民间形式,并在毕尔格身上唤醒了一个真正的民间诗人;才气横溢的狂飚突进派已经汹涌而过了;歌德正处在他的创作的高峰;席勒则在他的青春戏剧中露出了他的革命的前爪——康德就是依照伟大而不朽的文学纪念碑,来研究审美判断力的规律的。它决不是永久的美学,如康德所设想;它像他的整个哲学一样,有其历史的局限性,并且仍将回到哲学上来。但是,它从历史上来看,却是一项破天荒的业绩;古往今来的美学把艺术说成是对自然的平板的模拟,或者把它看作哲学的一种婉转的形式,而康德却在德国(它的跃跃欲试的资产阶级独自面临美的艺术的跑道),以一种深思熟虑的,正因此而有点矫揉造作的,但却富于自由而远大的前景的体系,证明艺术乃是一种人类固有的原始的才能。

他从我们的古典文学的宝山满载而归,同样又用双手把它布施掉。他的美学出现在这个十年的开端,当时古典诗文在歌德和席勒的共同努力下达到了它最高的峰峦。康德美学对此是有过珍贵的贡献的。

〔歌德与席勒〕①

译者前记 梅林在本篇中探讨了歌德和席勒的差别。关于歌德,他首先复述了恩格斯(文中作"马克思",下同)对这位诗人的两重性的评价,这个评价是我们都熟悉的,即歌德有时是个"伟大的诗人",有时又是个"渺小的庸人",他没有战胜"德国的鄙陋",而是"德国的鄙陋"战胜了他。梅林认为,恩格斯要不是为了同格律恩论战,他对歌德的评价会写成另外一个样子。于是,他从身世、气质和创作方法等方面对这两位诗人进行了对比。一个是直觉型的,是从个体到理念,与任何哲学探讨格格不入,包括康德哲学在内;另一个是思辨型的,是从理念到个体,在成为康德派以前就是一个康德派了。因此,本文的批评对象斯坦纳,试图从

---

① 〔歌德与席勒〕为《美学初探(二)》,中译刊于《文艺理论译丛 3》(中国社会科学院外国文学研究所《文艺理论译丛》编辑委员会编,中国文联出版公司1985年版)。

哲学意义上阐释歌德的世界观,便不得不以失败告终。但更值得注意的是,两位诗人的社会地位截然不同。当歌德风华正茂,带着心爱的姑娘陶醉在无往而不美的世界梦幻里,对于法国唯物主义"像遇见幽灵一样吓得直往后退"的时候,青年席勒正在《强盗》中拿起锐利的唯物主义武器同现行的社会制度作战。当歌德从七十到八十年代正在一个小宫廷里消闲解闷的时候,席勒正在为满足起码的生活需求而苦斗。

然后,梅林以主要的篇幅介绍了席勒的哲学思想面貌。他说,席勒的思辨天赋是与他少年时期的革命义愤同时存在的;《强盗》的作者即使对"德国的鄙陋"做了绝望的战斗,他却始终能够在康德的哲学中得到满足。不过,席勒决不是为哲学而哲学,他是在为资产阶级的"理性权利""理性国家"而奋斗。他在康德哲学的武装下,反对"扩大所有权",反对"人屈从于暴力",主张"平凡卑贱事物在艺术中的用途",发现"处境卑贱加上意识尊贵毋宁可以转为崇高",等等。但是,席勒并没有因此而把艺术和道德、政治混为一谈;相反,他强调美的自在性,不赞成在美的事物中要求道德目的,甚至宣称"大师们的艺术奥秘在于以形式消灭内容"。席勒之所以强调美,反对混淆美与善的界线,是出于这样一个基本观点,即美学教育对人类品德间接地产生有利的影响,可以维护和发展资产阶级的"理性权利",因此他要求通过美学问题解决政治问题。这些观点充分反映在席勒以"审美国家"为最终目的的《审美教育书简》中。至于资产阶级理性半途而废,"沉溺于资产阶级利润",根本忘却它的启蒙时期的初衷,梅林认为,那可不是席勒的过失。柏林狄茨版编注指出,梅林在本文中对席勒的一些看法,如认为席勒决没有"逃避"到康德的理想中去,后来在他的《席勒传》的前言中得到了修正。事实上,后来的研究者认为,"德国的鄙陋"不但战胜了伟大诗人歌德,同样也战胜了伟大民主战士席勒;他之乞灵于美学教育,仍然不能不是向诗、向康德理想的"逃遁"。

总之,梅林的这篇评论,译者认为,可以从几个方面启发我们进一步思考:一,对于歌德,除了认识他身上的"伟大"和"渺小"的两重性外,更应当探究一下他的"直觉的"、"从个体上升到理念"的创作方法,这样才能"从内而外"地理解他的"双重性",并能从他的艺术创作受到更多的教益。二,对于席勒,除了认识他身上的康德影响外,更应当了解他的身世、他的政治理想,以及二者对于他的艺术创作的关系,这样才能从他的作品受到更大的鼓舞。三,至于恩格斯所说的"席勒化"问题,梅林在本文中并未涉及。恩格斯把创作方式分为"莎士比亚化"和"席勒化"两种,劝告作家弃后者而取前者,这个教导在理论上是十分重要的。但是,对此应有如实的深入的理解,不宜将所谓"席勒化"和常见的以"艺术手段"直接为"政治目的"服务的"概念化"划等号。事实上席勒的诗歌和剧作都各有其以哲学思想、政治理想为基础的艺术特征,如果一概视之为"概念化"而拒绝学习,就未免甚至见笑于买椟还珠者流了。

(评鲁道尔夫·斯坦纳:《歌德的世界观》,魏玛,1897,艾米尔·费尔柏出版社;弗里德里希·阿尔培·朗格的《席勒哲理诗导论》,载艾恩贝克首席教师 O. A. 艾里逊所编朗格遗著集,比勒费尔德及莱比锡 1897 年,韦尔哈根·克拉津出版社)

卡尔·马克思①曾经在一份几乎完全绝迹的四十年代某报上论述过歌德和席勒对于康德的态度。这一节文字颇有趣,值得超越本文的直接目的,稍为详细地复述一下。

马克思这样写道:

> 歌德是按照双重方式对待他当时的德国社会的。有时他对它怀有敌意,设法逃避他所厌恶的一切,如在《伊菲根尼》中以及在意大利旅行中,他像葛茨、普罗米修斯和浮士德一样反抗它,像梅菲斯特一样极尽挖苦嘲笑之能事。但有时他又对它很友好,如在许多"温柔讽刺诗"和许多散文中那样迁就它,如在"化装游行"中那样颂扬它,特别是在所有论及法国革命的文章中,甚至还卫护它不受咄咄逼人的历史运动的干扰。与他不以为然的方面相比,歌德所赏识的德国生活方面不是个别的。他的心情经常变幻不定;他一方面是天才的诗人,受不了环境的鄙陋,另方面是小心翼翼的法兰克福议员的公子或魏玛公国大臣,又不得不同这种

---

① 梅林所指的这段文字不是马克思写的,而是摘自弗里德里希·恩格斯在《德意志—布鲁塞尔报》上的连载评论《诗和散文中的德国社会主义》。——柏林狄茨版编注

鄙陋保持休战并努力适应它,这两方面在他身上持续地斗争着。所以,歌德有时是伟大的,有时又是渺小的,有时是挑衅的、嘲弄的、蔑视世俗的天才,有时又是谨小慎微、自满自足、眼光短浅的庸人。此外,歌德也不能战胜德国的鄙陋,倒是德国的鄙陋战胜了他,而鄙陋对于最伟大的德国人的这种胜利,充分证明它一般是无法"从里面"来克服的。歌德是太广博了,太活跃了,太富于感性了,不能像席勒那样逃向康德的理想,来自拔于鄙陋;他明察秋毫,不会看不到这种逃遁终归不过是以平庸的鄙陋换取夸饰的鄙陋而已。他的气质,他的精力,他的整个念向指引他走向实际生活,而他所发现的实际生活却是糟不可言的。一方面处在他不得不鄙视的生活天地里,另方面又为这个天地所束缚(这是他唯一能够有所作为的天地),歌德于是发现自己永远陷于进退维谷之中;人越老,强有力的诗人便越是退缩到渺小的魏玛公国大臣身后了。我们并不按照伯尔内和门采尔的说法,责备歌德没有自由思想,而是说他居然一再地成为庸人:不是说他对于德国的解放事业毫无热情,而是说他当拿破仑冲刷最大的德意志马厩的时候,居然能够一本正经地从事一个最渺小的德意志朝廷的最渺小的政务和 menus plaisirs(法语:娱乐)。

这些话是很有教益的,所以必须在这里所涉及的要点上详加解释一下。我想,马克思写这篇文章要不是为了论战,而是为了教导,他会写成另外一个样子。他当时是针对卡尔·格律恩的,此人在三月革命的前夕曾经在他的《论歌德的破书》里胡诌了一通庸俗的唯心主义。不过,德国的唯心主义在十八世纪末叶看起来,完全不同于十九世纪中叶。

与席勒相比较,歌德在气质上当然是更广博些,艺术才具更丰富些,但并不因此更积极。席勒把歌德的精神风格称作直觉的,而把他自己的称作思辨的;歌德是由个体上升到理念,而他(指席勒)则是先有理念,再由理念下降到个体的。艺术天才能够适应两种精神风格,而且有同样积极的行动,不过直觉的精神风格远比思辨的精神风格更难以接近各种哲学探讨。事实上,歌德本人这样认为,他对于本来意义上的哲学毫无天赋,正如他曾经说过的那句意味深长的话,他不欢喜"普遍概念像桩柱一样围住"他。只是对于斯宾诺莎,他还有一层较深的理解,而且只是对于这位哲学家的一些伟大的基本思想,如一切存在事物的统一性,一切发生事物的规律性,精神与自然的同一性。歌德并不赞同斯宾诺莎的全部著述,对斯宾诺莎的"数学式的犹太教经师式的修养"则一无所知。至于康德的哲学,连它的基本思想都没有吸引过他;他充其量客客气气地、有时简直是老实不客气地躲开了它;他满怀对世界的愉悦感这样说过,康德用他的人性恶的学说亵渎地弄脏了他洁净的哲学外套。

所以,要按照任何哲学意义论述歌德的世界观,是一件非常冒险的行动,而斯坦纳却试图这样做,便不得不以失败告终。他的思路是,"在一个命定的瞬间",任何一个年迈的希腊人都摆不脱对于人类感官的乖僻的猜疑,此后人类便为哲学上的唯心主义所苦,直到歌德重新建立起统一的世界观。斯坦纳主要是根据歌德的自然科学文章立论的,但却得出了这样的答案:歌德从来没有直接经验过解放行动,他诚然会运用最高级的认识方法,但却没有观察过自己。很难说斯坦纳的这些话是什么意思。一首赞美诗提供了唯一的明显的指南——马克斯·斯蒂纳①;最后,读者得到这样的保证而获释,说是歌德如果建立了一个哲学思想大厦,他也会像黑格尔一样陷于土崩瓦解的。因为斯坦纳把歌德的一部分自然科学文章印成了大型的魏玛版本,你将怀着若干期望打开他的著作,但又一定会完全失望地把它关上。

然而,歌德和席勒对于哲学的不同态度,不仅取决于他们天生的

---

① 马克斯·斯蒂纳(1806—1856),德国哲学家,资产阶级个人主义的狂热鼓吹者,一八四五年出版哲学代表作《唯一者及其所有物》。

气质，至少还同样取决于他们的社会地位。歌德作为"法兰克福议员的公子和魏玛公国大臣"，属于统治阶级，他对德国鄙陋状况的反抗首先是一个天才艺术家对一种沉闷得难忍、卑屈得可怜的庸人生涯的反抗；即使他反抗，他对社会现状也丝毫无所震撼。席勒则不然，他从儿时起就颠沛流离，不得不在卡尔军校过一种见不得人的奴隶生活。当年轻的歌德在斯特拉斯堡阅读著名的法国唯物主义宣言——霍尔巴赫的《自然体系》(里面吹刮着法国大革命的烈风)时，他觉得它"那样灰暗，那样不见天日，那样虚无缥缈"，以致像遇见幽灵一样吓得直往后退；他觉得这是"衰老的真髓，淡而无味，甚至变了味"。他在这个"阴郁的无神论的午夜"里感到十分空虚，大地及其万物、天空及其星辰都从这里消失了。具有创造精神的艺术家兼法兰克福贵族之子就是这样感觉的，他这时恰好带着一个心爱的姑娘闯出了社会等级的底层。而席勒在相同的年龄，却是怎样在《强盗》中拿起锋利的唯物主义武器同现行的社会制度作战啊！

在两位诗人的一生中，他们的伟大的少作之后都有过一段间歇期，仿佛田亩为了下一次丰收而养精蓄锐一般。歌德从七十年代中期到八十年代中期在一种消闲解闷的宫廷生活里度过了这段时光，而席勒从八十年代中期到九十年代中期正在为筹谋起码的生计而苦斗。作为诗人，他们重新找到了自己：歌德是在意大利的旅行中，席勒则是在康德的哲学中。但是，歌德正如马克思的中肯说法，他通过意大利的旅行"逃离了他所厌恶的一切"，而席勒却决没有"逃避"到康德的理想中去①，反之，他热情地掌握了它，因此对待德国社会要比歌德"积极"得多。

从某种意义来说，席勒在认识康德哲学之前就已经是个康德派了。当被折磨的诗人在青年时期剧作中对令人窒息的生活情况发泄革命义愤时，他的思辨天赋同时活跃在一些诗作里，以动摇不定但却

---

① 参见前注。这个观点后来为梅林所修正。他在其《席勒传》的二版前言中明确表示信奉恩格斯的观点。——柏林狄茨版编注

明显可见的轮廓暗示了康德的理念世界的发展层次。在《情欲的超脱》(Freigeisterei der Leidenschaft)一诗中,感官世界起而反抗清规戒律的冷酷无情;在《断念》(Resignation)一诗中,伦理领域胜利了,当然只是这样胜利的,即放弃德行在来世的报答,对于所有原来期望这样一种报答而被骗掉感官享受的人们,几乎显得是讽刺;在《艺术家》一诗中,"人的尊严"则专注于艺术。这些酝酿着的思想,席勒发现它们在康德那里,是以一个庞大的体系从内部滋生出来的,但《强盗》的作者即使对德国的鄙陋做了绝望的苦斗,他仍然能够在康德的哲学中得到他的满足。如果说席勒并没有作为哲学家接近过康德,那么他更具有"积极的性格",足以按照自己的方式来臆测老师了。他从康德的自然领域造出了自然国家,来指他当时的封建专制主义国家,并从康德的人的意志自由领域造出了"真正的政治自由的大厦",正如康德把艺术领域建立起来,作为联系自然领域和自由领域的中间环节一样,席勒则希望从自然国家通过美学教育的桥梁到达资产阶级的理性国家。

席勒在美学论文中首先同康德展开辩论,这些论文十分鲜明地得出了资产阶级的理性权利的结论。且来几次检验吧。在《论素朴的诗与感伤的诗》的文章中,是这样写的:"这样扩大所有权,一部分人会因此而破产,从实质上说是没有根据的。"在《论崇高》一文中是这样写的:"人没有比忍受暴力更不像人的了,因为暴力取消了他。谁将暴力加在我们身上,谁就使我们变得无疑比常人更渺小;谁懦怯地忍受暴力,谁就抛弃了他的人之常情。"而在《关于平凡卑贱事物在艺术中的用途》一文中则这样写道:"奴役是卑贱的,但自由中的奴才意识是卑鄙的;然而,从事奴役而没有奴才意识却不是卑鄙的,处境卑贱加上意识尊贵毋宁可以转为崇高。"此外,还有一些似乎针对当前无产阶级的阶级斗争的文章。

但并不是说,席勒仿佛因此把美学问题和道德或政治问题混为一谈了。自从尼采以一个荒唐而放肆的文字游戏发现席勒是"泽京根的道德吹鼓手"①以来,每个少不更事的德国天才都认为以任何反对席勒的胡闹方式进入不朽的庙堂,乃是他们的光荣义务;但是,谁要是崇尚古老的风习,即在判处一个作家之前才去读读他的作品,那么谁就会充分认识到,席勒正像康德一贯所做的那样,也把美同道德和政治严格地分开了。现在仅从大量的证据中举出《论慷慨激昂》一文,席勒在这里宣称,劝告作家们改编"民族题材",是一种"蛮风",他这样写道:"希腊的艺术趣味在它的作家的作品中如果只是通过历史关系取得的,那就糟糕了。"他还写道:"如果在美的事物中要求道德目的,那显然是界线的混淆,而为了扩大理性的领域,就会把想象力赶出它的合法的辖区。"席勒诚然曾经写过《论审美准则在道德上的运用》,但他在这篇文章中仍然严格地把美学和伦理学分别开来,以便贯彻这个普遍的观念,即美学教育对于人类的品德间接地产生有利的影响,这是一个老生常谈式的真理,所以席勒把这则小文作为补白发表在《时序》杂志上,却没有再收入他的散文集中。审美对象不是内容而是形式,康德的这条原理以如此简洁的文句出现在席勒的笔下:"大师们真正的艺术奥秘在于,以形式消灭内容。"总而言之,如果说席勒的美学论文并没有篇篇达到康德的哲学深度,那么正因为他是诗人,他笔下的纯粹审美判断却往往比在康德笔下来得更丰富更鲜明。如果康德的美的理想使人很快想起文克尔曼的希腊轮廓,如果连莱辛"不得已时"都愿意迁就政府在艺术中抑制所有平凡卑贱的内容,那么席勒却在艺术中保障了平凡卑贱内容的合法权利。当然,他的意思是,丑与卑即审美观的极外围运用起来务必十分谨慎,而且须有一个崇高的艺术目的使之变得合理,但人们可不能因此过份鄙视穷措大;粪土为了粪土自身的缘故而要求艺术表现,这个辉煌的发现只是在我们这个开明的时代才得以产生的。

---

① 泽京根系联邦德国巴登－符腾堡州一地名,以浪漫主义诗人约·维·舍费尔的幽默叙事诗《泽京根的吹鼓手》而知名。尼采借用这个当时十分流行的作品名称,加上"道德"二字,讽刺席勒把美和道德混为一谈。

席勒在他的美学论文中也是根据资产阶级的理性权利来下结论的,因此他并不落后于康德,倒是超越了康德。他不再是在"超感觉的基础"中,而是实事求是地在人们的历史局限性中寻求审美判断的可能性。不错,席勒也没有摆脱资产阶级启蒙学派的普遍偏见,认为他们所代表的运动是整个人类的启蒙,而不认为它只是属于某个时期,但是作为性如烈火的诗人,他却本能地拒绝康德美学理论中那一切死气沉沉的抽象。

席勒最重要的美学论著就是《审美教育书简》。他开始发表这些书信时,给歌德写信说过:"我决不是为了诉说政治愁肠而提笔,我在这些书信中所说的一切,都是为了从此永远不再说到它们才说的。"实际上,"政治愁肠"对于席勒不过是为了一跃而进入美的理想的跳板,但是这个理想也正因此在历史上受到局限。我国古典文学的历史奥秘在这些《审美教育书简》中明晰地被揭示出来,可是这种明晰性今天仍然显得模糊不清,正如资产阶级历史学之谜的这个谜底一再可能被弄得一塌糊涂一样。

席勒一开始就提出这样一个问题,他之所以从事美学研究,正是因为"所有艺术品中最完美的一种,真正政治自由的建筑物",在"人类伟大命运"被交到政治舞台上讨论的时刻,"提供了"一种"非常直接的兴味",这是自称为人的人都有权参加的"伟大的诉讼"。他回答说,自然国家的腐朽结构诚然摇摇欲坠,然而宽宏大量的时刻却发现了一个麻木不仁的种族。大失所望的《强盗》作者是这样说的,但当席勒描述资产阶级的阶级斗争毫无希望时,被法国恐怖时期吓破了胆的德国小市民却滔滔不绝地抢着发言了。席勒在"卑贱的、人数众多的阶级"身上发现了"粗野的、无法无天的本能",不过他又补充道,"文明阶级"呈现了更其令人厌恶的垂头丧气的景象,品性堕落的景象,那种堕落越来越使人愤慨,因为教养本身就是它的报源。

当然,在所有处于教化过程的民族中,都会出现类似的情况,不过如果将今天和过去、特别是古希腊的人类形象加以对比,必须慎重行事。在诗人的慧眼面前，是展现了古代社会和资产阶级社会之间的差别的。在根本谈不上大工业、几乎没有手工业可言的德国，席勒写道："永远只是被捆在整体的小破片上，人本身只是作为破片而形成的；永远只有他所驱使的车轮之单调的辚辚声在耳，他从未发展过他的天性的和声，他在性格中没有显示人性，只是变成了他的职业、他的知识的一个复本。"席勒在这方面绝没有发出反动的悲叹。相反，他倒是说："为了在人身上发展多样化的才具，除了使它们相互对抗外，别无他法。种种能力的这一对抗作用正是伟大的教化工具。"但是，席勒又补充道，也只是工具而已；只要这种对抗作用持续下去，我们就会逐渐走向文明。世界的整体通过人的能力的分隔培养收获了多少，个人在这个世界目的的诅咒下就会损失多少。"通过体育锻炼诚然可以造就运动员的体格，但是只有通过自由而均匀的肢体运动才能造就美。同样，个别智力的伸张诚然可以造就非凡的人，但是只有使所有智力得到同样的培养才能造就完美无缺的人。如果人性的培养需要做出这样的牺牲，那么我们对于过去和未来的时代又将是个什么关系呢？可以说，我们曾经是人类的奴隶，我们曾经为它从事奴役几千年之久，并将我们残废的天性深深打上了这种奴役的可耻的印记——因此后来的人类才可以在一种幸福的闲散生活中关照他们道德上的健康，并促进他们的人性的自由成长。"席勒在这里毫无顾忌地承担了资产阶级理性权利的后果，而资产阶级理性中途沉溺于资产阶级利润，对于可以促进"人性的自由成长"的"未来国家"不闻不问，这可不是席勒的过错。

但是，按照席勒的理解，这个目标①如果不能通过"低等阶级"和"文明阶级"的斗争来达到，那么就更不能指望自然国家即专制主义的封建国家了，它的野蛮暴行和不可救药的腐朽在《审美教育书简》中得到了令人信服的描绘。当席勒笔下猛然迸发出这样尖刻的警句——

---

① 指上文所谓"可以促进人性的自由成长的理性国家"。

自然国家更容易下决心（其实谁还会在这方面冤枉它呢？），同一个锡西拉岛的维纳斯、风流的女神（而不愿同一个又名乌拉尼亚的维纳斯、圣洁的天后）①共有它的丈夫——这时他简直是在透过整个未来世纪的黑暗，宣读普鲁士的风纪法庭一方面对于莱斯特和韦南一案，另方面对于基希曼和默勒一案②的判词了。因此，席勒得出了这样的结论，即我们必须通过美学问题来着手解决政治问题，途径是经过美而到达自由。

席勒的《审美教育书简》如此明显地指出，上一世纪的资产阶级解放斗争在德国为什么必须在艺术领域中开展，因此它们试图寻找从美学上的美到政治上的自由这条途径，便不言自明地会陷入无底的深渊。席勒在第十封信中就已经承认，经验也许不是可以解决这类问题的裁判席，而他越是埋头于他的思想丰富的研究，手段在他便越是变成了目的。他大概力图用下列语句把他的基本思想记录下来："人在他的肉体状态中只可忍受自然的力量，他在审美状态中便可摈除这种力量，他在道德状态中则可克制它"，但是《审美教育书简》确是以"审美国家"作为最终目标而结束的。"审美趣味舒展它令人宽慰的面纱，来掩盖肉体的需要（这种需要以其赤裸的形态冒犯了自由精神的尊严），并用一种可爱的自由假象向我们隐瞒了那种有伤大雅的同物质的亲缘关系。如果说连爬行的雇佣艺术都能因它（指审美趣味）而振翅高飞，抖掉它身上的尘土，那么奴隶身份的枷锁经它的权杖一触动，就会从死者和生者身上脱落下来……就在这里，就在美的外观的领域

---

① 维纳斯在罗马神话中是司掌美与爱的女神，与希腊神话中的阿佛洛狄式相当。锡西拉岛在希腊本土南部，传说维纳斯曾从其附近海面出现。乌拉尼亚在希腊神话中或为天文学女神，或为阿佛洛狄式的别称。席勒在警句中将"维纳斯"一分为二，是为了讽刺"自然国家"的腐朽堕落，并影射普鲁士政府的倒行逆施，见下文。
② 莱斯特是普鲁士的殖民官员，在卡麦隆曾对妇女施笞刑，引起当地人民的暴动，并在德国国内引起对于殖民政策的公开抗议，普鲁士风纪法庭不得不将他解职。韦南也是普鲁士的殖民官员，在卡麦隆曾经剥去土著犯人的头盖皮，在德国国内引起对于殖民政策的公开抗议，普鲁士风纪法庭不得不对他科以少量罚金。尤利乌斯·封·基希曼(1802—1884)，法学家兼哲学家，一八八七因在柏林职工联合会讲演而被罢免上诉法院副院长职务。尤利乌斯·默勒(1819—1887)，医生，刻尼希堡大学教授，一八六三年因政治上属反对派而被解职，一八八一年后当选为国会议员。

里，实现了平等的理想，幻想家是很想看见这个理想果然按其本性得以实现的；而且，如果优美的风尚确实是在王位的附近成熟得最早最完美，那么即使在这里也必须承认仁惠的天意，它似乎经常只是为了把人驱向一个理想世界，才将他限制在现实之中。"席勒就这样回到了康德式的理想，如果愿意这样说，也可以说是一种向诗的领域的逃遁，不过即使这时他也还在奋勇抵抗"限制人的现实"，并尽量在按其本性其所从属之处拯救康德式的思辨。紧接着席勒的《审美教育书简》，就是他的哲理诗，他在这些诗篇中颂扬美学的解脱，认为它是免于"感官享受和心灵平静之间"的永恒冲突的唯一良方。

关于这些诗，朗格曾经在一篇文章中谈论过，这篇文章已由他的可敬的传记作者 O. A. 艾里逊发表在一本教材版的文集中。限于教学目的，这篇小文并没有什么新内容，至少对于读过朗格的《唯物主义史》的人们是这样，虽然它的出版仍然是值得感谢的，不仅因为它对于那些极其重要而又费解的诗作是一篇卓越的诠注，而且它还对朗格本人的观点作了即使并不新颖、但却更加明确的阐释①。比起他的那部以相当乏人而又以无效的方式反复纠缠于"自在之物"的大著作来，这篇小文却简明得多地申述了资产阶级新康德学派中间这位最杰出的代表人物是怎样理解所谓"回到康德去"的。朗格在该文中以十分可羡的明晰性说道："在康德那里，批判和思辨最紧密地结合在一起。他表面上只是批评家，但却建立了一种思辨，这种思辨不仅为我们创造了始终不渝的、简直是不可或缺的理念，而且还提出了按照这些理念整理全部知识的要求。"朗格这里着眼的不是科学，而是创作；正是一种不满于五十年代肤浅粗糙的唯物主义的、对于审美情趣的需要，把这个福音新教的牧师之子朗格引回到康德，更引回到诗人哲学家席勒。

为了以某种科学形式来信奉康德的唯心主义，朗格实际上未免过分

---

① 梅林对于朗格的哲学著作经常估计过高。列宁尖锐地批判过朗格，说他伪造了唯物主义的历史。——柏林狄茨版编注

接近了本世纪的重大的阶级斗争。因为这种唯心主义来源于政治斗争的不可能性，所以它在可能发生政治斗争的时刻，便不能不像马克思尖锐而又真实地说过的那样，变成了"滔天大祸"（überschwlngliche Misere）。而朗格要是懂得历史唯物主义的话，他身上就不会有那种"最高而又最后的疑虑"，让康德的理想作为诗以席勒的美学上高超的形式来平复了。

〔古典的和自然主义的美学〕①

康德和席勒的美学论稿问世一百多年之后，埃德加·施泰格尔在他的《论新戏剧的发展过程》一书中，宣布了一门现代美学，这门美学一般说来是以现代自然主义，尤其是以易卜生、豪普特曼和梅特林克的戏剧为依据的。

一读施泰格尔的书，人们就会觉得，他意在攀附我们的古典美学。在引言中他这样说，他要为艺术，"哲学家们的这个备受白眼的灰姑娘（她曾经被她两位傲慢的姊妹即认识与意愿给撵出了纯思维的闺房和实际生活的起居室，好让她到厨房里和婢仆小童们一起厮混）——为她，这个天生的公主，光复理应属于她的王宫，并用豪华的婚服把她打扮起来，带引到那两位姊妹面前，作为她们白白热望过的生活的新娘。"这种见解是不是并不比当年康德和席勒的见解更加片面，就历史状况而言，更加没有根据，未尝不可以争辩，但它却每每使人清楚地想到了这一点，看来施泰格尔仿佛面对傲慢的哲学家，例如曾经被席勒斥责为"不懂美学"的菲希特（他想把艺术重新变成使善与真感性化的工具），或者面对黑格尔（他把艺术看成"绝对观念"的一个象征），不由得回想起了康德和席勒。

---

① 〔古典的和自然主义的美学〕为《美学初探（三）》，中译刊于《文艺学和新历史主义》（《世界文论[1]》，中国社会科学院外国文学研究所《世界文论》编辑委员会编，社会科学文献出版社1993年版）。

然而，如果硬说他是通过"一个已经衰微的艺术时期的软弱模仿者的老式镜片"看事物，甚或甘与席勒的"粗蠢的劝善"和"道德空谈"为伍，施泰格尔会认为是莫大的侮辱。这绝不是说，施泰格尔怎样趾高气扬地把这位"作为艺术家被吹捧过分的道学先生"打翻在地，何况席勒的《华伦斯坦》曾经使他倾心不置。"连一个华伦斯坦在三十年战争期间（当时所有德国诸侯都为了寻开心而背叛了皇帝）也不得不感到臣仆的内疚。"在另一处，施泰格尔更是不胜宽让，以至席勒的华伦斯坦（"他忠于王室的内疚我们觉得很离奇"）竟通过他看不见的幽灵而使人着迷。"否则谁会否认，在诗人看来，还有一个更大的人物对三十年战争的大屠户起过了影响——那个人在席勒当时并不属于过去，而是活生生的现代，即拿破仑？"实际上——谁会否认呢？

首先，每个浏览一下任何一本《席勒传》的人都会否认。席勒于一七七〇年动手写剧本《华伦斯坦》，当时还没有人知道有个拿破仑；到一七九八年和一七九九年之间的冬季，他完成了这个三部曲，拿破仑这时是法兰西共和国的常胜将军之一，顺便说一下，在远征埃及中下落不明。谁要是为历史求知欲所驱使，翻阅过一下三十年战争史，他首先会知道，德国诸侯背叛皇帝的"开心"毕竟有其特殊的情况，连勃兰登堡和萨克逊潦倒的选帝侯在同帝国之敌古斯塔夫·阿道夫勾结起来进行叛国阴谋之前，都不得不努力克服种种内疚；其次还会知道，华伦斯坦根本不是直属帝国的公爵，不过是个波希米亚式的贵族，向皇帝宣过誓的将军，他为了民族的利益计划在德国重振皇权，即使违背皇帝的意志，也还是可悲地陷于与职责的冲突之中。华伦斯坦并不认识那个"下一千年的残忍的先知"（按照施泰格尔的看法，他就是尼采），而且作为"超人"也不承认"善与恶的彼岸"，对他来说这可能是够倒霉的，但是毋庸置疑，他毕竟倒了这场霉，席勒才不得不对他听之任之，至少从一门坚持在艺术中要求真实和现实的美学的观点来看，这是应当受到非难的。当然，席勒并没有描写他的主人公如何咳嗽和吐痰，而是把他作为历史人物表现在历史关系中；他以创造性诗人的天才的深邃目光事先掌握了许多历史资料,那些资料在席勒逝世后很久才从华伦斯坦案卷的灰尘中被找出来。但是,按照格哈特·豪普特曼在他的《弗洛里安·盖尔》中对咳嗽和吐痰进行微观模仿所取得的经验来看①,豪普特曼的气喘吁吁的崇拜者大可不必那么盛气凌人地谴责席勒。

施泰格尔远没有在康德和席勒打下的基础上有所添筑,他是想"用现代认识论的武器"着手解决"美学的基本问题"。关于这种"现代认识论",他在书中却语焉不详,只是这样写道,"亚里士多德把人体仅仅看作灵魂的实现,唯物论者却将所有精神事物说成物质的一种功能,现代认识论与二者大相径庭,把这两种观点作为外在与内在经验的事实加以摒弃,而在意识和物质中臆测出同一未知物的两种不同的现象。"原来"现代认识论"竟是对于一种未知物的"臆测"! 施泰格尔有一次为他的书所受到的批评进行了反驳,把意见多少说清楚了一点,据说他想把"现代认识论"理解为冯特式的心理物理学②,只可惜我们对此也不甚了了。冯特最后也宣称"所有精神事物是物质的一种功能",他把我们称之为智力和意志的东西,作为感觉印象的纯粹精化,溶解在运动中,并且一直追溯到他所谓的基本生理现象,也就是"从物质中变出了感觉",这正是施泰格尔对"毕希纳的力量物质之类"③不遗余力加以谴责的。

---

① 《弗洛里安·盖尔》(1896)是豪普特曼自然主义创作初期的作品,以德国农民战争为题材。作者虽然同情起义的农民,却不偏不倚地描写了战争参加者各种各样的动机。先后出场的人物多达七十余个,农民领导人盖尔的形象反而模糊不清。
② 威廉·冯特(1832—1920),德国心理学家,唯心主义哲学家,实验心理学的奠基人。提出一种直接意识经验(包括感觉、情感、意志、观念等)的心理学体系。著有《逻辑学》(三卷,1880—1883)、《哲学体系》(1889)、《民族心理学》(十卷,1890—1920)等。
③ 指路德维希·毕希纳(1824—1899),德国医生,哲学家,庸俗唯物主义代表。一八五五年出版论著《力量与物质》,试图按照自然科学建立唯物主义宇宙观,招致强烈的异议。晚年从事普及达尔文学说。其兄格奥尔格·毕希纳(1813—1837)为著名革命民主主义诗人,《丹东之死》的作者;其姊路易莎·毕希纳(1821—1878)为作家、女权主义者。

用马克思对黑格尔哲学说过的一句话，转过脸去不睬它，掉头对它咕噜几句愤慨的套话，是对付不了康德和席勒的美学的。只要施泰格尔想证明，美学不是一种合理概念的学说，而是感觉、感情和情调的学说，那他就只是重复着康德一百年以前说得更其透彻而明白的话。困难正是从这个问题开始的：尽管如此，审美判断是怎么可能的呢？如果审美趣味只是主观的，个人的，如果每人有自己的趣味，那么这种趣味又怎么能有其客观的动因呢？这个问题是一切美学的基本问题，要是回答不了它，就休想写出一本科学的美学来。如果康德回答错了，而你回答对了，你就跨过了他；但如果装作没事人似的，仿佛这个关键性问题从来没有提出过，那你便落到他的后面去了。

如果施泰格尔只满足于为易卜生、豪普特曼和梅特林克唱赞歌，也就免掉了我同他进行论辩这个不愉快的任务。那么只消说一声：好吧，那是施泰格尔的趣味，趣味是不可以争论的，既然每个人有他自己的趣味。可是，施泰格尔并不以此为满足：他还想草创一门科学的美学，他不仅想描述新戏剧的本质，甚至还想描述它的发展过程，也就是想解决一桩历史任务，可惜这桩任务是用臆测、感情和情调解决不了的。施泰格尔既是个非常精明的人，不致于根本不懂得这一点。可是，他却一共"臆测"了许多，多得实在惊人，大约有三次，花四页的篇幅谈到四个伟大的艺术时代：古希腊的雕塑时代，意大利文艺复兴的绘画时代，十七、十八和十九世纪德国的音乐时代，最后是全人类的诗歌——戏剧时代，大门口就站着易卜生、豪普特曼和梅特林克的高大形象。总而言之，历史是施泰格尔的弱点，正如他关于华伦斯坦的见解所表明；他关于历史唯物主义所说的一切，是他从资产阶级偏见的丛林里砍伐出来的。他的确把艺术研究得太深入了，难免要绊倒在一切美学的历史局限性上，而且他只有意识到这个局限性，才能产生许多令人兴奋的构思精巧的见解（这是必须充分承认的）。当然，由此也会产生各种各样的迷误，因为历史的判断力只要同现代自然主义的划时代意义相冲突,它就不得不举手投降,即使有陷入稀奇古怪的矛盾的危险也罢。但是,施泰格尔在他那次被提到的论战中毕竟承认,审美感情是历史地发展的,而且是不断变化的;他不过反对每个美学家把为阐释一部艺术品所不可缺的成百上千个历史问题仅仅看作文化史的准备工作,而这项工作远远说明不了一部艺术品的纯审美效果。因为据说这种效果在每一种个别情况下不过是内在生发的一个事实。

这本来是完全正确的,而且自康德以来甚至是一件不言自明的事情。只是施泰格尔想把审美效果作为内在生发的一个事实从历史关系中强行撕脱,他便犯了被他严厉斥责过的毕希纳和摩勒肖特①的错误,即把自然科学和社会科学混为一谈的错误。人们怎么能够感觉,这个问题属于自然科学,属于感觉器官的生理学;人们曾经怎么感觉过而现在又怎么感觉,这个问题属于社会科学属于美学。如果一个澳洲土人和一个开化的欧洲人同时听一阕贝多芬的交响乐,或者同时看一幅拉斐尔的圣母肖像画,两人进行感觉的心理物理过程(按照自然科学的角度来说)是以同样的方式完成的,因为两者作为自然人是一样的,但是他们的感觉本身却大不相同,因为两者作为社会人,作为历史的人,是非常不一样的。不过,完全用不着挑选如此显著的对立面,因为即使在同一个文化圈子里,也决不会有哪怕两个人,他们的审美感觉是按照两个钟表机构的规律性相互应合的。作为社会人,每个个别的人都是历史的生活条件的产物,这些生活条件以不可忖度的方式交错着和纠结着,以多得不可胜数的方式规定着他的感觉,所以每个人才有他自己的趣味可言。

当然,即使这种主观的趣味也能有其重要意义,但永远只是一种历史的意义,而且只是对于感觉着的主体而言。马克思和拉萨尔具有

---

① 雅可布·摩勒肖特(1822—1893),出身荷兰的德国生理学家,庸俗唯物主义代表。著有《生命的循环》(两卷,1852),按照机械唯物主义建立实验生理学。

不同的审美趣味,从这二者的不同处可以推断出他们的历史的精神风貌的不同,正如我最近在另一处试图推断过一样①,但是推断不出诗人的审美的价值差别来,这种差别要从这一个或那一个的共感来看。② 施坦因男爵③,无疑是歌德的同时代人中间最重要的一位,读完了《浮士德》之后,除了对瓦普吉斯之夜一场的"有伤风化"表示莫大的愤慨外,竟没有别的任何一点感觉,这很能说明斯坦因的美学修养,但决然说明不了《浮士德》的美学价值。叔本华有一天会说,他对《神曲》感不到一点特别的趣味,但却颇为明智地把这个主观判断以完全主观的方式提出来:"我坦白承认,《神曲》的令名我觉得似乎夸大了。"如果再读一下叔本华对之进行指摘的一切,那么这种疑虑充分说明了叔本华,却一点也说明不了但丁。判断主观趣味所能有的历史意义,不言自明,其尺度取决于具有这种趣味的人的历史意义;我们对马克思、拉萨尔、斯坦因、叔本华的历史人格感到多大兴味,他们的审美趣味便对我们有多大兴味。反之,如果是历史上无足轻重的人物,他们的主观趣味的历史意义便降而为零。

---

① 参阅《德国社会民主党党史》第一部分第 574—575 页。梅林在此处写道:"如果把两个人的文学宠儿对比一下,其间的差别可以说一目了然。对于马克思,是荷马、但丁、莎士比亚、塞万提斯以及近人巴尔扎克;对于拉萨尔,则是胡腾、莱辛、菲希特以及近人普位滕。这是两个根本不同的文学典型系列。前几位是如此客观地容纳了整个时代的图像,每样主观残余都或多或少地、有时是如此彻底地融化了,以致作者消失在他们的作品后面一片神秘的黑暗中。后几位则如其中一位所歌唱的,他们只是反射"世界图像的图像",他们是这样一些人,我们在他们的作品中不仅不认识他们的世界是个什么样子,而且也不认识他们自己曾经怎样占有过或者试图占有过他们的世界。"(柏林狄茨出版社,1961 年。——原文版编者注)

② "共感",即 sympathie,西方美学家探讨美感来源的重要依据之一。如果读者对文学人物感到关心、景慕或怜悯,他就在经验某种"共感"。如果他读到某主人公的悲惨遭遇,进一步感同身受地有饥饿、寒冷或恐怖、悲伤的感觉,这就叫作"移情",即 empathy,德语谓之 einfühlung。

③ 指海因里希·弗里德里希·卡尔·施坦因男爵(1757—1831),普鲁士首相,拿破仑占领期间曾从事普鲁士政治改革,后被拿破仑迫退。

又例如，埃里希·施米特教授①几年前在一次关于赫姆林②的诗作的美学价值的公开论辩中，堂而皇之地宣称：我从来不欢喜它们，——这个判断在客观上和主观上同样没有价值，至少在美学领域如此。因为在道德领域里，它或许可以充作教授派头的标志。

由于试图把作为内在生发的一个事实的审美效果当作趣味的客观动因，人们因此永远也跨不出主观趣味的界限。康德曾经假设过，趣味的客观动因来源于我们的"超感觉基础"，来源于"我们身上超感觉成分的不确定观念"，——看来连他的这个假设也由于上述试图的失败而破灭了。一个超感觉的观念决不可能有历史的发展，然而一切审美判断却是为历史所制约的。叔本华立足于康德的美学，只要他的怪癖不给他挡道，还是个敏锐的逻辑学家，可他却碰上了这个矛盾。他有一次说："一部真正的艺术品本来不必为了供人欣赏，非有一部艺术史的导言不可。"本来不，也就是没有，如果康德关于趣味的客观动因的假设不错；但是言外之意，倒似乎有，所以叔本华说，"每个时代的时代精神有如吹遍万物的强劲的东风。所以它的踪迹见之于一切行动、思想、写作，见之于音乐和绘画，见之于这种或那种艺术的繁荣：它给一切和每个都打上了戳记。"叔本华当然没有再往下说，因为他的思路被他的出名的怪癖给打断了，据说根本没有什么历史的发展，据说在一切历史中始终出现着同一物，恰如万花筒每转一回，在不同的组态中始终出现着同一物一样，等等。如果施泰格尔承认审美感情的历史发展，却又想使艺术品的可欣赏性独立于这种发展，那他就犯了一个与上述情况相反的矛盾。

所有这些类似的矛盾可以归结为下列一个简单的结论：趣味的客观动因或者根本没有，或者只能在历史范围内才有。那么，一种科学

---

① 埃里希·施米特(1853—1913)，德国著名文学史家，有多方面的学术著作，以《莱辛传》(1884—1892)、《原浮士德》(1887)最为人知。

② 罗伯特·赫姆林(1830—1889)，奥地利诗人。著有《流亡的维纳斯》(1858)、《浪漫主义的天鹅之歌》(1860)、《阿赫斯维在罗马》(1866)等。生前因其高尚的理想和热烈的词句赢得一批追随者，后渐失色。

美学的疑难就在于这样一个问题：究竟能不能写出一部关于审美感觉的科学史，说明它曾经是怎样在人类社会中发展和变迁的；主观趣味既然是不可忖度地无止境地交错着，其中是不是贯彻了这样一种感觉的客观动因呢。① 谁站在历史唯物主义的基础上，谁就会肯定地回答这个问题，而且正好把历史唯物主义方法视作解决谜团的唯一诀窍。

施泰格尔对此提出的反对意见，如上所述，无非是资产阶级偏见的老生常谈，这里不必细说了，免得有渎读者的清听。但是，今天除了施泰格尔之外，还有一种"美学胡说"和一种"蠢笨的美学扯淡"如此蔓延滋长，因此把历史唯物主义的至少若干观点阐明一下，看来还是不无裨益的。

译后记 梅林的《美学初探》(1898)实际上是为坚持马克思主义美学立场而不得不写的一系列书评。这一篇的对象是埃德加·施泰格尔的《新戏剧的发展过程》（第一部分："易卜生与戏剧形式的社会批评"。第二部分："从豪普特曼到梅特林克"。柏林，1898 年，F. 冯塔纳与科姆普出版社出版）。施泰格尔(1858—1919)是位文学批评家，慕尼黑周刊《青春》同人之一，其他不详；他在本书中以推荐易卜生等人的戏剧为名，鼓吹了一门所谓"现代美学"，似乎既暗示康德、席勒的美学过时，又傲视唯物论者困惑于艺术品的审美效果，认为这种效果作为所谓"内在生发的一个事实"，才是美学的研究对象；但是，为了表示自己的"现代化"，却把自己所杜撰的"现代认识论"同当时流行的庸俗唯物主义联系起来。梅林在本文中并未涉及易卜生等人的戏剧，而是集中批评施泰格尔的美学观，指出他在康德和席勒的美学基础上毫无建树，并同冯特、毕希纳、摩勒肖特一样把社会科学和自然科学混为一谈；同时进一步揭示一切美学的根本问题，即人的审美感觉究竟是怎么来的，只有按照历史唯物主义才能解决，只有从主体的历史关系，而不是从作为所谓"内在生发的一个事实"的审美效果本身去寻找审美感觉的客观动因。值得思考的是，狄茨出版社原文版编者在注中指出，梅林不懂得更广泛

---

① 梅林力图把科学的美学归结为审美感觉的历史，这是他的全部美学理论的基本弱点之一。这个弱点直接关系到他不理解辩证唯物主义才是马克思主义的世界观基础，从而片面地倾向了历史唯物主义方法。（柏林狄茨出版社，1961 年。原文版编者注）

地从辩证唯物主义观点观察美学问题,才片面地倾向了历史唯物主义。不过,译者愿意重复本文最后一句话,"把历史唯物主义的至少若干观点阐明一下",对于我国的学术界,"看来还是不无裨益的"。

[··························]①

菲希特和尼布尔②一度争辩过,希腊亚历山大时期③最富饶的诗才能不能创造出一个完美的艺术品。哲学家菲希特肯定了这个问题,而历史学家尼布尔却作出否定的回答。按照普遍的理解,这个问题可以归结为,某个时期的艺术是不是取决于该时期的其他生活条件。今天未必还会有人按照这个普遍理解来提问题了;艺术和艺术趣味的历史发展同人类所有其他才能的历史发展有着最密切的、最难以解释的相互作用,关于这一点再也不会有什么疑问。

尽管"是不是?"已不再成其为问题,可是"怎么样?"迄今仍然言人人殊。诚然,温克尔曼曾经试图从古希腊的自然环境,尤其是气候状况探索过一度繁荣于其中的古希腊艺术的所以然;赫尔德也同样说过,希腊人的气候、生活方式、勤勉习惯曾经使他们必然产生各种各样的艺术。这样一种解释方法对艺术来说,确乎要比对于宗教或哲学切近得多;尤其是所有造型艺术,同直接决定人类生活的生产与再生产的技术发展有多么密切的联系,已不需要任何详细的论证了。但是,空想的历史观却始终坚持认为,例如施泰格尔就曾经这样表示过,在艺术中,过去文化的精神影响要比一切物质利害强大得多。姑不论漫不经心的表达方式,这个命题恰巧要反过来理解才是正确的:尽管过

---

① [··························]为《美学初探(四)》,中译刊于《文艺学和新历史主义》(《世界文论 1》,中国社会科学院外国文学研究所《世界文论》编辑委员会编,社会科学文献出版社 1993 年版)。

② 尼布尔·巴特霍尔德·格奥尔格(1776—1831),德国历史学家,探险家卡尔斯滕之子,名著有《罗马史》(1811—1832)。

③ 指亚历山大大帝(公元前 356—公元前 323),亚里士多德的学生。

去文化的精神影响根本不为历史唯物主义所否认，物质生活的生产方式毕竟制约着艺术家的生活过程。

　　如果说有一个艺术时期，似乎为施泰格尔的论断以实在令人惊愕的确切性说中了，那么这就是我们的古典文学时期。正如我们从席勒的美学论文中所见到的，我们的古典文学避而不见它那个时期的经济上和政治上的阶级斗争，以便在美学假象的领域拯救自己；如果有人想说，它曾经从受过教育的资产阶级汲取力量，这也是一个非常错误的臆测。资产阶级的大多数毋宁是以幸灾乐祸的恶意，或者充其量以麻木不仁的冷淡态度对待我们的古典作家们。席勒的《季节女神》（歌德、赫尔德、费希特、洪堡兄弟都参加过编辑工作），由于缺乏读者到第三年度就停刊了，而"受过教育的"市侩们的一个传诵一时的机关刊物却在第五十五卷上，居然这样评判席勒为《季节女神》所做的工作："他的文风无非是貌似博学的、抽象的和充满艺术灵感的词句的一种没完没了的令人生厌的杂烩，长长一序列做作修辞和令人疲劳的对仗。"席勒的哲学诗，曾经使歌德、威·封·洪堡和奥·威·施莱格尔感到沉醉，可是在另外的情况下却被报以一种冷若冰霜的淡漠态度，今天任何一个自然主义美学家都一定为此而心跳。如果人们想最简略地看一看，歌德和席勒在资产阶级内部不得不同那样野蛮的鄙陋性作斗争，那就请读读他们的《讽刺诗》。如果我们的古典作家愿意把艺术纤维继续纺下去，他们一定会同"过去文化"发生联系，而每本流行全国的文学史都会把荷马和莎士比亚称为首先照耀在他们头上的两颗明星。

　　但是，为什么恰巧是这两颗明星呢？如果回答是，因为歌德和席勒曾经把荷马和莎士比亚视作世界文学中最伟大的诗人——那么，我们又一次被扔回到主观趣味的边缘了。但是，一旦设想到，我们的古典作家必须打破什么样的桎梏，才能建立一门独立的德国艺术，我们大概就会发现他们的趣味的一个客观动因。他们必须扫除的既不是法国民族的、也不是法国宫廷的艺术趣味，这种趣味在十七世纪中叶到十八世纪中叶曾由德国小邦专制君主狂热提倡过,在艺术领域具体表现了民族的卑屈性。我是说:既不是法国民族的、也不是法国宫廷的,连莱辛在嘲弄一个法国诗人时,都可能说到"他的民族的可怜的趣味"。正是在这里,我们跟空想的文学史相反,必须认真区别开来。我们的古典作家原来沉醉于法国人的资产阶级革命文学。卢梭对于康德和席勒,狄德罗对于莱辛,都产生过最强烈的影响,温克尔曼几乎每天阅读他的贝尔①和他的孟德斯鸠,威兰德的法语讲得像德语一样好,歌德和莱辛甚至偶尔想到当一个法语作家:法国的典范对于德国散文的明白无误的发展起过极大的促进作用。我们的古典作家所反对的却是路易十四以来完全处于宫廷影响之下的法国艺术诗,这样的诗连伏尔泰也在所难免,虽然写得没有拉辛那么多。席勒曾经在诗中明确而简洁地说明过这个关系:

　　　　因为那里奴隶在下跪,暴君在统辖,
　　　　空虚的伪伟人在自夸,
　　　　出身高贵创造不出艺术来,
　　　　那不是任何路易所能播撒。

而另一面却相反:

　　　　德国天才即使在各门艺术中
　　　　也有胆量把圣境攀登,
　　　　而且沿着希腊人和英国人的足迹
　　　　他曾经追求过更好的名声。

在反对法国宫廷诗的斗争中,我们的古典作家是沿着希腊人和英

---

① 贝尔,马利－亨利,司汤达的原名。

国人的足迹走来的。自从但丁（他除了维吉尔，只认识几个次要的拉丁人）以来，自从彼特拉克（他出版过一大套拉丁古典作家丛书，却轻视希腊文学，尽管他到晚年还学希腊文）以来，罗曼语系民族就认为，罗马文化大大高于希腊文化，维吉尔大大高于荷马。他们觉得自己是古代统治世界的罗马的女儿，罗马的传统在意大利从没有完全中断过，虽然这个意大利在中世纪末叶就已成为资本主义生产方式的前滩。路易十四时期不是将伯里克勒斯时期，而是将奥古斯都时期视作自己的楷模。①

针对奥古斯都时期娇弱的宫廷文化，我们的古典作家则提出素朴而新鲜的自然与之相对照，他们不是在古罗马而是在古希腊，不是在维吉尔那里而是在荷马那里，听见过那个自然的深呼吸。"只有自然才是无限丰富的，只有它才锻炼出伟大的艺术家……我不再要人护送、鼓舞和激励；这颗心本身就够激荡的！我需要摇篮曲，就是我在我的荷马那里充分发现的那支摇篮曲"，歌德－维特这样说过。而荷马的太阳，看哪，它甚至向我们微笑——席勒的这句话不仅适用于歌德，同时也适用于温克尔曼、赫尔德、莱辛等人。不过，它是怎样向他们微笑过，这一点当然在哪儿也不像在歌德身上那样证实得明快而令人信服。

歌德按照荷马精神所创作的文艺作品，如《少年维特的烦恼》和《赫尔曼与多洛特娅》，属于他的荣誉冠冕上灿烂的珍珠，但是它们完完全全，包括一丝一毫，都生根在他的时代的土壤里；众所周知，莱辛在这本小说问世之初就说过，维特是不可能出现在希腊古代的。此外，歌德一度忽发奇想，想像荷马一样创作，他想用韵文体续写《伊利阿斯》（相传其中每一首都可能是荷马写的），这时他一下子写出了几百行六音步诗句，据一位同代专家评断，其中没有一行可能是荷马写的，这是一个此后一再被引用、几乎没有人反对过的评语。在艺术中，

---

① 伯里克勒斯（公元前495—公元前429），雅典政治家兼演说家，奥古斯都即屋大维（公元前63—公元14），罗马帝国第一任皇帝。

过去文化的精神影响竟比物质条件强得多,这句话真实得令人难以相信!这些影响甚至促进了一个像歌德这样的天才,一旦他养尊处优地过日子,出于社会环境而创作;但是,它甚至不能帮助一个像歌德这样的天才改正一个做错了的学校作业,一旦他想摆脱他的社会环境,以便完全信赖过去文化的精神影响。况且,这是普遍的情况,在艺术中如此,在宗教、哲学以及一切精神学科中无不如此:思想意识传统同样发生作用——再说一遍,历史唯物主义对此从不持异议,但它发生作用,恰如太阳、雨水和风之于树木,后者的根部却附着在物质条件、社会状况的经济生产方式这块粗糙的土地上。

我们的古典作家的另一颗北极星莎士比亚的情况要比荷马的情况更复杂一些,但为此从最各别的方面来看也更富于启发性一些。没有另一位诗人曾经那么肯定而又经常地被人维护过,据说他远离一切历史局限性,一切时空方面的限制;德国美学家们从前欢喜说,莎士比亚是伟大的天才,在中世纪和新时代的交界处,仿佛只用脚掌接触一下他的民族和纪元,就跨过了许多世纪和民族。连歌德都让他的威廉·麦斯特这样说到莎士比亚的戏剧:人们认为自己是站在翻开的巨大的命运之书面前,其中有动荡人生的飓风在呼呼作响,不时猛然而迅速地将它们翻阅过去。到晚年歌德则以一种更其出色和更其中肯的印象写道:"莎士比亚的作品是一次巨大的、热闹的年市,他得为这种富裕感谢他的祖国。到处是英格兰,那海洋环流,云雾密布,向世界各地活动的英格兰。"但是,在这个英格兰,莎士比亚是作为股东、导演、演员、剧作家同革命的力求上进的资产阶级所憎恨和检举的剧院密切联系在一起的;他的英格兰是大力争取世界霸权的,同时又是古老的、快活的浪漫的英格兰;在他的英国历史剧中,中世纪的封建殴斗以几乎难以判别的丰富性接连发生着,而关于大宪章,关于凭手艺和生意发达起来的中产阶级,却什么也没有披露;在从约翰王到亨利八世这段英国历史中,是些什么有助于理解现代资产阶级的形成,莎士比亚竟三缄其口,略而不提。

英国的舞台在莎士比亚时期是靠宫廷和贵族的恩典为生的,虽然它决不是宫廷的和贵族的舞台,决不是为官方承认的国家生活的一部分。它从第一个,当时也是唯一的一个世界城市的生活汲取力量,那是一种向四面八方奋争的,但仍然充满未经挫折的封建-浪漫主义力量的生活。它同在宗教旗帜下面进行解放斗争,将剧院诅咒为罪恶娱乐场所的资产阶级处于你死我活的敌对地位。这就说明了,当然也就透彻地说明了,一个像莎士比亚这样的诗人在他的祖国可能被遗忘得一干二净,他故世后一百多年,资产阶级戏剧在利洛和穆尔等人①笔下,完全与他无关地发展起来,这些剧作家在艺术方面远不及他,但理解资产阶级精神却超过了他;狄德罗在法国,莱辛在德国作为资产阶级剧作家,不是同莎士比亚,恰巧是同利洛和穆尔发生了关系。

在欧洲大陆,莎士比亚最初是通过伏尔泰为人所知的,伏尔泰在法国宫廷的艺术趣味中长大,因此谴责英国剧作家"不雅驯的破格",但是另方面,至少在他年轻时,却决没有以意存毁谤的妄诞言词评辞过他,正如我们的资产阶级文学史家惯于维护他那样,连莱辛也并不是完全没有参与这种夸大其词,他最初大概也是通过伏尔泰才注意到莎士比亚的,但接着却开始最有效地通过莎士比亚超过了伏尔泰。这里免不了还有几分不公道;莱辛本人,还有歌德和席勒,都几次内心不无厌惧地注视到德国的莎士比亚热。的确,德国莎士比亚崇拜的百年史对于趣味的客观动因这个问题是如此有趣,它值得与后者联系起来予以考察。

这种崇拜的第一周期经历了上一世纪②的后三分之一。它纯审美地理解莎士比亚,把他看作一个被法国艺术趣味非难得狼狈不堪的伟大的典范。莱辛在《文学书简》中发挥了决定性的观点,那些书简在德

---

① 乔治·利洛(1693—1739),英国戏剧家,著有《伦敦商人》《致命的好奇心》等。爱德华·穆尔(1712—1757),英国剧作家,著有《弃儿》《赌徒》等。
② 指十八世纪。

国最先着重提到莎士比亚。为了抵制法国戏剧的绮丽、柔弱、多情,莱辛在莎士比亚身上强调了巨大、恐怖、忧郁。他很清楚,莎士比亚同他所钟爱的希腊人毫无关系,但他肯定觉察到,莎士比亚的戏剧还有一只脚插在日耳曼的中世纪;我们古老的剧本更富于英国人的趣味,而不是法国人的趣味。莱辛说,他援引浮士德博士来证明,"我们古老的剧本真有很重的英国味"。从这种情调出发,歌德按照莎士比亚的模式,把葛兹·封·伯利欣根的故事写成了戏剧,不过这里需要注意到,《葛兹》处于莎士比亚的星光下,无异于《维特》处于荷马的星光下。诚然,《葛兹》完全没有顾及舞台表演,这一点使它根本上不同于莎士比亚的剧本,需知莎士比亚首先是位剧作家。况且《葛兹》的无数模仿者在这位英国剧作家身上只见到他的"不合常规性";这就是康德所谓的"肤浅的头脑",他们扬扬得意,以天才自居,因为他们正骑着一匹患晕倒症的马在游行。莱辛和席勒同样断然地警告过,不得片面地模仿莎士比亚。《艾米利娅·加洛蒂》怎么也使人想不起莎士比亚来,尽管它问世的同时,莱辛在《汉堡剧评》中颂扬莎士比亚,用的是比十年前在《文学书简》中大得多的声调!

德国的莎士比亚崇拜在本世纪①的头三分之一,具有另一种迥然不同的性格。如果说古典派生根于西欧的资产阶级突进中,浪漫派则生根于东欧对于这种突进的封建势力的反冲中。他们力图回到中世纪,最热烈地反抗我们的古典作家中最富于资产阶级性的两位,即莱辛和席勒。但是,连歌德在他们看来也未免太希腊化和异教徒化了,以致他们不得不口是心非地颂扬他。他们贫于创造力,因此需要伟大的楷模,可他们又太接近现代文化,不会看不到一味颂扬发源于封建-天主教-中世纪精神的艺术,是不会有多大的成果的。于是,他们才被引向了莎士比亚,当然是从不同于古典作家的方向,古典作家在莎士比亚身上多少有所回避的是:幻想性,浪漫性,无规则性,中世

---

① 指十九世纪。本文刊于一八九八年。

纪的"月光照耀的魔夜",正是这些由浪漫派以特殊的强调口吻作为莎士比亚身上真正的天才成分凸现出来。在这方面,莎士比亚对于革命资产阶级的敌对立场使得浪漫派有可能,为了从历史上理解他,做得比古典作家多得多,有可能出色地翻译他,认真地研究莎士比亚时期的英国戏剧状况。古典作家中间只有歌德活到能目睹浪漫主义的莎士比亚崇拜的繁荣景象,他到晚年不禁喟叹:真是说不完的莎士比亚啊!而且说也奇怪,接着藏身到美学蛛网后面去了。他认为,莎士比亚根本不是戏剧家,他的剧本是"只由少数人来讲述的、十分有趣的童话";几年之内,莎士比亚就会完全被排挤出德国的舞台,这也并非什么不幸;孤独的或者合群的读者都会在他身上感到越来越纯粹的愉悦。

最后,德国莎士比亚崇拜的第三个周期,适逢本世纪的第二个三分之一。其中向同一个目标奔流着两道源头各异的巨川。在七月革命①的影响下,经过文学熏陶的资产阶级较聪明的头脑失望于歌德和席勒的美学理想,失望于从美通向自由这条道路的可行性,但因为暂时还不可能有一次实际的政治斗争,他们便把莎士比亚看作描写伟大的历史行动和政治行动的诗人以自慰。这个理解有时又为一八四八年的革命所打断,便带着格尔维努斯②的反革命的内疚,被包括到这个颇有特色的命题中,即莎士比亚具有歌德和席勒的优点,却没有他们的瑕疵。此外,黑格尔美学也曾迷误在一种对于莎士比亚的夸张的赞赏中。它认为,艺术是"绝对观念"的一个象征,因此使观念由于个人的毁灭而胜利上升的历史悲剧乃是艺术的最高形式。于是,引证莎士比亚变得越来越方便,因为在他的戏剧中远比在离我们近得多的歌德和席勒的戏剧中,更容易穿凿附会地添进一个"观念",并对它作出最不可思议的应用或滥用。不过,不管怎么说,黑格尔学派最重要的美

---

① 指一八三〇年七月二十七至二十九日在巴黎举行的革命,它引起德国的政治动荡,从而产生由"青年德意志"代表的为政治服务的文学。
② 格奥尔格·戈特弗里德·格尔维努斯(1805—1871),文学史家,自由主义者。一八四八年法兰克福立宪预备议会员。

学家菲舍尔①达到了与格尔维努斯相同的答案:歌德只是活动在比较质朴的位于个人生活的基础上的素材之中,但却以圆熟的技巧和真实处理它们;席勒掌握了更高级的政治-历史素材,但却处理得颇不充分而且过于主观;相反,莎士比亚则以与歌德处理质朴素材相同的卓越技巧处理了历史的素材。

一八六四年庆祝诗人诞辰三百周年之际,德国莎士比亚崇拜的这第三个周期达到了顶峰。"尽管是异口同声的夸张颂扬,这与诗人被授予的头衔是多么不相一致,人们为理解他的作品而提供的线索是多么像卷须一样稀奇古怪!看来第一个圣灵降临节的奇迹,赐给人用各国语言说话的本领,重新发生了。这是一种颂扬,但每人只能用自己与生俱来的语言来理解诗人。我们这才听见了并学会了帕提亚语、玛代语、以拦语和加帕多语。②"吕梅林③这样说,他试图从诗人的生平、民族、时代来解释莎士比亚的作品,因此设法以"单纯的门外汉、读者和爱好者"的健全的人类理智来克服这种美学上的语言混乱。当然,吕梅林的莎士比亚研究虽有其优点,也可能并不会发生作用,正如它虽有其漏洞和弱点,也可能会发生作用一样,如果它不是出现在适当的时候,即这样一刹那,经济上和政治上的阶级斗争在德国已如此强大地发展起来,以致什么地方也不再需要一个美学上的保护神了。

这只是若干事实,可以在这里用以说明,一百多年来德国的美学趣味的发展是怎样在整个的民族的发展中——归根到底,是在经济生产方式的变革中——有其客观的动因。它们至少足以说明,历史唯物主义观点远不是把一切不分轩轾地纳入一个粗糙的物质的木模里。空想的历史学家们谴责历史唯物主义,说它最奇怪的最不可救药的谬

---

① 弗里德里·特奥多尔·菲舍尔(1807—1887),文学史家,美学家。一八四八年法兰克福国民大会成员。
② 关于"第一个圣灵降临节的奇迹",参阅《圣经·新约》中《使徒行传》第二章。帕提亚,波斯北部古国;玛代,亚洲古国;以拦,巴比伦东部古国;加帕多,小亚细亚东部古国。
③ 古斯塔夫·吕梅林(1815—1888),德国维腾堡王国政治家,统计学家,社会学家。

误,就是一种纯粹机械的按框框办事和用图表说明问题的痼疾——事实上,格拉古兄弟①也从没有比这更其厚颜无耻地抱怨过叛乱。如果我们在看到康德曾经在不适当的地方寻找过审美判断力的根源之后,再来考核一下古典美学最重要的命题的稳定性,那么这种谴责的荒诞无稽将会暴露得更加清楚了。

译后记 这是《美学初探》的第四篇,似乎由于没有中心主题,原版编者没有像前三篇那样,用括弧给它补充一个题目。话题仍然是由第三篇的批评对象施泰格尔的一个观点引起的,据说他曾经认为,"在艺术中,过去文化的精神影响要比一切物质利害强大得多"。梅林在本篇中针对这个命题,并以德国文学史为依据,着重证明历史唯物主义并不否认过去文化的精神影响,但物质生活的生产方式毕竟制约着艺术家的生活过程。

谈到德国古典作家如何同当时周围的"野蛮的鄙陋性"作斗争,如何把同"过去文化"发生联系作为斗争的手段之一,梅林举出被称为"首先照耀在他们头上的两颗明星",即荷马和莎士比亚。他排斥了为爱好而爱好的主观动因,试图说明德国古典作家为什么必须"沿着希腊人和英国人的足迹",以及必须"打破什么样的桎梏,才能建立一门独立的德国艺术",从而找出他们的艺术趣味的"客观动因"来。原来,德国古典作家(歌德、莱辛、温克尔曼等)之所以强调"素朴而新鲜的自然",颂扬它的发源地古希腊和荷马,正是为了抵制当时德国小邦君主狂热提倡的"法国宫廷的艺术趣味",这在艺术领域是一种反对"民族的卑屈性"的斗争。但是,梅林又着重指出,尽管古典作家崇敬荷马,甚至想"像荷马一样写作",他们却决写不出荷马那样的作品,他们的作品(如《维特》)也决不可能出现在希腊古代。历史唯物主义虽然并不否认思想文化传统对于后代作家的作用,但始终认为莱辛这种作用"恰如太阳、雨水和风之于树木,后者的根部却附着在物质条件、社会状况的经济生产方式这块粗糙的土地上。"

---

① "格拉古兄弟",即提比略·塞森姆普罗尼乌斯(公元前163—公元前132)和盖约·塞森姆普罗尼乌斯(公元前153—公元前121),罗马保民官,民众领袖。为解救贫苦农民,曾试图利用职位改革农业法规,遭到贵族元老们的忌恨。提比略在争取通过新法规时,被活活打死;盖约被迫发动武装起义,兵败自杀。此处系借用格拉古兄弟不可能抱怨叛乱的典故,反讽"空想的历史学家们"谴责历史唯物主义这一行为的荒诞无稽。

接着谈到了莎士比亚，梅林独到地指出这位伟大的诗人在他的历史剧中，对于大宪章，对于"凭手艺和商业发达起来的中产阶级"，对于"现代资产阶级的形成"，竟然三缄其口，略而不提——无怪乎他"在他的祖国可能被遗忘得一干二净"，而一百多年发展起来的英国资产阶级戏剧竟然完全与他无关。正是这样一个对英国革命资产阶级抱有敌对态度的莎士比亚，在德国受到了一百年的崇拜，这种崇拜同"艺术趣味的客观动因"有密切的关系，也就是同各个时期的经济、政治需要有密切的关系，可以分成三个周期。第一周期以莱辛、歌德等古典作家为代表，他们首先从纯审美的立场崇敬莎士比亚，但同时如前所说，他们对荷马、莎士比亚的崇敬还有审美以外的原因，就是为了反对"法国宫廷的艺术趣味"在德国造成的"民族的卑屈性"。第二周期以浪漫派为代表，他们自发地表现了东欧封建势力对于西欧资产阶级突进的反冲力量，力图回到中世纪去；因此，他们在莎士比亚身上颂扬古典作家多少有所回避的幻想性、浪漫性、无规则性、中世纪的"月光照耀的魔夜"……同时为了从历史上理解莎士比亚，做得比古典作家多得多。第三周期以七月革命以后的"青年德意志"为代表，他们苦于"不可能有一次实际的政治斗争"，"便把莎士比亚看作描写伟大的历史行动和政治行动的诗人以自慰"。这三个周期作为莎士比亚的复杂性在德国的反映，一致说明了德国文学的美学趣味的变化和发展，归根到底，都在经济生产方式的变革中有其客观的动因。

本篇依据上述文学史的具体内容，驳斥了"空想的历史学家们"对于历史唯物主义的意存毁谤的"谴责"，其中不少精辟观点可惜都只是点到为止，没有得到进一步的发挥。虽然如此，读者仍可从中受到启发：历史唯物主义究竟是什么？它在文学史中是怎样表现的？后世的马克思主义者应当以什么态度来运用它和捍卫它？怎样在实际运用中使它同"一种纯粹机械的按框框办事和用图表说明问题的痼疾"区别开来？这一些都是值得我们的文学评论界三思的。

〔康德的一些美学命题〕[①]

已经着重指出过，康德的美学有一个非常现实的基础，虽然它试

---

① 〔康德的一些美学命题〕为《美学初探（五）》，中译刊于《后现代主义》（《世界文论[2]》，中国社会科学院外国文学研究所《世界文论》编辑委员会编，社会科学文献出版社1993年版）。

图到天空的云彩中去探寻它的根源。康德是从我们的古典文学抽绎他的美学命题的,只要古典文学在《判断力批判》问世时就已存在的话。如果这时证明出,趣味的客观动因不是生根在天上,而是在地面,那么康德的美学就其本身而论便不是一无是处的;即使绝对体系瓦解了,批判的方法也并没有被废弃。迄今尚需研究的是,以康德那样敏锐的洞察力,他从一个在风格上可称独一无二的美学时代的伟大文学作品看出了什么。

马克思在他的主要著作的序言中说过,像物理学家是在自然过程中以最精确的方式并且最不为干扰性影响所蒙蔽的地方去考察它一样,他研究资本主义生产方式的规律,是在这种生产方式的典型场所英国。① 同样可以说,审美判断力的规律在任何地方也不像在美学形相②领域那样便于研究,那种美学形相正是我们的古典作家"以最精确的方式并且最不为干扰性影响所蒙蔽"地构造出来的。康德是科学美学的奠基人,尽管他可能认不清他的美学规律的历史局限性,尽管他把只应当视作相对的当成绝对的。他的同时代人亚当·史密斯和李嘉图同样是科学经济学的奠基人,虽然他们也把资产阶级社会的经济规律当成绝对的,殊不知这种规律只具有历史的有效性,而且像价值论一样,只有不断地反其道而行之才得以贯彻③。

一门科学美学的第一要求,就是像康德所做过的那样,证明艺术是人类特有的与生俱来的一种才能。但是,因为人类的理性只能是一种,所以审美判断力只是在抽象中才可以与之分离,只是为了充分纯洁地证明其规律这一目的,而不是在实际的现实中,在那里喜悦和厌

---

① 参阅《〈资本论〉第一卷德文初版序言》。
② "美学形相"(der sthetischer Schein),指艺术作品,它们都不是真实的。
③ "只有不断地反其道而行",原文为"只有不断地违犯这个规律"。这里是说:资产阶级古典政治经济学奠定了劳动价值论的基础,而庸俗政治经济学抛弃其中科学成分,宣扬生产费用、供求律等,歪曲价值的实质,为资本主义剥削辩护。马克思"反其道而行之",尖锐地批判了各种庸俗价值论,科学地全面地完成了劳动价值论,阐明了商品生产和交换的全部历史发展过程,进而揭露剩余价值生产的秘密。

恶的感情是不可能与认识能力和渴慕能力相分离的,在那里我们审美地观察事物的方式,永远同我们逻辑地认识事物和伦理地渴慕事物的方式紧密地联系在一起。如果康德说,审美愉悦既不是逻辑上的也不是伦理上的,关于美的任何判断(尽管其中搀合着最少的利害关系)都是非常偏颇的,决不是纯粹的趣味判断,那么他便以最显而易见的方式奠定了抽象而绝对的命题;但是如果要把这个命题视作僵硬的尺度,借以测量艺术趣味的历史发展时期,那么将会发现,从来就没有一个纯粹的趣味判断,换言之,康德的命题永远只是以历史局限的方式,永远只能不断地反其道而行之①才得以贯彻。

  前文已经注意到,施泰格尔关于道德与艺术之相互关系的机械理解,一般说来,与康德的这个命题风马牛不相及。康德的头脑明辨是非,他决不会因为一个诗人使其主人公听命于他所处的时代的道德观念,便把这位诗人作为道德迷加以鄙弃。施泰格尔这样说,当然也不是恶意的;只要不把"憎恶席勒"②作为现代自然主义的神圣标志,他还是相当讲道理的。他在一章中曾将席勒的《华伦斯坦》③由于其主人公的"良心谴责"而贬斥为"鼓吹道德的小画册",但他在同一章中却说,"伟大的作品除了是众所周知的时代良心,决不是别的什么",又说,"悲剧感情因此几千年来一直是同样一种感情,尽管参与其间起作用的道德观念在时间的流程中变化着和改造着",这些话都说得不错,不过作为美学评论看,未免太偏重功化了。从希腊悲剧时期起始终一成不变的悲剧感情,在于对"胆敢"向命运挑战的人的毁灭所产生的审美愉悦。这个已经为希腊美学所熟悉的表述之所以如此中肯,是因为

---

① 这里是说:康德的美学命题只有将其根源从天上搬到地面来,只有不断克服其抽象性、片面性和历史局限性,才具有审美实践的意义。
② "憎恶席勒"(Schiller-Hass),指现代自然主义对席勒的创作方法的反感。这个名词见于施泰格尔的原著。
③ 《华伦斯坦》是席勒的一部三部曲式的悲剧。华伦斯坦是三十年战争期间德皇军队的统帅,因镇压捷克反对哈布斯堡王朝起义而受封为公爵,后与瑞典开战失败,因与敌方秘密谈和而被德皇以通敌嫌疑撤职,后为下级军官所杀。

它在原本的意义上表示了一个智力上的过错,而在借用的意义上则表示了一个伦理上的过错。所谓"胆敢"正由于是一个智力上的过错,便也是一个伦理上的过错。

把希腊的命运观念追溯到它的经济根源,在这个地方似嫌走得太远。这样说也就够了:在瓦伦斯坦那个时候,德国的命运在牢固的经济连环中具有封建割据的四分五裂状态,他"胆敢"作为个人彻底变更这个命运,便招致了一个智力上的过错,这个过错又由于瓦伦斯坦不得不连同为他所攻击的经济命运,一并攻击从这个命运所形成的道德观点,从而成为一个道德上的过错。可以不很恰当地说,瓦伦斯坦在那段衡量自己的决定性影响的著名独白中,正试图从经济状况引出道德观点,从"财产"引出"权利"来:

> 你是想
> 　　动摇那坚实的统治着的王权,
> 　　它在多年神圣化了的所有权中
> 　　在习惯中根深蒂固,
> 　　它由无数强韧的根系
> 　　与民族之虔诚的初民信仰
> 　　缔结了不解之缘……
> 　　人要干犯尊严的古董,
> 　　祖传的家具,那他活该遭殃!
> 　　岁月在发挥着神圣的力量;
> 　　凡是上了年纪的事物
> 　　在他看来便至高无上。
> 　　只要是**已经占有**,那你便有主权,
> 　　众人会作为圣物为你保管。[①]

[①] 引自席勒的三部曲悲剧《华伦斯坦》第一部《华伦斯坦之死》第一幕第四场。借用郭沫若的译文,略有改动。

席勒就是这样在他的伟大戏剧中十分明确地贯彻实行了悲剧观念。但是,施泰格尔援引易卜生的《群鬼》①作为壮观的对立面,用两种不同的尺度衡量事物,未免太笨拙了——在《群鬼》中,按照他自己的阐述,古老的犹太神的可怕的威胁"我将由于父辈的罪孽降灾于儿孙直至第三、四代!"正以往昔的威严向我们喧嚷而来,使我们心惊胆颤,而"遗传的自然规律"则被说成"纯洁无辜的无情摧毁者和藏于生活中的公道的晚到的遗嘱执行人"。诚然,连席勒也曾经在《墨西拿的新娘》②中以形式主义的僵化态度去理解希腊人的悲剧命运观念,让儿女为父母的罪孽去忏悔;为了从前不曾是"劝善家"这个罪行,他受到施泰格尔恰如其分的谴责,说他是一个对古代只了解其表面姿态并应对霍瓦德和米尔纳的命运悲剧负责的人。但是,把易卜生的《群鬼》说成是一门新戏剧艺术的开端,也可以说是一种在美学上把摩西和达尔文加以调解的戏剧,它不仅仿效古老犹太神"喧嚷"道德,而且将自然规律误置于社会生活之中,从而接近宿命论的命运悲剧:这又是什么意思呢?

总而言之,易卜生正是在他成年时期的小资产阶级革命戏剧中(这些戏剧为他在欧洲获得了他青年时的浪漫剧和老年时的神秘剧都不曾为他争取到的声望),才在某种程度上成为"道德的吹号手"的,而席勒对于这个称号只会悄悄地退避三舍。但是,易卜生仍然因此是一个伟大的诗人,我们在这里便面临为康德关于艺术与道德互不相容

---

① 《群鬼》是易卜生现实主义时期的重要剧作之一,以描写僵死的窒息社会活力的陈规陋习为主要内容。主角寡妇阿尔文夫人竭力隐瞒其荒淫丈夫的真相,原来儿子奥斯瓦德不是患结核病,而是得了父亲遗传下来的梅毒。
② 《墨西拿的新娘》是席勒采用希腊悲剧创作方法的一个尝试:1. 限制角色人数;2. 利用合唱队;3.(在初版)不分幕。剧情大致是:中世纪墨西拿王公去世后,二子相仇,后经母劝而和解;在互不了解的情况下,兄弟二人同爱一女,该女实为其父早年因噩梦警告而欲杀之女婴,经其母救出送走他乡者;兄因有疑И问女时为弟刺死,弟了解真相后亦不顾母、女哀求而自杀。合唱队在本剧中除评述剧情外,还参加有关情节的演出。

的命题所设置的栅栏了。在所有革命时期,在所有为自己的解放而斗争的阶级中,趣味一直颇为逻辑与道德所干扰,改用哲学语言就是说,在认识能力和渴慕能力非常紧张①的地方,审美判断力将永远陷入窘境。当然,这里也必须提防种种刻板公式,必须非常详细地研究个别事例,但只要看一看资产阶级艺术趣味的历史,就可以朝指出过的方向认清一个非常明确的趋势。

当资产阶级戏剧在英国开始时,它曾把真实的绞架搬到舞台上,作为对于恶的悲惨的赎罪方式。在法国,狄德罗(像易卜生是个伟大的诗人一样,他肯定是一位精湛的艺术鉴赏家)孜孜不倦地强调艺术的道德上的最终目的;他写道,"诗人应当不断地使我们改过迁善",谈到画家格勒兹②,他说,"他的画风深获我心,是劝善画。"但是,康德和席勒在他们青年以至壮年时期也并没有做过不同的判断。在他的《关于美感与崇高感的思考》(此文比《判断力批判》早25年问世)中,康德论述道,美学的和伦理的是同时产生的,而席勒在创作革命的青年戏剧时,就把舞台称颂为启发德行的公共场所。正因为我们的古典作家避开了他们当时的公开的斗争,他们才得以建立一门科学的美学。浪漫派有意识地抵制资产阶级革命,他们变得更加唯美得多。"纯艺术"从来没有被人比封建浪漫主义更狂热地吹捧过,除非是我们当代的资产阶级自然主义与它争夺这个荣誉。相反,今天的革命阶级即无产阶级的美学趣味却在脑后悬挂着一根极其俊俏的道德小辫儿,正如哥达党代会上的议论所充分证明的,此外也是每个在艺术问题上同现代工人打过交道的人所熟知的。用不着说,那种"纯艺术"同康德所指

---

① 恩斯特·克利斯多夫·霍瓦德(1778—1845),德国"命运悲剧"作者,著有《还乡》《灯塔》等。阿多尔夫·米尔纳(1774—1829),亦为"命运悲剧"作者,著有《妄想》《罪过》等。所谓"命运悲剧",流行于浪漫主义时期,剧情大致是,由于过去某种罪行,个人或整个家族在命定遭劫的某日为致命的武器所毁灭。早期代表作为魏尔纳的《二月二十四日》,席勒的《墨西拿的新娘》等。

② 格勒兹-让-巴普提斯特(1725—1805),法国画家,多用劝善题材,如《乡村许嫁女》《没出息的儿子》《受罚的儿子》等。

的"纯趣味判断"根本不是一回事:搀合在那种"纯艺术"中的,不仅不是"最低限度的利害关系",甚至还是最粗野的利害关系——没落阶级对于历史进步的有意无意的反抗。

审美观察的对象不是内容而是形式,大师的真正的艺术奥秘在于通过形式来消化素材——康德和席勒的上述命题看来同道德与艺术所独有的对立并没有不同之处。这个命题按其绝对而抽象的措辞而言是不可辩驳的,但在艺术趣味的历史发展中却只产生了有限制的效果。向诗人们推荐"民族题材"从事制作,无疑证明了一种"粗俗的趣味";德国文学中无数个霍亨斯陶芬戏剧始终都是胎死的孩子,而韦维登布鲁赫的霍亨卓伦戏剧则是一种可憎的艺术亵渎,因为它们制作"民族题材",决不是出于艺术的理由,可又是出于什么样的理由啊!①但是,如果说希腊的艺术趣味不得不通过历史的内在联系才在其作者的作品中被争取到,而席勒为此对这种趣味深表惋惜的话,那么这些"历史的内在联系"是不是对于希腊的艺术趣味起过作用,至少是十分可疑的,正如它们对于英国赞赏莎士比亚的英国历史剧的艺术趣味起过作用,是完全确实的一样。因为在这些历史剧中,撇开理查三世和亨利四世的福斯塔夫逸事不提,艺术形式根本就没有把素材消化掉。

正因为一切有生命的艺术生根于它的时代的土壤,而不能生根于别的任何地方,它便不能艺术地支配每一种素材,因此趣味还得取决于内容,而不仅取决于形式。施泰格尔在他的书中一个地方十分正确地说过(虽然其根据不完全正确):戏剧是活生生的现在;如果它想施魔法使我们看到似乎死去的过去,因此必须使过去栩栩如生,历历在

---

① "霍亨斯陶芬"为中世纪绵延一百多年的德国皇室。"霍亨斯陶芬戏剧"是德国剧作家 C. D. 格拉贝计划创作的一组以霍亨斯陶芬皇室为主人公的戏剧,问世的只有《红胡子腓特烈一世》和《亨利六世》两种。"霍亨卓伦"是一四一五年到一九一八年普鲁士勃兰登堡王室的称号。恩斯特·韦尔登布鲁赫(1845—1909)。德国剧作家,早年写诗,后致力于历史剧,包括以霍亨卓伦王室为主角的戏剧,晚年转向自然主义。

目,那么我们便不得不感觉过去是我们躁动不安地演绎下去的生活的一部分;历史剧的作者在选择他的素材时应当以时代精神为指南。然而,施泰格尔在另一个地方却又说,诗人决不可以描绘社会生活的巨大动机,由此只能产生人们所谓的时代精神;正是在这种动机停止的地方,普遍人性作为艺术的对象开始了:这个说法无疑与前说大相径庭。殊不知人们试图抓住普遍人性,普遍人性便消失了,这个命题也同样告吹了。只要人类社会分裂为阶级(而且在它分裂为阶级之前,一般说来还没有什么艺术),永远只有一种特殊的人性,决没有普遍的人性。假如要在什么地方找到一个普遍的人性,它一定是在这样一些诗人笔下才找得到,他们按照一种广为传播的趣味判断通常被称为世界诗人,如荷马、埃斯库罗斯、但丁、莎士比亚、塞万提斯、歌德。然而,正是在这些诗人笔下找到了具有最鲜明而又最彻底的形式的特殊人性。人们称他们为世界诗人,是因为他们的创作壮丽地反映了巨大的世界变迁,以致这种趣味判断的客观动因不仅要在形式中,而且还要在素材中去找。

艺术只有在它看来像自然,而我们又意识到它是艺术时才可以说是美的,也就是在美学上生效的——康德的这个命题事实上又似乎超越了一切历史变迁。席勒在下列两节华丽的诗句中展示了同样的思想:

    剧场的狭隘已经拓宽,
    在它的空间拥挤着一个世界;
    不再要雄辩式的夸夸其谈,
    只有自然的忠实图像使人欢悦;
    风习的虚伪严峻已被推翻,
    主人公按人性行动,按人性感觉;
    激情扬起了自由的声音,
    在真中才能把美找寻。

塞斯匹斯①的车辆容易安装，
它好似黄泉路上的独木舟：
它只能载负影子和偶像，
而粗野的生活扰攘不休，
倾覆之虞威胁着轻便车辆，
只有飞逝的精灵才能将它抢救。
虚假决然达不到真实，
自然胜利了，艺术不得不消逝。

　　自然主义的"席勒憎恶者"们可以在歌德笔下找到同样的思想，只是粗略一些。歌德嘲笑过大众的粗俗，说他们的艺术享受在于摹拟品与原型相一致；他在"关于艺术品的真实性与似有性"的几次谈话中，曾把鉴定"艺术品为自然品"的艺术鉴赏家比作在那些希腊大师的图画中啄食画得几乎乱真的葡萄的麻雀，或者说得更难听点，比作一头嘴馋的猴子，它碰到一部自然史著作，就想把里面按原型描摹的甲虫抓出来吃掉。但是，阿尔布雷希特·丢勒②比歌德早两百年就说过，艺术大致藏于自然之中，谁能把它曳出来，谁就占有了它，不过它是"通过作品和某人在心中按照物体的形象创造出来的新生物而为人所知"的。在歌德后一百年，安岑格鲁贝尔③又以平庸的诗句，但却是带着艺术家的真情实感歌唱了：

他从事艺术实不应当，
他跟众人一样观察自然，
他拖着一个摄影箱，

---

① 塞斯匹斯，公元前六世纪希腊悲剧奠基人，据说他常在一车辆中演出其作品。
② 阿尔布雷希特·丢勒(1471—1528)，德国伟大画家、雕刻家，作品代表了从歌特风格到文艺复兴的进步。
③ 骆德维希·安岑格鲁贝尔(1839—1889)，维也纳剧作家和小说家，多以农民生活为题材。

斜着肩膀往前赶；
谁能从自身争取到它，
他怎么也能达到伟大，
不论温柔慈祥，暴烈粗犷！
只要你对你的创作
从自然增添了点什么，
　　就有了一幅图像！

在这些层出不穷的类似证词中，表达了在康德的命题中经过美学阐述的艺术的创造性本质，艺术作为人类特有的才能，其成败正取决于这个本质。由此还可以十分容易地领悟康德关于自由美与附属美、关于艺术的理念、关于作为审美判断之最高表现的人的理想以相当巧妙的措辞方式所说的一切。他在自然中发现自由美，在人向自然所设置的目的(自然不可能有这样的目的)中发现对于自然的审美愉悦；他说，自然在它同时看起来像艺术时才是美的。这些命题是如此明白易懂而又无可辩驳，如果人们在这里能考虑到，甚至人向自然所设置的目的也是随人而改变的，因此对于自然的审美愉悦在历史上也是有所变化的，这一点可由风景画的不同周期来证明，单由下列赤裸裸的事实也足以证明，那就是，几千年来崇山峻岭对于人曾是恐惧的对象，然而不到一百年，上阿尔卑斯山去欣赏美妙风光却已被哄抬成一种病态的时髦运动了。

但是，如果自由美只有在自然中才找得到，那么附属美便(不仅在艺术中，如康德所说，因为风景画也是一种艺术，而且)是在社会中。在社会中，审美判断是同人发生关系的，但不是同作为个体的人，而是同作为种属的人，所以康德认为，美是"附属"于种属概念的：种属越是体现在个体中，个体便越是美，也就是说在美学上越是有效。种属本身只不过是个概念。我们说到容克地主阶级、资产阶级、工人阶级，我们就是在说我们为自己形成的概念，在说作为个体的理念，在说典范①，将这些典范还原成自然现象正是美术的任务。诗人或画家所描绘的一个容克地主，一个资产者，一个工人，越是摆脱个体的非本质的偶然性，越是为种属的本质特性所渗透，他在这个词的美学意义上便越是美的，越是真实的。人们可以提出异议说，容克地主、资产者、工人的种属概念在社会的不同阶级中将是极不相同的；这个异议倒也具有充分的说服力，只要趣味的客观动因不是生根在"超物质的模糊的理念"中，而是在十分确定的物质的利害关系中。但是，艺术家据以创造一个新世界的审美理念和审美典范完全不同于超物质的理念。一切艺术必须按照这个方式使对象典范化，如果它想区别于摄影箱或蜡像馆的话；从阿尔布雷希特·度勒到安岑格鲁贝尔许多伟大艺术家一再强调过艺术天才的创造才能，这些艺术天才便正是这样创作的。

虽然如此，我们的古典美学关于艺术与自然的命题也只是一种严谨研究的历史引线，而不是屡试不爽的刻板公式，可以一劳永逸地据以裁决一切艺术创作。否则可以马上把十分时新的自然主义加以扼杀，因为它公然扯起旗号主张无条件地模仿自然。这就是说，犯了相反的错误，像那种自然主义美学一样，它不过是错误地论证这个人怎么猜想、那个人怎么预感而已。现代自然主义在人们知道用它干什么之前，就已经存在并且必须从历史上加以研究。

在这个地方只有这样一种研究，才能做到像眼前供讨论的著作研究现代自然主义一样。不过，还应当把易卜生和梅特林克从施泰格尔的书中挑出来，不仅因为对他们的创作的历史分析将导致十分烦琐的离题旁涉，还因为他们只是在间接的意义上才属于现代自然主义，或者属于我们在德国对这个名词所理解的那个主义。这个或那个自然主义批评家曾经不无眼光地觉察到，易卜生本来就属于"古老艺术"的破铜烂铁，而梅特林克则如施泰格尔所说，作为"期期艾艾的心灵"，作为"天真的孩子气的根特佬"②，代表了一个最新的

---

① 又可译作"理想""典型"。后文所说的"典范化"，亦即典型化。
② 梅特林克(1862—1949)，生于比利时的根特市。

主义，它暂时还可以安于三个养父的未经打扰的栽培之中。反之，霍普特曼如果不是最重要的，那么也是最成功的、最著称的德国自然主义作家，除了施泰格尔的书外，眼前还有三本部分地说内容丰富的著作谈到他，这些著作使得有可能在相当深远的程度上对这位剧作家作出一种历史的评价。

译后记 梅林在这篇论文中，仍以施泰格尔的《新戏剧的形成》一书作为批评对象，着重阐述了康德的一些美学命题。从他前面的文章可以看到，梅林对于康德是很尊重的，他把康德的《判断力批判》放在黑格尔的《美学》之上。但是，他同时一再叮嘱人们，要以批判的态度对待康德的美学。例如，一，他说，康德是科学美学的奠基人，但有其历史的局限性，常把应当视作偶然的看成必然的；二，他说，绝对体系瓦解了，批判的方法并没有废置。只要把"趣味的客观动因"从天上搬到地面来，康德的美学决不是一无是处的；三，他反复提醒不能把康德的美学命题当成"屡试不爽的刻板公式"。反之，他认为，只有辩证地对待，甚至只有"不断地反其道而行之"，即在现实生活的基础上克服其抽象性和片面性，康德的一些命题才能得以贯彻。

康德说，审美愉悦既不是逻辑的，也不是伦理的。梅林认为，这个命题只能在绝对的抽象中才有意义，或者说只能"充分纯洁"地得到证明。因为，在实际的现实生活中，审美地观察事物的方式永远同逻辑地认识事物的方式和伦理地渴慕事物的方式紧密地联系在一起。梅林还指出，在所有革命时期，在所有为自己的解放而斗争的阶级中，审美趣味一直受到逻辑和道德的干扰，或者说，在认识能力和渴慕能力紧张活动的时候，审美判断力将始终陷于窘境。

康德和席勒进一步坚持认为，审美观察的对象是形式而不是内容，大师的艺术奥秘在于通过形式排除内容。梅林认为，这个命题无异于肯定艺术和道德的绝对对立；他援引文学史的卓越范例（如席勒本人的和莎士比亚的作品）证明，艺术形式决没有将其质料（内容）根除，或者说，趣味判断的客观动因不仅要在形式中，而且也要在质料（内容）中去找。但是，梅林又指出，康德的"纯趣味判断"决不等同于浪漫派所鼓吹的"纯艺术"，因为康德同时主张，审美的和伦理的是同时产生的，可以吻合的。因此，对于康德的以上命题，不能像施泰格尔那样作机械的理解。

关于艺术和自然的关系，康德有一个著名的说法：艺术只有在它看来像自然，而人们又意识到它是艺术时才是美的。关于这个命题,梅林在这里提醒人们防止主张艺术无条件地模仿自然的自然主义见解。他还援引歌德的俏皮比喻(从画上啄食乱真葡萄的麻雀,从自然史著作上抓食甲虫插图的猴子),批评了审美享受在于摹拟物与原型相一致的肤浅欣赏力。基于康德的这个命题,梅林阐明了艺术的创造性本质,指出艺术作为人类特有的与生俱来的才能,其成败正取决于这种本质。他认为,艺术的任务在于将人们从个体形成种属概念的典范还原成自然现象;种属越是体现在个体中,个体便越是美,也就是说,在美学上越有效;艺术形象越是摆脱了个体的非本质的偶然性,越是为种属的本质特性所渗透,它在美学意义上便越是美,越是真实。

〔格哈特·豪普特曼〕①

韦尔纳关于豪普特曼的论文看起来像一篇研究班的读书报告,理解和叙述都很幼稚,却不乏精当的观察。巴特尔斯研究这位作家的作品,却要敏锐、要深刻得多。他对现代自然主义,决不抱敌对态度,但赋有一位科班出身的美学家所必备的批评的明智;他的判断往往头头是道,虽然间或不免枯燥乏味;这倒不是现代美学中滋生蔓延的那种令人厌恶的信口雌黄。其丰富样品见诸施伦特尔论豪普特曼的那本厚书,这是这类文献的标准著作,并为作者本人所承认。作为吹嘘和无知的一种混合,它几乎令人不忍卒读,如果不是由于无意间揭开了自然主义许多华丽面纱而变得可以忍受的话。杜伯克和特尼斯的文章也将在本文中偶尔涉及,虽然对它们的深入评价尚有待后文。②

---

① 〔格哈特·豪普特曼〕为《美学初探(六)》,中译刊于《后现代主义》(《世界文论[2]》,中国社会科学院外国文学研究所《世界文论》编辑委员会编,社会科学文献出版社1993年版)。
② 梅林在本文中的批评对象为:U.C.韦尔纳:《格哈特·豪普特曼》(慕尼黑,1897);阿朵夫·巴特尔斯:《格哈特·豪普特曼》(魏玛,1897);保尔·施伦特尔:《格哈特·豪普特曼的生平与创作》(柏林,1898);尤利乌斯·杜伯克:《超越现实》(德雷斯顿,1896);费迪南德·特尼斯:《尼采崇拜批判》(莱比锡,1897);埃德加·施泰格尔:《新戏剧的形成,卷二:从豪普特曼到梅特林克》(柏林,1898)。

格哈特·豪普特曼从父系和母系两方面来说，都出自那样一种无产者阶层，他们力图通过向他们阶级的压迫者百依百顺而爬上去。他的父亲的父亲从小就是西里西亚的织工；他参加过独立战争①，后来当了上士和茶房领班，最后变成旅店老板。他的儿子跟着也干这个行当，并从当年当过奴才、爬到普雷斯爵爷家当过差的施特雷勒家挑选过配偶。我们来听听施伦特尔有关的名言宏论吧：

这种人生观（兄弟会教派②的宗教情绪）在施特雷勒家特别根深蒂固；因为一方面它起源于对布道坛和祭坛一直抱有多少愚昧的依附性的乡民底层，另方面他们的老几辈人都同靠祖产为生的伯爵世家维持着隶属关系。当一名穿金边号衣的私人马车夫在礼拜天驾车把东家殿下送到了教堂，当一名官女把一本祈祷书捧着送给仁慈的伯爵夫人作晚祷，于是从这些常规惯例中便升起一股虔诚的香烟，灌进官室大小人等的头脑，还遗传到其出身追溯起来往往不很可靠的后裔身上。在格哈特·豪普特曼的《织工》中，马车夫当家做主了。他负责把主人家的孩子们搬到安全地带，不让受到渐次逼近的叛乱暴徒们的侵扰。主妇在盲目的恐惧中，逃向了这个忠实约翰的怀抱，生活出现危难之际，主仆之间缠上了这样一根纽带，对立关系便立即调解了。连一个不大动感情的人，如西里西亚的麻纱布工厂主，也由于忠实的马车夫在危险时刻所做的一切，而对他的孩子有所回报。约翰的儿子将不再坐在马车夫的高座位上，说不定会取代德赖西格尔先生写字间里的发运员普法伊费尔。被罗伯特·豪普特曼先生选取过终身伴侣的施特雷勒一家，也是一代代在伯爵府第从低贱身份慢慢爬上来的。从上等贵族的仆役中间产生了他们的心腹和官吏。久而久之发展出对于更其自由的中产阶级的隶属性。头脑健全的人

---

① 指德国反拿破仑的独立战争（1813—1815）。
② 十八世纪在德国亨胡特城开始流行的一种基督教派别，又称摩拉维亚教派。

们会认为,这样一种发展过程将是有益的。强悍的民风力量于是将同更高级的文明结盟。坚实的行动添上了一层纤细的感觉。在其他德行之外,还产生了对劳动者的同情。

自然主义美学的这种花哨小玩意,转录得相当详细了,读者可以自己判断,是不是可以不带某种讥刺口吻,来谈谈现代的莱辛们。让"更其自由的中产阶级"从仆役无产阶级中产生出来,这真是痴人说梦,对此再也无话可说,但是施伦特尔对于这种无产阶级的赞颂却让人懂得,自然主义美学为什么要这样使劲地践踏晦气的席勒,他在一百年以前曾经写道,"奴役是卑贱的,但自由生活中的奴才气质却是可鄙的。"豪普特曼在这里像在许多其他场合一样,站得比他的崇拜者们要高。他在《织工》中把发运员普法伊费尔描写成现实生活里那种卑躬屈节的家伙,一个可鄙的瘪三。如果说在豪普特曼的人品中可以看出他的出身的痕迹,那么这些痕迹是好是坏都表现得完全不同于施伦特尔要人相信的样子;例如坚定的持久的意志,挑选手段时冷静的考虑,为一种谦逊的、保守的外表细心掩饰着的、对于前进的火热的渴望,小心翼翼的慎重,即使不能与战斗的无产阶级相混淆,但也未尝不是从未完全窒息的无产者意识的一次明亮的燃烧——这一切无论如何总不是,像施伦特尔所热烈描绘的,可能感动"忠实约翰的胸怀"的那种货色吧。

但是,施伦特尔却以"对劳动者的同情"拨动了按照自然主义美学家的保证,响彻他们整个创作流派的琴弦;另一根琴弦,即以尼采为楷模的超人性,今后还将进一步讨论。连施泰格尔也谈到了"无所不包的同情和社会的愤怒","为我们在人间保证正义的最后胜利的这两种强烈的感情"。承蒙施泰格尔惠允,这些"感情"什么也没有保证,除了保证了非正义的持续存在。谁也没有像老叔本华那样透彻地理解这一点,他正是把同情认作市侩道德的基础的。不言而喻,这里不是指的按照亚里士多德的著名解释,构成悲剧感情的一个方面的那种同情。施伦特尔和施泰格尔说的是对于穷困者和不幸者的同情,"对劳动者的同情",这种同情据说通过施粥、搭窝棚、给乞丐扔小钱以及审美感情可以保证正义的最后胜利。我可不想来议论,这样会不会又把道德拖进了艺术,因为要追究自然主义美学的种种矛盾,无异于进行一次雁猎,长年累月下去也休想找上归途。但是,大致可以肯定,再不会有比那种"对劳动者的同情"更其绝望、更其可悲、更其徒劳的文化原则了。特尼斯细致而中肯地说过:"一种良好的文化尽可能使同情成为多余,因为它尽可能防止了苦难。""泽肯根的道德吹鼓手"也是这样想的,他写道:

> 不,苛政有一个界限。
> 当被压迫者哪儿也得不到权利,
> 当负担变得不堪忍受——他便
> 怀着自信的勇气把手伸向上天
> 把他永恒的权利取下来,
> 它们像星星一样不可转让
> 而又不可动摇地挂在上面。

唯愿新缪斯们原谅善良的席勒写出这几句诗,让阿尔贝特·朗格①从中找不到或者不仅找到苦难的悲剧辩证法,还找到了朴素的、真正富于哲学意味的真理。有了燃烧于"忠实约翰的胸怀"的"对劳动者的同情",他也决不因此而找到栖身之地。

施伦特尔把他的主人公的青年时期描写成一系列翻滚腾挪。豪普特曼十五岁半就离开中学,他在这儿只读到了三年级;然后他试着当两年农业学徒,又读两年美术学校,两次都没有学出成绩来。但在布雷斯劳美术学校,他却遇上了两位恩人,感恩而又情深的诗人后来

---

① 弗里德里希·阿尔贝特·朗格(1828—1875),政论家,社会改革家,新康德主义者。

把其中一位作为不可救药的酒徒写进了戏剧；由于他们的推荐，魏玛大公爵特许豪普特曼于一八八二年复活节作为历史系学生在耶拿大学注册入学。然而，这一次也没有成功；他到罗马试着学雕塑，同样没有成功。从此他结束了他的狂飚突进行动，因为他同一位富家小姐结了婚，她二十二岁半，身心都不怎么成熟；施伦特尔这样说，"长发少妻发育不良的模样"，在婚礼当天就招致一个闲逛的少尉从旁嘲笑，几乎因此引起一场徒手格斗。

施伦特尔在豪普特曼的认可下津津有味地公之于众的这些十足的私事，究竟对读者有多大关系，可以存而不论。把它们作为批评对象，在任何情况下都是不得体的；我只满足于弄清楚下述事实在文化史上的意义，即一个现代艺术家竟以一门富有的婚姻作为补偿，结束了他的狂飚突进期。听起来很新鲜，其实一点也不稀奇，毋宁十分符合一个大资本主义时代的精神。豪普特曼通过在社会上下这一着棋，使比许多天赋创作才能要富足得多的同辈人，抢先了永远也追不上的一大步。他可不是不切实际的梦想家，同自然主义美学家谈话，不会先谈过去文化的精神影响，后谈物质利益；他倒是以明澈的眼光说到自己：必须反其道而行之。必须承认，他是在以全副精力保证了物质利益之后，才委身于过去文化的精神影响的。按照施伦特尔的叙述，他依次模仿过安徒生，台格内尔，威廉·约尔丹，比尔格，拜伦，海涅①。刚二十六岁，豪普特曼就像煞有介事地写起韵文来："我不知道，该怎么讲，我的泪水有时哗哗流淌，当远方的钟声，钟声开始敲响。"施伦特尔从所有这些举出了一两个小小的试样；但只有豪普特曼的拜伦仿制品完全公开出来，那就是《蔡尔德·哈罗德》②的一次模仿。《普罗米修斯后裔们的命运》发表于一八八五年，立即由小集团大吹大擂地叫好不迭。一个说，这是理想主义的浓烟滚滚的火柱，而另一个则认为，

---

① 台格内尔(1782—1846)，瑞典诗人；威廉·约尔丹(1818—1904)，德国诗人；比尔格(1747—1794)，德国诗人。
② 《蔡尔德·哈罗德》，拜伦的著名长诗。

就构思的宏伟、语言的高尚与热情而论,它有如巨人般驾凌于流行滥调的发育不全的肘材之上。

豪普特曼本人再一次显得比他的崇拜者们要明智些,印刷油墨还没大干,他就让这首诗给捣碎成为纸浆了。经过这样的自我批评,今天连诗人最狂热的崇拜者都会在这首形式、内容都不成熟的蹩脚诗面前放下武器,再来把《普罗米修斯后裔们的命运》痛批一通,就未免有失公道,而且是一次过于廉价的逗乐。尽管如此,巴特尔斯把它称为一首"诚实的诗",还是称对了。豪普特曼的无边无际的自我意识,他的世界观的惊人的平庸,尤其是"对劳动者的同情"的缪斯,在这首诗里赤裸裸地暴露无遗。在避风港躲了一年之后,豪普特曼便在献词中这样唱道:"在我们时代的血管里,不是在我们的血管里,滚动的不是红色的血液,而是红色的金子。"而在正文中:

> 你想用鸽子随意管辖,
> 可我的歌不能像鸽子飞翔,
> 而你的桎梏锁不住它,
> 你却想控制我的精神奔放。
> 把手从一头狮的鬣毛拿开,
> 它摇着鬣毛,望着你杀气腾腾,
> 拿开手吧,你流着泪慈悲为怀,
> 你幸福的人,你心满意足的人。

然后他再一次向不幸者和悲苦者们呼唤,施伦特尔有幸从这里发现了"绝望的决心":

> 于是让我蹲在你的污秽里,
> 让我和你、和你一起受苦。

人们在包厢里坐稳了一个舒适的座位，也就是自然主义美学所谓的"对劳动者的同情"之后，生活的舞台上便充斥着如此廉价的冗长道白。

仍然是按照他的半官方传记作者的描述，豪普特曼作为一名文学上的模仿者，又无计可施地四下探索了四五年，直到最后碰上了用豪普特曼的话来说曾经给他"决定性鼓舞"的人。他就是阿尔诺·霍尔茨，豪普特曼的同辈人，但却是一位诗才富足得多的诗人。寒伦可怜如豪普特曼的作者刚刚以《普罗米修斯后裔们的命运》问世，霍尔茨这位作者便光彩夺目地拿出了他的《时间之书》。他的一副坚定、刚毅的性格，以天生艺术家的全部热情争取尽善尽美，霍尔茨当然不具备豪普特曼冷静的讲究实际的深谋远虑；他只看得见他执着追求的艺术目标，尽管他每天还得从饥饿死神张开的吃人大口擦身而过。一八八九年和一八九〇年之间的冬天，霍尔茨和豪普特曼相识了；霍尔茨作为小集团的自由民当然是一根眼中刺，关于他有过种种恶言恶语，虽然如此，施伦特尔仍不得不承认，豪普特曼"为阿尔诺·霍尔茨的理论所充实，为他的慰勉所鼓励"，才被推上了他得以发展被赋予的创作才能的道路。

豪普特曼的第一部剧作《日出之前》立即显示了此后一直为他的戏剧所特有的一切长处和短处。倒不是说他仿佛不曾有过一个发展过程；通过一种持之以恒的十分值得称颂的努力，他懂得了怎样扬长避短；他写出了一些几乎只见其长的剧作，当然也还有过其短远占优势的剧作；但从大处着眼，人们只会满怀敬意地看到他始终贯彻不渝的坚强意志。就其天赋而论，他在剧作才能上几乎同在诗作才能上一样穷乏；否则怎么可能到二十七岁，还在无计可施地四下摸索呢！即使在戏剧创作方面，他虽然并非如巴特尔斯所说是前后一贯地，但却也是屡见不鲜地有蓝本可依；巴特尔斯详细地证实了豪普特曼的若干剧作据以向上攀缘的"父本"（他说得十分中肯），这可是一次远远的旅行！那些造就一个伟大戏剧家的宏伟规划，他一点也没有，但却充分具备一种对于现实的极其精微的观察力,一种以无尽的勤奋培植出来的才能,而这种勤奋有时曾经把他引近了天才由此起步的边界。尽管他屡屡陷于残忍的现实而不自拔,终不过是个照相师或蜡像揉捏人,但凡有一个适当的题材和一个适当的时机向他示意,他便创作出将在德国文学站住脚的奇特的艺术品,尽管它们可能违反了历代相传的规章。

　　豪普特曼把他的第一个剧本称为一出"社会剧",于是流言纷纷,说他即将在舞台上表现一种社会性的人生观,即资本主义和社会主义的斗争,为当代的社会问题做了具有世界意义的演出。我想不起来是弗朗茨·霍夫曼还是古斯塔夫·尼里茨,他曾经描写中了头彩会怎样把一个老实的手艺师傅引向纵饮和饕餮——看来人们未尝不可按照同样的理由把上述那些荣誉头衔堆在这位年轻作家身上。《日出之前》演的是一个矿区,但豪普特曼毫未想到在剧中表现矿工和他们的剥削者的对立。他描写的是一个村子里的纵饮和饕餮,那里的农民由于在他们的田亩下面发现煤层而发财致富了。如果说这项财富确实也同资本主义相关联,这句话就只有在这个意义下说才是对的,那就是,彩票也是同资本主义相关联的。两者都是资本主义的伴生现象,但同资本主义生产方式及由此而来的阶级斗争却相去甚远;正是这个缘故,它们乃是想洗熊皮又决不肯把它打湿的市侩道德心爱的角力场。正如豪普特曼所描写的酩酊大醉的农民不是"资本家"一样,他的主人公洛特和席梅尔芬尼希也不是"社会主义者";如果眼下想尽可能把他们看作人,那么他们毋宁是真正的市侩,为了一些未经消化的绝对戒酒者的怪念头和遗传妄想,竟拿脚来践踏荣誉与人道的戒律。

　　但是豪普特曼却懂得,以一种所谓能让粪臭飘散在整个舞台的自然真实性,来描写在西里西亚什么地方实际存在着的那种农村令人作呕的腐化堕落。艺术只应当描写美一说,当然不能拿来同上述创作方法相提并论,而要求艺术只能为了一个重大的艺术目的,才可以表现丑恶和卑贱，就更其不在话下了。豪普特曼的处女作完全没有这个目的，如果不想把一件偶然现实的平庸模拟当作这个目的的话。同几百万被资本主义生产方式直接抛进深渊的农民相比，按照豪普特曼所描写的办法从那个生产方式直接发财致富的农民却不过百来人。在个体和种类之间完全没有康德所说的、其极致决定审美的形式完美性的那种和谐。所以，《日出之前》从审美角度来说也是不美的，而且是不真实的，正如按照同样的理由，既不可称之为一出"社会的"、也不可称之为一出"非社会的戏剧"。它的"父本"就是托尔斯泰的《黑暗的势力》；豪普特曼在模仿这个蓝本之际，根本没有觉察到，他偶然第一次碰上、可惜最后一次没有碰上的一切，到底是怎么一回事。在托尔斯泰的剧作中并不少见的骇人听闻的恐怖事物，不是可以不讲重大的艺术目的；托尔斯泰恰巧提供了一幅关于俄国农民生活的典型的图画。

在豪普特曼的第一部剧作中，只有一个人物在艺术上站住了，以一个非常生动的个体体现了一个完整的种类，他就是向上爬的野心家霍夫曼。洛特和席梅尔芬尼希毕竟是抽象的幻影；连德国的市侩一举一动也不会那样懦怯，同时又那样顽固。但是，豪普特曼要把这两个傀儡弄活，他的做法充分说明了自然主义艺术。他给他们身上挂满了他从熟人们身上看到的形形色色的皮相，于是便认为他们都活了。施伦特尔让人们一眼看透，是谁曾经给席梅尔芬尼希当过模特儿，其实他不说，大家也是知道的。这个模特儿完全做不到一举一动像席梅尔芬尼希那样卑鄙无耻，但是他的求学经历，他戒除偷吃雪茄的样子，以及其他同剧情发展毫无关联的鸡毛蒜皮，都被拿来塞在席梅尔芬尼希身上，以便让他成为一个活生生的人物。这种奇妙的创造型象当然是迄今一切艺术闻所未闻的。

最后，豪普特曼的新作还显示了自然主义和浪漫主义的内在联系。剧中女主人公到了成熟的年龄，就在乱伦、通奸和酗酒的污潭里像一朵鲜花盛开，显得那么温柔、美丽而又纯洁，后来却英勇地用猎刀刺进了自己的胸膛，只因懦夫洛特由于害怕遗传的酗酒恶习而不愿娶她——这可是一位非常浪漫的女士;作者既然赤裸地描绘了污秽,他临了理所当然地也要把自然主义打扮一下。

译后记 从迄今译刊各篇可知,梅林的《美学初探》并不是与世无争的书斋里的纯学术著作,而是站在无产阶级立场上针对当时出现的各种文学现象而发的时评。本篇和随后几篇的评论对象正是在德国当令的自然主义运动。

自然主义本是十九世纪下半叶在欧洲各国盛行一时的一个以细致描写现实生活著称的文学流派,主要代表是法国的左拉。任何文学流派不论其客观历史评价如何,都不是凭空产生的,都有相应的社会条件为其发展的基础,因此可以说都是时代主流的派生物。就德国而论,德法战争(1870—1871)以后一段时期,由于民族主义抬头,经济发展加速以及社会不公增剧,是一个社会多方面发生变革的时期。年轻的一代受到达尔文、孔德以及尼采等人不同的思想影响,开始一致摒弃形而上学的和宗教的传统意识;在文学上他们不满足于浪漫主义以后的诗意现实主义,却从法国左拉身上找到了楷模,接受了人是环境和遗传的产物的基本观点,从而在德国文学史上展开了一段自然主义时期。本文中受到作者赞扬的诗人阿尔诺·霍尔茨,就是德国自然主义理论家之一,他认为作家必须通过一切细节尽可能细致地理解和表现现实生活,提出"艺术即自然的再现""艺术即自然本身"等纲领性主张,试图把所谓"彻底的自然主义"从理论上到实践上在德国建立起来。这场文学运动起始于十九世纪七十年代末,消歇于九十年代(随之而起的是印象主义),他们在实践上着重描写人的劳动过程和劳动者的生活环境,立足于社会批判,但是这种描写往往只限于劳动的贫困和悲惨,很少涉及他们忍无可忍而从事的斗争,这种批判也只限于社会同情,同样很少提高到争取政治效果。此外,他们常常把托尔斯泰、陀思妥耶夫斯基、易卜生、斯特林堡等人和左拉相提并论,统统视作自然主义文学的典范,足见这些自命的自然主义者对自然主义本身并没有客观的如实的认识,或者说至少在创作方法上并没有划清自然主义和现实主义的界限。要科学地划清这个界限,必须通过大量实践成果的对比,并进入广泛的严谨的理论思维,这将是二十世纪文艺理论家们的任务(到三十年代才由G.卢卡契在这方面做出了可观的成绩);但是,我们却从这里看到,梅林早在十九世纪末就开始接触到这个重大的文学史问题,并在立场、观点、方法等方面为后人留下了宝贵的榜样。

梅林的这篇文章及随后一篇专门评论格哈特·豪普特曼,原文没有标题,括弧里的题目是《梅林文集》(狄茨版)编者加上的。格哈特·豪普特曼是德国自然主义运动的主要代表,但是他一生的作品范围广泛,内容和形式多样化,前后文风迥异,似不宜纳入一个僵化的模式。除了单纯意义上的自然主义剧作,如《日出之前》(1889)、《织工》(1892)、《车夫亨舍尔》(1899)、《罗泽·贝尔恩德》(1903)等,他还写过引人入梦或进入童话世界的《汉内尔升天记》(1896)、《沉钟》(1897)、《比巴跳起来了》(1906);此外,如《弗洛里安·盖尔》(1896)以农民战争为题材,《可怜的亨利》(1902)写中世纪题材,《白色救世主》(1920)则按照想象描写科特斯征服墨西哥的残暴过程;晚年在二战期间创作的《阿特卢斯的后裔们——四部曲》,以希腊神话为题材,暗示这场大战是一个盲目的命运在起作用,这就与《织工》前后判若两人了。

本文只涉及《日出之前》和《织工》,下一篇将有进一步的评论。《日出之前》是豪普特曼的第一个剧作,也是德国第一个自然主义剧作,副题为"五幕社会剧",一八八九年出版,同年十月二十日由"自由戏剧协会"初次上演。它描写一个西里西亚农民克劳泽出卖矿权发家致富后的堕落腐化过程。除了克劳泽本人,还有其妻,其女马尔塔,以及他的小孙子,一家人酗酒成性。马尔塔嫁了狡猾的矿物工程师霍夫曼,家里来了霍的一个朋友,社会主义者洛特,来进行社会调查。霍夫曼怕家丑外扬,劝洛特放弃计划离去,但洛特已和克劳泽的次女海伦妮相爱;海伦妮在住宿学校读书,始终未受到家庭堕落空气的污染。本地医生施梅尔芬尼希是洛特的另一个朋友,把这家的堕落情况告诉给了他。于是自负的洛特拘于当时流行的遗传理论而逃婚,海伦妮失恋后悲观失望,便以猎刀自刎。《织工》于一八九二年发表,一八九三年上演,副题为"四十年代的戏剧",并注明献给作者的父亲,因为是他向作者口述了一八四四年西里西亚织工起义的经过。作者以此为背景,表现了当代紧张的社会关系,剧中主人公是织工集体而不是个人。织工在饥寒交迫之下继续为老板德赖西格尔所剥削,在绝望之余由老兵摩里茨·耶格尔鼓动而起义。德赖西格尔一家受到冲击,遂招请军队来镇压,其中一连人被起义者驱走,反对起义的老人希尔斯中流弹身亡。

梅林的《美学初探》刊于一八九八年,正值豪普特曼的自然主义创作的鼎盛时期,因此他的评论只限于自然主义者豪普特曼,而不能概括他的全部创作。梅林作为早期马克思主义者,在自然主义当令之际就站在无产阶级的立场上,对它的创作方法做了严格的批评,这种政治责任感和艺术良心是值得我们三思的。回想我国几十年前风行一时的"题材决定论",比自然主义更加等而下之,迄今仍没有受到严正而深刻的批判,梅林的文章便因而更让我们觉得没有过时。

(1992 年 7 月 20 日)

〔续论格哈特·豪普特曼〕①

关于豪普特曼的第二个剧本《庆祝和平》②,只好说它是对易卜生的一次失真到无缘无故令人恶心的模仿,但却表示了一次热心的、绝非不成功的对于舞台技巧的学习。《孤单的人们》③,豪普特曼的第三个剧本,同样是对易卜生的一次模仿,至少是一次不拘一格的模仿,它试图把现代自然主义两个心爱的主题交织在一起。

一个主题是"三角关系",一个罕斯在两个格莱特中间,或者看情况改作一个格莱特在两个罕斯中间呜咽啜泣,另一个主题则是宗教和科学的冲突。两个主题远远落在现代史的伟大进程后面一瘸一拐;它们是一些自以为了不起,其实在它们的咋唬后面没有什么了不起的文学小圈子的过时玩意儿。《孤单的人们》的主人公约翰内斯·福克拉特,正如巴特尔斯所称呼,是个"窝囊废",一个彻头彻尾的颓废派,浑身没有一根硬骨头,但满嘴一派胡说,既掩饰不住也没有揭穿他的精神上的萎软。这个人物本来让明眼人一目了然;可是在"孤独的人们"经常玩耍的弗里德里希斯哈根④,他却欢喜装着不止是个人杰似的跑来跑去。如果豪普特曼把他写成一出喜剧的中心人物,那倒是一种出色的处理。可是他却要求我们按照悲剧来接受这个不堪忍受的家伙,

---

① 〔续论格哈特·豪普特曼〕为《美学初探(七)》,中译刊于《陀思妥耶夫斯基的上帝——陀思妥耶夫斯基研究论述》(《世界文论[4]》,中国社会科学院外国文学研究所《世界文论》编辑委员会编,社会科学文献出版社 1994 年版)。
② 副题为《一出关于家庭灾祸的三幕剧》。
③ 一出描写三角关系的五幕剧。
④ 弗里德里希斯哈根,柏林附近一地名。一八九〇年一批自然主义作家、理论家常聚集于此,被称为"弗里德里希斯哈根小圈子"。

就此他无意间反倒变得滑稽可笑了。一个现代学者的生活可能包括的悲剧冲突的题材,远远超出了豪普特曼的视野,他宁愿不接触这样一些问题;他离歌德还有一段可观的距离,正如布吕诺·维勒博士①之于亨利希·浮士德博士一样。

豪普特曼在《织工》②中翱翔得更高了。他在这里找到了一个只需要加以安排,实际上也只是为了制作一个剧本框架而加以安排的题材,一个没有错综复杂情节的题材,一个具有历史典型意义、但却没有承担任何历史思想内容的题材。最重要的永远在于,按照歌德的说法,是"织工的后裔"创作了这个剧本,是一个完整的、充满一种情感的心创造了作家。豪普特曼给这部"作品正是从自我出发添加了一点什么",他创造了许许多多看来真正富于艺术性的人物:一举一动、一言一行充满动人的活力,决不是一件偶然现实的粗野的翻版。正规美学对于《织工》提出了许多异议,从它的观点来看也不是没有道理。只是在鉴赏力问题上恰巧不能由它的观点说了算。歌德和席勒会对这部戏剧说些什么,这个问题正如人们要问为什么歌德和席勒要通过耶拿和魏玛之间的使女传递信件,而不利用更方便、更迅捷的铁道邮车一样无聊。铁道在歌德和席勒的时代之不可能,正如一部《织工》这样的剧本。此外,这部剧本违背古典美学的精神,要比一百部愿意按照这种美学创作的冬烘悲剧少得多。

可惜豪普特曼本人却让美学上的吹毛求疵者们钻了空子,因为他至少默认了,他的辩护士试图利用实在可怜的花招排除为《织工》准备的检查麻烦。豪普特曼的错处不在于他否定了该剧的社会民主主义倾向,因为那是他的正当权利,倒是那些为此(如施泰格尔所说)谴责他懦怯的人们,才是十足的傻瓜。但是,豪普特曼不应当容许他的辩

---

① 布吕诺·维勒博士,"新自由大众剧院"和"弗里德里希斯哈根小圈子"的领导人之一,一度接近社会民主党。
② 描写一八四四年西里西亚织工起义的五幕剧。在织工和军警的战斗中,一名反对起义的老工人被流弹射死。

护士在《织工》塞进一种仇视工人的风纪警察式的倾向。这是一桩远比政治犯罪还要严重的美学犯罪行为。按照自然主义的原则，剧作家在该剧第五幕本来必须指明，起义织工怎样受到了衙役们的鞭笞，又怎样被关进了班房，因为要讲历史真实性，织工起义正是这样结束的。此外，即使本剧陷入了惊险剧最深的泥沼，豪普特曼也完全按照古典美学的精神，宁愿选择美学上的美与真，而不愿奴隶般翻印残酷的生活：他的剧本正是以这样的场面告终，一个背叛同志的织工在兵士的枪弹下面死去，兵士们却被起义的织工胜利地击退了。但是，如果豪普特曼有理由说，我不是作为社会民主党人，而是作为艺术家观察事物的，那么他就必须不仅向左、还得向右保护他的艺术家权利，他就不应当让他的辩护士向高等行政法院宣布，他是想庆祝"通过一小撮士兵所获得的秩序的胜利。"这可是极其狡猾的，只是剧作家豪普特曼这样做就倒了霉。

后来，他在《弗洛里昂·盖耶》①的第五幕，补充了他在《织工》中所忽略的情节：醉醺醺的骑士拿着猎鞭毒打被捕的农民，这可是一次对艺术的犯罪，幸好它甚至使柏林首场观众就倒了胃口。此外，该剧还证实，不仅是豪普特曼，甚至整个现代自然主义，都完全不能够把一件伟大的历史题材写成戏剧。施泰格尔还有点值得感谢的诚实，他公开这样说，"自然主义风格证明无力表现伟大的历史人物。"我们根本用不着回溯到席勒或者莎士比亚，只需要拿施魏切尔②写农民战争的小说同豪普特曼的《弗洛里昂·盖耶》比较一下，就可以知道老字辈能够做什么，小字辈恰巧不能做什么。施魏切尔懂得把农民战争布满褶子的织品真正加以铺展，而豪普特曼却站在它面前束手无策，尽管那个小派系多年来曾经为他大吹大擂，对他进行过"彻底的研究"。对施魏切尔的小说可以从审美上加以指责的一切，大概就犯在道义上面，它使一个年老的自由战士脱离了伟大的争取自由的斗争，而豪普特曼

---

① 副题为《附有序幕的五幕农民战争悲剧》。人物众多，弗洛里昂·盖耶并非主角。
② 罗伯特·施魏切尔(1821—1907)，社会民主党人，小说家，威廉·李卜克里希之友。

为了一种审美怪癖的缘故,却可悲地糟蹋了一大段德国历史。

按照施伦特尔的说法,豪普特曼是从布洛斯所修订的齐默尔曼①的历史著作受到启发才写《弗洛里昂·盖耶》的。即使把所有其他"彻底性"友好地存而不论,即使承认豪普特曼曾经仔细地读过仅仅那部为几千工人所领悟的著作,也仍然难以理解,他怎么会隔靴搔痒到如此彻底的地步。然而,如果读到豪普特曼的剧艺导师施伦特尔研究历史上的弗洛里昂·盖耶的文章,那个哑谜算是可以揭晓了。施伦特尔事先发现"俾斯麦的实际政治"原来是现代自然主义的首要根源,于是他这样谈到弗洛里昂:"如果某个盖耶三十年以前同普鲁士的众议院发生军事冲突,那么这位忠实而认真的法治之友就不会破坏宪章了。他不需要任何豁免权,但也没有取得任何克尼格雷兹、色当和凡尔赛②。谈到盖耶,我们还悲哀地记起新德意志帝国的另一位共同奠基人,这里不妨体贴地采用拿破仑说德国人的一句刻薄话,他是一位思想家而且确是一位战争英雄。……时代需要一个俾斯麦,盖耶是一个腓特烈大帝型的人,他在我们的自由主义传奇中就是这样继续活着的。"如果一个自然主义思想家向读者这样信口雌黄,那么对于它的剧作家的历史理解力,也就不必提出太高的尺度了。

但是,这种难以置信的眼界狭隘性完全属于自然主义的本质。莱辛、歌德和席勒都认为,现代文化界的作家必须掌握丰富的多方面的知识,连浪漫派也是这种看法;没有人会否认施莱格尔和蒂克和乌兰具有渊博的知识。普拉滕和海涅,甚至"青年德意志"最著名的代表如古茨科,要没有"他们那个世纪的教养"同样是不可想象的。一般说来,人们找不到任何一种文学流派,在这方面表现得如此动人地谦逊,简直不需向前、向四周或者只是向后望三步,像现代自然主义这样。

---

① 威廉·齐默尔曼(1807—1878),历史学家,神学家。一八四八年法兰克福国民议会极左派。
② 克尼格雷兹,中欧波希米亚地名,一八六六年普奥七年战争爆发于此。色当,法国地名,普法战争在此决战,法国惨败。凡尔赛,法国宫殿,第一次世界大战协约国和战败德国在此签订和约。

它不敢把它一碰就坏的小船划向大海,这倒可能是一个十分值得赞美的预见,只是它不应当自以为超越古典作家们的"唯心主义",这种"唯心主义"可懂得复活一个过去时代的历史本质,即使它不再关心这个时代的小玩意儿之类,虽然这样对待这些废物倒是恰当的。

现代自然主义要是不理解自己所描绘的事物的本质,它毋宁会带着这些小玩意儿的忠实肖像陷于绝望的泥沼。他甚至还会堕落到一板一眼地模仿起他如此傲视过的古代抑扬格悲剧来。四十年前古斯塔夫·弗赖伊塔格①发表他的"罗马贵族"时,批评界曾经对他说:你有幸避免了莎士比亚的《尤利乌斯·凯撒》中俯视即是的时代错误,但可惜你同样小心翼翼地避免莎士比亚的天才。如果把豪普特曼的《弗洛里昂·盖耶》拿来同席勒的《瓦伦斯坦》来比较,我们同样可以对它说那么一句恭维话。倒是弗赖伊塔格做到了的,豪普特曼竟没有做到:他的历史剧长达三百页,让人找不到多少并不粗鲁违反宗教改革时期的服装之处,"服装"一词且按纯粹外表的、小玩意的意义而言。

让剧中人物按照编年史风格、按照他们时代的书面语言说,该是多么严重的失误,从自然主义的观点来看,乃是双倍的失误,需知为它平日如此精通"口吃艺术",总让它的现代人物结结巴巴讲话,仿佛今天再没人会说一句连贯的句子!三年前我在本刊不得不通告,《弗洛里昂·盖耶》第一次演出就遭到彻底的失败,我是在发表这样的看法,如果拿着放大镜,随意浏览一下这个剧本,还可以发现许多个别的优点②;用了放大镜之后,我现在不得不承认,我那时还不太了解我的对手们,竟对那个小派系关于豪普特曼所作的"专门研究"的"过分责任心"所发的喋喋不休表示了无端的信任。如果豪普特曼把路德的辱骂,如"得把猎枪子弹用摺角纸包起来扔向那些种田佬"之类,放在林帕尔城堡爵主夫人之口作为自己的智慧,倒还过得去;为什么一个愤

---

① 古斯塔夫·弗赖伊塔格(1816—1895),自由主义作家。
② "三年前我在本刊不得不通告",指本文作者在《新时代》一八九五到一八九六年度第一卷发表的专文《论格哈特·豪普特曼的〈弗洛里昂·盖耶〉》。

怒的悍妇和一个愤怒的教士就不应当说同样的粗话呢？但是，如果一个土里土气的狂热信徒一本正经地说出了梅兰吞对正直的闵采尔所重复的关于用袖口接住猎枪子弹的谎言①，那么这恰巧就像一个剧作家几百年以后让一个今天的社会民主党人说必须"分裂"一样。同样糟心的是，豪普特曼竟让罗特恩堡市的一个市民讲出只有在一个农民口中才有历史意义的话。当时社会纠葛的脉络分岔得稠密而广泛，在施魏切尔的小说中一清二楚，可以一目了然，豪普特曼正是对此一无所知，除了农民和骑士之间的对立，而这种对立恰如弗洛里昂关于胡顿和西金根②的演说所示，也只显示了最一般的最模糊的轮廓。

但是，他在《弗洛里昂·盖耶》的失败之后再也不抱任何幻想，倒为他的实际明智挽回了很大的面子。他一头栽进了浪漫主义作风，未尝不是由于他的才能的拼凑本质；他要是在《弗洛里昂·盖耶》以前，顺路带着《汉奈蕾》③到浪漫主义天地里转一转才好！在这部"梦幻剧"中，毫无划时代之处，除了按照自然主义美学的看法，说它应当划时代而外。杜博克④称《汉奈蕾》是一出"令人毛骨悚然的感伤剧"，巴特尔斯还承认它是圣诞剧，第三位资产阶级批评家把它看成一次"教堂和舞台、病理学和天使迷恋互不相投的混合"，凡此种种，或者生硬或者温和地表示了如下见解：这样一种"梦幻创作"一般不属于戏剧艺术的领域，而这个见解在《汉奈蕾》问世以前在整个美学界很少享有这样的一致性。豪普特曼把一个可怜的、被一个残暴的酒鬼迫害至死的儿童消失在高烧性谵妄状态的死前哞鸣写成了剧本，他的确爬到了这种伪艺术的顶峰，但他决没有如他的崇拜者们以小小的逻辑错误所推

---

① 菲力普·梅兰吞（1497—1560），神学家、路德的亲密战友、对闵采尔的革命观点抱敌对态度。托玛斯·闵采尔（1490—1525），激进宗教改革家。
② 乌尔里希·封·胡顿（1488—1523），著名骑士、诗人、人文学者、宗教改革支持者。弗朗茨·封·西金根（1481—1523），著名骑士、统帅，受胡顿影响参加宗教改革，拉萨尔把他的事迹写成戏剧，并为此与马克思和恩格斯通信讨论。
③ 全名为《汉奈蕾升天记》，两幕梦幻剧，描写一个孤女死前的幻觉。作者的崇拜者们认为该剧违背自然主义原则而陷于感伤。
④ 尤利乌斯·杜博克（1829—1903），哲学家、费尔巴哈追随者。

断,因此而使它成为一种真正的艺术。对于这样彻头彻尾非艺术的印象剧①,一般说来没有一个审美尺度,因为缺乏鉴赏力的任何客观动因,因此主观的鉴赏力便有了毫无限制的活动空间。如果我跟杜博克一道称《汉奈蕾》为一出"令人毛骨悚然的感伤剧",而施泰格尔则从中找到"值得赞赏的艺术"和"豪普特曼的倍受崇敬的现实感"的一次"灿烂的验证",那么对于他的或者我的鉴赏力就都用不着争论了;我们必须和平而又和睦地接受这个坦率的供状:我们彼此都是野蛮人。

　　对于豪普特曼继《弗洛里昂·盖耶》而作的《沉钟》②,可能比对于《汉奈蕾》更容易下个审美判断。这里可以引用一份文件来证明,而且巴尔特斯和韦尔纳都引用过它的一大部分,即这个童话剧是从一百零一篇文学回忆录摭拾而成的,而且被锻造成装饰过分反而显得平淡无奇的抑扬格诗行。毫无疑问,其中也找得到个别真正的腔调;铸钟人亨利希抱怨道,他的钟是在山谷里、而不是在高空鸣响,这倒为豪普特曼特有的艺术提供了一幅十分恰当的图画。但是,作为整体来说,《沉钟》不过是一件学习浪漫主义作风的课业,甚至不是由乌兰或者克莱斯特所代表的强有力的浪漫主义作风,而是有点像福凯或者雷德维茨③那样颓废的、无聊的、甜腻腻的浪漫主义作风。人们可以说,至少它还没有雷德维茨那份假虔诚吧,但是韦尔纳却说得完全正确,它的自由思想倾向表示了若干与浪漫派经常那么稀罕的虔诚相同的素质,即一面死乞白赖,一面模棱两可,而且显然缺乏真正的意志力。巴尔特斯和韦尔纳关于《沉钟》所说的一切,一般说来是颇值一读的;为了对作者不致于不公正,他们在批评中肯定不会不诚实。

　　自然主义美学的祭司长们在《沉钟》中颂扬了他们伟大原则始终

---

① 或译"效果剧"。特指作者存心在观众(或读者)心灵上制造某种情绪效果(如感伤、恐怖、嫌恶等)的剧作。这类情绪效果往往不为题材的本质所应有,故该剧被称为"非艺术的"。
② 五幕童话剧,描写自然原始力与凡俗世界的冲突,艺术家(铸钟人)无法与二者调和而毁灭。
③ 奥斯卡·雷德维茨男爵(1823—1891),信奉天主教的浪漫派诗人。

不渝的继续发展，人们倒想向他们提出这个绝望的问题：你们还算认真的人吗，或者你们另外想成为什么人呢？不管自然主义原则对不对，每个五官正常的人都会充分认识到，拿这个原则来衡量，《沉钟》是无可挽救地坍塌了。不是对于艺术家豪普特曼，而是对于老于世故的豪普特曼，这部童话剧倒已是一个伟大的进步。在《织工》中，他几乎闯过了高级官府和尊敬公众允许呈现的界线，而在《弗洛里昂·盖耶》中，他的艺术才能又未免捉襟见肘；于是他在《沉钟》中开始了井然有序的退却，或者人们考虑到他的折中倾向，也许不得不更正确地同时更温和地说，开始了一次深思熟虑的侧敌行军，这样果然使他真正成为豪华舞台的主人，成为资产阶级的宠儿。大家都应当为他高兴；小约翰·瓦尔夫冈预见到大格哈特①时曾经说过，"诗人不欢喜沉默，愿意当众显示自己"；我决没有在这儿扮演"道德说教士"的意思。我只想说，谁要是——尽管赞同"佐金根的道德吹鼓手"——把艺术不作为奶牛而作为高尚的女神来崇拜，他就正好用不着相信豪普特曼冲着伟大的舞台效果的每一次横冲直撞是什么新的艺术启示。

再看看豪普特曼的两个喜剧，他的优点和缺点在这里面可以说泾渭分明。在《獭皮》②中，仅像在《织工》中一样，他达到了一个高度；对于一个相当狭隘、但却永远意味深长的现实，他画了一幅五颜六色而又十分壮观的图画；所有人物，充其量除了豪普特曼描绘出来借以自况的弗莱舍尔博士，在艺术上不论作为个体还是种类都一样栩栩如生。巴尔特斯和韦尔纳认为，警务长官封·韦尔哈恩的愚蠢被夸张得未免漫画化，他们这倒不是苦于审美的疑虑，而是苦于爱国主义的郁闷；如果他们曾经同易北河以东地区的政治警察打过交道，他们就会承认，现实中的封·陶施也许更要愚蠢些，但远不像喜剧中的封·韦尔哈恩那么有趣；豪普特曼把这个宝贝傻瓜不是漫画化了，倒是理想化了，而且像艺术家一样把他理想化了。把克莱斯

---

① "小约翰·瓦尔夫冈"指年轻时的歌德。"大格哈特"指年老时的豪普特曼。
② 附题为《一出关于小偷的喜剧》。

特的《破瓮记》说成是《獭皮》的"父本",也是不对的;在所有找得到的喜剧之间,终归可以在这方面或那方面推敲出某种不相干的近似性,这两个剧本也不过如此。"泉源丰富的无限创造之流"(这决不是豪普特曼的长处),在《獭皮》中汹涌得比在他的其他剧本中更为猛烈,该剧"不令人满意的"结局对于作者的艺术真诚和对于他的艺术理解力一样加以崇敬。

为了认识这一点,只需考虑一下豪普特曼的另一部喜剧《同僚克兰普顿》[①]"令人满意的"结局,其中一个积重难返的酒鬼反掌之间就得救了。此外,《同僚克兰普顿》倒有一个"父本":据施伦特尔告诉我们,豪普特曼在柏林一家剧院看了莫里哀的《悭吝人》,马上决定要写同样一部戏。莫里哀也是按照一个蓝本创作的,那就是普劳图斯的《一罐金子》,但是他像歌德师承荷马和莎士比亚一样,是作为天才诗人来对待蓝本的:他的"悭吝人"要是在古罗马,就不可能像今天这样——他是个蔑视生活的资本家形象,这时"节俭"乃是资本主义积累的一个有效的杠杆。在莫里哀的主人公身上,可以研究一整大段时期的资本主义生产方式。当然不是因为莫里哀以此为目的,而是他以伟大诗人的深邃眼光观察了他所处的世界。既然豪普特曼试图模仿他,他却抓错了关键:他把一位著名艺术家描绘成十分平庸的醉汉。这个情况在实际生活中的确可能发生,而且豪普特曼也是按照一个活着的原型创作的,但是好酒贪杯也不见得只是"低层民众"的恶习,而一个精神上高超的人,按照豪普特曼的见解,一旦自暴自弃,就算是一个不正常的例外了。

还有!莫里哀把他的完美、生动的人物树立起来之后,便冷静地给他起名为"阿巴贡",用的是古罗马的喜剧人名,一个完全抽象的类名:阿巴贡是一种钩船的铁爪篙,普劳图斯曾形象地借用到一个贪婪成性的人身上。但是,豪普特曼却因为他的原型偶然有一个

[①] 五幕喜剧,描写一个因酗酒而穷愁潦倒的绘画教授。

英国名字,便把他的主人公既不叫作同僚米勒或者同僚舒尔茨,而是叫作同僚"克兰普顿"。如果有人想用手来抓创造性诗人和咬文嚼字的模仿者之间的区别,他在这里算是抓住了。在一些小圈子里,豪普特曼经常受到责难,因为他由于狂热的自然主义,并不害怕这样明目张胆地影射一个人,他曾经为推进这位作家的生活道路起过决定性的作用,后者本来应当对他感激不尽的。但是,施伦特尔却认为,这样一件自然主义壮举再怎样赞赏也不为过,于是这位既通人情又富于才智的思想家便向他的读者们悄悄地说出了"亲爱的酒友"的真名实姓。

在传统爱情故事的细枝末节方面,莫里哀和豪普特曼的喜剧似乎彼此相似,只是立即引起批评家们注意的那些点缀,在豪普特曼笔下给人一种珠光宝气、自命不凡的印象。施伦特尔又一次好意地向我们解释了这一点,他说,"这部作品富于小巧精致的大师手笔,是取之不尽的。"——难道还看不出来吗,你们这些傻瓜?和同僚克兰普顿的可怜的女儿结婚,并把不幸的酒癖牺牲品添进所有荣华富贵中来的那个富有青年,正是姓的施特拉赫勒,那可是作者母亲的娘家姓呀。千真万确,但是到底谁能马上把现代自然主义令人眩晕的深渊一眼望到底,我们只好更其感激地赞赏作者的那种"现实感"的"灿烂的验证",他正是以这种"现实感"把他自己导演成了娶了可怜的少女又救了不幸的老师的腰缠万贯的高尚青年。

现代自然主义的戏剧大师具有明朝的笔法[①],这就够了;如果他明天高兴发起任何一场比尔希普法伊费尔式的盛举[②],自然主义美学就会拜倒在地,欣喜若狂地喃喃自语:主啊,我们感激你,你允许我们看到了这破天荒的艺术奇迹!

---

① "明朝的笔法"(den pinsel mings)含义模糊,疑指《金瓶梅》之类的自然主义写作风格,当时《金瓶梅》《玉娇梨》《平山冷燕》等明朝世情小说似已传入欧洲。因无法确定,只好存疑。

② 比尔希普法伊费尔(1800—1868),著名女演员兼通俗剧作家。先后在慕尼黑、苏黎世、柏林等地登台献艺,红极一时。共创作剧本七十四部,均富舞台效果。

译后记 梅林在上文和本文中严厉批评了豪普特曼的几部代表作,并涉及埃德加·施泰格尔的《新戏剧的形成》、保罗·施伦特尔的《格哈特·豪普特曼的生平与创作》、阿道夫·巴特尔斯的《格哈特·豪普特曼》、U.卡诺林娜·韦尔纳的《格哈特·豪普特曼》等自然主义理论著作。梅林的主要目标是自然主义美学,他对作为自然主义代表剧作家豪普特曼的解剖不免矫枉过正,是可以理解的。其实,如上文译后记所述,豪普特曼创作范围广泛,创作素材多样化,似不宜列入某种刻板的框架中。除了一些纯粹的自然主义性格剧作(如《日出之前》《罗泽·贝尔恩德》《马车夫亨舍尔》《织工》等),还著有梦幻童话剧(《沉钟》)、历史剧(《弗洛里昂·盖耶》)、神话剧(《阿特卢斯四部曲》)等。

〔阿尔诺·霍尔茨〕①

一个不同于格哈特·豪普特曼的现象,阿尔诺·霍尔茨在创作和生活中可是一条十足的汉子。约莫十五年来,他一直同生活的赤贫相搏斗,写得比较少,然而不仅他的《时间之书》,还有同约翰内斯·施拉夫②合编的《新轨道》——一部戏剧性和叙事性的速写合集,却是德国自然主义最特异的、真正典型的成果。在抒情诗方面,霍尔茨只有一个势均力敌者,那就是德特勒夫·封·利林克朗③,但这位诗人对于真才实学毫无嫉妒之心,他"以最由衷的一声欢呼"把当今的抒情桂冠交给了霍尔茨。这两位都是"孤单的人",被"诗人和思想家的民族"以冰一般的冷静判定要饿死,但是却高高兴兴、满怀信心地从他们荆棘丛生的生命旅途走了过来,所谓"孤单的人",不是像豪普特曼剧中那

---

① 〔阿尔诺·霍尔茨〕为《美学初探(八)》,中译刊于《波佩的面纱——日内瓦学派文论选》(《世界文论[5]》,中国社会科学院外国文学研究所《世界文论》编辑委员会编,社会科学文献出版社1995年版)。
② 约翰内斯·施拉夫(1862—1941),德国自然主义作家,一度与阿尔诺·霍尔茨过从甚密;后有神秘主义倾向,晚年转向纳粹。
③ 德特勒夫·封·利林克朗(1844—1909),十九与二十世纪之交的德国著名作家,著有短篇小说、谣曲、抒情诗等,其作风开印象主义之先河。

个幼稚的糊涂虫①,而是像弗里德里希·赫勃尔②一样,他向缪斯的祈求霍尔茨和利林克朗都能背得下来:

> 你不想给我任何花冠,
> 一如高尚艺术家之所炫;
> 只是我一旦身亡,
> 要有一座碑说明精力与思想
> 尚未从我的时代火灭烟消
> 化为野蛮与残暴。

　　霍尔茨有一小本新诗集,题目叫作《幻想者》。如果有人想从蒂克式的题目③来推断,霍尔茨在这里试图向古罗马世界作一次新的驰骋,那他就猜错了。他毋宁想踏上"回归自然的伟大道路",那是"自文艺复兴以来艺术再也没有前往过的","长达几百年的模仿时期之诚然尚未完全克服的折中主义之后,终于再次发现了它,仍然是我们时代最值得纪念的机遇之一"。霍尔茨想同他所承认的以前的抒情诗基本原则相决裂,它存在了几千年,"一直以追求文字的某种音乐性为目的":他要排除以前意义上的韵脚和格律;每首诗的格律只应当通过争取借它表现出来的一切而生存;文字应当保存其"原始的价值"。

　　对于韵脚和格律,霍尔茨这样说,"如果我采用另一个人在我之前用过了韵脚,那么十之八九我会跟同样的思想挨上边儿……我们的语言中尾音相同的词儿是如此贫乏,其中这种'方法'是如此稀罕,以致它的全部单词有百分之七十五一开始对于这种技巧就不适用,根本就不是为它而存在,这一点我们再怎么断言也不为过。但是,如果一个

---

① 《孤单的人们》是豪普特曼的一个剧本,其主人公约翰内斯·福克拉特曾被评为"窝囊废",见前文。
② 弗里德里希·赫勃尔(1813—1863),德国批判现实主义剧作家,名著有《玛丽亚·玛格达莱娜》。
③ 霍尔茨的诗集《幻想者》,与路德维希·蒂克的一部小说集同名。

词语不能为我所用，那么这从艺术上对我来说，同时也就是它真正的等价物①"。连诗歌章节霍尔茨都有所判决："我们的耳朵今天听得更纤细了。通过每个章节，即使通过最美的章节，只要它一重复，就有一个秘密的手摇风琴②在响。"最后，他连自由的格律都不愿有所知悉，认为它的虚假激情会使文字丧失它们的原始价值。"但是，让文字保持这种原始价值，既不吹嘘文字，也不给它上青铜色，或者用药棉把它包扎起来，正是全部的秘密。"人们于是可以看到，这里涉及所有其他一切，就是没有重温正想"用声音思维"的古老的浪漫主义，虽然如此，霍尔茨为他的最新的诗集所起的浪漫主义题目还是经过斟酌的。

他对韵脚和格律的争斗，使人想起最近已由施特勒贝尔在《新时代》上谈论过的保罗·恩斯特的"多能量测计"③。恩斯特和霍尔茨的立论依据毕竟互不相同，正如浪漫主义美学家不同于浪漫主义诗人一样。抒情诗人只需呈现一种无形式的情调，恩斯特的这个观点是一个真正浪漫主义的怪念头；浪漫主义者通常更是很有修养的鉴赏家，而不是创造性的艺术家，他们也这样说过，不是技艺而是"摸索和追求"造就了艺术家；拉斐尔即使没有手也会是一个伟大的画家，有人即使从没写过一首诗也能成为一个诗人。另方面，霍尔茨就因太是诗人了，才放弃了诗的形式；他宁愿把它从不体面的枷锁中解脱出来，以其完满的纯洁性来表现它，却没有注意到他这样会把它弄得烟消云散。所以，他就像歌德说过的那些浪漫主义诗人，他们是"对于不可及事物充满眷恋的饥饿者"，行动起来像在竞技场外面寻求报答的骑士。歌德还曾经这样说过，真正深刻而又彻底生效的，真正有造就能力而又富于促进作用的，乃是诗人被译成散文时他所残剩的东西，但是他那时只是说的"青年教育的开端"，并且以他的年龄所特有的烦琐方式

---

① 意即，如果一个词语没有保存其"原始价值"，它在艺术上也就是废物。
② 意即，即使最美的章节一旦重复，也令人感到像手摇风琴一样单调。
③ 保罗·恩斯特(1866—1933)，早年与霍尔茨、施拉夫同属自然主义作家，后转向新浪漫主义和新古典主义，并从事文学批评著述。所谓"多能量测计"，意义不详。施特勒贝尔在《新时代》上的有关论文，题名为《一次抒情诗的革命?》。

"将上述一切呈交我们尊敬的教育家思考",同时他还简明扼要地用下列一句挽救他的诗人天良:"我尊重格律,像尊重韵脚一样,诗正是通过它们而成为诗的。"这就把恩斯特和霍尔茨所想到的抒情诗新原则所必需的一切内容都说尽了。

诚然按照阿尔诺·霍尔茨的说法,歌德属于"长达几百年的模仿时期",只是人们不得不坦率地表示遗憾,霍尔茨作为美学家竟迷恋于自然主义美学的不堪忍受的风格,即以傲慢的套话贬斥它所一窍不通的东西。在这一点上,资产阶级的自然主义甚至大大超过封建的浪漫主义,后者基本上要谦虚些,虽然它基本上懂得更多些。人们只需要听到他们谴责"韵脚和格律",马上就可以怀疑,那些要为诗歌技巧开创新时代的一个想入非非者是不是一般地认识了他们以前的那些时代。歌德说得很委婉,他尊重格律像尊重韵脚一样,他是借以暗示,这要取决于极其不同的事物,这一点连莱辛曾经奉献过著名小手册的萨穆埃尔·戈特霍尔德·朗格①都知道。在他的《贺拉斯颂诗》中,他向韵脚而不是向格律宣过战,并作为最新抒情诗的半个前驱歌唱过:

  从韵脚解脱出来,我稳步匆匆
  走上弗拉克斯②的道路。我有幸大胆嘲笑
  阴暗的深渊和险峻的陡坡
  以及韵脚的疯狂叫嚣。

霍尔茨认为,采用尾音相同的词这种"方法"原本在德语中并不存在。这也是十分正确的;德语诗原本有头韵,威廉·约尔丹和里夏

---

① 萨穆埃尔·戈特霍尔德·朗格(1711—1781),小诗人,贺拉斯的翻译者,并因该译本的拉丁语法问题受到莱辛的酷评,在文学史上仅作为莱辛的批评著作《一本小手册》的对象而知名。
② 指公元一世纪罗马诗人瓦勒利乌斯·弗拉克斯,著有关于追寻金羊毛传说的叙事诗《阿耳戈号》。

德·瓦格纳①虽然没有成功，但如追溯到所谓"原本"，他们却曾坚持不懈地试图革新过它。接着，头韵让步于罗马语系的韵脚，后者由于折断节奏棒而使利奥诗格②受到损害，便产生了连韵和抒情诗节。粲蒂帕斯-赞德福斯③就此说过，"这既有弊也有利，但利大于弊，只要德语诗限于强音，把自由的富于音乐性的分出五个层次的音调分摊于强音和时缺时在的弱音，这些音调就其本身而论，便不是呆板地、而仿佛是流畅地舞向了强音和弱音。"由此产生了我们中高地德语诗歌形形色色的动人诗篇，按照歌德所作的中肯区别，其中语言的音乐因果远远超过了格律因素。霍尔茨想牺牲格律而与文艺复兴的本性重新相联系，和他完全相反，像粲蒂帕斯-赞德福斯这样一位见多识广的日耳曼语文学者说过，"似乎在我们的语言中有了抑扬格、扬抑格、扬抑抑格、抑抑扬格以及随便另外叫什么的格律工具，这个现在相当普遍的错觉到后来能够赢得影响，原来首先是通过文艺复兴的意大利人和模仿他们的德国人，尤其是切恩宁和奥皮茨④诗体学的格律原则随着克洛普施托克占了上风，虽然歌德，一个无比伟大的语言创作者和语言大师，坚决反对"定量分配的格律"，有如反对"没有血肉和思想的空洞面具"一样，总是驾轻就熟地运用古老的谐韵诗；在他的世界荣誉最伟大的纪念碑《浮士德》中，他把它运用得多么奇妙啊！

---

① 威廉·约尔丹(1818—1904)，诗人，一八四八法兰克福国民会议左派，多年来致力于利用头韵法改写史诗《尼贝龙根》。里夏德·瓦格纳(1813—1883)，著名歌剧作曲家并自撰脚本，代表作有《漂泊的荷兰人》《罗恩格林》《特里斯坦和伊索尔德》、四部曲《尼贝龙根的指环》等，要求熔脚本、声乐和器乐于一炉，创作思想受叔本华哲学影响。
② "利奥诗格"指来源于十二世纪法国作曲家利奥尼努斯的一种诗格。严格的定义是：在拉丁式六步诗体中，第二音步的末音节与第三音步的头音节同第六步的两个音节押韵。一般的用法是：在六音步或五音步诗体中，行内句读前一字与最末一字押韵。
③ 粲蒂帕斯-赞德福斯(1833—1913)，中学教员，报纸编辑，文学史编纂者。
④ 马丁·奥皮茨(1597—1639)，当时最重要的作家，诗人，翻译家和理论家，声望绵延到十八世纪。安德烈亚斯·切恩宁(1611—1659)，小诗人，奥皮茨的追随者。

人们可能把我国诗人技巧的历史发展(本文只能以最一般的轮廓加以揭示)说成不自然,因为似乎有人说,德国语言的"天然守护神"无疑有两次被强暴过。如果只用自然和不自然之类概念,就可以在历史事物中证明或者反驳什么,那么这个说法倒也似乎言之成理。然而,一门语言及其诗人技巧的历史发展是同整个国民发展连在一起分不开的;其中有牢固的规律在起作用,由此可以证实为什么它们能够这样完成,而不能以另一种方式来完成。诗体学从十七世纪中叶以来,特别是同古典文学一起归化于德国语言之后,它就彻底反对它的"天然保护神",也就是说,它以前的历史发展,但它却是德国文化、间接也是欧洲文化的一个强有力的杠杆。我国的古典文学正是随它而兴衰,而古典文学对于现代精神生活的重要意义,直至自然主义美学的辉煌时日,还没有为任何一个头脑清楚的人怀疑过。德国语言在纤细和柔软、丰富和力量等方面得力于格律原则之处,一般是无从估量的;连现代自然主义者们勉强承认的赫勃尔也都把六音步诗行称作"最德国式"的诗。

另方面,获得这件巨大收益,也不是没有巨大的损失的。如果普拉滕①曾经这样歌唱过英语:

没有圆润的音调,一团语言乱麻,总是单音节的小词儿
因此我从不能用魔法使抑抑扬格奋发而成疾速的四音步句。

那么未尝不可在某种意义上说,"使抑抑扬格奋发而成疾速的四音步句"已是一件昂贵得令人咋舌的奢侈品了。如果德国人的经济生活条件允许他们,像英国人和法国人那么早地结合成一个民族体,那么德国语言也会很早地同外来文化影响相隔绝,它也决不会成为第一流的翻译家语言了。关于这种内在的关系,在我们杰出的翻译家中间名列

---

① 奥古斯特·普拉滕(1796—1835),德国作家,出身贫穷贵族,但有共和主义思想。

前茅的奥·威·施莱格尔曾经录下了如下的对话：

  法国人：德国人是全世界的翻译者。我们或者根本不翻译，或者按照我们的口味来翻译。**德国人**：这就是说，你们意译，你们改撰。**法国人**：我们把一个外国作家看作社会上的一个外国人，他如果想讨人欢喜，就得按照我们的风俗习惯穿戴和表现。**德国人**：让自己只满足于本地风光，是多么偏狭啊！**法国人**：是癖性和修养在起作用。希腊人不是也把一切都希腊化了吗？**德国人**：在你们，是片面的癖性和传统的修养在起作用，可对于我们，可塑性就是特有的诗。

  看来德国人打出了一张王牌，但是施莱格尔又补充道，"德国人，当心把这种美丽的癖性搞得过火。漫无边际的可塑性就会是意志薄弱。"这位浪漫主义美学的首脑表明他理解诗的技巧与民族发展之间的历史联系，而在自然主义美学眼中，民族发展是根本不存在的。

  每种诗的技巧是同它流行于其中的民族整个生活状况密切交织在一起的；它既不能听凭命令产生，一也不能听凭命令消失；它随着事物的历史变迁而兴衰。古德意志的头韵的遭遇就是这样，中高地德语的谐韵诗的遭遇也是这样；宫廷抒情诗人的爱情诗淹死在大量多余的形式里，蜕化在索然无味的矫揉造作里，正如北欧吟唱诗人的头韵诗的下场一样。我们的古典文学的格律原则也常常被预言了同样的命运；浪漫主义者们就向它造过反，可是他们的新诗技巧的无数次试验也无非是没有下文的指法练习而已；迄今仍然虎虎有生气的浪漫主义作品，如克莱斯特的戏剧，施莱格尔的莎士比亚，乌兰的诗歌，完全是沿着古典技巧的轨道运行的；充其量只能说，乌兰不是以歌德的天才的手法，却是以聪明的思考，以艺术的节奏，通过对中高地德语诗歌的联想，而使古典技巧变柔和了，有节制了。但是，当浪漫派在资产阶级重新觉醒的自我意识之下行将崩溃时，古典文学的诗歌技巧又在普拉滕、海涅、赫尔韦格、弗赖利格拉特、普鲁茨、盖贝尔①等人的抒情诗中又开了新花，其中海涅更懂得以歌德的抒情本能，而不是以乌兰有板有眼的小心谨慎，从古代谐韵诗的泉源进行创作，那个泉源在民歌中是从没有枯竭的。

在这种现代抒情诗中，格律原则贯彻得甚至比古典时期还严格些；只需要想一想普拉滕坚持平达标准②，想一想弗赖利格拉特使亚历山大式六音步抑扬格复兴，它可是莱辛、歌德和席勒坚决摈弃过了的。这种抒情诗正因此而经常被推断具有"模仿作风"，这种推断也因此并非完全没有道理。冬烘先生们却因为这些诗人为了从事"转瞬即逝的白日幻象的徭役"，竟抛弃了古典作家的所谓"普遍人性"，便多么愚蠢地一再胡诌普拉滕和海涅、赫尔韦格和弗赖利格拉特的"模仿作风"，所以宁愿把歌德曾经关于"业余爱好者的整洁"、关于"形式的精确性与所有最后条件"（这些条件同样可以伴随畸形）所说的话应用在他们或者他们许多人身上。虽然如此，今天也还不能说，这些诗歌技巧已经完全过时了；至少有一件真凭实据可以证明它们迄今尚在的生存能力，这就是诗人霍尔茨的早期诗作，它以十分值得企望的彻底性反驳了今天的美学家霍尔茨。在《时间之书》中，霍尔茨证明自己是一个以往意义上的韵脚和格律的大师，同时还是一个完全独创的抒情诗人；此外，还需注意的是，他曾经向盖贝尔和沙克③这样的音律学者学习过，其中沙克狂热夸张格律原则，甚至把歌曲的可唱性直接说成一切抒情诗所以毁灭的原因。

当然，人们可以说，一只甚或两只燕子还带不来一个夏季，从古典

---

① 罗伯特·普鲁茨（1816—1872），民主主义诗人，批评家和历史学家。埃马努埃尔·盖贝尔（1815—1884），唯美主义诗人，被认为缺乏独创性，"慕尼黑诗派"成员。
② 平达（公元前522—公元前438），希腊抒情诗人。所谓"平达标准"，指平达的颂歌要求与合唱和舞蹈相一致的标准。
③ 阿道夫·弗里德里希·沙克（1815—1894），诗人，文学史家，翻译家，"慕尼黑诗派"成员。

作家传下来的诗歌技巧露出了无法医治的衰败痕迹，它不可阻挡地像市民阶级一样分崩离析，后者的历史兴衰同它不可分割地交织在一起。霍尔茨关于"秘密的手摇风琴"所说的话倒有几分真实：这种技巧的"陈辞滥调"正是老态龙钟的一个危险的信号。如果从来不写一首诗也可以成为诗人这句话，浪漫主义美学家说得很欠妥，那么今天却太有理由说，数不清的人们可以写诗，甚至写出十分过得去的诗，可不能因此提出当诗人的要求。只是要当心，别把孩子连同洗澡水一起泼掉了！粢蒂帕斯-赞德福斯十分恰切地写道，"韵文不是诗；可以写出很美丽的韵文，却完全不需要成为诗人，但是如果不凭借艺术本能和不倦提高的修养，争取练习美丽的韵文，即使不是为了认识它（这可是学术研究的对象），那么根本就不可能成为诗人。"他还想克服诗歌技巧的衰败，去掉"拉丁诗体学的粉霉病"，为以声调而不以节拍为依据的韵文创造"自由的轨道"，但是他却满足于指点人们去走歌德和乌兰的道路；他的排犹眼罩妨碍他认识那个"轻浮犹太人"海涅的诗才的伟大。就这些建议而言，这倒是件蹊跷事：如果歌德和乌兰和海涅都在场，这些建议就用不着提了，如果它们非提不可，往往就是歌德和乌兰和海涅不在场的时候；无论如何，粢蒂帕斯-赞德福斯毕竟表示了一个熟悉语言历史发展规律的人的小心谨慎。反之，如果想独断专行地宣布一个诗歌新时代，那是极其反历史的，十分想入非非的。其结果就是纯粹的形式游戏——尽管或者正因为同一切传统的抒情诗形式似乎完全决裂。

所谓"尽管或者正因为"，是因为霍尔茨和恩斯特的整个自命不凡的理论甚至不是那么新，更谈不上是那么真，一如它所应当。只提一下我们最伟大的抒情诗人，歌德和海涅曾经多次放弃过以往意义上的韵脚和格律；四十年以前，那种理论就已经被瓦尔特·惠特曼[①]甚至作为抒情诗的革命化原则，作为美国新艺术的基础呼唤过。然而，歌德

---

① 瓦尔特·惠特曼(1819—1892)，美国著名诗人，现代自由诗的开创者。

和海涅却能明智地说,如果格律只有通过在它身上争取表现的东西才能存活,那么这个争取表现的东西必须与之相适应;他们只有当抒情的情绪具有肯定以自身为依据的某种重量时,才不需要通过韵脚和格律把这种情绪艺术地凝固下来。不妨拿歌德的"宙斯,用云雾盖住你的天空吧"或者"书中最奇妙的书是爱之书"①和海涅的"高天之上是白云环绕的太阳"或者"塔拉塔!塔拉塔!我向你致敬,你永恒的大海"②和瓦尔特·惠特曼的"武装的年份,你战斗的年份!没有甜蜜的韵脚,没有感伤的诗行给你,可怕的年份啊!",——不妨拿这一切比较一下阿尔诺·霍尔茨的"我还躺在床上,刚喝完咖啡"或者"在动物园里,在一张长凳上,我坐着抽烟",人们马上就会看出天渊之别来。正因为这种所谓的诗歌革命只是一种形式游戏,它并没有扩大和加深抒情的视野,只是把它捆扎了一下,添了一点花饰而已。如果只拿霍尔茨来比较霍尔茨,那么在《时间之书》中,现代生活的高潮汹涌澎湃地冲过了似乎完全淤塞的韵脚和格律的运河,而在《幻想者》中,大部分不过是渺小,绮丽,纤巧以至戏谑而已。

  《幻想者》总还是一位诗人的创作。霍尔茨曾经十分提防拿他的美学废物给这本优美的小书添负担;他已把那些废物卸进了一个文学的、政治的、社会的衰败之墓,卸进了他将和其余人一同腐朽的"未来"。霍尔茨收在《幻想者》中的五十首诗,有相当可观的一部分仍然值得算进他的毕生收获中。这里之所以必须对他的美学理论进行批评驳斥,一般说来只是由于对这个诗人和这个人的最真诚的同情;这种批评驳斥和那种可鄙的宗派活动可以说风马牛不相及,后者把诗人豪普特曼捧上天,是为了好把诗人霍尔茨贬下地去。当然,霍尔茨决不是个轻易让步的人;正如施伦特尔以认真的训斥口吻所说,他有那种"危险的、近乎自杀的倾向",往往把一个"明达的思想"发展到聪明

---

① "宙斯,用云雾盖住你的天空吧",见歌德名诗《普罗米修斯》;"书中最奇妙的书是爱之书",见《东西诗集》中《爱之书》的《读本》。
② "塔拉塔!塔拉塔!"见《向大海致敬》。

过人的地步,最后让它"霉烂在胡说八道之中,连最后一行都是非常肤浅片面的"。啊,可不是么,就是这种可怕的"肤浅片面"的"胡说八道"!这个不幸的霍尔茨,他把自然主义当作一个"明达的思想",紧紧抓住了它,倒不是为了当"多面性"小宗派的宠儿而蹦来蹦去!如果像巴特尔斯所说,霍尔茨竟被"文学代言人们"视作喜剧人物,那么我们要是把他们本人也只评价为喜剧人物,就会给这些"文学代言人们"表示了一种他们受之有愧的敬意。事实上,霍尔茨事例是一件悲剧事例:一个伟大而丰富的天才"胆敢"凭借自己的力量来制服那个将不可挽救的衰败笼罩在他的阶级头上的命运。在《幻想者》的最后一首诗中,霍尔茨问道:

> 一个啜泣的眷恋我的春天,
> 一次热烈的奋斗我的夏天——
> 我的秋天将会是怎样?
> 一束迟到的黄金?
> 一片雾湖?

设法公正地评价这位正派诗人的批评,崇敬并热爱他的"热烈的奋斗"的批评,不能像诗人自己那样回答这个问题;它只能对通向雾霭去的道路扬起警告的信号。

但是,唯愿这个最有鉴戒作用的信号对于诗人就是他已找到的追随者。格奥尔格·施托尔岑贝格①曾经向他的楷模霍尔茨呈献过他的诗集《新生命》,他对新的抒情诗原则却给予了致命的一击。第二首诗就这样写道:

> 今天早上我唱三支爱情曲

---

① 格奥尔格·施托尔岑贝格(1857—?)自然主义诗人。

对正在融化的雪
　　　　在柔和的空气里。
中午我饿极了；
　　几乎做了豌豆的梦。
　　　我狼吞虎咽。
现在月亮出来了。
　　从我心中
　　有三百只猫在叫喊。

这可是没有搀假的啤酒报①，以小册子的形式发行下去，虽不总是十分"富于情趣"，却稀罕地大受欢迎。在这里确实找得到某种对于老派人的尊重，他们所以舍不得这种翻来覆去的旧式诗歌技巧，正因为它在某种意义上抵制了生涩透顶的半瓶醋艺术。

第一流的才能样品倒是埃里希·施奈基尔②的《美的漫游者》，一本中篇小说和速写合集，其中一篇——《柏林的日子》——曾经在本刊首次发表过。施奈基尔作为批评家像作为小说家一样，对于《新时代》的读者已不再是无名之辈了。集子的名称是从最后一篇小说借用的，施奈基尔在这里提供了一篇自白似的东西：这位漫游者出门寻求美，却找到了严酷的人生斗争和无情的劳作，上面仿佛铺了一层将由美来为承担者点燃的喜庆烛火的惨淡红火。施奈基尔甚至还对现代自然主义的悲观主义癖好表示了崇敬，但他的才能与气质的新鲜、健康、明朗的特征却因此寸断了：诗人出生于德国和斯堪的纳维亚半岛的边界，他从易卜生作品的巍峨、宽广但衬上一层忧郁的黑色大厅，转向了席勒戏剧的高大礼堂为他开幕的生活庆典。他说得又漂亮又真实：

---

① 指供啤酒店顾客消闲的小报。
② 埃里希·施奈基尔（1867—1928），作家，世纪初《前进报》剧评专栏作家，后任保守派的《评论日报》评论员。本文末段已离开霍尔茨，转而通过施奈基尔的作品，批评现代自然主义的悲观主义。

"席勒的理想主义为某些现代人讥为头脑简单的浅薄行径,它却能够点燃节日的蜡烛,因为它具有信仰,力争上游者的信仰。但是,我们却默默地力争下游。我们把一个死去的时代带进了坟墓。而蔷薇般红嫩的朝阳正爬上了寂静的山庄。"在一篇酣畅的滑稽小说里,施奈基尔嘲笑了禁酒会员想装扮成最新式社会主义的怪癖,而在那首序诗里,则以热烈的文字歌颂了一个勇敢而聪明的女人对于我们当代的斗士所能起的作用,甚至在这里也同"三角关系"的哭鼻子的恍惚状态形成令人耳目一新的对比,那种关系在美学上和历史上之落后实在亚于糊糊涂涂、昏昏沉沉的市侩婚姻。

译后记 本篇的评论对象是德国自然主义运动的重要诗人阿尔诺·霍尔茨。梅林在这里一方面肯定这位诗人的抒情才能,另方面批判了他的自然主义创作观。作为自然主义早期代言人,霍尔茨曾经在一首诗里宣称:世界已不再是古典的,也不再是浪漫的,而是现代化的;现代化的世界需要现代化的创作方法,就是自然主义。霍尔茨所说的自然主义主张所谓"分秒风格",即描绘事物每秒钟的变化过程,以求达到"艺术回归于自然"。作为同情无产阶级的诗人,霍尔茨在主张与社会的一般传统相决裂的同时,尤其强调与文学创作上的传统相决裂;在诗歌创作上,他力图排除以往著名作家笔下卓有成就的韵脚和格律,认为每首诗的韵脚和格律本身并无意义,只能通过借助它们表现出来的内容而存在,因此诗人的任务在于恢复和保守文字的"原始的价值",而应同以往的抒情诗基本原则分道扬镳。梅林的这篇批评并未涉及自然主义的一般创作方法,即上述霍尔茨观点的前一部分,而是集中在他对于以往抒情诗创作经验即韵脚和格律的排斥态度上。这篇批评发表后,引起了一段较长时间的争论。先是霍尔茨提出了反批评,题名为《"我的"新抒情诗》;接着是马克斯·布龙的《略论霍尔茨的新形式》;霍尔茨又发表了《再谈"我的"新抒情诗》。以上各篇先后刊于《新时代》,梅林均未予作答。柏林狄茨出版社《梅林选集》(1961)的编者加注认为,霍尔茨一点也没有理解梅林对他的批评的本意,后者实际上是为他的巨大才能深表惋惜,霍尔茨在第一篇反批评中失望而又尖刻地写道,"说来真是可笑,正是我们历史学家中间的那些人,他们本来首先应当肯定这个新原则,不料竟向它筑起了凯旋门,送来了这样一些辞句,仿佛同白衣少女作斗争似的!……与我们这些可怜虫共写世界历史的,就是这些渺小的才智。"今天看来,梅林就韵脚和格律问题对霍尔茨的批评,立论于"一门语言及其诗人技巧的历史发展同整个国民发展分不开",因此认为文学传统不可能任意加以反对和决裂:在这一方面自仍有其深远的理论意义,但是联系创作实践本身来说,本文一些从历史上肯定韵脚和格律的论据,多少有嫌烦琐和牵强,而在正面批判霍尔茨的具体观点上,只认为他是"以傲慢的套话贬斥他所一窍不通的东西",把他"要为诗歌技巧开创一个新时代"称作"想入非非",则令人觉得说服力未免不足。

〔弗里德里希·尼采〕[①]

除了据说赋予现代自然主义者以生命的"社会同情"或者"对劳动人民的同情"之外,施泰格尔还把按照"精神巨人"尼采的模式充分享受"独立自主人格"的要求,称之为他们回复元气的原则。施泰格尔想要"明确区分两股伟大的精神潮流",这是非常合乎逻辑的,因为还没有人带有比"精神巨人"和"未来世纪的冷酷先知"更其残忍的讽嘲口吻纵论过"对劳动人民的同情"。但是,如果施泰格尔说,这两股潮流"经常交汇在一起",那么我们不得不悲伤地断言,自然主义的"独立自主的人格"竟是"经常"出类拔萃的糊涂虫。

杜伯克和特尼斯在两本有待评论的文章中写到了尼采。杜伯克大概是费尔巴哈在德国的最后一名学生:一个才智丰富、感觉敏锐的作家,他虽然长年以这样的身份从事著述,可是完全没有得到应有的重视,因为他从不诌媚资产阶级,而且对无产阶级也始终敬而远之,尽管用心良好。他以《超越现实》为题,集纳了四篇较长的论文,第一篇以正直而庄重、但并不那么深刻的方式,转而批驳了倍倍尔论妇女的书,而第四篇则清算了"尼采的超人精神"。杜伯克是从费尔巴哈的观点,从"人类学基础"出发来完成这项清算,虽然个别地方容或有较大

---

① 为《美学初探(九)》,中译刊于《小说的艺术——小说创作论述》(《世界文论 6》,中国社会科学院外国文学研究所《世界文论》编辑委员会编,社会科学文献出版社1995年版)。

的偏离，但是杜伯克关于德国资产阶级三位哲学家及其所谓"体系"之内在联系所作的历史性概述却非常透彻，尽管有嫌简略。

叔本华的悲观主义虽然由于根据不足，被资产阶级嗤之以鼻（只要它身上还有一点勇气的话），实际上正反映了后者的那种沮丧心情，需知它五十年来一直为反革命的封建官僚主义所迫害。它再也没有政治意志，所以宁愿受骗于那幅神魂飞越和所谓"心如古井无波"①的诱人图画，据说一旦意志的本质破灭了，这个境界就会出现。实际上，事情可不那么简单。首先，资产阶级还有一个经济意志，它决不会想到放弃它，连叔本华本人尽管政治上鬼鬼祟祟，在这一点上也是十分敏感的，一当他相信自己的养老金受到威胁，就再也不会显示什么"心如古井无波"以及神魂飞越之类了。其次，资产阶级的经济意志越是强化，它反过来又会产生一个政治意志，这个意志可能每每变得很驯顺，以致资产阶级实际上违背这个意志，眼见自己被一八六六年的事变②扔到政治舞台的前面来。

资产阶级不自觉地摆脱了叔本华热，愕然四顾，却在一个普鲁士少尉身上找到了一位慈悲的施主。爱德华·封·哈特曼③为它糊好了"无意识哲学"，即"快哉—悲观主义"，说它诚然还抱怨过"生存之荒唐的狂欢"，但却令人欣慰地补充道，悲观主义者随身带着这个世界的好东西，是绝对阻止不了的，只要他以"罢念的宁静尊严"和"崇高的忧伤"这样做，满心认为这样做会"促进人类的发展过程，使之日益接近目标"。这样做曾经收效于一时，但资产阶级的日子越过越富裕了；它越来越骄奢淫逸，它的剥削方法和压迫方法发展得像它的资本主义生产工具一样庞大无比；一种鲜廉寡耻的享受欲望播扬开来，粉碎了整个市侩道德。大资本主义的阔佬们认为，"罢念的宁静尊严"和"崇

---

① 原文为"Meeresstille des Gemüts"，意为：心情风平浪静。
② 指一八六六年奥地利和普鲁士在德国境内争霸而发动的战争，最后以奥地利承认普鲁士的要求而告结束。
③ 爱德华·封·哈特曼(1842—1906)，德国保守政治家和哲学家，唯心主义者。

高的忧伤"实在未免太可笑了;他们追逐他们的社会存在的新的法律名分越来越迫切,被剥削和被压迫的无产阶级开始对它的要求也越来越激烈,于是尼采便作为他们的救世哲学家出现了。

他颇不耐烦地把"捏合者"哈特曼推到一旁,重新同叔本华凑在一起,但是在否定之否定的情况下,叔本华曾经把意志称为"吾人身上卑鄙龌龊透顶的东西";"人们应当把它像生殖器一样隐蔽起来,虽然二者都是我们生命的根源"。好吧,意志现在通过尼采说道,如果我卑鄙龌龊,如你所说,那就尽管说去吧,我可要把它公之于众,毫不引以为耻。叔本华还把生存称之为犯罪,因为死刑悬在他头上——好吧,意志通过尼采说,为我犯罪犹还可说,但不能说生存是犯罪;你们这些市侩所谓的犯罪,乃是真正的生存——正因为它是生存,它才决不是犯罪。否定生存对于尼采来说,无异于"历史上所有(基督教除外)最大的心理伪造"。

但是,按照尼采的说法,生存"本质上是占有,损害,对陌生人和弱者的制服,是压迫,残忍,并吞,至少是、最宽容地说也是剥削"。不是罪犯型的"强人"(对于他们,尽管"没有草莽,某种更豪放又更危险的性格与生活方式,在作为强人本能的全部装备中,也是站得住的"),不是他们,你们才是社会渣滓,因为你们连同你们的"道德谎言"(它们"在完全腐败的社会土壤上已生长成热带的概念植物"),才是退化的没落的东西。这就是由尼采毫无基础地支撑起来,但以无数变体加以重复过的所谓"超人"或"流氓贵族"学说的十分简陋的核心,后一种说法正如杜伯克翻译谚语,虽然有点异国情调,但却显得明确而中肯。

在这里谈什么"哲学体系",简直无聊之至。但是,研究一下为什么尼采本人竟有这样的观点,倒是饶有趣味的。没有什么比偏要以粉饰的方式描述一件荒谬或恶劣事件更其愚蠢的了,因为肇事者虽然如此,由于也许十分令人信服的理由,仍然值得尊敬和爱护。但是,也没有什么比在冷酷无情地揭露事件以后维护这个人的权利更其公正的了。将尼采事例的客观方面一清二楚、毫无废话地简述出来,乃是杜伯克的功绩；说来巧合，它的主观方面是由另一位哲学家即特尼斯写出来的，他的《论"尼采崇拜"》的短文不亚于杜伯克的文章，同样值得一读。特尼斯前几年还是尼采的门下，现在却警告青年不要信奉他的学说：倒不是对尼采其人心怀怨怼，而是以精细确切的悟性探究过他的著作。如果他在这方面发现艺术和科学在他的普遍性质与作用中所占的比例，他就接触到尼采问题的要害了。"这个问题一直是尼采的非常多样化的哲学研究的题目，这种研究本身在艺术和科学之间，因为他不能够为二者如此施展他的才干，直到二者结合起来，使科学在他笔下变成艺术——由此标志出哲学的顶峰，可尼采并没有达到"。实际上，尼采的精神创作分成的三个时期可以这样来表达，在第一时期是艺术家，在第二时期是科学家，力图超越自身与世界而抵达澄湛境界，接着在两次冲锋受挫之后便是第三时期，这时绝望于自身与世界的，或者如特尼斯所说，"气喘吁吁、猛打猛冲、暴跳如雷、鬼哭狼嚎、完全失魂落魄的查拉图斯特拉"便出现了。

在第一时期，尼采还是叔本华和里夏德·瓦格纳的学生。具有梦幻而又狂热的天性，对音乐赋有巨大激情和才能，不断增强写诗和作曲的熟练技巧，但依然没有成为诗人或作曲家，却按照一个博学的语文学者受的教育和选的职业，尼采在《论"悲剧自音乐精神诞生"》一文中记下了他青年时期激昂的思想。该文就已涉及悲剧世界观和理论世界观的对立。音乐是希腊悲剧之母，她揭示了意志的神秘痛苦，生命的忧患，她是一种永恒的悲叹，但同时又是通过假象、通过造型和创作的解脱。以苏格拉底为代表的"理论人"抵制这种最高的艺术品，他是智者，非神秘主义者，是本能从而也是艺术创造的敌人，是逻辑学者和乐观主义者。他阐明了对于自然之可探究性、知识之普遍疗效的信心，亦即科学的精神，正是在这种信心或精神的标志下，存在着希腊晚期文化、亚历山大城的文化和全部现代文化。但是，悲剧世界观并没有永久被克服；神话和悲剧又从音乐的精神中诞生了；基于知识的希望转变为罢念。在德国音乐中复兴了古希腊的真正的酒神忧郁，而从同样的源泉中流出了德国哲学，它注定要在康德和叔本华的著作中，指明科学上的苏格拉底学说的局限性，从而给后者心满意足的生存兴致浇一盆冷水。在《不合时宜的观感》的第三、第四篇，尼采完全处于以其最高典范为人类目标的英雄崇拜的魔力下，还颂扬了"教育者叔本华"和"拜罗伊特的瓦格纳"①。

特尼斯对尼采的这些少作做了卓越的分析，他却忽略了（我以为是不公平地）《不合时宜的观感》的第一、二篇，这两篇对于从心理上理解尼采是同等重要的，甚或更重要些，尤其如果想理解尼采的历史现象中悲剧和解特征的话。尼采如何把叔本华和瓦格纳捧作"真正文化的唯一导师"，并为此目的以风趣的方式倒叙了世界史，这对于尼采是颇能说明问题的；看看是什么把他引向了叔本华和瓦格纳，却更加说明了问题。《不合时的观感》的头两篇对这一点做了意味深长的启示。头一篇针对"忏悔者和作家，大卫·斯特劳斯"，针对斯特劳斯的"新旧信仰"，他本人曾经以"耶稣传"光荣地开始过伟大的精神斗争，后来却按照新信仰把俾斯麦主义和最无聊的自由贸易主义作为这场斗争的终结加以颂扬。尼采曾经按照希腊古风训练过自己的鉴赏力，他身上的艺术家气质反对斯特劳斯的这种转变。他深深恐惧那一片可怕的荒芜，它随着资产阶级向俾斯麦投靠，入侵了德国的精神生活，甚至破坏了我们纯粹的语言。以斯特劳斯来解答新教历史不可思议的秘密，从而以斯特劳斯来颂扬霍亨卓伦皇朝不可思议的秘密，实在是富于教益的。对于斯特劳斯来说，还有一桩幸运是，资产阶级此刻已经搞清楚了，"宗教"一定得"由人民保持住"，所以一点也不想知道斯特劳斯以自己的方式借以变成"忏悔者"的无神论。但是，因为尼采反对斯特劳斯的"酒座福音"，他便无可置疑地保护了德国文化最光荣

---

① 里夏德·瓦格纳（1813—1883），一八六九年结识尼采，二人断交于一八七八年。这期间瓦格纳定居于拜罗伊特，在尼采的影响下创作不少集传说、神话、宗教以及戏剧、音乐于一体的所谓"整体艺术品"。尼采的这篇文章即颂扬瓦格纳这个时期的成就。

的传统。

《不合时宜的观感》第二篇,写的是"历史对于人生的利弊",几乎更富于教益。人们不难懂得,历史同时既是艺术又是科学,对于一个既有艺术兴味又有科学兴味的心灵,必将多么引人入胜。正是从一堆空洞无物的混乱中创造性地构成实质物的那种能力,使历史学家有别于编年史家。但是,在尼采的青年时期,德国的历史著述中正蔓生着那种所谓的"客观性",那种"按部就班的校勘学",它以编年史家枯燥无味的作风坚持其尘土扫除工作在数学上的可靠性,并且在这种可笑的要求后面,只遵循一般地为了资本主义利益,特别地为了普鲁士利益的那种最放肆、最邪恶、最打官腔的倾向。又是尼采身上的艺术家起来反对这种衰朽的历史建筑术,然而他身上的科学家却不够强大,还不能把暴徒从他们在里面开设赌台的庙宇赶走。他便逃向了叔本华,那历史的轻蔑者,还逃向了里夏德·瓦格纳,他作为唯一的大手笔艺术家耸立在或者似乎耸立在一大群追随者之上。

在哲学家身上,在艺术家身上,在圣徒身上,尼采看见了天才的完美形式,但是哲学家叔本华和艺术家瓦格纳却是极古怪的圣徒,他对他们产生的幻想简直平静不下来。他同瓦格纳的决裂似乎是由个人失望引起的,或者受到后者的影响。至于是什么把他引回到叔本华,他曾经这样说过,原来叔本华把他对黑格尔的不明智的愤怒发展到如此地步,竟使整个最后一代德国人脱离了同德国文化的联系,这种文化把一切考虑在内,已经达到历史意义的某种高度和预知的精密度;叔本华本人正是在这个立场上显得贫困,冷漠,非德国式,直到成为天才。这些话按其含义而言,是与卡尔·希勒布兰德①对尼采立即发出的异议相一致的,据我所知,他是第一个坚定而热情地推荐尼采早年著作的著名批评家。希勒布兰德即使是叔本华的一名崇拜者,他仍驳斥了尼采当时作为典范重复过的对黑格尔的诽谤:"不想了解黑格尔

---

① 卡尔·希勒布兰德(1829—1884),一八四四年巴登—法耳次起义的参加者,一度任亨利希·海涅的秘书。

把德国文化纳入一个体系(尽管有时因此达到荒谬程度),也就是或者对德国从赫尔德到费尔巴哈的精神史视而不见,或者把德国对欧洲文明的贡献说得一文不值。"这种认识的醒觉把尼采同叔本华区别开来,但可惜这并不是根本上的决裂;离开拒绝"对黑格尔的不明智的愤怒"不到十页,尼采又把历史重新称作"荒谬与偶然之可怕的统治",完全是叔本华的腔调。

尼采在第二时期试图完全摆脱艺术家气质,以便成为一个纯粹的思想家,这时期的作品如《人性,过于人性》《流浪人和他的影子》《朝霞》《快乐的科学》等,是尼采所曾写过的上乘之作,虽然它们所包含的独创思想并不多。特尼斯以其冷静的、实事求是的方式提出了这个看法,他还详尽地指出了尼采成不了思想家的缘故,他说:"就其本性的核心而言,他始终是个爱美的才子"。尼采试图同自然科学取得若干联系,从一开始就毫无希望;这一点以确证的方式从他对达尔文的评价就可看出,他称他是一个"值得尊敬但却平庸的心灵";他认为,达尔文式的发现往往是某种狭窄、贫瘠和经常疏忽的产物,而大手笔的能人、创作者未必不是无知者。真正天才之耐心的坚持不懈的勤奋,正是尼采的神经质的艺术家禀性所做不到的。他轻蔑地谈到他要成为一个"大手笔的能人"所缺乏的一切。可惜他在历史科学领域也没有超过这个界限。我想在这里复述一下前几年我从尼采的第一篇文章中读到的几句话,它们像闪电一样给我揭露了他的本性。那几句话是这样的:

> 一个读者今天很少全部念得出一页所有的单词(甚或音节)——他也许从二十个单词偶然挑出五个来,"猜得出"大概属于这五个单词的意义——我们同样很少准确而完整地看见一株树,就叶片、枝桠、颜色、形状而言;我们却同样很容易想象得出树的一个大概。即使在最特别的遭际中,我们也还是照样做:我往往虚构遭际的大部分情节,好不容易不作为"创造者"来旁观任何

过程。这一切就是说：我们自古以来从根本上习惯于谎言。或者更规矩、更伪善、简言之更令人愉快地表达一下：人们毋宁是不自觉的艺术家。在一次生动活泼的谈话中，分别按照我与之对谈的那个人所表达的思想，或者我相信在他脑中所产生的思想，我经常看见他的容貌那么清晰而细致地呈现在我面前，这种清晰程度远远超过了我的视力：——这就是说，肌肉运动和眉目传情的细致性一定是我补充虚构出来的。很可能那人脸上是一种完全不同的表情，或者根本没有什么表情。

要描述尼采的历史判断，不可能比他本人在这里所写的更其中肯；在一小片信手拈来的历史事件上，他编造着他有时俏皮、有时又很荒谬的想象。既然他不是一位抽象的思想家，也不是一位创造性的艺术家，艺术和科学就不会在他身上混合在一起，从中产生出一个真正的历史学家。历史学家身上的艺术家，只有当他身上的科学工作者保证了基础并提供了坚实的建筑材料，他才能够从事创造；艺术性的历史著述的杰作，如卡莱尔的《法国革命史》，是以最精确的研究为依据的，如果尼采把卡莱尔说成一个"荒诞无稽的糊涂虫"，那又是穷人对于富人的妒忌了。

然而，有一个历史时期，尼采简单一窍不通，不幸那就是他所生在的历史时期。拉萨尔开始向工人进行宣传鼓动时，他有二十岁，而他四十四岁脱离公共生活时，他已不再把现代工人运动理解为全国最流行的、最平淡无奇的市侩偏见，一如试用骑士在穷乡僻壤的酒店黑板上或者欧根·里希特先生在《自由思想报》上所宣示的①。为了理解这件事发生在一个要求成为哲学家的人身上是如何令人难以置信，我们不妨设想一下，康德、菲希特和黑格尔关于伟大的法国革命，除了御前大臣卡尔布向他们唠叨的一切，便不得再说别的什么，他们竟然仍

---

① 欧根·里希特（1838—1906），德国进步党党魁，反对工人阶级的政治独立性。

被称为哲学家。这一点说起来完全用不着动怒：对于现代工人运动，尼采是认识它还是误解它，完全无所谓，给那个为一种令人遗憾的命运所侵袭的人添上对于"社会主义的庸人和蠢才们"的无聊诋毁，也未免幼稚可笑。我倒乐于承认，就我所知的关于尼采的文献而言，他对于社会主义的那种陈腐仇恨是难以说明的。但是，且把他对叔本华对于黑格尔的"不明智的愤怒"的判断套用在他对于社会主义的"不明智的愤怒"上面，他也是"在这个立场上显得贫困、冷漠、非德国式，直到成为天才"，这个事实确切无疑，而且给予思想家尼采以致命的打击。

于是，他的哲学研究便从脚下失去坚实的基础。正如不懂得四则法便解不开一个数学上的方程式一样，不懂得经济社会状况也解决不了道德问题。尼采越是片面地、猛烈地咬住这个问题不放，他便越深地陷进了无计可施的迷魂阵。

他的"第三次蜕变"完成于夸饰的叙事作品《查拉图斯特拉如是说》，随后在一八八五到一八八八短短几年间，陆续出现一系列著作如《超越善恶》《论道德的系谱》《瓦格纳事件》《偶像的没落》《权力意志》等。正如特尼斯所说，它们提供了"表情扭曲的可怕形象，常常是酗酒者、癫狂者、绝望者、颓废者的姿态"，如果特尼斯还想在这场"思想、感叹和朗诵构成的、怒发冲冠而又针锋相对的大吵大闹"中，找到"许多明亮而且耀眼的才智"，那就未免褒过于贬了。他不惮其烦地在这里也追索红线，然而这些研究由于特尼斯正面阐释的一切，要比他在尼采第三时期的意识与理智方面所发现的一切更其有价值，到那时已经落下了猝然而至的精神黑夜的阴影。

尼采重新正式地同叔本华凑在一起了，他作为思想家不可能同他分手。按照旧日的经验，他更其狂烈地否定他精神上所不能克服的一切，他不否认生存意志，而是颂扬权力意志；他把叔本华的共同受苦的道德转变成一种残暴不仁的道德。从实质上说，这种转变可以由下列一点来说明，即尼采不可能找到通向社会主义、通向历史发展之活泼力量的道德。他总是才气横溢，未必会满足于"现代观念"的奔马，如同浅薄平凡的自由主义为之效劳那样；那么，对他还会剩下什么可做呢，除了在资本主义体系的登峰造极之中看见一个新世界喷薄而出，除了把过去对于叔本华和瓦格纳的英雄崇拜的艺术倾向转移到克虏伯、施图姆和罗特席尔德①身上来？他对资本主义生产过程的经济机械作用没有一点观念，单凭艺术的和文艺的回忆为自己描绘"超人""自由的、非常自由的精神""优秀的欧罗巴人"等等，他越是盲目地收集这些豪华名称，他便越以颓废者的本能感觉到，有必要为破破烂烂的腐朽形象镀镀金。

  从主观上说，这种所谓哲学是一种绝望的精神错乱，客观上则是对于伟大的资本主义的一种热情颂扬，而且作为这种颂扬，它已找到大批听众。

  唯有第三时期的尼采才变得受人欢迎，唯有这样一个尼采才能作为赐福的守护神统辖着现代自然主义。倒不是说，这个流派的思想家和作家会因此被怀疑为克虏伯、施图姆和罗特席尔德雇用的笔耕者：问题还有无伤大雅的一面。原来连一位哲学家也可以成为一个流派的适当的摆设：古典派有它的康德和菲希特，浪漫派有它的谢林，第三时期的尼采与现代自然主义相配，恰如手套之于手掌。他每每提供最可靠的支援来防止同革命工人运动的任何危险的混淆，他还提出多少虽然紊乱、但却十分漂亮的标语口号，以便在美学上稍稍夸耀一下自古以来的所有小冲突，以便把"三角关系"同爱神的小小争吵赞美为"自由的、非常自由的精神"的业绩，赞美为"一切价值的重新评估"，以便把人们在日常生活的朴实、感性的贩夫走卒语言中惯于另外称呼的种种事物（例如自然主义美学家施伦特尔为了谋求一个剧院小职位，不胜惶恐之至地写给维也纳任何一个宫廷佞臣的、前不久由报纸广为传播的那封信）颂扬为"充分享受独立自

---

① 克虏伯，德国金融寡头，军火工业家族，二战后在纽伦堡作为战犯被判刑；施图姆，德国大工业资本家，"施图姆矿冶康采恩"创造者；罗特席尔德，德国银行家族。

主的人格"！我的笔锋太弱了,不能详详细细地描绘第三时期的尼采对现代自然主义所施加的发人深省的影响;这种影响完美地反映在一位著名的自然主义抒情诗人由于沉醉于他的尼采便用琴弦爆发出来的那篇崇高的颂歌中：

  晃悠,溜达,
  痉挛舞喧哗,
  颤抖舞飘洒,
  妖怪和刚鬣凶煞,
  摇滚舞配上施拉马①。

现代自然主义觉得在它的尼采崇拜中,像在一座攻不破的堡垒中一样安全。它认为,谅一个围攻者也不能把他的交通壕筑过这一片四下流淌的语言沼泽！但是,为了防御任何危险,它还宣称,它的尼采,第三时期的尼采,根本不是逻辑理解的对象,而是审美欣赏的对象,尼采派哈登②还把王牌压在这上面,声称社会主义的伧夫俗子品不出这种乐趣来。人们用不着为粗鄙见怪：伧夫俗子至少体内还有骨头,决不是具有反常本能的浑身抽搐的神经过敏者,事情本身可不是凭空捏造的。从逻辑上来理解第三时期的尼采,或者更确切地说,他的"体系",任何神仙也办不到,更别说一个凡人了,现代社会主义者无疑不能够像现代自然主义者那样,从这里领略到如此这般的趣味。

只是人们不能走得太远,说什么这种趣味是不可争论的。谁欢喜扮演假革命家,但是天哪,又不愿离开资本主义的肉锅,还要看是不是

---

① 这是无意义的打油诗。末行的"施拉马"即"施拉梅尔音乐",流行于奥地利和南德的以小提琴、吉他和六角手风琴合奏的一种通俗音乐。
② 马克西米利安·哈登(1861—1927),文学史家,保守政治周刊《未来》的创办人；开初当过演员,一八八九年"自由舞台"的创建人之一。

擦亮了俾斯麦的皮靴，吻过了沙皇的皮靴，这个人总会带着兴高采烈的感觉把第三时期的尼采一口吞下去。反过来，谁的世界要不是"晃悠，溜达"，也不是"妖怪和刚鬣凶煞"，谁要是心里储存着德国文化，谁要是认为现代无产阶级的解放斗争是一件大事，谁要是对人类文明的进步像对一个明确合理的科学信念一样有把握，他来阅读第三时期的尼采，永远却会引起一种十分恶心的感觉。

看来这种趣味很可以争论一番，这就是说，可以通过证据来判断；它的客观动因明明白白摆在眼前，这当然是现代自然主义蛊惑人心的尼采崇拜的一大弱点。

译后记 梅林这篇关于尼采的评论，固然可以帮助读者认识尼采其人，同时也加深了我们对于现代自然主义的理解。实际上，作者的批判锋芒与其说针对前者，不如说更针对了后者，他正是为了揭露现代自然主义的思想实质，才来评论尼采的。然而，众所周知，尼采作为德国资产阶级走向帝国主义的过渡期间的思想家，从其充满强烈悲观主义和虚无主义色彩的文化批判出发，代表了一种极端个人主义的人生哲学，他的"权力意志"学说曾为纳粹法西斯用来为其灭绝种族的侵略暴行作辩护。那么，在创作上提倡所谓科学的"分秒风格"的现代自然主义，标榜自己立足于"对劳动人民的同情"，以描写无产者的苦难生活，进行社会批判为己任，怎么会把尼采作为"精神巨人"来崇拜呢？本文对于这个问题并未作出明确而充足的解答。原来德国的自然主义不同于法国的自然主义，后者的成就偏于小说方面，而前者除了戏剧方面的成就，更着重于理论上的探讨（如哈特兄弟、霍尔茨、康拉德等），这批青年作家声称不仅要在创作上与传统决裂，而且还要与传统的道德观念、国家、社会关系决裂，其气势不亚于十八世纪下半叶的狂飙突进运动；他们在创作上一贯把人视作为环境与遗传所决定的被动机制，无产者在他们笔下照例只是受苦受难者以至注定灭亡者，从来不是战斗者和胜利者。可能正是这些思想特征与同时以西方传统文化批判者面貌出现的尼采相近似，才使得德国自然主义运动中某些人（如埃德加·施泰格尔）忘乎所以，竟把二者称为"经常交汇在一起"的"两股伟大的精神潮流"。自然主义和尼采思想除了一致贬低无产阶级在历史上的战斗本性外，是否还有更隐蔽、更密切的联系，尚有待于专家学者们进一步研究。

然而，尼采也不能说一开始就是法西斯的代言人。他的"权力意志"学说有一个发展的过程，尽管在他早年的思想深处找得到它的胚芽。事实上，梅林的批判虽以现代自然主义为主要对象，却并没有把尼采加以简单化，而是分三个时期来评价他的一生。为了便于明了梅林的基本论点，对于尼采的著述生涯似宜有一个大致的全面的了解。

弗里德里希·尼采(1844—1900)，牧师之子，早慧，二十五岁任哲学教授，德法战争期间一度从军任军医，一八七九年因病辞去教授席位，一生在病痛中从事著述。一八七二年出版处女作《悲剧自音乐精神诞生》(1886年改题为《悲剧的诞生：或希腊作风与悲观主义》重版)，抨击十八世纪中叶以来流行的认为希腊文明的主要特征在于和谐、宁静的观点。作者认为，和谐、宁静只是希腊文明的一个方面，可称之为"光神因素"，而更重要的方面则是与代表陶醉的"酒神因素"相关的黑暗而神秘的力量，"光神因素"主要表现在雕塑艺术上，而"酒神因素"则见诸音乐，是希腊悲剧的主导成分；尼采在书中指摘攸里庇底斯在唯理倾向中结束了古典悲剧固有的对酒神因素的崇尚，而苏格拉底的唯理主义进一步导致希腊和后世文明的衰微，最后他肯定，悲剧以非理性用语获得复兴，正发生在里夏德·瓦格纳的歌剧作品中。该书问世后在学术界引起种种非议，但其关于希腊悲剧的酒神因素的观点(与我国鲁迅认为陶渊明更有"金刚怒目"的一面的观点颇相似)在西方艺术创作界迄今仍有影响。一八七三年的《希腊悲剧时代的哲学》，进一步抵制苏格拉底和柏拉图的唯理主义，力图发扬早期希腊的哲学思想。一八七三至一八七六年间出版《不合时宜的观感》共四篇，第一篇《大卫·斯特劳斯，忏悔者和作家》(1873)，第二篇《历史之利弊》(1874)，第三篇《教育者叔本华》(1875)，第四篇《拜罗伊特的瓦格纳》(1876)。一八七八至一八八〇年间出版《人性，过于人性》(又名《一本为自由精神而写的书》)二卷，上卷包括前言、九篇正文和一篇跋文，下卷包括《杂感与格言》《流浪人和他的影子》二篇，全文充满激烈的个人情绪，标志了作者与瓦格纳的彻底决裂，本书的续篇《瓦格纳事件》于十年后(1888)发表。

从一八七九年辞职到一八八八年近十年间，尼采患有严重头痛和眼疾，辗转欧陆各国求治无效；疾患稍有缓解，仍从事著述不辍。八十年代除揭露理想主义之虚伪性的《人性，过于人性》下卷(1880)外，还有批判传统道德尤其是基督教道德的《朝霞·论道德偏见》(1880)，阐发相同主题的《超越善恶》(又名《未来哲学序曲》,1886)和《论道德的系谱》(1887)等。在《快乐的科学》(1882年初版，1886

年修订后重版）中，提出摆脱偏见的"真人"概念；一八八三至一八九二年间陆续出版的名著《查拉图斯特拉如是说》（旧译《苏鲁支语录》）才正式提出"超人"的概念。一八八八年出版同属狂诗体的《酒神赞歌》；同年还有《反基督》，辛辣攻击基督教及其"奴隶道德"，并提出"主子道德"与之对抗。

尼采在叔本华的意志哲学和达尔文的进化论的影响下，从一八八三年起开始酝酿他的哲学体系，到一八八五年拟题为《权力意志，世界试释》，为它做了不少笔记，但一直未完稿；去世后（1906）才由其妹整理出版，题名为《权力意志·试对一切价值的重新估价》，引起舆论哗然，经考证有不少内容并非出自作者手笔；到一九六〇年作者笔记经专家重新整理，被收入《八十年遗著》；一九六一年另有一个版本，被收入《尼采精神崩溃时期文集》。一八八九年还有一本继续谴责瓦格纳的《偶像的没落》（题目仿自瓦格纳的节目连续剧《尼柏隆根的指环》中的一剧《诸神的没落》）；还有一部充满自信口吻的自述《埃克塞·霍摩》（"试观其人"，古罗马总督彼拉多指着戴荆冠走往刑场的耶稣向犹太民众说过的一句话，后泛指耶稣受难像）于作者身故后（1908）问世。最后十年生命则在麻痹和脑疾的严重病痛中度过。

纵观尼采一生的著述活动，他早年在古典悲剧中对酒神因素的推崇和强调，他对西方传统文化特别是基督教的文明和道德的批判，经过历史的和科学的考验，并非没有可取之处；由于长年脑疾及其他病痛，加之个人生活充满缺陷（早年托人向当时著名女作家卢·安德烈亚斯·莎乐美求婚遭拒，一生单身，病中由其母与妹护理），思想偏激，人格分裂，观点前后矛盾，对真理的热爱和蛮横无理的教条主义揉在一起，从未创造出完整的前后一贯的哲学体系；他的所谓"主子道德""奴隶道德""金发野兽"以及据考证并不完全符合作者原意的"权力意志"等概念，在一九一八年以前的威廉时期和后来的纳粹时期，确曾在德国煽起过反动的民族主义情绪，但是这种情绪早在《超越善恶》一书中即已遭到尼采唾弃（他同时还谴责过排犹主义），而且那一切都发生在尼采身后，很难完全归咎于他。因此过去在思想批判简单化的情况下，把尼采作为"法西斯的代言人"来盖棺论定，是有失公允，违反科学研究准则的。今天，我国改革开放，学术界对于尼采开始有了若干持平的介绍，把他作为西方文化的一个侧面来认识自无不可，如像现代自然主义者当年那样，把他捧为"精神巨人"来崇拜就大可不必了。梅林这篇写于十九世纪末的论文虽然资料有嫌不足，而且相当局限于现实斗争的需要，他站在无产阶级解放运动的立场上对尼采一分为二的批判态度还是值得学习的。

〔自然主义与无产阶级的阶级斗争〕①

每次彻底检验一下现代自然主义,都会使人回想起封建的浪漫主义;巴特尔斯和韦尔纳在他们的文章中,正如我在这些探讨中,都曾体会到这一点,甚至连施泰格尔的诚实的感奋也一定会拐到那儿去。

作为英明的统帅,施泰格尔试图预先掩护自己,他说备受诽谤的浪漫主义确曾有其伟大的美学劳绩。我不仅承认这一点,而且我还肯定,在某种意义上,对浪漫主义的一次名誉拯救是一件绝对有益的工作。封建东方对于资产阶级西方的反击,是一件伟大的历史运动,它不是三两条标语口号取消得了的。但是,浪漫主义如此黯然失色,又是怎么搞的呢,以一些轻蔑的词藻对它加以贬斥,这种风气(或者对我来说毋宁是一种恶习)又是从何而来呢?无非是——且只谈谈德国——从二十年代中叶②起,所有优秀人物发动了最猛烈、最粗暴、最不留情的反浪漫主义的斗争,德国精神生活的所有历史进步都得归功于这一斗争。

恰如封建的浪漫主义有其历史的存在合理性,资产阶级的自然主义亦然。我同施泰格尔的分歧不在这一点,而在后者处于什么样的历史形势中。如果有人说,现代自然主义是资产阶级文学的一次复兴,是从这种文学在七十年代③所陷入的泥沼出来的一次有力的飞翔,那

---

① 〔自然主义与无产阶级的阶级斗争〕为《美学初探(十)》,中译刊于《小说的艺术——小说创作论述》(《世界文论 6》,中国社会科学院外国文学研究所《世界文论》编辑委员会编,社会科学文献出版社 1995 年版)。
② 十九世纪二十年代在德国系浪漫主义与批判现实主义之交,代表作品有海涅的《谈吐锋利的游记》。
③ 十九世纪七十年代在德国系批判现实主义末期,代表作家拉贝、施托姆以旁观立场描写一八四八年革命失败后的德国现实。

他只说出了朴素的真相。豪普特曼和霍尔茨是完全不同于林道和维歇特的一类人，正如当年施莱格尔和蒂克完全不同于柯采布和尼古拉一样①。人们要争辩这一点，一定会搞得索然寡味。但是，如果现代自然主义把自己打扮成放之四海而皆准的新艺术原则，如果它把我们的古典文学弃之如敝屣，如果它想带着轻蔑的同情来对待席勒和莱辛，情况就完全不一样了。这时人们必须反驳，不是为了古典文学，不是为了席勒和莱辛（他们将会同样愉快地承受这些拳头，恰如当年承受过浪漫主义者的拳头一样），而是为了朴素的真相，为了及时预防一种特别希望不要闹到工人阶级中间去的审美趣味的混乱。

关于施伦特尔为现代自然主义捏造的滑稽的双亲，"俾斯麦的现实政治"和天知道还有谁，就不需要再说什么了。对于真正了解近十年的历史发展的人，现代自然主义的来历是明摆着的。在七十年代的倒闭声中，德国资产阶级的精神力量似乎随着经济力量一同熄灭了；当林道这样一个人居然在德国京城扮演文学泰斗，柏林舞台上只有《精疲力尽的马贼》以千差万别却又始终一样残暴而无聊的稿本上演时，资产阶级文学才似乎不得不敲响它的丧钟。但是，一个世界性的伟大时代要消亡，决不会像它的继承人所惯于希望的，也许为了能够以相应的气势向它进攻，还不得不希望的那样快；正是攻势的猛烈又一次集结起所有反抗力量；席勒撰写他的《审美教育书简》，也没有预料到，他为其迫近的没落算过命的专制—封建"自然国家"还会死灰复燃。所以，它也不会随着资本主义一起那么迅速地走下坡路，像七十年代或者更晚的无产阶级怀着英勇的战斗情绪所相信的。这个事实毋庸置辩，所以从它来推断，缓慢的消亡根本不是消亡，可能是愚蠢的。

---

① 保尔·林道(1839—1919)，政论家，剧院经理，《现代》周刊发行人。恩斯特·韦歇特(1831—1902)，律师，作家。奥古斯特·弗里德里希·柯采布(1761—1819)，剧作家，俄国沙皇密探，自由运动之敌，为德国大学生协会会员卡尔·路德维希·桑德所杀。约翰克里斯托佛·弗里德里希·尼古拉(1733—1811)，作家，出版家，"开明专制主义"的拥护者。

到八十年代,资产阶级社会在经济上,从而也在精神上,把元气恢复到了一定的程度。在学术文献的各个领域苏醒了新的生命;在经济文献方面出现了一系列著述,它们以相当敏锐而深刻的眼光透视现代社会的结构,在美文学方面则出现了自然主义。一个日益濒危的社会鼓起了它全部的力量,以求维持生命,这肯定是它根本上不得不使出的最强大的力量:一种比它在其尚未受到威胁的趾高气扬的心醉神迷中认为必须使出的强得多的力量,但却是一种远不再强大到足以防止按照历史铁则再也无法防止的命运的力量。这里正埋藏着资产阶级自然主义同封建浪漫主义的内在亲缘关系,后者在封建社会的消亡过程中占有同等的地位;这里正说明了为什么这两个标志历史衰落的文学时期,尽管外表并不相似,却显示了同样的性格,这种性格越久越是反映在外表的面部特征上,正如近年来除了其他种种,童话剧的蔓延趋势所证明的。

从这种历史观的立场出发,才可以完全正确地对待现代自然主义的长处和弱点。这样才能懂得,为什么它有一个窄得令人难以相信的眼界,因为它的小船没有罗盘,也没有帆和舵,航行不了历史的大海。这样才能懂得,为什么它执着于对自然做依样画葫芦的模仿,因为它在任何社会问题面前束手无策。诚然,人们甚至可以把它热衷于资产阶级社会可怕而又可恨的、下流而又有害的残屑余渣,视作它在模糊的渴望中向空虚无聊的富骄丑态、任何艺术的死敌当面扔去的一种抗议。所有这一切人们可以从历史上充分加以赞赏。然而,抗议是一定要抗议的,那是当艺术在一个垂死社会一般得以苟延残喘的凋敝的生活条件被称颂为一种尚未有过的艺术的生存机会的时候,当辗转回避历史的文化进步之类重大问题被赞美为"纯艺术"的必要前提的时候,当每位伟大的创造性艺术家曾经鄙弃过的对自然的平庸模仿被宣布为轰动世界的艺术原则的时候,当现代无产者由于在艺术上不愿看见粪土尘埃,但是按照一个对其胜利有确信、为其未来而高兴的阶级自然流露的即历史上存在的心情,却愿看见如施莱基耶①言之恰切的"节日烛光"而被指责为审美能力粗糙的时候。

　　当然,后人会称赞现代自然主义甚至具有一种社会主义特征,不过这个看法的真实部分也只能由它同浪漫主义的内在亲缘关系来证实。浪漫主义者是中世纪的反动派,但在一定程度上却又主张自由思想,这一点颇使讲究意识形态的文学史家狼狈不堪;从历史唯物主义观点却可谓不言而喻地得出这样的结论,十九世纪头十年的一个浪漫主义文学流派,没有资产阶级的一笔可观的津贴,是不可能生存下去的。此所以是一个无条件的必然,正因为封建世界在资产阶级的攻击下集中了它的力量,并以从后者借来的武器抵抗着占压倒优势的敌人;大概就像印地安人用火枪抵挡白人,可能延缓但不能阻止他们无可救药的灭亡一样。只消把封建浪漫派和资产阶级的解放斗争之间的关系套用于今天的形势,马上就可看出,它对于说明资产阶级自然主义的社会主义特征是多么重要。资产阶级自然主义者在思想上倾向于社会主义,正如封建浪漫主义者思想上倾向于资产阶级一样,不多也不少;尽管他们有过无数次试验,他们仍然带着圣洁的羞怯,回避任何哪怕从远处接触一下无产阶级解放斗争的艺术描写。

　　这可是他们的宿命。人们经常表示,大概从前我在这些篇页②中也表示过,希望他们日益上进到从艺术上理解现代工人运动;这个希望终于破灭了,破灭得越彻底,我们研究这些事情才会越深入。但是,如果从历史上来观察现代自然主义,必然从它推论出来的一切,反过来又会有利于它的代表人物本身。把谨小慎微、机关算尽、自私自利以及诸如此类下流无耻的动机归罪于他们对于无产阶级阶级斗争的见识短浅的立场,是完全不公道的;他们在这点上倒很安分守己,人们再也不能向他们要求什么。存在于他们和现代无产阶级之间的鸿沟

---

① 埃里希・施莱基耶(1867—1928),作家,一九〇〇年《前进报》的剧评家,后为保守的《每日评论》的评论员。
② 指发表本文的《新时代》。

是弥补不了的,即使他们跳过了他们的影子,即使他们愿意与工人阶级交朋友,歌曲的尾声也将只是关于工人忘恩负义的著名的悲叹。因为现代无产者对我们的古典文学、一种上升的文学比对现代自然主义、一种没落的文学感觉更大的兴味,便责备他们审美上落后或者诸如此类,是毫无意义的;因为他们还没有创造出真正的艺术品,便说在现代工人运动中并无理想可言,如深思熟虑的历史哲学家保罗·巴尔特所捏造的那样,大概就更加毫无意义了,但也有许多话说得并不错,例如在一个认识能力和渴慕能力如此持久而猛烈地紧绷着的阶级如工人阶级身上,对事物的审美观察必然相对地居于次要的地位。就是在这里也可以说:缪斯缄默于刀兵之下。

换句话说:如果没落的资产阶级再不能创造出伟大的艺术,那么上升的工人阶级就更不能创造出伟大的艺术,尽管他们的灵魂深处对于艺术有着热烈的向往①。其证据就是"自由大众舞台",它一再开办起来,虽然它当初赖以建立的丰富的幻想早已在冷酷的现实之上撞碎了②。单纯从表面来看,第一眼就可以看出,无产阶级多么不想在今天的情况下,去占领曾经如此激励而又有效地干预过资产阶级解放斗争

---

① 梅林认为工人阶级不能创造伟大艺术的观点,曾受到其他马克思主义者的批评。
② "自由大众舞台"系作家布鲁诺·维勃于一八九〇年在柏林建立的无产阶级组织;一九一九年成立"社会主义大众舞台联合会",一九二〇年发展成为"德意志大众舞台协会"。与此同时,即一八八九年,自然主义剧评家奥托·布拉姆、演员马克西米利安·哈登等人曾在柏林建立"自由舞台",上演一些当时被禁演的剧目如易卜生的《群鬼》、豪普特曼的《日出之前》及比昂生、斯特林堡等人的剧作,影响颇大。前者可能是受后者启发而建立的,其任务在于发展一种大众化戏剧艺术,便于大众欣赏,其会员有廉价购买戏票的权利。

　　梅林此处是指柏林"自由大众舞台"的自动解散,这个组织曾经在一八九二年十月分裂,之后在梅林的领导下兴旺发达起来。"在文学艺术领域促进无产阶级解放斗争:这正是'自由大众舞台'的任务"——在这个目标之下,"自由大众舞台"在柏林发展到八千多名会员。接着,普鲁士警察当局和高级行政法院决定,一个像任何剧院同样大的组织必须送审其准备上演的剧目。如众所周知,工人们在梅林的领导下宁愿于一八九五年解散"大众舞台",而不愿屈从于警察审查机关的桎梏,也就不可能贯彻别的什么决定了。到一八九七年,"自由大众舞台联合会"在康德拉·施密特的主持下按照修改过的章程召开大会,此后受到日益强烈的修正主义影响。——原著狄茨版编者注

的舞台。资产阶级的舞台的确早已脱去最后的欺骗性伪装,似乎它只关心文化艺术的利益,而不关心金钱利益。现代的大剧院除了是不但在艺术上被领导,而且在经济上被经营的资本主义股份企业,还会是别的什么呢?这样一个剧院在柏林需要两千以上马克的日收入,才可以为向它投入的资本产生必要的利润,而且这是远远优先于一切艺术利益的观点。没有什么比抱怨被任命负责资产阶级剧院的艺术领导的资本主义官员们缺乏审美趣味更其荒谬的了;这些大资本的雇员们未尝没有很多趣味,毕竟还有很多良知,宁愿上演莎士比亚和席勒,而不肯上演为交易所的暴徒们的神经搔痒痒的破烂货①。但是,他们也正是些被奴役的人,如果他们在这种或那种的例外情况下,得以保持趣味要求和资本的利润需要之间一种马马虎虎的妥协,他们就可以额手称庆了。

但是,试问在这种情况下,"自由大众舞台"又怎么能够为戏剧艺术的振兴打开局面呢? 这是完全不可能的,虽然人们只有曾经亲身经受过那种折磨,才能懂得它是怎样不可能。虽然如此,现代无产阶级仍然肯定需要"自由大众舞台",只要后者使无产阶级有机会享受到戏剧艺术,它们就有其不可否认的功绩,它们就是一个简朴的、但决非无效的工具,用来净化工人的趣味,从而促进他们的文化发展,归根到底也就加强了他们的解放斗争。只是这里必须遵循正确的限度:如果"自由大众舞台"妨碍了现代工人运动的伟大目标,如果它们忘却它们的无产阶级本源,如果它们意志薄弱了,竟与"席勒剧院"型的资本主义官方企业(它们想拿"纯艺术"的废话来灌醉被压迫阶级)为伍,那

---

① 指"大众舞台"这个组织在一八九二年十月在柏林的分裂。到那时为止,"自由大众舞台"实质上是在党内半无政府主义"青年"派和文学上的自然主义者的领导之下。"自由大众舞台"当时的领导人的纲领和实践到了如此地步,他们甚至不愿让工人对艺术业务插嘴。连"大众舞台"的组织结构都是不民主的,竟把工人会员置于资产阶级文人的思想领导之下。梅林对这种"大众教师式"的做法进行了激烈的斗争。在两次暴风骤雨般的全体大会之后,"思想领导"才同"新自由大众舞台"的一小撮追随者决裂了。——原著狄茨版编者注

么没有它们反倒更好些。

然而，越是不可能从无产阶级的阶级斗争发展出一个艺术的新时代，那么无产阶级的胜利会导致一个艺术的世界性转折，一种比人类所曾见过的更高尚、更伟大、更壮丽的艺术，就越是确切无疑了。既然审美愉悦在于对事物的自由而宁静的观察，那么如果由几千年奴役印入"我们残废的天性"中的"奴隶身份的可耻痕迹"消灭了，如果人类"能够激起它的人性的自由发育"，那种愉悦就会发挥得最高、最纯洁。正是为了这个深刻的预言起见，我们才不可以辱骂我们的席勒。愿资产阶级以其衰朽的骄横态度想象得到，因为它必然会灭亡，连艺术也会灭亡，我们便有着一切伟大艺术家有过的确信，即有人类就会有诗人的确信①，亦即中古高地德语文学的伟大抒情诗人瓦尔特·封·德尔·福格威德以朴素的语言装扮过的确信：

"被歌唱的日子来了，听见人人又唱又道。"

译后记 这是梅林的《美学初探》的最后一篇，作者在这里似乎在为以上各篇对现代自然主义所持的批判见解做总结。可以看出，作者不是作为学者对某个作家或某部作品进行学术性评价，而是作为无产阶级政治家致力于提高工人的文化水平，促进他们的文化发展，从而加强无产阶级的阶级斗争的严肃的战斗任务，还可以看出，他的战斗锋芒一贯指向当时在文学艺术上妨碍德国工人运动的思想敌人，而这些敌人除了彰明较著的资产阶级文人，还有被认为带有社会主义特征的现代自然主义者。梅林拿封建浪漫派当年借用资产阶级的武器来同资产阶级作斗争的历史经验，来类比现代自然主义者借用社会主义的言辞来反对无产阶级解放事业，从而深刻地揭露了他们的资产阶级本性——这也就是为什么梅林在《美学初探》中始终坚持以现代自然主义为主要批判对象的缘故。

梅林认为无产阶级不可能创造伟大的艺术品，这个曾经受过批判的观点也出现在这篇文章中。但是，仔细读一下，就会发现他的意见并非如此简单。他是认

---

① 直译为：最后一个诗人正是同最后一个人一起离开人世。意即：诗人和人类始终同在，有人类就会有诗人。因此，"最后一个人"必然也是"最后一个诗人"。

为，无产阶级在紧张从事反资本主义的阶级斗争期间，不但本身没有足够的主观条件，而且他们的资本主义统治者和压迫者也不允许他们发展艺术创造能力和提高审美水平，有当时自动解散的"自由大众舞台"为证；或者用他的哲学语言来解释，即"在认识能力和渴慕能力非常紧张（即为逻辑和伦理所干扰）的地方，审美判断将永远陷于窘境"。但是，如果无产阶级的斗争终于获得胜利，将会出现"一种比人类所曾见过的更高尚、更伟大、更壮丽的艺术"，则是确切无疑的——如果这样来理解以上命题，那么对它即使还有置疑的余地，恐怕也不能那样简单地下结论了。

《美学初探》问世（1898—1899）已快一百年了。对于其中一些具体观点，今天的读者可能会有明日黄花之感。但是，作者对于无产阶级解放事业的忠城立场和求真精神迄今仍跃然纸上，是永远值得后人崇敬的。他的历史唯物主义文艺观及其具体应用，即使在事过境迁的情况下，也并非没有研究和借鉴的价值。其实，书无所谓新旧，全看人们是否适时而恰切地利用它。那么，让这部战斗的马克思主义美学著作，在我们今天的社会主义精神文明建设中，发挥新的能动的作用吧，虽然它的译文难免各种需请读者随时加以纠正的谬误。

叙述与描写

——为讨论自然主义和形式主义而作
（1936年）

乔治·卢卡契[①]

> 彻底就是从根本上掌握事物。
> 而人的根本就是人的本身。
>
> ——马克思

一

让我们开门见山吧！在左拉的《娜娜》和托尔斯泰的《安娜·卡列尼娜》这两部著名的近代小说中，都写了一场赛马。这两位作家是怎样对待他们的课题的呢？

左拉描写这场赛马，是他的艺术造诣的光辉例证。凡是在一场赛马中可能出现的一切，都被精细地、形象地、感性地、生动地描写到了。左拉的描写可以说是现代赛马业的一篇小小的专论：赛马的一切方

[①] 乔治·卢卡契（Georg Lukács, 1885—1971），匈牙利现代著名哲学家、美学家、文学史家和文学批评家。
本文译自《现实主义问题》一书，柏林建设出版社1955年版。中译刊于《卢卡契文学论文集》[一]（《外国文学研究资料丛刊》，中国社会科学出版社1980年版）。

面，从马鞍直到结局，都同样无微不至地加以描写了。观众席像第二帝国时代①的巴黎时装表演一样得五光十色。连幕后的世界也描写得十分精细，并按照它的一般关系加以表现：赛马以一场意外结局告终，而左拉不但描写了这场结局，并且揭露了作为这场结局之基础的圈套。但是，这种精妙的描写在小说本身中只是一种"穿插"。赛马这件事同整个情节只有很松懈的联系，而且很容易从中抽出来——唯一的关系在于娜娜的许多逢场作戏的客人之一毁在被揭发的圈套之中。

同主题的另一种联系就更加松懈了，一般说就不再是情节的一部分——但正因如此，就写作方式而言，就更有特色了。引起意外结局的获胜的马匹也叫作娜娜。而且，左拉没有忽略强调这个松懈而偶然的巧合。上流妓女娜娜同名者的胜利，正象征了她在巴黎上流和下流社会的胜利。

在《安娜·卡列尼娜》中，赛马却是一篇宏伟戏剧的关节。渥伦斯基的堕马意味着安娜生活中的突变。就在赛马之前，她明白自己怀孕了，经过痛苦的踌躇，她把这件事告诉了渥伦斯基。渥伦斯基的堕马所招致的震动，引起了她同她丈夫的决定性的谈话。小说中主要人物的全部关系通过这场赛马进入了一个崭新的阶段。这场赛马因此决不是什么"譬喻"，而是一系列真正戏剧性的场景，是整个情节的关键。

这些场景在这两部小说中完全不同的任务，反映在整个描述过程中。左拉笔下的赛马是从旁观者的角度来描写的，而托尔斯泰笔下的赛马却是从参与者的角度来叙述的。

渥伦斯基骑赛的故事在托尔斯泰笔下是一个实实在在的题材。他着重指出了这次骑赛在渥伦斯基一生中决非可有可无，决非偶然的意义。这个野心勃勃的军官由于一系列情况，其中首先是他同安娜的关系，在他的军人生涯中遇到了阻碍。在皇室和整个贵族社会面前，赢得这场骑赛的胜利，乃是他满足野心的少数仅存的可能性之一。为

---

① 法国皇帝路易·拿破仑在位时期（1852—1870）。

骑赛而进行的一切准备事项,骑赛本身的一切阶段,因此成为一个重要情节的组成部分。它们是按照戏剧发展的次序被叙述出来的。渥伦斯基的堕马是他的生活戏剧的这一阶段的顶点。关于赛马的叙述在这个顶点戛然而止,至于他的对手超过了他这个事实,只需一笔带过就可以了。

但是,这个场面的叙事风格的集中性,分析起来还远没有就此完结。托尔斯泰并不描写一个"事件",而是在叙述人的命运。因此,小说的发展过程两次都是按照真正的叙事风格来叙述,而不是按照绘画风格来描写的。在第一次叙述中,以参加骑赛的渥伦斯基为主角,赛马的准备过程和赛马本身的一切本质性事物都必须精确地运用专门知识加以叙述。而后则以安娜和卡列宁为主角。托尔斯泰的卓越的叙事技巧在于,他并没有把骑赛的第二次叙述直接安排在第一次后面。他先叙述了卡列宁前一天的整个情况,叙述了他和安娜的关系,然后再使骑赛本身的叙述形成这一天的顶点。骑赛本身现在变成一场内心的戏剧。安娜一心只望着渥伦斯基,对骑赛的过程、对别人的命运视若无睹。卡列宁则只观察着安娜和她对于渥伦斯基堕马的反应。于是,这场无言的紧张场面,为安娜在回家途中的爆发做了准备,她向卡列宁承认了她同渥伦斯基的关系。

受过"时髦"教育的读者或作家可能在这一点上提出异议:就算这里存在着两种不同的写作方法吧,难道不正是因为骑赛同主要人物的重大的人的命运相联系着,赛马本身对于这场戏剧的结局便成为一个偶然的机会吗?而且,难道左拉的这段描写所有的首尾一贯的、像专论一样有声有色的完整性,不正给一个社会现象作出了正确的描绘吗?

不过,我们要问:在艺术表现的意义上,什么东西是偶然的呢?没有偶然性的因素,一切都是死板而抽象的。没有一个作家能够塑造出活生生的事物,如果他完全避免了偶然性。另方面,他又在创作过程中必须超脱粗野的赤裸的偶然性,必须把偶然性扬弃在必然性之中。

难道是客观描写的完整性使某种事物在艺术的意义上成为必然的吗？能够产生这种效果的，难道不是被塑造的人物对于种种事件——他们的命运就在这些事件中表现出来，他们并由于这些事件的干预而有所行动和苦恼——的必然关系吗？无论如何，渥伦斯基的野心同参加赛马一事联系起来，能够产生一种同左拉的完整描写迥然不同的艺术必然性。参观赛马或者参加赛马可能客观上不过是一段生活插曲，托尔斯泰却尽可能把这段插曲同重大的人生戏剧紧密地联系起来。赛马从一方面说诚然不过是爆发一场冲突的近因，但是这个近因由于它同渥伦斯基的社会野心——后来的悲剧的重要组成部分——相联系，决不是一个偶然的近因。是按照事物的必然性还是按照它们的偶然性来塑造这些事物，这两种方法的对比在其他更显著的文学例证中，也许表现得更清楚一些。

我们且拿左拉的同一本小说中关于剧院的描写来同巴尔扎克的《幻灭》中的剧院描写比较一下。左拉的小说由此开场的初次演出，决定了娜娜的生涯。巴尔扎克所写的初演却意味着吕西安·德·吕庞泼莱生涯中的一个转折点，他从一个无名诗人变成了一个走运的肆无忌惮的新闻记者。

在左拉笔下，剧院又是以最严谨的完整性来描写的。当然，这次只是从观众席开始的。凡是在观众席、休息厅、包厢中发生的一切，凡是从这些地方所见到的舞台上的情况，都以一种令人目眩的写作技巧描写出来了。而左拉追求专论式的完整性的热忱并不以此为满足。他还拿出小说的另一章来描写舞台上所见到的剧院，演出和休息过程中的换景、换装等等都得到同样精细的描写。而且，为了使这些画面更加完整，在第三章中还同样严谨、同样灿烂地描写了一幕戏的预演。

这种客观的、资料式的完整性在巴尔扎克的作品中是没有的。剧院、演出对于他来说，只是人们的下列内心戏剧的舞台：吕西安的发迹，高拉莉的演员生涯，吕西安和高拉莉的热恋的产生，吕西安同他以前的大丹士周围的朋友们以及他现在的保护人罗斯多的未来的冲突，他对巴日东夫人的复仇活动的开端,等等。

但是,在所有这些直接或间接地同剧院相联系的斗争和冲突中,又表现了什么呢?表现了资本主义制度下的剧院的命运,即剧院对于资本、对于新闻业(它也从属于资本主义)的多方面的复杂的从属关系;剧院和文学,新闻业和文学的相互关系;女演员的生活同公开的和秘密的卖淫所发生的关系的资本主义性。

这些社会问题在左拉的作品中也未尝没有。但是,它们只是作为事实,作为事件,作为发展的"渣滓"而被描写的。左拉的剧院导演不断地重复着:"别叫什么'剧院',叫'妓院'好了。"但是,巴尔扎克却表现出,资本主义制度下的剧院是怎样被变成了妓院的。主角的戏剧在这里同时是他们从中进行合作的社会机构的戏剧,他们借以生活的事物的戏剧,他们从事斗争的舞台的戏剧,使他们的关系得以表现并由此得以斡旋的各种事件的戏剧。

这当然是个极端的情况。人的周围环境中的事件并不总是、也并不必然是像在巴尔扎克这部小说中那样紧密地同他的命运相联系着。它们可能是他的活动的工具,他的命运的工具,甚至可能——像在巴尔扎克的小说中一样——是他的决定性的社会命运的关键。但是,它们也可能不过是他的活动、他的命运的舞台。

在只涉及这类舞台的文学表现的场合,也存在着上面所说的对比吗?

瓦尔特·司各特在他的小说《清教徒》的第一章描绘了苏格兰一次利用民众节目举行的军事检阅,这次检阅是由斯图亚特王族的复辟分子为了重新尝试建立封建体制,为了检阅忠实臣民,为了挑拨和揭露不满分子而举行的。这次检阅在司各特的小说中发生在被压迫的清教徒起义的前夜。瓦尔特·司各特的伟大的叙事技巧,把所有即将在血战中爆发的矛盾势力都集中到这个舞台上面来了。军事检阅以罕有的怪诞场面揭示了封建关系的毫无希望的老朽程度,揭示了人民对于重新建立这种关系的尝试的阴郁反抗。接着举行的射击比赛甚至表露出两个敌对党派的矛盾，只有其中的温和派参加了这场公共娱乐。在旅馆里，我们看见王室雇佣兵的残暴行径，同时清教徒起义的未来领袖伯尔莱的形象则更其肃穆庄严地呈现在我们面前。一句话：瓦尔特·司各特在叙述这样一次军事检阅的经过，并在这一叙述中向我们揭示整个舞台的同时，他还展现了一部伟大历史戏剧的一切动向、一切主要角色，一下子就把我们带到了决定性情节的中心。

福楼拜的《包法利夫人》中关于农产品展览和给农民授奖的描写，乃是近代写实主义描写手法的众口交誉的顶峰。福楼拜在这里实际上只描写了一个"舞台"。因为整个展览在他的作品中不过是为鲁道尔夫和爱玛·包法利的决定性爱情场面提供一个机缘。这个舞台是偶然的，而且的确是字面意义上的舞台。这种偶然性由福楼拜本人尖锐而讽刺地加以突出了。当他将官吏的演说和片断的情话加以平列和对比时，他以一种讽刺性的对比平列方式表现了小市民生活的公私两方面的平淡无味。这种讽刺性的对比表现得非常确切，十分圆熟。

但是，还有没有解决的矛盾：这个偶然的舞台，这个爱情场面的偶然的机缘，同时又是《包法利夫人》世界中的重大事件；由于福楼拜企图完整地描绘环境，对这一重大事件加以详细描写，在他看来便是绝对必要的了。因此，进行讽刺对比并不是这种描写的全部意义。"舞台"作为环境的完整性的因素，是有一种独立意义的。但是，这个作品中的人物仅仅只是旁观者。因此，他们对于读者变成了福楼拜所描写的那个事件的性质相同、意义相同的组成部分，而那个事件也只是从描绘环境的观点来说才是重要的。他们变成了一幅图画的颜色点子。而这幅图画又只有被提高成为对一般庸俗性的讽刺象征，才能超越于仅仅模拟现状的风俗画之上。这幅图画获得一种意义，这种意义并非来自所叙述的事件之内在的人的重要性，它同这种重要性几乎毫无关系，而是借助于讲求形式上的因袭，人工地制造出来的。

福楼拜作品的象征内容是讽刺性的，所以它至少是在某种程度上，利用真正的艺术手段，达到了相当大的艺术高度。但是，如果说左拉作品中的象征具有一种重大的社会意义,如果说这种象征的任务在于给一件本身毫无意义的插曲打上巨大社会意义的印记,那么它就脱离了真正艺术的规范。隐喻被膨胀成为现实。一种偶然的特征,一种偶然的类似,一种偶然的情调,一种偶然的凑合,居然成为巨大社会关系的直接表现。这类例子在左拉的每部小说中可以说俯拾即是。试看,把娜娜比作金苍蝇,就是为了象征她对一八七〇年以前的巴黎的极大的影响。关于这个意图,左拉本人说得十分清楚:"我的作品里,有一种真实细节的肥大症。从精确观察的跳板一跳,就跳到了星空。真实向上一飞,就变成了象征。"

在司各特、巴尔扎克或托尔斯泰的作品中,我们熟悉许多事件,它们之所以有意义,是由于参与其中的人物的命运,由于这些人物在扩展个人生活的同时对于社会生活所具有的意义。我们是小说人物所参与的那些事件的观众。我们在体验这些事件。

在福楼拜和左拉的作品中,人物本身只是一些偶然事件的多少有点关系的旁观者。所以,这些偶然事件对于读者就变成一幅图画,或者不如说,是一批图画。我们在观察这些图画。

二

体验和观察的矛盾不是偶然的。它来自作家本人的基本态度,而且,来自他们对于生活、对于社会的重大问题的基本态度,而不仅来自对于题材或某一部分题材进行艺术掌握的方法。

正是由于确定了这个事实,我们才能使我们的问题真正具体化。就像在生活的其他领域中一样,在文学中也没有"纯粹现象"。恩格斯一次讽刺地指出,"纯粹"封建主义只有在短命的耶路撒冷王国[①]的环境中才存在。虽然如此,封建主义自不待言还是一个历史现实,并且

---

① 欧洲十字军东征时在耶路撒冷建立的一个封建王国(1099—1187)。

能够合理地构成研究的对象。的确，还没有一个作家，根本没有运用过描写方法。同样，也不能说一八四八年以后的写实主义的伟大代表们，像福楼拜和左拉，根本没有运用过叙述方法。问题在于作品结构的原则，而不在于叙述或描写方法的"纯粹现象"的幻影。问题在于：描写原来是许多叙事性的写作方法之一，而且无疑只是一种次要的方法，它是怎样并且为什么变成了主要的创作原则的。因为，描写就是这样从根本上改变了它在叙事创作中的性质和任务。

巴尔扎克在他的关于司汤达的《帕尔马修道院》的评论中，强调过描写的重要性，认为它基本上是一种现代的写作方法。十八世纪（勒萨日、伏尔泰等人）的小说，几乎不知描写为何物；它在这类小说中只起很小的、微不足道的作用。只是随着浪漫主义的兴起，情况才有所变化。巴尔扎克着重指出，他所代表的那个文学派别（他把瓦尔特·司各特当作它的创始人）赋予描写以更大的意义。

但是，当巴尔扎克着重反对十七八世纪小说的"枯燥"，表示赞同一种现代方法的时候，他提出了这种方法所特有的一系列新的风格因素。按照巴尔扎克的理解，描写乃是许多因素中的一种。同这个因素一起，他还强调了戏剧因素的新意义。

新风格之所以产生，是为了能够适当地表现社会生活的新现象。个人对于阶级的关系变得比十七八世纪更加复杂了。个人的环境、外表、生活习惯在勒萨日的作品中也许可以写得很简单，而且尽管很简单，仍然能够表现出一种明晰的广阔的社会特征。个性化几乎只需要通过情节本身，通过人物对于事件的积极反应就可以实现。

巴尔扎克显然认识到，这种方法对于他是不再够用了。拉斯蒂涅可以说是一个同吉尔·布拉斯完全不同的冒险家。为了使读者真实而完全地理解拉斯蒂涅的特殊的冒险性格，对伏盖公寓及其污秽、气味、饭菜、招待等等进行细节描写，是绝对必要的。同样，为了塑造高利贷者各种不同的个别的和社会的典型，葛朗台的房屋、高布赛克的住宅等等都必须入木三分地详细描写。

巴尔扎克作品中的环境描写从来不止于单纯的描写，它几乎总是转化为行动（试想一下，老葛朗台是怎样亲自修理朽坏的楼梯的）。且不谈这一点，描写在巴尔扎克作品中，其实不过是为了决定性的新因素——为了把戏剧性引进小说的结构中，提供一个广阔的基础。巴尔扎克的形形色色而又错综复杂的人物形象，如果他们的性格的生活基础不是以一种如此广阔的方式表现出来，他们是不可能带着动人的戏剧性发展下去的。描写在福楼拜和左拉的作品中却起着完全不同的作用。

巴尔扎克、司汤达、狄更斯、托尔斯泰所写的是在严重危机中最后形成的资产阶级社会。他们描绘这个社会得以产生的复杂的规律性，描绘从衰败的旧社会到兴起的新社会的多样而曲折的过渡。他们本人都积极参与过这个产生过程的危机四伏的过渡。当然，是按照完全不同的方式。歌德、司汤达、托尔斯泰都参加了可以称之为"革命的产婆"的战争；巴尔扎克则是新生的法国资本主义的狂热投机事业的参加者和牺牲品；歌德和司汤达还参加过行政管理；托尔斯泰作为大地主，作为社会机关（户口调查局、赈灾委员会）的活跃分子，经历了最重要的变革事件。他们在这一方面，同时也在生活方式上，乃是文艺复兴时期和启蒙时期的古老作家、艺术家和学者们的后继者：那些古人都积极地、多方面地参与了当时伟大的社会斗争，他们由于有了多方面的丰富的生活经验才成为作家。他们还不是资本主义分工意义上的"专家"。

福楼拜和左拉则不然。他们是在一八四八年革命以后，在业已组织就绪的资产阶级社会中开始创作的。他们并没有积极参与这个社会的生活；他们也不想参与。过渡时期的一代著名艺术家的悲剧就表现在拒绝参与资产阶级社会生活这一点上。因为这种拒绝态度首先是由于反对立场决定的。它表现了对他们当时的政治、社会制度的憎恨、厌恶和轻蔑。经历过这个时期的社会发展的人们，已经变成资本主义的没有灵魂、说谎成性的辩护者。福楼拜和左拉却太伟大、太诚实了，他们决不屑于这样。所以，他们只能选择孤立这一条道路，来解决他们处境的可悲的矛盾。他们变成资本主义社会的批判的观察者。但是，他们同时也就成为职业作家，资本主义分工意义上的作家。书籍完全变成了商品，作家变成了这种商品的出售者，如果他不是凑巧天生是个食利者的话。在巴尔扎克的作品中，我们还看见文化领域里原始积累的阴郁的庄严气象。歌德或托尔斯泰面临这个现象，仍然处于地主老爷的地位，他们并不专门依靠笔耕为生。福楼拜则自愿避世修行，而左拉为物质困苦所迫，已只是资本主义分工意义上的作家了。

表现现实的新风格、新方法，尽管总是同过去的形式和风格相联系，却从不是从艺术形式所固有的辩证法产生的。每种新风格都带着社会的历史的必然性，从生活中产生，它是社会发展的必然结果。但是，承认这种必然性、艺术风格得以产生的必然性，并不使得这些风格在艺术上具有同等价值或同等品级。必然性也可能是在艺术上虚伪、歪曲和低劣的必然性。体验或观察因此是资本主义两个时期的作家们对于社会的必然态度，叙述或描写则是这两个时期的基本的写作方法。

为了格外鲜明地表现这两种方法的矛盾，我想把歌德和左拉关于观察和创作的关系的两段说明对比一下。歌德说过："我从没有出于诗的目的观察过自然。但是，因为我过去画过风景画，后来又从事过自然科学的研究，使我不断地细致地观察过自然现象，所以我渐渐熟知自然，直到它的细微末节，所以当我作为诗人需要什么素材的时候，总是感到得心应手，而且不容易陷于错误。"左拉也非常清楚地谈过他作为作家对待事物的态度："一个自然主义的小说家想写一部关于剧院生活的小说。他是从这个一般概念出发的，即还没有掌握一件事实或一个形象。关于他所想描写的这个世界，他可能知道点什么，他首先操心的是，要为此收集和记录有关材料。他认识了这个演员，出席了那次演出……然后他将同深通此道的内行谈话，他将核对各种话语、逸事、肖像。这还不是一切。他还将阅读书面文献。最后，他将亲临现场,在一个剧院里度过若干天,来习知一切细微末节;将在一个女演员的包厢里度过他的夜晚;将尽可能领略这里的气氛。一旦这些材料收集完备,他的小说就自然而然地告成了。小说家只得合乎逻辑地支配事实……千万不要追求情节的新奇;正相反,情节越平淡、越普通,便越有典型性。"(重点是我加的——乔·卢)

这是两种根本不同的风格,两种根本不同的对现实的态度。

三

理解某种风格的社会必然性,不一定就能从美学上评价这种风格的艺术效果。"理解一切就是宽恕一切",这个格言不适用于美学。只有把揭示个别作家或风格的所谓社会等值当作自己唯一任务的庸俗社会学,才认为阐明了社会发展史,就回答了和解决了每个问题。(它到底是怎样解决问题的,我们这里不想来谈。)实际上,它的方法就是努力把人类过去的整个艺术发展拉到颓废的资产阶级的水平上来。因此,荷马或莎士比亚同乔伊斯或朵士·帕索斯①一样是"产品";文艺科学的任务永远只在于为荷马或乔伊斯发现"社会等值"。马克思完全不是这样看问题的。他在分析了荷马史诗的产生根源之后说:"但是困难不在于理解希腊的艺术和史诗同某种社会发展形式相联系。困难是理解它们仍然为我们提供艺术享受,并在某种意义上仍然可以作为标准和不可企及的楷模。"

不言而喻,马克思的这个指示也应用于美学必须表示否定性判断的场合。而且在两种情况下,审美评价决不能同历史的渊源机械地分离开来。荷马史诗真正是史诗,而卡姆恩斯②、弥尔顿、伏尔泰的史诗则不是史诗,这既是一个社会-历史问题,也是一个美学问题。没有一种"技巧"脱离得了社会-历史的和个人的约制,独立于这些约制之

---

① 朵士·帕索斯(Dos Passos,1896—1970),美国小说家。
② 卡姆恩斯(Camoens,1524—1580),葡萄牙诗人。

外,而这些约制是不利于对客观现实进行丰富的、广泛的、多种多样而又多采多姿的艺术反映的。艺术创作的先决条件和环境的社会不利性也必定会歪曲基本的写作方式。这一点也适用于我们已经讨论过的情况。

福楼拜对于他的小说《情感教育》有过一次富有启发性的自我批评。他说:"它太真实了,从审美意义上说,它缺少高瞻远瞩的虚假性。因为画面处处经过深思熟虑,它也就消失殆尽,谈不上什么画面了。每件艺术品都必须有一个尖端、一个顶峰,必须形成一个金字塔,否则必须把光聚集在球体的一点上。但是,凡此种种,在生活里是没有的。然而,艺术不是自然。不要添枝加叶,我相信,任何人在反映自然上再怎样忠实也是不为过的。"

这段自白像福楼拜所有的言论一样,具有冷酷的真实性。福楼拜正确地说出了他的小说结构的特征。他强调顶点在艺术上的必要性,这也是对的。但是,他说他的小说"太真实了",这一点对吗?"顶点"只是在艺术中才有吗?当然不是。我们重视福楼拜的这段完全诚实的自白,不仅因为它是对于他的重要小说的自我批评,而且还因为他在这里暴露了他对于现实,对于客观的社会存在,对于自然和艺术的关系的根本错误的理解。他认为"顶点"只是在艺术中才有,因此它们是由艺术家创造出来的,而艺术家是不是创造出这样的顶点来,又看他是不是愿意——这是一个纯粹主观的偏见。这个偏见是由于对资产阶级生活的种种征兆,对于资产阶级社会中的种种生活现象进行表面的肤浅的观察而产生的,根本没有考虑到社会发展的种种推动力及其对于生活表面不断产生的影响。在这种孤立而抽象的观察中,生活仿佛是一道一直向前流去的水流,仿佛是一个单调、光滑、没有结构层次的平面。这种千篇一律、平淡无奇当然有时会为"突然的"灾变所打断。

但是,在现实中——当然也在资本主义的现实中——"突然的"灾变酝酿已久。它们并不同表面上的平静发展完全对立。从一个错综复杂的不平衡的发展过程看得出它们的来龙去脉,而这个发展过程客观上为福楼拜球体的似乎光滑的表面划分了层次。艺术家诚然必须照明划分这个层次的重点;但是,福楼拜认为,这个层次的划分不能不取决于艺术家,却是个偏见。这种划分归因于决定社会历史发展的各种规律的作用,归因于社会发展的各种推动力。所谓"正常"和"不正常"之间的虚假而主观的、抽象的对立,在客观现实中是没有的。马克思认为经济危机正是资本主义经济的"最正常的"、合乎规律的现象。"那些相辅相成、相互补充的种种动力彼此装出的独立性被横扫了。危机表明了种种彼此独立的动因的统一性。"十九世纪后半叶为资本主义辩护的资产阶级科学,却完全不是这样观察现实。危机在它看来是一种"突然"打断经济的"正常"进程的"灾变"。同样,每次革命也似乎是某种灾变性的不正常的事件。

　　福楼拜和左拉以他们的主观思想和创作意图而论,当然不是资本主义的辩护士。但是,他们都是他们时代的儿子,而且正是这样,便在世界观上深为那个时代的见解所影响;特别是左拉,资产阶级社会学的错误偏见决定地影响了他的作品。所以,在左拉的作品中,生活几乎是毫无层次地发展着,只要他认为这在社会意义上是正常的。于是,人们所有的生活表现都是社会环境的正常产物。但是,也还有一些完全不同、完全异质的力量在起作用。例如遗传,它以宿命论的规律性在人们的思想感情中起着作用,并促成一些打断"正常的"生活之流的灾变。试想一下《萌芽》中爱蒂恩·兰蒂叶的酒癖,它招致了各种突然的发作和灾变,这些发作和灾变同爱蒂恩平常的性格毫无有机联系,而且左拉也根本没有想到要表现这种联系。在《金钱》中萨卡德的儿子所引起的灾变,也是同样的情况。在他所有的作品中,环境的正常的毫无层次变化的规律性,同突然的遗传灾变漠不相关地对立着。

　　显然,这里不是谈怎样正确而深刻地反映客观现实,而是谈由于辩护士的偏见影响了这个时期作家的世界观,使得客观现实的规律性遭到简单化和歪曲。要真正认识社会发展的各种推动力,要对这些推动力在人的生活中的作用进行公正的、正确的、深刻而全面的文艺反映，必须以运动的形式来表现，这种运动才揭示出正常事件和例外事件的合乎规律的统一。

社会发展的这种真实也就是个人命运的真实。但是，这种真实是在什么地方、又是怎样才看得出来呢？不仅科学了解，不仅以科学为基础的政治学了解，就是人在日常生活中的实际知识也了解：这种生活真实只有在人的实践中，在他的行动中才能显现出来。人们的言语，他们的纯主观的思想感情，只有转化为实践，只有在行动中经过检验，证明正确或者不符合现实，才能判定它们是真实的还是虚妄的，是诚实的还是假装的，是伟大的还是渺小的。只有人的行动才能具体地表明人的本质。谁是勇敢的？谁是善良的？这样的问题只有通过实践来回答。

而且，只有这样，人们才彼此变得有趣。只有这样，他们才值得从文艺上加以塑造。人的重要特征究竟经不经得住检验，只有在行动中、在实践中才能表现出来。原始的文艺指童话、歌谣或传说，或者指后期自发的叙事逸事的形式——总是从具有实践意义的基本事实出发的。这种文艺因为表现了在实践中肯定或否定人的意图这个基本事实，所以永远是意味深长的。这种文艺虽然常常有一些幻想的、质朴的而且为今人所不能接受的前提，却把人的生活的这种永恒的基本事实突出地表现出来，所以它一直是很生动的，今天读来还是饶有兴味的。而且，只有一个人的典型性格特征不断地在形形色色、五花八门的奇遇中经得住检验，把个别行动集合起来变成一个链条，才能产生真正的兴味。不论是《奥德赛》还是《吉尔·布拉斯》，这种奇遇链条的不可抹杀的新鲜气息正是在这一点上，才具备符合人情和诗意的基础。此外，人、人的生活的基本特征的显现当然是决定性的。我们感兴趣的是，奥德赛或者吉尔·布拉斯，摩尔·弗兰德斯①或者堂·吉

---

① 《摩尔·弗兰德斯》是英国作家笛福的作品。

诃德是怎样反应他们生活中的重大事件的,他们是怎样经受危险、克服障碍的,使他们在我们看来变得有趣而重要的性格特征又是怎样在实践中日益深广地发展的。

没有人的基本特征的显现,没有人和外在世界的事件,和事物,和自然力,和社会设施的相互关系,最惊险的事件都是空洞的,没有内容的。但是,不要忘记:即使没有人的基本典型特征的显现,在每个行动中至少还存在着人的实践的抽象图式(即使是被歪曲的并褪了色的)。所以,图式化的惊险情节(其中只有人的图式在出没)的抽象描写,也还能暂时刺激起一般人的某种兴趣,例如过去的骑士小说和现在流行的侦探小说。人们对于文学的兴趣的最深刻的基础之一,即对于人的实践的丰富多采、繁复变幻的兴趣,正是在这些小说的效能中自辟蹊径。当某个时期的艺术性文学不能表现这个时期典型形象的丰富发展的内心生活和实践的相互关系时,读者的兴趣就逃向了抽象的图式化的代用品。

这正是十九世纪下半叶的文学状况。观察的、描写的文学越来越厉害地排斥那种相互关系。也许从来没有一个时期,像在这个时期一样,在权威的伟大的文学旁边,还有一种如此众多的空洞的纯惊险性的文学。不要错误地认为,这种文学只为"没有教养的人"所阅读,而"优秀人物"只专心于现代伟大的文学。情况恰巧相反。现代的名著之所以被阅读,一部分是出于义务感,一部分是出于对作品所表现(尽管表现得很薄弱并且经过歪曲)的当代问题的重大兴趣;但是,为了消遣,为了娱乐,人们就贪读侦探小说了。

福楼拜在写作《包法利夫人》的时候,一再抱怨他的书缺少娱乐的因素。从许多著名的现代作家那里可以听到类似的诉苦。由此确证了这样一个事实:过去的伟大小说把重大人性的描述同娱乐和紧张结合在一起,而在现代艺术中则日益广泛地搀入了单调、无聊的成分。这个看来奇怪的状况根本不是由于当代文学代表们缺乏写作才能,当代有一大批非常有才能的作家在写作。单调、无聊的成分毋宁来源于创作方法上的种种信条,来源于作家的方法论和世界观。

左拉非常尖锐地谴责司汤达和巴尔扎克作品中例外事物的形象为"不近人情"。他就是这样评说《红与黑》中的爱情描写的:"这完全抛弃了日常生活的真实、我们所接触到的真实;我们读心理学家司汤达的作品,就跟读故事家大仲马的作品一样,恍如置身于一个异常境界。从严格真实的观点来说,于连和达达尼安一样使我惊讶不止。"

保罗·布尔热①在他的论述龚古尔兄弟文学活动的文章中,非常鲜明地提出了新的创作原则:"戏剧按照字源学来说,就是行动,而行动决不是风俗习惯的很完善的表述。对一个人富有特征意味的,不是他在一个尖锐而激昂的危急关头所做的事,而是他的日常的习惯;习惯并不标志一个危急关头,而是标志一个状态。"由此完全可以理解上面提到的福楼拜在创作上的自我批评了。福楼拜把生活同资产阶级的平均的日常生活混为一谈。不言而喻,这个偏见是有其社会根源的。但是,它并不因此不成其为偏见,并不因此就不主观地歪曲对现实的诗意反映,不妨碍对现实的适当而广泛的诗意反映。福楼拜毕生为挣脱从社会必然性产生的偏见的魔圈而斗争。但是,因为他并不反对偏见本身,反倒把它看作不可取消的客观事实,他的斗争悲惨地失败了。他不断地以十分激愤的方式咒骂那些强迫他加以表现的资产阶级题材的无聊、鄙陋和可厌。他每写一部资产阶级小说时,总要发誓决不再从事这样的龌龊勾当了。但是,他只能逃向幻想出来的异国情调,去寻找一条出路。发现生活的内部的诗,这条道路对于他一直由于他的偏见而被阻塞着。

生活的内部的诗,就是斗争着的人们的诗,人们在其实际实践中充满斗争的相互关系的诗。没有这种内部的诗,就不可能有真实的叙事诗,就不可能构想叙事作品,那种激起、提高并生动保持人们的兴味

---

① 保罗·布尔热(Paul Bourget,1852—1935),法国诗人,小说家,评论家。

的叙事作品。叙事诗的技巧——自然也就是小说的技巧——在于发现社会实践的各个切合时宜的、显著的具有人的意义的种种特征。人总希望在叙事诗中看到他自己更清楚的、放大了的映象，他的社会实践的映象。叙事诗人的技巧正在于正确地分派重点，恰当地强调本质的东西。他的作品中的这种本质的东西，即人及其社会实践，越是显得不是推敲出来的艺术品，不是他的艺术造诣的成果，越是显得是某种天然生长出来的，某种不是发明出来而只是发现出来的东西，那么他就写得越是富有魅力，越是带普遍性。

所以，那个让人对他的文学活动争论不休的德国叙事诗人和戏剧家奥托·路德维希，作为研究瓦尔特·司各特和狄更斯的心得，曾经非常正确地说过："……人的存在似乎是主要的，而事件的转轮只可用来使那种存在得到自然而动人的表现；人的存在不是为了帮助轮子转动而存在的。作者要做的事，就是使缺乏兴趣的变得有兴趣，而对于本身就有兴趣的事物，不必加以润色，让它们自行活动好了。……人物形象永远是主要的。而且，实际上，一件事不论怎么奇妙，久而久之，将不会像那些我们在交往中所喜爱的人那样吸引我们。"

上述意义上的描写，作为叙事创作的主要方法，产生于这样一个时期，当时由于社会的原因，对叙事结构中最重要成分的鉴赏力业已丧失殆尽。描写乃是作家丧失了叙事旨趣之后的代用品。

但是，正如在新的意识形态发展史的任何地方一样，这里也有一种相互作用主宰着。作品中盛行的描写不仅是结果，而且同时还是原因，是文学进一步脱离叙事旨趣的原因。资本主义的散文压倒了人的实践的内部的诗，社会生活日益变得残酷无情，人性的水平日益下降——这都是资本主义发展的客观事实。从这些事实必然产生描写的方法。但是，这种方法一旦存在，一旦为重要的、有坚定风格的作家所掌握，它就会对现实的诗意反映产生影响。生活的诗意的水平低落了，——而文学更加速了这种低落。

四

叙述要分清主次,描写则抹杀差别。

歌德主张叙事诗应当同完全发生在眼前的戏剧情节相反,把一切事件表现为完全过去了的事。他认为,这种对比就是叙事诗和戏剧在风格上的差别所在。戏剧从一开始就远比叙事诗更高度地抽象化。戏剧总是把一切集中在一个冲突的周围。凡是同冲突没有直接或间接联系的一切,一般都不应当存在,这是一个带干扰性的附属因素。像莎士比亚这样的戏剧家的丰富性就在于冲突本身的复杂而丰富的概念。但是,在剔除一切不属于冲突的细节这一点上,莎士比亚和希腊人中间并没有根本的差别。

歌德主张把叙事诗的情节转移到过去,就是要求作家从广泛而丰富的生活中选择本质的东西,就是要求按照这样一种方式来塑造本质的东西,即让人误以为作者是按照完全开展的生活广度来表现全部生活。所以,判断一个细节是否属于正题,它是本质的还是非本质的,在叙事诗中一定要比在戏剧中"更宽厚一些",一定要不断地承认那些错综的、间接的关系是本质的。但是,在这样一个对于本质事物的更广阔的理解的范围内,选材是同在戏剧中一样严格的。凡是不属于正题的东西,在叙事诗中同在戏剧中一样,都是妨碍产生效果的补白。

生活道路的错综复杂只有在结局中才能弄清楚。只有人的实践才能指明:在一个人的全部性格特征中,哪些特征是重要的、起决定作用的。只有同实践结合起来,只有把人们的种种行为和烦恼联系在一起,才能证明什么样的事物、安排等等从根本上影响了他们的命运,以及这些影响是怎样和什么时候完成的。这一切只有从结局中才看得出来。对本质事物的选择,不论是在人的主观世界还是客观世界中,都是由生活本身完成的。叙事诗人从结局开始,倒叙一个人的命运或者各种人的命运的纠葛,使读者一清二楚地认识到为生活本身所完成的对本质事物的选择。必然总是同时代人的旁观者,则不得不迷失在本身价值相等的细节的纠葛中,因为生活本身尚未通过实践完成选择。因此,叙事诗把情节转移到过去,这是一个为现实本身所规定的在艺术中分清主次的基本手法。

  读者当然并不知道这个结局。他看到了许许多多细节,但它们的等级、意义,他一般并不总是或者并不立即了然的。在他心中引起了后文的叙述过程将予以加强或者反驳的明确的期望。但是,读者在错综复杂的动机所组成的密网中,是由全知的作者所引导的;作者确切知道每个本身并不显眼的细节对于最后的解结、对于人物性格的最后的表白所具有的特殊意义,他只是利用对于整个情节具有这种作用的细节进行工作。作者的全知使得读者安心,使他熟悉这个虚构的世界。即使他事先并不知道小说中的事件,但他还是相当确切地感觉到,那些事件由于其内在逻辑,由于人物的内在必然性所不得不采取的趋向。他诚然并不完全知道人物形象的关系,以及他们的发展可能性,但一般说来,总比行动者的人物本身要知道得多一些。

  的确,在叙述的过程中,在基本动机逐渐揭露的过程中,细节便一下子具备了全新的面貌。例如,托尔斯泰在他的小说《舞会之后》中描绘了他的主人公的情人的父亲准备为女儿牺牲,具有令人感动的人的特征;读者被作品所叙述的这个现象压得喘不过气来,而不理解它的全部意义。只有讲到那一场夹鞭刑,讲到这位慈爱的父亲作为残暴的领头行刑人出现,悬念才完全消解了。托尔斯泰的伟大的叙事艺术就在于,他能在这场悬念中保持统一,他没有把这个老军官写成沙皇制度的一个兽化的"产物",而是指明沙皇制度怎样把天性善良的,在私生活中乐于牺牲自己的人们变成了野兽,把他们变成了它的兽性的机械而狂热的执行者。显然,叙述舞会所用的一切色彩只有从夹鞭刑中才能找到和形成。"同时代"的旁观者不能从夹鞭刑开始,不能倒叙舞会,便不得不看到并描写完全不同的、非本质的肤浅的细节了。

  作品中通过人的实践把对本质事物的选择表现出来的事件,在真正的叙事诗人笔下都是保持时间距离的，即使作者采取了第一人称的叙述形式，即使由作品的一个人物装作叙述者。前面提到的托尔斯泰的故事就是这种情况。哪怕是一篇像歌德的《维特》那样，以日记形式写出来的小说，也常常可以看出，个别的段落被推向了过去，即使是最近的过去某一段距离，这段时间距离由于这些事件和人对于维特的影响，正帮助完成了对本质事物的必然选择。

正是这样，小说的人物才获得坚实而明确的轮廓，而不致于失去它们的变化能力。相反，正是按照这种方式，变化所起的作用才永远只是用不断丰富的生活使轮廓变得丰富和丰满起来。小说的真正的悬念就是对于这种丰富过程的悬念，就是对于我们已经熟悉的人物的顺逆荣枯的悬念。

因此，在著名的叙事艺术作品中，结局也可以在开始就预先交代出来。试看荷马史诗的序曲吧，它把故事的内容和结局都做了提纲挈领的介绍。

尽管如此，荷马史诗仍然使读者保持悬念，这又是什么缘故呢？这种悬念无疑不在于一种艺术上的兴味，不在于要知道为了达到这个目标，诗人将要写些什么。这毋宁是对于人的悬念，读者要知道为了达到我们已经知道的目标，奥德赛还将做出怎样的努力，还得克服怎样一些困难。就在刚才分析过的托尔斯泰的那篇故事里，我们一开始就已经知道，讲故事的主人公的爱情是不会达成婚事的。因此，悬念不在于这份爱情的结局如何；毋宁说读者关心的是，在那个讲故事的主人公身上，我们已经知道的那种充满幽默的优越的人性，是以什么方式成熟起来的。所以，真正的叙事艺术作品的悬念永远在于人的命运。

描写把一切摆在眼前。叙述的对象是往事。描写的对象是眼前见到的一切，而空间的现场性把人和事变得具有时间的现场性。但是，这是一种虚假的现场性，不是戏剧中的直接行动的现场性。现代的伟大的叙事作品正是通过所有事件在过去的前后一贯的变化，把这个戏剧因素引入了小说的形式。然而,旁观的从事描写的作家的现场性恰恰是这种戏剧性的反面。他们描写状态、静止的东西、呆滞的东西、人的心灵状态或者事物的消极存在,情绪或者静物。

艺术表现就这样堕落为浮世绘。叙事诗应有所选择这个自然的原则消失了。一个人的某一种心灵状态,就其本身而论——如果对于他的本质活动不相干的话——就同其他心灵状态一样的重要或者不重要。而这种不分轩轾的现象在物体方面表现得尤为明显。在叙述中,按道理来说,只能从一个事物的这些方面来着手,那就是对于它在具体的人的行动中的特殊任务显得重要的方面。每件事物就其本身而论,有无穷多的特质。如果作家作为一个旁观的描写者,力图达到事物的客观的完整形象,那么他要就一般地失去了选择原则,试图用文字表现那些无穷的物质,像西西弗斯①的苦役一样劳而无功,要就偏爱事物的那些像画一样的、最适于描写的肤浅的方面。

在这两种情况下,事物都因为在叙述中同它在具体的人的命运中的任务失去了联系,从而也失去了它在文艺创作上的意义。被叙述的事物只有当作者在他的世界观中认为具有决定作用的任何一种抽象法则同这些事物发生联系时,才能具有一种意义。事物固然决不因此便获得文艺创作上的意义,但它却被捏造出了这样一种意义,事物于是变成了象征。这里显然可以看出,自然主义的创作问题是怎样必不可免地导致形式主义的写作方法。但是,内在意义的丧失,从而叙事诗所应有的轻重缓急的丧失,并不止于仅仅抹杀一切差别,并不止于仅仅将生活图像变成一幅静物画。人和物体的直接感性的生动化,他们的直接感性的个别化,是有其独特的逻辑的,是能赋予独特的新的语气的。由此产生了远比仅仅抹杀一切差别更坏的结果:产生了一种用颠倒的符号排列而成的次序。这种可能性必然被包含在描写之中。因为,既然本身重要的和不重要的东西都一律深入地加以描写,便有

---

① 西西弗斯,据希腊神话,为科林斯国王,因生前贪婪诡诈,死后被罚在冥界推运巨石上山,每推每落,劳而无功。

了产生颠倒符号的趋势。这种趋势在许多作家身上便转变为一种冲掉于人重要的一切的浮世绘。

弗里德里希·赫伯尔[①]在一篇具有毁灭性讽刺的论文中,分析了这种浮世绘式的描写方法的一个典型代表,阿达尔伯特·施蒂夫特[②],此人后来特别由于尼采的宣传,变成了一个德国反动的古典作家。赫伯尔指出,人类的重大问题是怎样在施蒂夫特的作品中消失的,作者"亲切地"描绘的细节是怎样淹没了一切本质的。"因为,如果画家不关心树木,薛苔便显得非常动人,如果树林消失了,树木便完全改观,于是出现了一种普遍的欢乐,而正敷用于自然界微小生命的,甚至在本能方面也不重视任务的种种力量,将远远超过了那些由于蚊蚋舞蹈在行星舞蹈的相形之下不足一观,便不描写蚊蚋舞蹈的力量。于是到处开始盛行'次要的东西';拿破仑靴子上的污泥,在这位英雄退位的伟大时刻,也像他的脸上所表现的内心斗争一样,得到十分精细的描写……简言之,逗点穿起了大礼服,扬扬自得地嘲笑它唯一赖以生存的句子。"

赫伯尔在这里敏锐地注意到描写的另一种重大危险:细节的独立化。随着叙述方法的真正修养的丧失,细节不再是具体情节的体现者。它们得到了一种离开情节,离开行动着的人物的命运而独立的意义。但是,任何同作品整体的艺术联系也就因此丧失了。描写的虚假的现场性表现为作品细分成种种独立因素的原子化,表现为结构的瓦解。尼采透彻地看到生活中和艺术中的颓废征兆,揭露了这个过程,直到他对于个别句子的风格方面的结论:"文字变成至高无上的,跳出了文句之外,文句重叠着,模糊了书页的意义,书页则靠牺牲整体而获得生命——整体不再成其为整体。但这是每种颓废风格的共同特点……生命、相同的生动性、生命的震颤和富饶都退缩成极细微的形体,剩余部分都缺乏生命……整体一般不再有生命,它是拼凑起来的,

---

[①] 弗里德里希·赫伯尔(Friedrich Hebbel,1813—1863),德国戏剧家、诗人。
[②] 阿达尔伯特·施蒂夫特(Adalbert Stifter,1805—1868),奥地利小说家。

计算出来的,是人造的,是一个赝品。"

　　细节的独立化对于表现人的命运,具有各种各样、但一律起破坏作用的后果。一方面,作家努力把细节描写得尽可能完整,尽可能如塑如画。他们在这方面达到了卓越的艺术成就。但是,事物的描写同人物的命运毫不相干。不仅事物被描写得脱离了人的命运,从而获得一种在小说中不应有的独立意义,而且它们的描写方式还发生在一个和人物命运完全不同的生活领域中。作家越是自然主义化,他们越是努力仅仅描绘日常生活中的普通人,仅仅赋予他们日常生活的思想、感情和言语,不和谐音便越是刺耳:在对白中令人感到资产阶级日常生活的枯燥平淡,毫无诗意;在描写中则见出一种精致的画室艺术的反复推敲的匠气。这样被描绘的人同这样被描写的事体一般不可能有任何联系。

　　但是,如果在描写方法的基础上建立起一种关系的话,情况还要更糟。那时,作者将从人物的心理出发进行描写。且不谈根本不可能前后一贯地实现这种写作方法——除了一种极端主观主义的自叙体小说——即使可能,那也将破坏艺术结构的每一种可能性。作者的视点焦躁不安地跳来跳去。于是,变幻无常的前景持续不断地闪烁起来。作者失去了他的综览能力,即古代叙事诗人所有的全知能力。他存心降低到他的人物的水平之上:他了解作品情节的相互关联,就只像个别人物有时所了解的一样多。描写的虚假的现场性把小说变成了一个五光十色的混合物。

　　这样,每种叙事性的关联便从描写风格中消失殆尽。僵硬的偶像化的事物周围,便扑腾着一种空洞的情调。叙事性的关联决不是简单的顺序排列。即使被描写的个别大小形象是一些带有时间承续性的复本,也还不能由此产生叙事性的关联。带有时间承续性的真正艺术上的重新体验,在真正的叙述艺术中,是以非常复杂的手段来显现的。作家本人必须在他的叙述中以极大的主动性往来于过去和眼前之间,才可以使读者了解叙事性命运真正是相继产生的。而且,只有体验到这种相继产生的实况,才能使读者感受到真正的时间上的、具体的历史的承续性。回忆一下托尔斯泰的《安娜·卡列尼娜》的赛马场面的两次叙述吧。不妨再想想,托尔斯泰在《复活》中以怎样的艺术手段一桩桩地叙述聂赫留道夫和玛丝洛娃的经历,有时澄清了过去的某一件事,便意味着在情节上前进了一步。

描写则把人降低到死物的水平,叙事结构的基础正因此而消失。从事描写的作家是从物件开始创作的。我们已经了解左拉关于作家完成一个主题的想法。他的小说的中心点就是事实的复合,如金钱、矿山等。这种创作方法便决定了,事实复合体的按照事态划分的不同现象将构成小说的个别章节。例如,我们已经在《娜娜》中看到,在某一章中剧院是从观众席来描写的,在另一章中是从舞台侧面来描写的。人的生活、主人公的命运不过是把这些客观上不可分割的形象复合体捆缚起来,串连起来的一根松弛的线索。

这种虚假的客观性是和一种同样虚假的主观性相对应的。因为,如果把生活的顺序排列变成创作原则,如果小说是根据一个人的孤立的、被抒情地理解的、被加在自己身上的主观性写出来的,那么从叙事性关联的观点来说,收获是不会很多的。主观情调的连续排列,像偶象化的事件复合体的连续排列一样,都产生不出一个叙事性的关联——尽管它们都可以被夸张成为象征。在这两种情况下,只产生出这样一些个别图像,它们在艺术意义上彼此毫无联系,就像博物馆里挂的那些画像一样。

在叙事作品中,如果没有人物的充满斗争的相互关系,没有人物在真实情节中的考验,那么一切便只有诉诸偶然,任凭作者随意处理了。再怎样精致的心理学,再怎样装扮成科学模样的社会学,都不能在这个混沌体中创造出一个真正的叙事性的关联来。

通过描写而产生的齐一化,在这类小说中把一切变成了陪衬。许多现代作家傲慢地轻视古代小说作家借以开展他们的情节,借以造成人物之间充满斗争的错综复杂的相互作用,借以写出叙事作品的那些陈旧的复杂的方法。辛克莱·路易士从这个观点出发,把狄更斯和朵士·帕索斯的叙事创作方法作了比较。"而古典的方法——是啊,摆弄起来是非常麻烦的!琼斯先生和史密斯先生必须通过一个不幸的巧合,被送进同一辆邮车上,才能发生某一种既令人痛苦而又逗乐的情节。在《曼哈顿换车记》中,人物要么在路上根本碰不到一起,要么是按照最自然的方式碰到一起的。"所谓"最自然的方式",就是说:人们之间根本不发生任何关系,或者充其量只发生暂时的肤浅的关系;他们突然间出现,又突然间消失;他们的个人命运——因为我们根本不认识他们——便根本引不起我们的兴味;他的根本不参与任何情节,而是带着各不相同的情调,从小说中被描写的客观事物世界匆匆走过而已。这的确是非常"自然"的。只是有一个问题:对于叙述艺术来说,这样会产生什么结果呢?

朵士·帕索斯是个伟大的才子,辛克莱·路易士是一个重要的作家。正因为这个缘故,他在同一篇论述狄更斯和朵士·帕索斯的人物形象的论文中所说的话,是很有趣的:"当然,朵士·帕索斯根本没有创造出匹克威克、米考伯、奥利弗、兰西、大卫和他的姑母、尼可拉斯、斯米克以及另外至少四十来个人物那样永久的形象,而且他大概永远也创造不出来。"这是一个十分坦白的极有价值的供状。但是,如果辛克莱·路易士在这一点上是对的——而且他正是对的——那么把人物联系在一起的"最自然的方式",又有什么样的艺术价值呢?

五

可是,题材的紧张生命呢?事物的诗意呢?这种描写的文艺真实性呢?自然主义方法的崇拜者们向我们提出了这样一些问题。

要回答这些问题,必须推究到叙事艺术的基本问题上去:事物何以在叙事作品中成为诗意的呢?难道尽可能熟练而精确地描写一个现象的细节,例如剧院、货摊、交易所等等的细节,果真就能反映出剧院或者交易所的诗意吗？我们对此不能不表示怀疑。包厢和乐队，舞台和正厅，后台和衣帽间，本身都是死的、无兴味的、完全非诗意的题材。即使它们充满了人物形象，但如果这些形象的人的命运不能从艺术上感动我们，它们仍然是非诗意的。剧院或者交易所是人类各种追求的交叉点，是人类充满斗争的相互关系的舞台或战场。只有在这方面，只有当剧院或交易所涉及人的命运时，当它们对于具体的人的命运表现为不可缺少的具体的媒介时，它们才带着这种媒介作用，通过这种媒介作用，在艺术上变得重要起来，变得富有诗意。

一种脱离人、脱离人的命运而独立的"事物的诗意"，在文学中是没有的。而且，被吹得天花乱坠的描写上的完备、技术细节上的真实，到底能不能真实地显示被描写的物体，还是很成问题的。每件事物，如果它在一个具有艺术感染力的人物的重要情节里起着一种实际作用，那么当这种情节被正确地叙述出来的时候，它便会变得具有诗的意义。只要回忆一下《鲁滨逊飘流记》中，从破船里搜集到的那些工具具有何等深刻的诗意，就够了。

我们再拿左拉作品中任何一段描写来作比较。例如，《娜娜》中一个后台场面："一面经过涂绘的幕布垂下来了。这是第三幕的布景：埃特纳火山的洞窟。一些布景工人把竿子插进活门里去，另一些工人拿来一些活动布景，在上面钻了孔，再用粗绳把它们绑在竿子上。照明工人在背景后面安了一个探照灯，它的光焰通过一个红色镜头燃烧着：这就是火山喷火口的熊熊火光。整个舞台乱七八糟，陷于一种似乎不可开交的骚乱之中，但是每一个微细的活动都是必需的，每一样操作都是安排好了的。在这场忙乱之中，提词人闲散地用碎步走来走去，以便活动活动他的腿。"

谁能从这样的描写里得到什么呢？原来对剧院一无所知的人，从中得不出任何真实的概念。反之，对于剧院的内行们，这样的描写也没有提供什么新东西。这种描写从文艺创作上说，完全是多余的。但是，追求更大的事物方面的"真实性"，却包含着一个对于小说十分危险的倾向。我们根本不需要多少关于马匹的知识，就能够重新体验渥伦斯基赛马中的戏剧性。但是，自然主义作家们却利用他们的术语，努力追求越来越大的专家式的"真实"，他们越来越多地使用他们正在描写的那个行业的行话。因此，就像左拉用专家术语来谈"活动布景"一样，画室则尽可能用画家的语言来描写，工场就用五金工人的语言来描写。于是，产生了一种专家文学，文人文学，这些专家、文人才能评价和鉴赏作者把这些专门知识辛辛苦苦地变成文学作品，把各种切口纳入了文学语言。龚古尔兄弟曾经最清楚地，也是最荒谬地宣布了这个倾向。他们这样写道："那些只有艺术家才懂得它们的美的艺术作品，都是失败之作……这是一般人所能说的最大的蠢话之一。它出自达朗贝①之口……"这两位自然主义奠基人在攻击这位伟大的启蒙学者的深刻真理的同时，无条件地承认自己是"为艺术而艺术的"画室艺术的信徒。

事物只有通过它们对于人的命运的关系，才能获得诗的生命。所以，真正的叙事诗人并不描写它们。他叙述事物在人的命运的连结中所承担的任务，而且只有当它们参与了这个命运，参与了人的行为和苦难的时候，他才能做到这一点。莱辛已经十分清楚地认识到诗的这个基本真理："我认为，荷马除了发展着的行动，什么也不描绘，而对于所有物件，所有个别事物，他只是通过它们对这一行动的参与来加以描绘……"接着，他用荷马的一个重要例子如此令人信服地证实了这个基本真理，我们认为引述一下《拉奥孔》中的这一整段是有益的。

这段文字谈的是阿伽门农和阿喀琉斯的朝笏的制造过程。"……如果我们对于这个重要的笏应当有一个更完备、更精确的图画，荷马该怎么办呢？他是不是在金钉之外，还给我们描绘一番木材和雕花的笏头呢？他会这样办的，如果他要作一番纹章学的描写（这里就已经批评到龚古尔、左拉之流的"真实性"了。——格·卢·），以便后世

---

① 达朗贝（d'Alembert，1717—1783）：法国数学家、哲学家，著名启蒙学者。

人可以仿造一个类似的笏来。我还确信，许多近代作者也是这样进行纹章官式的描写的，而且天真地认为，既然画家能够按照他的描写作画，那么他就当真描绘了笏。但是，荷马何曾关心他把画家抛在自己身后多远呢？他并不复现笏的形状，只向我们叙述笏的历史：首先它由火神乌尔坎锻造着，接着在天神朱庇特手里闪闪发光，接着又标志了交通神麦库利的尊严，然后成为骁勇善战的珀罗普斯的指挥棒，而今又是爱好和平的阿特柔斯的牧羊杖，等等……当阿喀琉斯在受到阿伽门农的轻蔑之后，凭着他的笏发誓要报仇时，荷马也给我们叙述这个笏的历史。我们看见它带着青枝绿叶长在山上，让人用斧头从树干上砍下来，剥去了树叶和树皮，使它适合于人民的执法者用以标志他们的神圣的尊严……对于荷马，重要的不是描绘两根材料和形状都不相同的杖，而是使我们对于这两根杖所标志的权力的差距有一个感性的印象。前一根是火神乌尔坎的作品，后一根是一位无名氏从山上砍下来的；前一根是一个贵族之家的传家宝，后一根碰巧落到谁手里就归谁执掌；前一根由一个国王用来指挥许多岛屿和阿尔戈斯全境，后一根则由希腊人中间的某个人所掌握，他和其他人一同受委托来维护国家的法律。这就是阿伽门农和阿喀琉斯之间的实际差距；这个差距连阿喀琉斯本人，尽管在狂怒之下，也不得不承认。"

这段文字确切地阐明了，事物在叙事作品中是怎样才变得真正地生动，富有真正的诗意。如果回想一下本文开头从司各特、巴尔扎克和托尔斯泰作品中所引的那些例子，我们将不得不肯定，这些作家正是——容或在细节上有所不同——按照莱辛在荷马身上所发现的同一原则进行创作的。我们之所以说"容或在细节上有所不同"，是因为我们已经指出，社会关系的更大的错综复杂性对于新的作品来说，需要运用新的手法。

描写作为流行一时的写作方法，情况则大不然，它是诗对于造型艺术的徒劳的竞争。对人的描写作为人的表现方法，只能把他变成死的静物。只有绘画才有办法使人的形体特征直接成为表现人的最深刻的性格特征的手段。当自然主义的绘画式的描写手法把文学作品中的人贬低为静物画的组成部分的同时，连绘画也丧失了高度的感性表现的能力，这决不是一种巧合。塞尚的肖像画同提香或伦勃朗反映人的心灵整体的肖像画相比较，不过是一些静物画，正如龚古尔或左拉的人物同巴尔扎克或托尔斯泰的人物相比较一样。

甚至人的形体风度，也只有通过在行动中对于其他人的相互关系，通过对于这些人的影响，才能在作品中变得生动起来。莱辛也清楚地认识这一点，并且根据荷马对于海伦的美的表现，正确地分析了这一点。就是在这一点上，我们也能看到，现实主义的古典作家是怎样严格地遵守着真正叙事诗的这些要求。托尔斯泰表现安娜·卡列尼娜的美，仅仅是通过它对于情节的影响，通过这种美在别人的生活中和她自己的生活中所引起的悲剧来完成的。

描写不但根本提供不出事物的真正的诗意，而且把人变成了状态，变成了静物画的组成部分。人的特征平列地存在着，并且按照这种平列方式加以描写，而没有使它们相互渗透，从而在它们最歧异的表现中、最矛盾的行动中证实个人性格的生动的统一。外在世界的虚伪的广阔性，正是同性格表现上的模式化的狭窄性相适应的。人显得是现成的，是千差万别的社会要素和自然要素的"产物"。社会规定和人的心理生理特征相互交错这个深刻的社会真实永远地消失了。泰纳和左拉惊叹巴尔扎克关于人物尤洛身上的性爱的描写。但是，他们只看到了一种偏执狂的医学和病理学的描写。至于尤洛的性爱和他的拿破仑时代的将军生涯之间关系的深刻表现（巴尔扎克还特别拿七月王朝①的典型代表克雷瓦尔的性爱来对照，借以突出这种联系），他们却一点也没有看到。

为了这个目的而以观察为基础的描写必然是肤浅的。在自然主义作家中间，左拉肯定是以最严谨的态度从事写作的，而且试图尽可

---

① 七月王朝，法国国王路易·菲力浦于一八三〇年七月革命后即位，一八四八年二月革命时出奔，其在位期间称"七月王朝"。

能认真地研究他的题材。但是，他所写的人物的命运，有许多恰巧在关键上是肤浅的和虚伪的。我们只谈谈拉法格所举的几个例子。左拉把建筑工人库波的酗酒归罪于失业，而拉法格却指出，左拉在《金钱》中把龚德曼和沙卡德之间的对立肤浅地归之于犹太教和基督教的对立。实际上，左拉试图反映的斗争正发生在旧式资本主义和新型的投资银行之间。

描写的方法是非人的。如上所述，这个方法表现在把人变成静物画这一点上，这不过是非人性在艺术上的标志。其实，非人性还表现在这个流派的重要代表的世界观和艺术观上。左拉的女儿曾经在自传中谈到她的父亲对于《萌芽》所表示的如下意见："左拉接受了勒麦特里①的定义，'一篇表现人身上的动物性的悲观的史诗'，但是有个条件，必须把'动物性'的概念确切地规定下来"；他给这位批评家写道，"按照您的意见，人之所以为人在于脑筋；我却认为，其他器官也扮演了重要角色。"

我们知道，左拉之强调动物性，乃是对于他所不理解的资本主义兽性的抗议。但是，这种缺乏理解力的抗议在文学形象身上却变成非人性、动物性的一种定影了。

观察和描写的方法，是随着使文学科学化，把文学变成一门应用的自然科学，变成一门社会学的观点一同产生的。但是，通过观察来把握，通过描写来表现的种种社会因素，是如此贫弱，如此稀薄而又图式化，它们很快、很容易就变成了它们的极端对立面，变成了彻底的主观主义。接着，帝国主义时期的种种自然主义和形式主义流派，便从自然主义的奠基人那里接受了这份遗产。

六

每一部文艺作品正是在它的结构的基本原则上，最深刻地为作者

---

① 勒麦特里（Lemaîtres，1853—1914），法国印象派批评家。

的世界观所支配。我们且举一个尽可能简单的例子。瓦尔特·司各特在他的大多数小说中——试想一下《威佛里》或者《清教徒》吧——总是把一个不偏不倚的,在被描述的伟大政治斗争中模棱两可的人物放在中心位置上。他这样做,是为了什么呢？模棱两可的主人公处于两个阵营之间,在《威佛里》中处于拥戴斯图亚特王室的苏格兰叛军和英国政府之间,在《清教徒》中则处于清教徒革命和斯图亚特王室复辟政府的代表人物之间。这样,两个极端党派的重要代表便可以轮流地同主人公的人的命运联系起来。这样,政治极端的伟大人物便不仅从社会和历史的角度,而且从人的角度被塑造出来了。假如瓦尔特·司各特把他的真正重要的人物之一放在作品的中心,那么便不可能使他同他的对手发生人的、符合情节的关系,小说便变成一个"首脑或国家行为",即一桩重大历史事件的描写,但却不是一个震撼人心的人的戏剧,而我们正是在这个戏剧里按照他们得以展开的人性,认识了一场伟大历史冲突的全部典型代表。

瓦尔特·司各特的叙事技巧就表现在这种结构方式中。但是,这种技巧并非来自纯粹的艺术上的推敲。瓦尔特·司各特本人对于英国历史,就采取了介乎两个极端派别之间的、"比较中立"的观点。他既反对激烈的清教徒,特别是在他们的平民化的潮流中,也反对斯图亚特王朝的天主教化的反动。因此,他的创作的艺术本质,正是他的政治、历史态度的反映,正是他的世界观的表现形式。介乎党派之间的主人公不仅是从人的角度生动表现两党领袖的良机,而且同时还是瓦尔特·司各特的世界观的表现。司各特从人的角度进行创作的重要意义当然在于,他尽管在政治和世界观上偏爱他的主人公,但他清楚地看到并且令人心服地表现出,那些极端党派的强有力的代表们在人品上大大超过了他的主人公。

我们举出这个例子,是由于它简单的缘故。因为,就司各特的情况来说,世界观和创作方法之间只有一个不很复杂的首先是直接的关系。至于其他伟大的现实主义作家,这种关系大都是间接而复杂的。

"比较中立的"主人公有助于叙事作品的构思,这个情况对于小说来说乃是一个形式上的布局的原则,它可以采取多种多样的方式表现在创作实践中。这个"比较中立的"人物性格倒不必表现为庸庸碌碌,它毋宁可以来自社会地位,可以是人物一度有过的境遇的结果。问题只在于找到那个中心人物,使被描绘的世界中所有重要的极端在这个人物的命运中交错起来,从而围绕这个人物建立起一个具有生动矛盾的完整的世界。例如,拉斯蒂涅作为没有财产的贵族,他的社会地位就是伏盖公寓这个世界和贵族社会这个世界之间的媒介;吕西安·特·吕庞泼莱的踌躇不决,就是贵族社会及新闻界的野心家们和专注于真正艺术的达赫台小圈子之间的媒介。

但是,作家必须有一个坚定而生动的世界观,他必须按其动荡的矛盾性观察世界,以便一般地能够选择一个可以在其命运中交错种种矛盾的人来做主人公。伟大作家的世界观是多种多样的,世界观在叙事作品中的表现方式更是多种多样的。因为,一个世界观越是深刻,越是与众不同,越是为生动的经验所营养,它在作品中的表现便越是可以千差万别,变化多端。

但是,没有世界观,就没有作品可言。福楼拜深深地感到这种需要。他一再引述过布封①的这句深刻而优美的话:"正确地写作,同时意味着正确地感觉,正确地思维和正确地表达。"但是,他却把其中的关系弄颠倒了。他给乔治·桑写信说:"为了正确地写作,我要努力正确地思维。但是,正确地写作才是我的目标,我不隐瞒这一点。"因此,福楼拜并没有在生活中获得一个世界观,也没有在他的作品中把这个世界观表现出来;他只是作为诚实的人和重要的艺术家,为一个世界观而奋斗过,因为他懂得没有世界观,就不可能产生伟大的文学。

这个颠倒的方法不可能有任何收获。福楼拜在致乔治·桑的同一信中以惊人的坦白承认了他的失败:"我对于生活缺乏一个稳定的

---

① 布封(Buffons,1707—1788),法国学者,批评家。

广泛的观点。您千真万确地说对了,但是哪里能有办法改变这一点呢?我问您。您不要用形而上学来解释我的愚昧,不论是我的愚昧,还是别人的愚昧。一方是宗教或天主教之类字眼,另一方是进步、博爱、民主之类字眼,已不再适合当前的精神要求了。急进主义所宣扬的新的平等教义,已被生理学和历史经过试验驳倒了。我觉得今天不论是寻找新原则,还是重视旧原则,都没有什么可能性。所以,我探求这个为其他一切观念所遵从的观念,但却找不到。"

福楼拜的自白非常诚实地表示了一八四八年以后资产阶级知识分子的普遍的世界观危机。但是,客观地说,这个危机存在于他的所有同时代人身上。在左拉身上,它表现为一种不可知论的实证论:他说,我们只能认识和描写事件的"怎么样",而不能是它的"为什么"。在龚古尔身上则产生了一种对于世界观问题马马虎虎的、怀疑的、肤浅的无所谓态度。在帝国主义时期不可知论日益发展成为一种神秘主义,这决不如当代许多作家所设想的那样,是世界观危机的解决,恰恰相反,只是它的加剧而已。

作家的世界观诚然不过是他的生活经验经过综合的,被提高到某种普遍化高度的总和。世界观对于作家的意义,福楼拜了解得完全正确,就在于它使作家能够在一个丰富而有秩序的联系中看出生活的矛盾;就在于它作为正确感受和正确思维的基础,提供了正确写作的基础。作家如果同生活中生动的共同战斗,同富于变化的共同感受相隔绝,就使所有世界观问题变得抽象起来。不论这种抽象化表现为一种伪科学,表现为一种神秘主义或者一种对于重大生活问题的无所谓态度,它都一样剥夺了世界观问题在艺术上的丰饶性,而这种丰饶性正是世界观问题在古代文学中都具有过的。

没有世界观,就决不可正确地叙述,决不可能创作任何正确的、层次匀称的、变化多端的、完善的叙事作品。而观察、描写就正是作家头脑中由于缺乏多采多姿的生活情况而采用的代用品。

叙事作品怎么能够在这样的基础上产生呢?这样的作品又是个

什么样子呢？现代作家的虚伪的客观主义和虚伪的主观主义造成了叙事作品的图式化和单调化。就左拉型的虚伪的客观主义而论，一种题材范围的客观统一就是创作的原则。这种创作的基础就在于：题材范围的所有重要的客观因素是从各个不同方面呈现出来的。于是，我们看到一系列状态性的图画，一系列静物画，这些图画只是作为题材而互相联系，按照它们的内在逻辑而并列在一起，从来不是相继发生的，更勿论它们的因果关系了。所谓情节只不过是把那些状态性图画串连在一起的一根细线，它为一些个别的状态性图画造出了一种肤浅的，在生活中不起作用的，在创作上带偶然性的时间连续性。这样一种创作方式在艺术风格上的可变性是很小的。作家们不得不凭借被表现的题材的新奇和描写手法的独创，努力使人忘却这种创作方式的天生的单调性。

　　那些从虚伪的主观主义的精神产生的小说，它们在艺术风格上的可变性并不比前者更大多少。这类作品的模式就是现代作家的基本经验——幻灭的直接反映。先总是对主观的希望从心理上加以描写，然后通过不同生活阶段的描写，把希望在粗暴而残忍的资本主义生活中的破灭表现出来。当然，这类作品从主题来看，可以有时间上的先后次序。但是，一方面这种时间上的先后次序总是千篇一律，另方面主体和世界的对立是那样呆板而又突然，以致根本不能产生激动人心的相互作用。现代小说（乔伊斯、朵士·帕索斯）中的主观主义的最高发展阶段，事实上已经把人的内心生活变成了一种静止的物件般的状态化。说来令人难以置信，到了这一发展阶段，极端的主观主义重又近似虚伪的客观主义的死一般的物件化。描写方法就这样导致一种创作上的单调性，而被叙述的故事情节则不仅允许，并且促使作品不断变换风格。

　　但是，有人会问：这种发展难道是不可避免的吗？不错，它破坏了古代的叙事作品；不错，新的作品跟旧的文艺作品不可同日而语，这都可以承认——但不正是这种新式的作品恰当地表现了"既成的"资本主义吗？不错，它是非人性的，它把人变成一件事物的零件，一个状态，一幅静物画——但不正是资本主义在现实中把人弄成这个样子吗？

这些话听起来很顺耳，但是不正确。首先，在资本主义社会还生活着无产阶级。马克思尖锐地强调过资产阶级和无产阶级对于资本主义非人性的反应的差异。"有产阶级和无产阶级都表现了同一种的人的自我异化。但是，前者在这种自我异化中感到舒适而巩固，懂得异化就是它自己的权力，并从中得到人类生存的假象，后者在异化中感到自己被毁灭，从中看到自己的软弱无力和一种非人生存的现实。"马克思还进一步指出了无产阶级对于这种异化的非人性所感到愤怒的重要意义。

但是，如把这种愤怒在文艺上加以表现，描写方式的静物画就会被一扫而光，自然而然地有必要讲求故事情节，采用叙述方法了。这里不仅可以举高尔基的杰作《母亲》为例，甚至像安德生·尼克索的《战胜者贝莱》这样的小说，也表现出这样一种同描写方式的决裂。（不言而喻，这种创作方法来源于同无产阶级阶级斗争相联系的作家并不与世隔绝的生活方式。）

但是，马克思所说的反对资本主义制度下的人的异化的愤怒，仅仅存在于工人中间吗？当然不是。所有劳动者屈服于资本主义的经济形式的过程，实际上自始至终是斗争的过程，在劳动者中间引起了各种各样的愤怒。甚至不小一部分资产阶级分子也只是逐渐地，只是在艰苦斗争之后，才被"训练"到具备资产阶级的非人性。近代资产阶级文学在这一点上证明了不利于它自身。它的与众不同的选材方式，对幻灭的表现，表明这里存在着一种反抗。每一部幻灭小说都是一种失败的反抗的历史。只是这种反抗构思得很肤浅，因此表现得没有实际力量。

资本主义的"既成"的本质，当然并不意味着，今后一切都是固定而现成的，斗争和发展即使在个别人的生活中也停止了。资本主义制度的"既成性"只意味着,这个制度永远是在"既成的"无人性的更高阶段上再生其自身。但是,这个制度不断地再生下去,这种再生过程实际上就是一系列艰苦而猛烈的斗争——即使在个别人的生活中也是如此,因为他并非一出世就是资本主义制度的非人的附属品,而是后来被制造出来的。

采用描写方法的作家们在世界观和创作上的基本弱点就在于,他们毫不抵抗地屈服于既成的结局,屈服于资本主义现实的既成的表现形式。他们在这种现实中只看到结局,而看不到各种对立力量的斗争。而且,即使在他们仿佛表现了某一种发展的情况下,——即使在幻灭小说中,资本主义非人性的最后胜利也是预先安排的。这就是说,在小说的过程中,并没有创造出一个在"既成"的资本主义的意义上僵化了的人物,反之人物形象从一开始就显示了一些表现为整个过程之结果的特征。因此,在小说过程中的结局而出现的特征。所以,在小说的过程中感到幻灭的感情是软弱的,纯粹主观的。并不是一个活人,一个我们作为活人才可以被认识并懂得去爱他的活人,在小说的过程中被资本主义从心灵上谋害了,而是一个死人带着对于自己的死亡日益明确的意识,在状态画的布景面前游来荡去。作家们的宿命论,他们向资本主义非人性的投降(即使咬牙切齿地),决定了这种"发展小说"毫无发展可言。

所以,声称这种写作方式从其无人性中适当地反映了资本主义,是不正确的。恰恰相反,作家们不知不觉地削弱了资本主义的非人性。因为,人们活着而没有激动的内心生活,没有生动的人性和人的发展——这个悲惨的命运,同成千上万个具备人的无限可能性的活人每日每时都在被资本主义变成"活尸"这一事实相比较,远没有后者那么令人愤慨。

试将马克西姆·高尔基描绘资产阶级生活的小说同现代写实主义的作品作一比较,就可以鲜明地看出对立来。可以看出,现代的写实主义即观察和描写的方法由于丧失表现生活过程的真实运动的能力,削弱并缩小了,因而不适当地反映了资本主义的现实。即使同这类最好的小说所能呈现的景象相比,人们由资本主义造成的堕落和残废要更悲惨得多,资本主义的兽性要更卑劣、更野蛮、更凶残得多。如果要说,整个现代文学眼见"既成"的资本主义把生活偶象化和非人化,毫不反抗地投降了,那当然也是不可容忍地把事实简单化了。我们已经指出,一八四八年以后的整个法国自然主义从其主观意图来说,乃是一种反对这一过程的抗议运动。而且,在没落资本主义时期后来的文学流派中,还可以一再看到,它们的著名代表在文学上所做的种种努力都是同这种抗议精神结合着的。各种形式主义流派在人道和艺术方面的著名代表,大都愿意在作品中抨击资本主义生活的无意义。例如,看一看易卜生后期的象征主义作品,可以清楚地看出对于资产阶级日常生活的单调性的反抗。只是这些反抗在任何作品中都必然毫无艺术成果,如果它们没有深入到在资本主义制度下使人的生活变得没有意义的人的基础,如果它们不能在生活中经历到,在世界观中把握住并在创作中表现出人们为了生活的充满意义的形态而进行的真实斗争。

所以,资本主义世界最优秀的知识分子的人道主义的反抗,在文学和文学理论上的意义是非常巨大的。对于这些潮流和著名人物的千变万化的差异,哪怕略加分析,也是本文的篇幅做不到的。只需简短地指出这一点:在罗曼·罗兰的坦率的人道主义的反抗中,已经有了一种企图超越一八四八年以后的资产阶级文学传统的诚挚的努力。人道主义在苏联由于社会主义的胜利而加强,它的目标的具体化,它对于资本主义非人性的最可怕的形式即法西斯兽性的斗争的尖锐化,还从理论上把这些努力提升到一个更高的水平。例如,在恩斯特·布洛赫近年来所写的理论文章中,已经见出对十九世纪下半叶和二十世纪的艺术进行原则批判的端倪。不言而喻,这种批判斗争还没有结束,还没有在一切方面达到原则上明晰的理解。但是,已经有了这样一场斗争,已经同颓废时期做了这样一场原则性的决裂,这个事实就是一个颇有意义的历史标志。

七

但是,这场斗争就是在苏联也远没有终结。我们看到不平衡的发展所引起的一种非常有趣,但对于我们作家却相当可羞的对照。一方面,社会主义经济的巨大飞跃,无产阶级民主政治的迅速扩展,许多杰出人物热情蓬勃地从群众中间的崛起,无产阶级人道主义在劳动人民及其领导者的实践中的成长等等,对于资本主义世界的优秀知识分子的意识,产生着强有力的革命的影响。另方面,我们却看到,我们的苏联文学还没有完全克服没落资产阶级传统的有碍它的发展的残余。

是的,我们的文学甚至还没有完全走上真正克服这些残余的道路。作家协会关于自然主义和形式主义的讨论最清楚地表明:苏联文学如今走了多么短的一条道路。尽管《真理报》的文章写得十分明确,讨论几乎没有触及自然主义和形式主义的原则性问题。奥列霞认为,乔伊斯在形式上比马克西姆·高尔基更有趣,这就显著地表明:迄今很少作家能够清楚理解形式问题,他们拘于晚期资产阶级传统和波格丹诺夫传统,一直把形式同技巧混为一谈。至于形式问题同世界观的深化,同在世界观领域内资产阶级残余的清算等问题的关系,则一般几乎无从谈起;如果谈到,那也是出之于一种庸俗化的态度,只能把问题搞得更混乱,例如有人就把自然主义和形式主义直接看作敌视苏维埃政权的政治倾向。这样,我们就有理由提出这个问题:我们对于一八四八年以后资产阶级文学的纯粹观察和描写的方法所做的那种批评,是不是也适用于一部分苏联文学呢?可惜我们不得不作肯定的回答。

试想一下我们大多数小说的结构吧。它们大都属于左拉式文献小说意义上的客观材料类,即使用更现代化的"最新技巧的成果"装饰起来,也一点不能改变这个基本事实。它们首先不是表现人的命运,不是表现以事物为媒介的人与人之间的关系,而是提出一篇篇关于一个集体农庄、一个工厂等等的专论。人物大都只是作为一些"附属品",作为图解客观事物关系的材料。

当然,这里起作用的不仅是自然主义的传统。我们已在前文中指明:自然主义必然转化为形式主义的企图(象征)。但是,我们还需补充:同自然主义相对立的形式主义企图,在世界观方面却同自然主义一样,对于所有重大问题都采取同样浅薄的立场。人与社会的关系,个体与集体的关系在表现主义和未来主义中,至少像在自然主义中一样被歪曲了、抽象化了和偶像化了。大战以后帝国主义时期的伪现实主义潮流,穷极无聊地复活文献式文学的"新事实派",乃是一种比旧自然主义更其有害的遗产。因为事物对于人的主宰,在这些更新式的形式主义和伪现实主义倾向中,也许显示得更其露骨、更其卑鄙、更其无人性。

例如,前几年发表了如下一个理论性的原则声明,由于它的坦率,可以在这里加以援引,作为有价值的论据。据说,"报纸使我把访问记作为工作方法。阅读了 Koveyer Ampa 的小说,引起了对于事物传记的极大兴趣。长期以来,我感到,一件事物如果在它通过人物的双手的施行中对它加以观察,可能比一部心理小说叙述出关于一个时代的更多的东西。"(重点是我加的——卢·卡·)当然,这样一种"事物传记"的理论很少是这样公开宣布的,也不像这段文字那样粗鄙地变得偶像化。但是,这里只是就一个普遍倾向的极端而言罢了。许多苏联小说在结构上的千篇一律,构成了一个客观素材复合体的传记,而出现在这个复合体中的人则仅为此提供了说明材料而已。

我们的小说之所以单调,正与此有关。大多数作品刚一开始读,就可以了解其中的整个过程:一个工厂潜伏着暗害分子,那里发生了可怕的混乱,最后党小组或者"格别乌"破获了暗害分子的巢穴,于是生产兴旺起来;或者,由于富农怠工,集体农庄不能工作,接着农庄的工人或者机耕站打破了富农的怠工,于是我们看到集体农庄的飞跃发展。

不言而喻，这是一个发展阶段的本身带有典型性的素材。而且一点也不是反对许多作家来写这些素材。恰恰相反，许多作家把一个在社会意义上多少正确的主题说明同一个故事情节的创造混为一谈，正表明了文学修养的低下水平。作家的本份工作，即情节的创造和安排，毋宁说应当从大多数作家认为自己作品已经告成的地方开始。把主题同故事情节混为一谈这个事实，或者不如说，把属于主题的一切事物加以素材上完整无缺的描写，以代替故事情节这个事实，正是自然主义的主要遗产。

故事情节的重要性首先并不在于它的丰富多彩和变化多端。完美情节的这些特质多半来源于这个事实，即只有借助于情节，一个人物形象的真正富有人性的、个别的、典型的种种特征才能变得生动起来，而对主题进行空泛描写的表现方式的单调性，却没有任何可能来塑造已成形的个别的人。如果个别人物有意或无意地、自愿或不自愿地借以体现一般性的那些大小途径的错综复杂性始终没有表现出来，那么生活的真正的多样性、无限的丰富性就必定丧失殆尽了。赤裸裸的主题，如果不是把它作为无数的交叉的偶然性的结果来表现，就只能表示社会必然的道路。在苏联小说中，主题的这种社会必然性是相当明显而直率的。这是作家不能单纯说明主题而必须创造个别情节的又一个重要的理由。缺少这样有个性的情节，倒不在于这些作家缺少才能，而是因为他们拘于虚伪的理论和传统，根本不认识这种必要性。

这类小说的结构同左拉派自然主义作品一样是图式化的——只是征兆相反罢了。在左拉派的作品中，揭露了资本主义事物复合体的空虚性，并且指出交易所和银行的灿烂光辉后面隐藏着多少卑劣行为。而在一些苏联作家的作品中，征兆则是相反的：被隐藏和被压抑的正确原则到最后才取得胜利。但是，在两种情况下，写作方法都是抽象化和图式化的。作家并没有把在社会—历史上正确的东西令人信服地表现出来。

个别情节的缺乏，使得人物变成了苍白的图式。因为人物只有在我们共同体验了他们的行为之后，才能获得一个真实的面貌，获得具有真正人性的轮廓。无论对他们的内心生活进行多少心理学上的描写，还是对一般情况进行多少"社会学"上的描写，都不能取代这种个性情节。而这些小说却偏要这样尝试。书中人物兴奋地乱跑，兴奋地讨论各种题目，这些题目对于他们，对于他们个人命运的重要性却没有在本书中表现出来。所有这些题目当然从客观上说都是极端重要的。但是，这种客观重要性要在作家笔下获得生命，要能够说服和感染读者，只有是在这些题目同作为人而令人感到亲切的主人公的个人关系被个别地（也就是说：通过行动，通过情节）加以表现的时候。如果做不到这一点，人物就几乎无例外地变成了状态图中的点缀。他们时出时没，他们的出没引不起任何真正的兴味。

"时髦的读者"又会发问了：难道现实情况不正是这样吗？人们被委派到什么地方去，然后又被撤换回来，代表团到了，会议举行了，如此等等。被描写的人的关系正符合我们的现实呀。伊里亚·爱伦堡几乎用西方形式主义者惯于援引的同样论据，来辩护真正的叙事形式的解体。据说陈旧的古典形式不再适应新生活的"动力"了。在一种情况下，生活的"动力"意味着腐朽的资本主义的混乱；在另一种情况下，同一种"动力"则意味着社会主义的建设、新人的产生：这种概念和议论具有十足的形式主义的性质。爱伦堡在莫斯科作家大会上说："古典作家们描写固定化的生活形态和主人公。我们则描写运动中的生活。所以，要把古典小说的形式移植到现代生活中来，作者就得做出虚伪的联系，特别是虚伪的解决。报告、速写的盛行，艺术家对于活跃人物的巨大兴趣，所有这些速记、报道、记录和日记，都不是偶然的。"

这正是辛克莱·路易士关于朵士·帕索斯的风格的描述。我们已经回答了这个问题。是的，现实的表象确实是这个样子。但是，它也决不能不是这样,在写作上不能超出这种表象之外的资产阶级作家永远不能为他们的人物引起真正的兴味,而只能塑造出一些点缀品。且从一位伟大作家的作品中摘出一段简单的插曲来看看吧。就是《战争与和平》中的安德烈·保尔康斯基之死。受伤的安德烈·保尔康斯基偶然地在安纳托尔·库拉金被锯掉腿的房间里施行手术。接着,他被送到莫斯科,并偶然地被送进了罗斯托夫家里。现实是这样吗?是的,现实可能是这样,如果伟大的作家运用生活的偶然性来表现他的人物的人的必然性的话。但是,要做到这一点,他又必须对于生活有这样一种眼光,即超出对广大表象的描写之外,超出对无论被观察得怎样正确的社会现象的抽象陈述之外的眼光,即正在这两者之间看出联系,并在作品中把这种联系综合成为故事情节的眼光。由于资产阶级在意识形态上的普遍堕落,这种需求已经消失了。我们的文学状况的固有矛盾就在于:生活日益明确地提出了这一切问题,但是我们的一部分文学却顽强地(如果对于更好的事物表现顽强该多好!)执着于资产阶级颓废文学的已被提高为方法的表象性。幸亏整个文学当然不是这样的。最著名的俄国作家们都感到有深入描绘新生活的必要,越来越发奋努力于个性情节。这种意向在亚历山大·法捷耶夫的近作中表现得特别清楚。

  这个问题绝不是一个文学技巧问题。新人决不可能从这种点缀品艺术中塑造出来。我们必须确切地知道,我们必须作为人来体验:他是从哪里来的?他作为人的成长又是怎样实现的?对过去的描写,对"既成的"新人的描写,像一幅幅对应的状态画一样,对于作家来说,永远是平庸的。即使这类描写以异想天开的形式出之,即使它似乎是未知前提的谜一样的结果,那也摆不脱这种平庸性。例如,沙金孃的《水力发电站》中的"红头发",第一次出现时是非常有趣的。但是,因为沙金孃既没有叙述他是怎样变成这样一个人,也没有用个性情节让他的已经写得很有趣的那些特征发展下去,于是兴趣便消失了;我们没有灰色的平庸,却有了五颜六色的平庸。

许多作家越来越深切地感到有必要让读者了解他们的人物的内心生活。同初期苏联文学相比，这无疑是前进了一步。但是，不能忘记，这种内心生活在一部小说中同样只有同故事情节发生关系，只有作为前提，作为一个个别行动的阶段或结果，才能有意义。就其本身而论，对内心生活进行状态性的描绘，正如对事物的描写一样，也是一幅静物画。革拉德柯夫在他的《能》中，让一个人物写了详细的日记。但是，这个人物不论其前其后都没有在情节中扮演一个重要角色。就情节而论，让读者读到这些日记，实在没有必要。它不过是"文献"，不过是对一个状态的描写，一刻也没有把日记作者提到点缀品的水平以上来。

描写的方法使这类小说失去了任何悬念。社会发展的辩证法使读者从一开头就看到了纠纷的结局。但我们知道，从真正的叙述的观点来看，这并不是真正悬念的障碍，甚至还能给悬念提供一个真正的叙事性格——但只是当已知的结局在一系列有趣的人的命运的连锁过程中逐渐被揭露（时而近在咫尺，时而远在天涯）的时候。

描写的方法则根本没有悬念可言。结局往往是按照社会观点——从写作角度来看，就是抽象地加以确定的。但是，通向这个结局，却没有任何故事情节可以作为伏线。许多段落一般都充满着书中人物对于突然事变的困惑心情，而从这些事变中又往往"突然地"发生了转折。描写方法的矛盾就正是在这一点上显著地发挥作用。特别是当——正如我们许多作家所做的那样——描写是按照书中人物的观点来完成的时候。因为这时便产生了某一个状态的图画，一个由事物和忙于这些事物的人们所构成的复合体的图画，而这一切又是从一个困惑的、不知其所以然的旁观者的观点来描写的。而如果题材是"客观地"，也就是从一般性主题的观点来描写的话，描写就同人物形象没有任何内在联系，并把后者进一步贬低到点缀水平以下了。

因此，在这类小说中，新人看来不像是事物的主宰，倒是它的附属品，是一幅宏伟的静物画在人物方面的组成部分。流行的描写方法正是在这一点上同我们伟大时代的基本历史事实相矛盾了。不言而喻，在所有这些作品中都这样断言，人已变成了事物的主宰嘛，他也是作为主宰而被描写的嘛。但是，这样断言并无济于艺术。人与环境的关系，人在同环境的斗争中所展示的力量，只有在真正被描绘出来的斗争中才能获得表现。如果对必然与自由的斗争按照正确的叙事方式加以叙述，并且最充分地描绘出人所展示的力量，那么作为基础的人物也会在人性上变得伟大起来。巴尔扎克的主人公大多数是在生活中遭受挫折的，高尔基的《母亲》中的主人公还在肉体上受到摧残，并被投进了监狱——尽管如此，他们身上还是显现出巨大的力量发展，在后者身上甚至还可看到对于生活的征服；而如果把事物支配人的情况加以描写，那么在艺术上便使得事物对于人占有优势了。

我们已经说过：自然主义和形式主义缩小了资本主义现实，把它的可怕情景描绘得比实际上脆弱得多，琐细得多。自然主义和形式主义的残余，观察和描写的方法同样地缩小了人类最伟大的革命的变革过程，使它变得表面化了。

运用这种方法的资产阶级作家本能地感到他们的描写缺乏内在意义，苏联作家也有此同感。资产阶级作家由于试图利用造作的、纯粹表演性的手段，来补救被描述的人和事的毫无意义，于是在作品中引进了象征，若干无产阶级作家也是如出一辙。可以举出许多貌似深刻、小题大作的实例来说明这一点。更其可悲的是，这个情况十分经常地发生在那些确有能力使他们的故事从内部产生一种真实意义的作家们身上；正是按照伟大的俄国现实来衡量，象征不过是对于内在诗意的一种可怜兮兮的代用品。而且正是由于这个缘故，这种手法必须通过最尖锐的批评来加以扑灭。例如，在伊连柯夫的《主动轴》中把无害的浆果夸张为血的象征，在沙金孃的作品中把山水溪流拟人化，特别是革拉德柯夫的新小说的结尾几行："杆子上的电线用遥远的声音歌唱着，仿佛某种没有完结的圣乐的柔和谐音若断若续一样。悬岩背后的进口轨道下，男男女女的嗓门在互相呼叫，他们大概是岔道工吧。——'……把车引到上面轨道上来……到上面来……''是的,我知道,到那条新的、通向堤坝的……'是的,密朗凝望着蔚蓝的黎明想到,是的,到新轨道上来……生活正在不断地铺设新轨道。"如果一个左拉或者易卜生由于对他所描绘的资本主义日常生活的内在空虚感到绝望,因而采用象征手法,那是可以原谅的,而且几乎是带悲剧性的。对于以苏联这个无比雄伟的现实为题材的作家,采用象征手法就无从辩解了。

所有这些写作方式都是资本主义的残余。但是,意识中的残余永远表示着存在中的残余。在共青团代表大会上,作家的生活方式受到了严肃的批评。本文只提出这样一个问题:我们文学中那些"观察家"典型的顽固残余,一定是在作家本人的生活中有着深刻的根源。这不仅是指那种简单的,直接以无政府主义方式表现的,意在达到孤立化的个人主义。专门研究有关文件,对叙事文学问题做新闻报道式的反应,按照左拉方法对人物进行"拘票式"的描写,统属于这个问题的范围。这一切说明了:还不是所有苏联作家都能够汲取丰富的、被体验过的生活素材,创作出伟大的小说,他们往往是带着特定的目的,搜集和整理观察得来的材料,以赤裸裸的新闻手法或者抒情-象征手法加以装饰,从而把这材料描写出来。

当然,也有不少苏联作家完全不是这样创作的。考察一下他们对于从中汲取素材的生活基础的关系,就可以看出一种对于生活本身的根本不同的态度。只要指出肖洛霍夫的艺术和生活,就足以说明问题。

因此,即使在苏联,体验和观察的对立,叙述和描写的对立,也是一个作家对于生活的态度问题。但是,像福楼拜这样的作家都认为可悲的一切,发生在苏联就简直有点荒谬了,这是一种还没有克服的资本主义残余。但它能够被克服,也是会被克服的。

刘半九 译

文学与文学批评*

V. 尼古拉耶夫

一

苏联文学底任务就是去记录社会主义时代底英雄本质,它的基本意念就是去描绘不断前进的苏联社会生活,去抒写各时代的新人底最优良的特征。

这不是一种消极的记录,苏联文学是人民教育底一种强有力的工具。高尔基说得很恰当,它执行"助产婆和掘墓人"底双重任务。实在地,它帮助形成新人类,破坏一切妨碍新社会底建立和人民底精神发展的事物。

通向共产主义的道路不是一条牧歌式的宁静的道路。苏联人民必须进行一次艰苦的斗争来巩固新的生活制度。苏联国家底精力和生存力底最好的证明,便是它在伟大的爱国战争中的划时代的胜利。

在全部苏联历史中,我们的文学一直和人民一起,援助他们,鼓励他们克服困难,帮助增强苏维埃爱国主义感情。

苏联文学仅只服务人民底利益;它也不能是别样的。因此,作为强有力的教育工具之一,在它身上有着很高的要求,目前伟大的工作

---

* 译文原刊《文学与人民》(武汉通俗图书出版社1950年版),原文来自俄文书刊。

便是提高人民底文化水平和政治觉悟到更大的高度。

假使不归作家们——如斯大林所称呼的,这些人类灵魂底工程师们——去担当提高苏联人民底新的创造性的进度,显示他们的文化财富底成长这件崇高的事业,还能归谁呢?

这是一桩严肃的工作。它对作家本身提出伟大的要求,作家们必须对于他们所写的各种新现象具有良好的知识,并且必须具有察看它们的能力。

"我们的作家们底工作,"高尔基说道,"是一桩艰难而复杂的工作。它不单在于批判旧有的生活方式和暴露它的罪恶底传染性,他们的任务是去研究,去构成,去叙述,'并从而肯定,新的生活方式'。一个人必须学习看见未来底火花是怎样照耀的,怎样燃烧成为火焰。青年作家们有着充分材料来写这个国家里生活底新鲜愉悦,创造力底形形色色的繁荣。"

在当代生活底一切表现里,作家必须发现,并且真实地描写出,新事物底开初和发展,它对陈旧的濒死的事物的胜利,并且显露出在生活里产生作用的辩证过程。真实的重要的作家是这样的人:他的工作对于新事物底巩固和发展有所贡献,而且他不倦地召唤人们为着生活中每件进步事物从事斗争。

文学底这种高尚的尊贵的任务——帮助新现实显露锋芒——自然也将重要的问题提交到文学批评家们面前。

俄国文学批评有着伟大的传统。另外没有国家像俄罗斯有过这样一些批评家。别林斯基,杜勃留波夫和车尔尼雪夫斯基是举世皆知的名字。

文学批评底革命民主派底第一个卓越的代表,维萨里昂·别林斯基,提出了约束一件艺术品的主要的原则,其中主要的便是思想底高尚和为人民的服役。文学欣赏底这些新原则立刻使十九世纪俄国文学批评和支配外国资产阶级文学与批评的唯心理论形成强烈的对照。俄国进步批评家们全盘排斥了在艺术批评中为形式主义辩护的康德和席勒底理论，以及将中世纪艺术理想化的沙托布里安底理论。别林斯基曾严酷地批判过圣·甫弟，因为后者接近一件文学作品时，竟偏狭到将它当作一件纯属个人气质底现象。

恩格斯正确地说过，"在俄国文学中的历史学派和批评学派"，比起在德国或者法国来，是站在"一个极高的水准"之上的。别林斯基，车尔尼雪夫斯基和杜勃留波夫不仅只对俄国人民启示了俄国古典作品底社会学的、历史的和哲学的含义，及其思想内容和艺术价值底丰富，而且还积极地提高了文学底发展。

俄国革命的民主的批评曾专心致力于高度原则性的、战斗的、热情的、高尚的思想。它教育作家，而且指导文学底发展。它帮助俄国作家们去看清与民主理想为敌的反动势力，倒退的生活面相，而且使那些在意识形态里翻覆无常、游移不决，规避实践文学底社会责任的作家们身受严厉的责罚。

每个进步作家底作品被审查和评价时，都是根据下面这个观点：看它在人民解放斗争中提高进步意识达到何种程度。俄国民主批评家们认为文学作品是教育人民的有力的工具。从别林斯基开始，他们从不接受"纯艺术"理论，永远提出艺术和文学底社会意义。

当和一些主张艺术与社会生活之其他面相毫无共通处的人们辩论时，别林斯基写道："任何地方从来没有过这样的艺术。……在我们的时代里，比较过去更其如此，艺术和文学已经成为表现社会争执的工具。艺术已经为它们服务。否认艺术有为公共利益服务的权利，便是意味着降低艺术，而不是发扬艺术，因为这种作法等于剥夺了艺术底最重要的精力，那便是思想，使艺术成为一种放僻邪侈底源泉，懒惰浪子们底玩物。"

俄国民主批评家们被时代底进步的愿望所领导，那便是破坏农奴制和沙皇制，创造一种理性的自由的民主的社会秩序。他们正确地断言道，只有在一些适应时代基本要求的强烈而又能生的思想底影响之下产生起来的那些文学倾向，才被决定可以兴盛。

M. I. 加里宁,非常关心文化问题的卓越的苏联政治家,曾经适切地谈述过革命民主的文学批评所担当的伟大的任务。"在俄国文学史和政论史上,或许没有人,像别林斯基,车尔尼雪夫斯基和杜勃留波夫,在人们底心灵上具有如此的权势,而且如此奏效地激发人们底公民感,推动他们为着民主革命向专制政治斗争,"他如上说过。

苏联文学批评,它的道路为列宁和斯大林底伟大思想所照明,续承了古典批评底宝藏。

远在一九〇五年,在向沙皇制度进行坚决攻势的前夜,列宁就曾有系统地陈述过文学上党派精神底原则,它已是苏联艺术、文学和文学艺术批评底全部发展中的决定性的原则。列宁指出,只要有斗争在反动力量和进步力量中间进行,就不会有超乎阶级斗争的文学,不会有非党派的文学。拥护作家底自由的资产阶级理论全然是假仁假义的,不过用来掩蔽艺术家投靠钱袋这件真相而已。列宁写道,"……因为社会主义无产阶级文学不能是一个为个人或团体牟利的工具,一般言之,它不能是一件超然在无产阶级共同目的以外的私人事情……文学底目的必然变为无产阶级全部目的之'一部'……"

反动文学家们永远是喧噪地争辩道,在艺术中党派精神底原则确实是跟艺术与批评底自由相矛盾的。让他们去说吧!今天,每个人知道得很清楚,在资本主义国家,艺术与批评底自由等于些什么。在那里,艺术和文学是交易品,自吹自擂的手段,在那里,作家和批评家都向垄断企业卖身投靠。文学和批评底真实自由只在一个真正的民主制度下面才成为可能,而且只存在于为人民服务的行动里。

一切为艺术而艺术的理论,恰如一贯地,现在正从快被扫出社会竞技场的、堕落的、精神上衰朽了的阶级发散出来。

旁的不谈吧,只回忆一下十九世纪初期那些反动的浪漫主义者,例如湖畔派,德·文尼和诺伐里斯,他们主张艺术超越现实,主张艺术是神秘的无限底一种表现。这些"理论"不是旁的,只是被法国大革命倾倒到历史垃圾堆里去了的反动阶级意识形态底一种反映。

这同样是大家知道的,逃避现实变为十九世纪末尾几十年间资产阶级颓废艺术底策略。

艺术是一个谎,奥斯卡·王尔德在发挥世纪末颓废审美家们底心爱的议论时,就曾这么提出过。根据这个歪曲的见解,那么——一件作品愈是和生活分裂,它愈是和真理不相结合,它的艺术价值便愈是大。因为惧怕现实主义(这是偶然的,他竟将一切归功于它),佛洛拜尔宣传隐退到纯艺术里去,劝告作家"带着他的梦幻独自缩进象牙之塔,像一名烟雾飘渺的庙宇里的印度舞女。"声名狼藉的"象牙之塔"对于颓废美学"理论家们"变成了一个口号,他们意图掩饰这个伟大作家底悲剧。这个作家曾经找寻过这座"塔"的,结果由于感觉到"手足无措",认识到"地面在他脚下滑脱",而被赶进了一条绝路。佛洛拜尔底忏悔就是承认了资产阶级艺术在开始崩解。随便资产阶级作家会怎样设法用不关心政治这片无花果树叶(即遮羞布——译者)掩盖他们自己,他们的"纯艺术"理论却彻底地渗透着反动政治,而且他们的"纯"艺术却追逐着决非纯洁的目的。英国进步诗人罗伊·福勒曾经写道,虽然英国资产阶级作家们欢喜谈论什么文学远离政治,英国的文学政策却追随着在美国发源的反对苏联的帝国主义政策。

我们不必远寻证据。就拿名声颇为暧昧的英国杂志《地平线》来做例子吧。这个刊物从不厌倦地宣布它自己是在"党派政治"之上的,并且使它的读者觉得艺术本身就是目的,它被引证可以导向一个独立的存在,这就是它自己的报偿。然而这一点却决不能防止这个"非政治"的"无关心"的刊物,在它底"意识形态上超然物外"的篇页上,发表攻击苏联的谎话和诽谤。

二

苏联文学批评家们在审定一篇作品时所要回答的基本问题便是:它对人民有益处吗?它在读者身上发展了积极的德性吗?它对他的

意识形态上和道路上的进步有所帮助吗？

苏联文学批评拥护艺术中的高尚思想，对外来的资产阶级观点、无原则性、形式主义和反马克思主义的庸俗化，予以坚决的排斥。批评家们聚集直到今天的，理论性的和创造性的经验，对于这方面的更远的进步，打下了一个很好的基础。

苏联文学批评底开拓者，普列汉诺夫，额诺夫斯基，卢那察尔斯基和高尔基，在这个题目上曾写过一些优秀的作品。他们的教训便是，在分析一件艺术作品时，批评家必须证实它对生活的关系，它在处理重大过程时的诚实性，以及它的思想内容。批评家必须证实艺术家是怎样接近现实的，作为一个照相师呢，或是一个有创造力的艺术家。批评家必须指明，某件艺术作品怎样地处理生活里面作为时代特征的新因素。

一方面分析一件艺术作品底内容，批评家也鉴定它的艺术形式。别林斯基相信一件文学作品底美学分析是文学批评底基本成分，同时他强调一件作品底最重要的标准就是它的内容——它对生活的忠实，它概括现实的深刻，以及它所包含的进步意识。

批评分析底超越群伦的范本可以在列宁和斯大林底文献里找到。他们的宏阔的生活知识，和对于辩证法的辉煌的运用，使他们能够对于多方面著作（经济学，政治学和文学）做出模范的分析，从为社会主义而斗争的立场来处理它们。列宁和斯大林底著作对于批评家们和政论家们是一所伟大的学校。

列宁底关于文学问题的文章以极度的明澈性启示出反映在文学作品里的社会进程底本质和性质。在他的论托尔斯泰的文章里，列宁无比地说明了这个伟大作家底见解和作品底矛盾，指出他的力量和弱点正是第一次俄国革命时期中农民运动底力量和弱点底一个表现。列宁底关于托尔斯泰的论文题目——《列夫·托尔斯泰，俄罗斯革命底镜子》，就表现出列宁在分析这个优秀作家底作品时所有的见地。

苏联文学批评底主要工作便是帮助作家去辨识和描绘我们的社

会主义现实里面的新因素，并且通过艺术媒介去记录最优良的人类底品质。

正面的伟大的事物是苏联文学底显要成分。和主要暴露社会不平的俄国古典文学不同的，新兴苏联文学描绘着一个先进国家底生活，在那里真实的人类关系正表现出来了。这句话，当然并非说作家们忽视了他们周围的消极现象。相反地，暴露保守性、落后性和所有一切资产阶级残余正是文学和文学批评底重要工作。

关于描写苏联人民生活，苏联文学光荣地完成了许多明显的成就，一开始，它就积极参与争取新生活方式的斗争。它从"革命"和"内战"底、我国（指苏联）恢复和转变的英雄时代底事迹，取得题材、主题和形象。举例说吧，苏联社会开初几年，为了给后代看，被记载在若干较大的作品里，如绥拉菲摩维奇底《铁流》，法捷耶夫底《十九个》（即《毁灭》），肖洛霍夫底《静静的顿河》，阿列克谢·托尔斯泰底《苦难历程》，奥斯托洛夫斯基底《钢铁是怎样炼成的》和富尔曼诺夫底《夏伯阳》。这些叙事史画描绘了人民底英雄主义，人民使他们的社会主义国家变得坚强无敌，保卫它不受到从四方向它扑来的恶敌的攻击。

革拉特珂夫底《士敏土》①，潘菲诺夫底《布鲁斯基》和肖洛霍夫底《被开垦的处女地》在苏联文学中则记录了一个崭新而有意义的阶段，光辉地处理着和平建设，创造性的劳动，为战争所破坏的经济底复原。

在后几年，苏联作家在他们的作品中又结合了人民为建立社会主义而斗争的一些最本质的因素。

除了描写社会主义现实外，苏联文学还描写古老的革命前的俄罗斯底生活。我们的作家所写的作品在这个国家底历史里添上了最重要的篇页。写历史场面的杰出的书籍包括阿列克谢·托尔斯泰底《彼得一世》，塞尔格耶夫－灿斯基底《塞瓦司多波尔的日子》，乌雅奇司

---

① "士敏土"是水泥的音译，苏联作家写的一部长篇小说，被鲁迅先生推介给中国读者，开始被译为《士敏土》。

拉夫·喜希诃夫底《艾米里扬·普格奇夫》，赛尔盖·鲍罗廷底《德米特瑞·德翁思诃依》，和诺维科夫－普里波依底《对马》，只举出这几本来罢。

主题和情节底多样性，和表达新旧事物底最重要、最本质的各方面的能力，是苏联文学底特征，这种振人心弦的勇敢而乐观的文学实在能够被称为苏联人民底有价值的精神食粮。

我们的文学底最优良的特征，它的热忱的爱国主义，和人民的重大的结合，在伟大的爱国战争里全部被表现出来了。法捷耶夫底《青年近卫军》，戈尔巴托夫底《不屈的人们》，瓦西列夫斯卡娅底《虹》，西蒙诺夫底《日日夜夜》，特瓦尔多夫斯基、伊萨科夫斯基和塞尔诃夫底诗篇，和列窝诺夫、考涅楚克、西蒙诺夫和包戈廷底剧本，通过神奇的信实的形象，表现了苏联人民底英雄主义和不屈不挠的意志。

我们作家们底所有这些成就，在若干程度上，就是我们批评家们底成就，他们帮助前者，概括他们的经验，解释并普及他们的作品。但是，苏联公众却时常对于文学批评表示不满，责备批评家们常常不孚众望，没有在文学中为崇高的思想而斗争，一若他们所应当的。实在地，有些批评家在分析一两个作家底作品或某篇小说、故事或诗歌时，确是太不讲究原则了，竟使公共利益服从他们私人的或团体的利益，有时抛掉生活和文学底要求，忘却批评家作为作家底教师的庄严的责任。

文学批评家，不仅在处理他所批评的作品上，而且在了解作家所描写的生活上，必须是无可责备的。而所谓了解生活不仅只意味着了解一两个集体农场或其分场是怎样工作的，或者一个工厂是怎样建立起来的，或者生产计划是怎样完成的。

这一切只是问题底一面。我们知道，左拉对于他所写的事物曾做过最仔细的研究。为了要描写一个火车司机，他亲自驾驶过一个火车头；为了能够写一本关于煤矿工人的小说，他亲自钻到煤矿里去，而且他还研究了大量的文件资料。然而，如恩格斯所说，在作品底真实性上，左拉是远不及巴尔扎克的。事情底症结在于，一面既要熟悉现象，另一面更要能够理解社会发展底本质过程。

三

自从第二次世界大战，自从苏联政府着手大批计划恢复并继续发展这个国家以来，在对于苏联文学艺术底继续进步有着重大关系的许多意识形态问题上，已经采取了一系列的决议。这些决议本身组成了一个完整的审美计划，一个社会主义现实主义的计划，它依照生活所提的新要求，将作家们底注意力移向了社会主义现实底迅速发展和苏联人民底进步。

在这些决议里，对于文学中、音乐中、电影院和舞台剧目中的缺点有了充分的说明。这点被指出了，某些作家和艺术工作者已经忘却什么是最重要的——那就是，他们的工作必须为人民服务。因此出现了左琴科和阿克玛托瓦底虚伪的悲观的作品，以及若干剧院上演一些歪曲苏联人民的、空虚而浅薄的剧本。

在一封写给《文化与生活》底编辑的信里，优秀的电影制片家艾逊斯登举出这个事实，在紧要关头艺术家们竟忘却我们的艺术所应服务的那些伟大理想，来解释拙劣影片底制造。

"我们有些人看不见在全世界向我们的苏维埃理想和我们的意识形态所发动的不断的斗争。有时我们有些人忘却了，在全体人民共同努力建设共产主义的这些年代中，我们的艺术所担负的高贵的战斗性的教育工作。"

这点也指出了，关于舞台剧目的不令人满意的事情，也是由于戏剧批评上的缺点。文学批评害了同样的毛病。

近来，这些问题在苏联报纸刊物上，在作家和批评家底会议上，已经成为一个详尽的讨论底课题。例如，许多报纸，《文学报》就是其中之一，责备批评家对于 A. 苏佛罗诺夫底《伯克托夫底生涯》和 V. 科热夫尼科夫底《发光的河》之类的剧本给予了不适当的赞扬。苏联公众要求批评家要有高度的原则性,要在讨论一件艺术品时放严格些。

这是十分自然的,文学和文学批评上的这些缺陷,在苏联激起了广泛的讨论,因为社会主义社会底人民不会陷入自满,不会休息在他们的桂冠上。相反地,批评和自我批评是他们的固有的品质,使他们经常追求完整,克服缺点,不可抗拒地向前进步。

这也不是偶然的,现在苏联文学各部门有了新的重大成就,出现了许多著名的作品(例如,在小说方面,我们近来已经有了很多成功的贡献,作家有巴巴耶夫斯基,阿热耶夫,勒柏瑞克梯,格勒德科夫,费丁和阿也卓夫)证明我们的文学底迅速的创造的进步,同时在艺术性、形式、文学技巧等问题上也有了强调。这些都是苏联作家和批评家们所注意的问题。这是热烈的讨论底中心题目。因为这就是苏联文学底力学;它决不停滞在它的成就里,或者歇下来欣赏它的最显著的胜利;它并不奖励自满。它生来就有着向新高点的追求。

这就是苏联文学,因为这就是苏联社会和苏联人,他们不能容忍停滞,他们是建设者,他们永远向前突进。

古典作家及其现代意义*

I. 阿斯达柯夫

在一九四八年年底,被认为是"纯艺术"底"独立"的祭司长的摩利斯·克拉微尔(Maurice Clavel)宣布道:"我赞成作家和艺术家有权利在政治上表现中立,怀疑地冷淡,甚至放懦怯些。"这充分地说明了,这段宣言不是在什么"独立分子们"咖啡馆里,而是在戴高乐底政党会议上发布的。

克拉微尔底宣言,对于艺术家底"中立性"和"独立性"底辩护论者们,是最富有典型意味的。任何知道一点资产阶级文学的人都明了,在"艺术底独立性"的掩饰下面,所谓"纯艺术"底思想家们经常服务于剥削阶级底最可嫌厌的目的的。"纯艺术"理论在热衷于肉食资本主义利益上,是一块中意的幕布,因为它永远将艺术家底独立性隐藏在"钱袋"里面。

苏联文学公开地和人民,和他们的需要,和他们的希望和志愿相契合。那里存在着它的力量底、它的新鲜和活力底无穷尽的泉源。高尚的思想内容和对人民的不可分解的联系,丰富了苏联艺术家底工作。

社会主义现实主义在人类底艺术进程上引进了一个新的纪元。

---

* 译文原刊《文学与人民》(武汉通俗图书出版社 1950 年版),原文来自俄文书刊。

发展了并且实际贯彻了社会主义现实主义底伟大原则,苏联文学家对为艺术而艺术的反动理论,对艺术远离生活政治的超然性,永远进行着一种无情的斗争。

对于任何了解艺术和文学在现代世界中的地位的人,这一定是很明白的,在今天世界文学中存在着两种基本倾向。

第一种是堕落的颓废的倾向,它和气息奄奄的资本主义世界不可分开地相关联;第二种是和第一种完全相反的倾向,艺术底发展和繁荣的倾向,它和胜利的社会主义制度不可分开地相联系。

在社会主义社会底情况中,进步艺术不但不承认对于政治的任何回避,而且相反,它自己构成了一种积极的、政治上前进的力量,拥护艺术底纯洁性和高度思想内容。

为俄罗斯革命民主作家和批评家们提升到如此高度的,俄罗斯现实主义艺术之进步传统底继续和发展,是苏联艺术底理论和实践中一种最重要的不可缺少的构成部分。在过去的遗产中对于进步人类是美好而又有价值的一切事物,不但为社会主义社会细心地保存下来,而且被发展了,变丰富了,被灌注了新的生命。这些价值之一便是革命民主主义的美学,它发生在,并发展在为争取艺术底现实主义原则的斗争中。

在他们的文学批评和理论作品中,俄罗斯革命民主主义者们别林斯基,赫尔岑,车尔尼雪夫斯基和杜布若留波夫一致提出这样的见解:在为人民底斗争服务中,文学须要实践一个崇高的任务。俄罗斯革命民主主义者是艺术和文学中民族气派和现实主义之进步理想底坚强的拥护者。

依别林斯基的意见,艺术底主要任务便是紧紧地握住生活,服务于人民所发动的斗争底利益。这个伟大的批评家抨击了企图逃避生活的、"对人世苦难和希望漠然不顾"的艺术。作家不能成为事件底被动的观察家;他的地位总是和人民在一起的,无论哪里发生了为争取人类最高尚的理想的斗争。

别林斯基在他的《批评论集》中写过，艺术必须服务于"时代底占优势的思想"。艺术，依他的意见，既要提出问题，也要供给答案。

真实的创造性的艺术底这个特色也为赫尔岑所强调，他主张，它的最重要的品质便是能够预见并反映迫切的流行的争点。"诗人和艺术家，"赫尔岑写道，"永远为他的纯真的作品从人民导取灵感。无论他做些什么，无论他在他的作品中安置什么目的，他一定得表现出人民底性格底某些成分，不管他愿不愿意……"车尔尼雪夫斯基宣布道，"艺术底源泉和目的是为人类需要所规定的。"

批评唯心论美学鼓吹思想的空虚，鼓吹艺术孤立在公众利益以外时，别林斯基说过："否认艺术服务公众利益的权利便是降低艺术，而不是提高它，因为那意味着从它剥夺了它的最重要的活力即思想，使它成为一种放荡淫逸的玩意，懒汉们底玩具。"或者听取赫尔岑用以打击那些"掩藏在为艺术而艺术和金钱里面的艺术家们"的尖锐讽刺罢。也让我们记住列宁对"钱袋"里面的艺术家和演员底依赖性的剥露。

杜布若留波夫，又一个伟大的俄罗斯批评家和别林斯基底继承人，写了许多关于艺术底社会意义的文章。关于别林斯基，他说他"将我们的最优秀的理想具体化了，在别林斯基身上我们看到我们的社会发展史。"

杜布若留波夫对于有社会思想的人，对于解放人民的战士，是有作用的；批评家正是用他的美学见解为他服务、为群众服务。对于杜布若留波夫，真正的高级的美学标准是生活，是实践，是以推翻剥削制度为其目的的艺术之崇高的思想内容。杜布若留波夫底美学回绕在改变世界的群众周围，粉碎衰老而腐朽的事物，并巩固新鲜事物。文学被要求服务于社会和"社会的完善"，这是批评家底深切的信念。

强调着文学底高度思想意义及其作为社会发展之一要素的任务，他写道："文学渐渐变成社会发展底一种因素了。它不但被要求为社会机体底喉舌，而且要做它的眼睛和耳朵。生活诸现象底全部必须在它里面被完整地反映、搜集和表现出来。每一个愿意用作家身份向公众交谈的人,他必须直接对待生活、现况、事实。"

回忆起那些解释政治与文学之间的直接关联的名言,是有益处的。杜布若留波夫用那些话结束了他的论文《去年的文学琐事》;那些话不但是对文学家,而且是对整个社会说的。

"……当我们自己明知道有如此多的重大问题存在着,将时间浪费在清谈上面是可耻的,"他写道,"我们所需要的并不是那些使人陷入自得的恍惚的状态,使心灵充满愉快的梦幻的、颓废的、不得要领的词句,而是强使心灵跳动着文明的勇气,强使人从事锐不可当的独创性的努力的、新鲜的骄傲的词句。……"

杜布若留波夫像别林斯基一样相信,文学底责任并不是被动地复制生活现象,单单地从事于沉思默想,而是要判决存在着的不义,唤醒人民底意识,促使他们寻找通向为革命民主主义者们所预见的美好未来的道路。杜布若留波夫认为文学能够帮助读者更好地理解他的环境,更清楚地决断他对它的态度。事实上,他正是在这点上看到文学底主要任务。

当时,杜布若留波夫曾督促作家们为献身于反对专制主义和封建地主的斗争的俄罗斯人创造艺术形象。这个意见他特别着重地提出在他的论文《那一天什么时候到来》里面。认为文学必须首先服务于渴求自由的人民底利益,他宣布道,使一个作品底肯定面和否定面服从一种客观主义的美学检验,是不够的。他坚持,作品底动员的革命的职务必须以极度的明澈性表露出来。

这些便是革命民主主义者们对于批评家和作家在选择和表现主题上必须显示出自觉的辨别力的见解。

什么是革命民主主义者们关于艺术与现实之关系的美学见解底本质呢?首先,他们要求生活必须真实地、现实主义地加以描绘。艺术底任务便是作为现实底一面忠实的镜子,便是用人民底理想之精华教育社会。

别林斯基在他的论文《论俄罗斯的小说和果戈理底小说》(其中

作者阐明了现实主义底原则）里面说道，最高尚的诗并非在于铺张主题，而是在于"以最充分的正确性和忠实性使其再现。"依他的意见，这便是"……真正的诗，生活底诗，现实底诗，而最后，才算是我们时代底纯真的诗。其显著的特征就是它真实于现实。……"

在他的论文《对一八四六年俄罗斯文学的意见》中，别林斯基说道，一种局限于自己范围以内而与生活其他面象毫无相通之处的，纯粹的、绝缘的艺术底概念，是一种虚伪的、抽象的狂想。这样一种艺术，任何地方从来没有存在过。

让我们回忆一下赫尔岑关于浪漫主义的言谈罢。浪漫主义，他说，是从具体的社会土壤生长出来的，但不可承认这件事实："……它意图否认它自己的根本。……"

关于生活与艺术的关系，赫尔岑所持具的是同样的唯物主义的观点，这一观点后来为车尔尼雪夫斯基如此热情地、一贯地发展了，我们感谢车尔尼雪夫斯基给我们下了"美"底这个著名的定义："美便是生活。……显示生活的，或者追忆生活的，便是美的。"

欢迎现实主义文学流派底创始，别林斯基写道，现在"文学在社会底眼睛里已经获得了重要性。"

革命民主主义者们永远认为，现实主义真实底原则是和艺术底思想内容和民主精神有机地相关联着的。依杜布若留波夫底意见，假使艺术不是根据于对生活的贯通的、全面的了解，它便失掉一切意义，而且真会变得害人不浅，因为这样的艺术"不能用以开化人类底心灵，相反地，是将它投入更深沉的阴暗。"真实的艺术必须真实于生活。在作家方面，现实底正确的解说必须和有力而深刻的表现相结合。

杜布若留波夫甚至以艺术家感受和描绘生活之真实的能力，来测量艺术才能底等级。他主张，艺术家底才能底标准即是他的掌握生活的幅度、他的特性描写底正确性和多样性。

"才力基于真实，"车尔尼雪夫斯基说，"错误的方向注定最强才能之灭亡。其基本思想错误的作品，自纯艺术观点观之，亦是脆弱的。"

杜布若留波夫为现实主义美学原理做出简洁的说明。"承认一件艺术作品底真实性为其主要优点，"他说，"我们始可到达一个准则，用以决定每件文学作品之优劣与轻重底程度。"

"估量出作家钻研现象之本质的深度，及其掌握显示在作品里的各种生活面象的幅度，我们始可确定其才能底等级。"

暴露将艺术和生活分隔开来的唯心主义美学原则底谬误时，车尔尼雪夫斯基宣布道，艺术底真实内容围绕着"生活和自然底全面"。

生活构成艺术底——为高尚理想所渗透的，和人民底生活和利益不可分割地联系着的，一种真实的、历史的具体的艺术底——真正的基础这个见解，是俄罗斯革命民主主义美学底本质，这种美学在艺术上根据于现实主义，在哲学上则根据于唯物主义。

继别林斯基之后，车尔尼雪夫斯基声明，"为人民而艺术"的原则是他的美学体系底基本的至高的箴言。

"车尔尼雪夫斯基和杜布若留波夫，"A. 日丹诺夫说，"认为美学是对人民的神圣的服役。这些光辉的传统怎能被忘却呢？"

同时，争取艺术中现实主义真实的斗争，对于别林斯基、杜布若留波夫和车尔尼雪夫斯基，意味着争取原则（这在艺术上科学上是同等重要的），争取正确认识力底原则的斗争。这种接合，是俄罗斯革命民主主义者们和唯物主义者们所特有的，杜布若留波夫用下面一句话将它表明了："在真实的知识和真实的诗之间，不能有本质的区别。"

革命民主主义者们对争取艺术中现实主义和科学理论中唯物主义的斗争赋予一种深厚的意义。对于他们，艺术、文学和科学在人民解放斗争中是有力的武器。而且，在创立并证实艺术底现实主义原则时，他们意图在文学批评、哲学和美学思想里灌注阶级斗争底精神。

车尔尼雪夫斯基说，文学批评底任务是帮助传播最前进的思想到群众中去。他的《艺术与现实之美学关系》和其他作品，在俄罗斯全体人民底文化、艺术发展上，施展了有利的影响。

别林斯基觉得，当伟大的俄罗斯人民在社会发展范围内显露锋芒时，真正艺术纪元即行到临。发展着他的这个见解，杜布若留波夫写道，在一个民族底进化之一定的水平上，文学变成社会底推动力之一。他表示出这个希望：文学在俄罗斯获致重大意义的时日将会到来。别林斯基说，他羡慕生活在一九四〇年，并目击俄罗斯文化开花的他的后代；像别林斯基一样，车尔尼雪夫斯基也热切地梦想着那个时代底到来。所有他的创作正是帮助准备它的来临。

那个时日终于到来了，伟大的俄罗斯人民在伟大十月社会主义革命和社会主义制度底胜利中，表露了它的强大威力底充分效能。社会主义现实主义在苏联文学中变成为基本的方法。虽然它的创制者是伟大俄罗斯作家马克西姆·高尔基，他的直接的先驱者们却是卓越的俄罗斯革命民主主义者别林斯基，赫尔岑，车尔尼雪夫斯基和杜布若留波夫。

现在出现在苏联作家们面前的新的任务，已由马克西姆·高尔基适宜地用下面的话阐明了：

"我们的作家底工作是一桩艰难而复杂的工作。它不单在于批判陈旧事物，暴露其罪恶底毒害。他们的工作是去研究、去形成、去描绘、并从而巩固新事物。……这个国家里生活底新鲜愉悦，创造力底多样的繁荣，已使青年作家们有足够材料来从事写作。"

《现代美学析疑》译者弁言[*]

首先,解释一下书名:这并不是原著的题目。本书包括了由两位作者执笔的三篇关于西方现代美学的论文。这三篇论文代表了关于现代主义文学艺术的两种完全不同的评价,从而两种完全不同的立论。试以一位作者来定书名,而把另一位作者的论文作为附录,显然是不恰当的。但是,简称之为"三篇美学论文",又未免让读者摸不着头脑。鉴于其中一些观点有待思考,姑以《现代美学析疑》作为这本译文集的书名,不过是借用"疑义相与析"的古意,表示一下向读者移樽就教的愿望而已。

且说二十年代德国法兰克福成立了一个"社会研究学会",围绕该会及其会刊又逐渐形成一个学派,通称"法兰克福学派"。这个学派自称试图从马克思主义立场解释各种社会现象,产生了一种所谓"对社会的批判理论",对近代欧美学术界起过不小的影响。其代表人物为霍克海默尔、阿多诺、弗罗姆和赫伯特·马尔库塞。特别是马尔库塞,自从他三十年代加入这个学派以来,他的理论已成为西方当代资产阶级社会中一股不可忽视的批判力量。他的著名作品《线性人》(1964)

---

[*] 《现代美学析疑》为《外国文艺理论研究资料丛书》之一,包括《美学方面》《新的感受力》与《反现实主义的政治》三篇西方现代美学论文,由文化艺术出版社一九八七年出版。

使他成为美国"新左派"的红人,并为六十年代西方"反主流文化"的青年运动提供了思想武器。

法兰克福学派的理论涉及哲学、社会学、心理学、美学等方面。特别是马尔库塞,他在美学方面有过不少专著。在这些著作中,他通过分析十八、十九世纪资产阶级文学作品,对当前垄断资本主义制度下的文学艺术问题,提出了一些与众不同的看法。例如,他认为,艺术的特质不在于内容,也不在于纯形式,而在于内容变成了形式;艺术的手段是形式对于内容的超越作用和疏隔效果,而不是顺世从俗的反映现实的直接性;艺术作为革命实践的工具,并不要求作品正面宣传无产阶级的革命斗争,而要求它能对既成传统社会的经验、意识、感觉起破坏作用。在这个意义上,作者肯定了现代先锋派的创作,以及波德莱尔、韩波等象征派代表的诗歌。

这些观点虽然是针对垄断资本主义社会而发的,但也涉及文学艺术的一些根本性质问题,所以在西方进步思想界引起了广泛的注意和争论。有些人认为作者强调主观心理因素,有意把马克思和弗洛伊德联系起来(虽然这样联系并非始于作者),因而谴责他是"修正主义者";另有些人则认为,正因为如此,作者从传统的马克思主义美学中"挽救了"马克思肯定精神的能动作用的"精华"。还有一些学者在全面评价整个法兰克福学派理论的同时,指出他们的致命伤在于孤立地阐述文化问题,没有将它同经济、政治方面的社会斗争联系起来;进而还指出,马尔库塞等人自六十年代以来虽然意识到并试图克服这个"致命伤",但始终没有走出这个学派的"唯心主义"和"知识分子优越感"的"死胡同"。

为了建立我国自己的马克思主义美学,我们必须认真系统地学习马克思主义经典著作,同时也需要广泛了解国外学术界近百年来(包括现代)在探讨马克思主义美学方面的成绩、经验和问题。为此,将马尔库塞关于文学艺术的两篇文章和另一篇评述马尔库塞美学思想及其他"文化激进派"的专文一并译出,供读者研究分析。第一篇《美学方面》原为德文,题为《艺术的永恒性:对一种固定的马克思主义美学的批判》(1977年卡尔·汉塞尔出版社慕尼黑版),后由作者与夫人埃里卡·希罗维尔合译成英文(1978年灯塔出版社波士顿版)。中译文系据英译本译出——这里顺便说一下,英译本的题目 Aesthetic Dimension,有的同志建议译为"审美尺度",但中译者读完全文后觉得,dimension 一词在作者笔下有其特定的含义,他认为凡在既成社会体系中屈从于压制性理智的人都可称为 One Dimensional man(线性人),而解放了的人和社会是不止有一个限于得过且过的物质生存的 Dimension 的,属于具有极大自主性格(即意志自由)的精神生活的 Aesthetic Dimension 应当是解放的标志之———为了照顾作者的这个意思,本文的题目勉强译作《美学方面》。

　　第二篇《新的感受力》是作者的另一本著作《论解放》(An Essay on Liberation)的第二章。全书阐述了作者关于人类解放的全部见解,第二章是专论文学与艺术的——作者认为,为了达到彻底解放,像摆脱物质枷锁一样地摆脱种种精神枷锁,人类不仅应当在理智上建立新的世界观,而且必须在感情上、在审美趣味上培养与传统培养出来的感受力完全相反的新的感受力。以上两篇合在一起,大致反映了马尔库塞及其所属的社会批判派或文化激进派的文艺观。

　　第三篇《反现实主义的政治》,则是美国"正统"学者杰拉尔德·格拉夫评述马尔库塞等人的文艺观的专论,译自比尔·亨德森主编的《小刊精华》(The Pushcart Prize IV:Best of the Small Presses,1979年纽约版)。本文原载《大杂烩》(Salmagundi)第四十二期,该刊主编罗伯特·波耶尔斯为它写了如下的按语:

　　　　虽然我并不能赞同格拉夫这篇文章的每个细节——他也懂得不应当期望博得全盘的同意——我相信在我读过的文章中,没有一篇像他这篇一样有说服力地批判了我们当代的文化激进派。也没有任何一篇如此恰当地揭露了把文化激进主义和有效的政治行动等同起来的危险的神话。格拉夫评述了我们几位最优秀的作家和思想家,根本上不肯称赞他们所做过的重要工作。但是,他还给自己赋予另一件更其困难的任务,即为我们所处的精神环境作一番素描。别人大概不得不对莱斯利·菲德勒、罗兰·巴尔特、理查德·波瓦利叶、赫伯特·马尔库塞等人分别加以褒贬,说清是非。对于格拉夫的论旨来说,他们之所以重要,却是因为他们对于我们思考艺术与政治的风气促进了一场革命,是因为他们对于我们都有份的大混乱做出了贡献。格拉夫的文章使我们觉得,可能有一种办法来有效地对付这种混乱,而且在一个像我们这个时期一样容易对积极建议起疑心的时期,它还是一项成就……

据说格拉夫的这篇文章发表之后,它所批评的几位作家曾经做过反批评。可惜这些文章一时找不着,我们无以得知这场学术讨论的进一步发展情况。但是,以上三篇已足以使我们大致了解:一,西方当代以反传统自居的文化激进派或后现代派究竟是怎样立论的;二,西方也并非清一色的后现代派,另一些学者和评论家又是怎样看待这些时髦的文化现象的;三,只有通过实事求是的思想交锋,学术问题才可能越辩越明,从而达到更深刻的认识。

赫伯特·马尔库塞,一八九八年生于柏林,就学于柏林大学和弗莱堡大学。一九一七年加入社会民主党,后因党内意见分歧而退党。一九三三年纳粹上台后,逃向日内瓦,旋移居美国,执教于哥伦比亚大学。一九四九至一九五〇年间在美国政府机关工作。近三十年来先后在美国各大学讲学,并在欧美各地写作。主要著作有:《试论历史唯物主义现象学》(1928年)、《文化的肯定性格》(1937年)、《理性与革命》(1941年)、《厄洛斯与文明》(1955年)、《线性人》(1964年)、《论解放》(1969年)、《反革命与造反》(1972年)、《美学方面》(1977年)等。

至于《反现实主义的政治》一文的作者杰拉尔德·格拉夫,只知道他是美国西北大学英语系主任,最近出版过一本《自我作对的文学》。

译　者
一九八五年十月

美学方面

[美]赫伯特·马尔库塞

本文试图对马克思主义美学的一些流行的正统观念提出质疑,以期有所贡献。所谓"正统观念",我是指按照全部一般生产关系来解释一件艺术品的质量和真实性。明确地说,这种解释认为,艺术品以一种比较确切的方式表现了特定社会阶级的利益和世界观。

我对这些传统观念的批判是以马克思主义理论为依据的,因为它也是从现有社会关系的来龙去脉中来观察艺术,并肯定艺术具有一种政治职能和一种政治潜能。但是,同正统的马克思主义美学相反,我却认为艺术的政治潜能在艺术本身之中,在作为艺术的美学形式之中。此外,我还要说,由于具有美学形式,艺术对于既定社会关系大都是自主的。艺术凭借它的自主性,既反对这些关系,同时又超脱了它们。所以,艺术推翻了流行的意识、普通的经验。

先说几句开场白吧:虽然本文谈的是一般"艺术",我的讨论基本上集中于文学,首先是十八世纪和十九世纪的文学。我觉得自己没有资格来谈音乐和视觉艺术,虽说我相信适用于文学的,经过必要的修正,也适用于这些艺术。其次,在挑选供讨论的作品方面,我似乎也不得不对一个自以为是的假说提出异议。美学标准从前被说成为"真正的"或"伟大的"艺术的要素,我便把那些符合这一标准的作品称之为"真正的"或"伟大的"。为了答辩,我要指出,在漫长的艺术史中,尽管趣味有所变化,始终有一个不变的标准。这个标准不仅仅使我们得以区别"高尚的"和"渺小的"文学、歌剧和轻歌剧、喜剧和滑稽戏,而且还能够区别这类体裁中好的和坏的艺术。在莎士比亚的喜剧和复辟时期①的喜剧之间,在歌德的和席勒的诗作之间,在巴尔扎克的《人间喜剧》和左拉的《卢贡—马卡尔》之间,有一种质量上一目了然的区别。

艺术可以在几种意义上被称为革命的。从狭义上说,艺术要是表示了一种风格上和技巧上的根本变革,它可能就是革命的。这种变革可能是一个真正先锋派的成就,它预示了或反映了整个社会的实际变革。例如,表现主义和超现实主义就预示了垄断资本主义的危害性,预示了根本变革的新目标的出现。但是,仅仅从"技巧"上来为革命艺术下定义,说明不了作品的质量,说明不了它的真实性。

进而言之,一件艺术品借助于美学改造,在个人的典型命运中表现了普遍的不自由和反抗力量,从而突破被蒙蔽的(和硬化的)社会现实,打开变革(解放)的前景,这件艺术品也可以称为革命的。

在这个意义上,每件真正的艺术品都将是革命的,即对感觉和理解具有破坏作用的,都将是对于既成社会的一篇公诉状,是解放形象的显现。不论对于古典戏剧还是对于布莱希特的剧作,对于歌德的《亲和力》还是对于贡特·格拉斯的《狗年》,对于威廉·布莱克还是对于韩波,都可以这样说。

这些作品在表现破坏性潜能方面的明显差别,是由于它们所面临的社会结构上的差别:如压迫因素在人口中间的分布状况,统治阶级的构成和职能,根本变革已有的可能性等。这些历史条件以几种方式出现在作品中:或者直截了当,显而易见,或者只是作为背景和远景,而且都采用语言和象喻。但是,它们却是同一种超历史的艺术要素在特定历史环境下的表现;那种要素正是艺术所具有的真实性、抗议和允诺,正是由美学形式所构成的一方面。例如,毕希纳的《沃伊策克》,布莱希特

---

① 指英王查理二世在位期,一六六〇至一六八八年;在英国文学史中,又称"屈来顿时期"。——译注

的剧作,还有卡夫卡和贝克特的小说,都由于内容被赋予形式,所以是革命的。内容(既成现实)在这些作品中的确似乎被一层中介疏隔开来。艺术的真实性在于:世界真是它显现在作品中的那个样子。

这个命题的意思是,文学并不因为它为工人阶级或为"革命"而写,便是革命的。文学只有从它本身来说,作为已经变成形式的内容,才能在深远的意义上被称为革命的。艺术的政治潜能仅在于它的美学方面。它和实践的关系断然是间接的,不能存指望的。艺术品越带有直接的政治性,便越是削弱了疏隔的力量,缩小了根本的、超越的变革目标。在这个意义上说,波德莱尔和韩波的诗,比起布莱希特的说教剧,可能更富于破坏性的潜能。

一

在悲惨的现实只能通过激烈的政治实践来加以变革的情况下,从事美学研究是需要辩解一下的。这样来从事美学研究,即退却到一个虚构的世界,现有环境只能在一个想象的领域加以变革和克服,其中必然包含令人绝望的因素,否认这一点是愚蠢的。但是,这种纯意识形态性的艺术概念,正在日益强烈地受到怀疑。看来艺术作为艺术,表现了一种真实,一种经验,一种必然,这些虽然不属于激烈实践的范围,但却是革命的重要组成部分。人们认识到这一点,马克思主义美学的基本概念,即把艺术作为意识形态来对待,以及强调艺术的阶级性,于是又成为批判检验的论题了。①

这次讨论是针对马克思主义美学的下列命题而发的:

---

① 特别在《时刻表》(法兰克福)、《议论》(柏林)、《文学杂志》(赖因贝克)等刊的作者们中间,这次讨论的中心,是一方面同资本主义艺术工业,另方面同激进的宣传艺术相对抗的自主艺术的概念。特别参见《文学杂志》第一、二卷中尼古拉·博尔恩、H.C.布赫、沃尔夫冈·哈里希、赫尔曼·彼得·皮维特和米夏埃尔·施奈德的宏论,文集《艺术的自主性》(法兰克福祖尔坎普出版社,1970年)以及彼得·比格尔《先锋派理论》(法兰克福祖尔坎普出版社,1974年)。——原注(以下三篇文不另注明者均为原注)

一，在艺术和物质基础之间，在艺术和全部生产关系之间，有一种明确的联系。随着生产关系的变革，艺术本身转化为上层建筑的一部分，虽然像其他意识形态一样，它可能落后于或先行于社会变革。

二，在艺术和社会阶级之间，有一种明确的联系。唯一真实的进步的艺术就是上升阶级的艺术。它表现了这个阶级的意识。

三，因此，政治性和艺术性，革命内容和艺术质量达到一致。

四，作者有义务表达上升阶级的利益和需要（在资本主义社会，它就是无产阶级）。

五，没落阶级或其代表人物仅仅只能产生"颓废"艺术。

六，现实主义（在多种意义上）被认为是最切合社会关系的艺术形式，因此是"正确"的艺术形式。

这些命题的每一条都意味着，社会生产关系必须表现在文学作品中——不是从外面强加于作品的，而是它的内在逻辑的一部分，是物质的逻辑。

这个美学律令来自基础-上层建筑这个概念。同马克思和恩格斯的辩证阐述相反，这个概念已被变成一个僵硬的图式，一种对美学具有毁灭性后果的图式化。这个图式意味着这样一个标准见解，即把物质基础视作真正的现实，并从政治上贬低非物质力量，特别是个人的意识和下意识以及它们的政治功能。这种功能可以是倒退的，也可以是解放性的。在两种情况下，它都能变成一种物质力量。如果历史唯物主义不说明主观性的这种作用，它就带有庸俗唯物主义的色彩。

尽管恩格斯对它着重加以限定过，意识形态变成了纯意识形态，于是整个主观性领域都被贬低了，不仅包括作为 ego cogito（思考的自我）的主体，即理性的主体，连内心、情绪和想象也变得一文不值。个人的主观性，他们的意识和无意识逐渐溶化在阶级意识中。因此，革命的主要前提，即对于根本变革的需求必须扎根在个人的主观性中，扎根在他们的智力和热情中，他们的倾向和目标中——这一事实被缩小到最低限度。马克思主义理论便屈服于它在整个社会所暴露和反对的那种物化①面前。主观性变成了客观性的一个原子；即使在反抗的形式中，它也得向集体意识投降。马克思主义的决定论成分不在于认为社会存在和社会意识发生关系这一概念，而在于认为社会意识包括个人意识的特定内容及其对于革命的主观潜能这个简单化的概念。

　　由于把主观性解作一个"资产阶级"观念，上述情况便更有所发展。从历史上看，这种解释是可疑的。②但是甚至在资产阶级社会，坚持内心的真实和权利，也并非真是一种资产阶级价值。随着对主观内心的肯定，个人跨出了交换关系和交换价值的罗网，摆脱了资产阶级社会的现实，进入了另一种生活境界。的确，这种对于现实的逃避导向这样一种经验：由于把个人实现自身的场所从行为原则和利益动机的领域转移到人的内在富源（如热情、想象、良心等）的领域，这种经验可能变成而且确已变成一股强大的力量，来否定当前流行的资产阶级价值。而且，退缩和退却并不是最后的立场。主观性还努力突破内心世界，闯入了物质的和精神的文化。今天，在极权主义时期，它已变成一种政治力量，足以抗衡侵略性和剥削性的社会化。

　　具有解放作用的主观性是在个人的内心历史——他们特有的不同于其社会生活的历史之中形成的。这就是他们的遭遇、他们的热情、欢乐和苦恼所构成的特殊的历史，那些经验不一定取决于他们的阶级地位，甚至不能从这个角度来理解。诚然，他们历史的实际表现要由他们的阶级地位来决定，但是这个地位不是他们的命运——发生在他们身上的命运的基础。特别是在非物质方面，它爆破了阶级结构。把爱与恨、乐与悲、希望与绝望划归心理学范围，从而把它们从激烈实践的事务中排除出来，——那是太容易了。的确，用政治经济学的术语来说，它们算不上"生产力"，但是对于每一个人，它们却是决定

---

① 物化（Reification），原义为把人或抽象观念当作物质，在本文中指对人的主观性的忽视。——译注
② 参见埃里希·克勒：《宫廷史诗中的理想与现实》（蒂宾根，1956—1970年），第五章。

性的,它们构成了现实。

马克思主义美学即使在最卓越的代表身上,也有贬低主观性的倾向。因此,它便把现实主义当作进步艺术的典范来偏爱;把浪漫主义诋毁为反动;对"颓废"艺术进行谴责——一般说来,一旦有必要按照阶级意识形态以外的词语来评价艺术作品的美学质量,它便会感到窘迫不堪了。

我将提出如下一个命题:艺术的基本品质,即对既成现实的控诉,对美的解放形象的乞灵,正是基于这样一些方面,艺术在这里超越了它的社会限定,摆脱了既定的言行领域,同时又保持其势不可挡的存在风貌。因此,艺术创造了使艺术推翻经验的独特作用成为可能的领域:艺术所构成的世界被认为是在既成现实中被压抑、被歪曲的一种现实。这种经验终于导致(爱与死、犯罪与失败,以及欢乐、幸福和成就等方面的)极端的紧张场面,这些场面则以一种通常不被承认,甚至闻所未闻的真实性的名义,爆破了既有的现实。艺术的内在逻辑发展到底,便出现了向为统治的社会惯例所合并的理性和感性挑战的另一种理性、另一种感性。

依据美学形式的规律,既成现实必然要加以升华,直接的内容要风格化①,"素材"要重新加以定形和整理,使之符合艺术形式的要求,例如它要求即使表现死亡和毁灭,也有必要保存希望——这种必要性扎根在艺术品所体现的新意识中。

美学的理想化有助于产生艺术的肯定的、调解的成分②,虽然它同时又是实现艺术的批判的、肯定的职能的一种工具。超越直接的现实,就打破了既成社会关系的物化的客观性,展开了经验的一个新方

---

① "升华"(Sublimation,又可译作"理想化")是弗洛伊德学派常用术语之一,指经常不自觉地以肯定的、可接受的形式表现社会上或个人方面一般不可接受的冲动,特别是性冲动。这个用语在本书中一再出现,一般把现实加以美化的传统艺术手法,而"反升华"则往往指现代艺术中的反传统手法。所谓"风格化",即指内容在作品中必须具备艺术形式,或与形式化为一体。——译注

② 参见本篇第四节。

面:反抗的主观性的再生。于是,在美学理想化的基础上,在个人的感性认识中——在他们的感情、判断、思想中,发生了一个反理想化过程,一个对统治的准则、需要和价值进行否定的过程。艺术尽管有其肯定的-意识形态性的特征,它毕竟是一个唱反调的力量。①

我们不妨把"美学形式"解作一个既定内容(现有的或历史的、个人的或社会的事实)转化为一个独立自足的整体(如一首诗、一篇剧作、一部小说等等②)的结果。作品就是这样从现实的永恒过程中"取出来"的,它具备自己特有的意义和真实性。美学转化之得以完成,是通过对语言、感觉和理解力的改造,使之能在现实的现象中显示现实的本质:人与自然的被压抑的潜能。艺术品就是这样一面控诉现实,一面复现了现实。③

艺术的批判功能,它对解放斗争的贡献,寓于美学形式之中。一件艺术品真实与否,不看它的内容(即社会条件的"正确"表现),也不看它的"纯"形式,而要看内容是否已经变成了形式。

诚然,美学形式把艺术从阶级斗争的现实——十足的现实中移开了。美学形式构成了艺术对于"既定"事物的自主性。然而,这种游离状态并不产生"假意识"或纯粹幻想,毋宁说它产生一种反意识:对于现实主义的-顺世从俗的理智的否定。

美学形式、自主性和真实性是相互关联的。每一项都是一个社会-历史的现象,每一项都超越了社会-历史的舞台。虽说后者限制了艺术的自主性,它却没有否定作品所表现的超历史的真实。艺术的真实性在于它有力量打破现成现实(即确立现实的人们)解释何谓真

---

① 亚里士多德早就认为,对抗和和解、否定和肯定、控诉和昭雪,是艺术所固有的双重任务。
② 参见拙作《反革命与造反》(波士顿,1972年)第81页。
③ 恩斯特·菲舍尔在《追踪现实,六篇论文》(赖因贝克,1968年)中发现"造型意志"(Wille zu Gestalt)就是超脱现实的意志:对现有事物的否定,对更自由和更纯粹的生活的预感。在这个意义上,艺术是"不可调和的,是人对于自身消失于〔既成〕秩序与体制的抵抗"(第67页)。

实的垄断权。这种决裂正是美学形式的成就,艺术的虚构世界正在这种决裂中显得同真实的现实一样。

艺术有义务让人感知那个使个人脱离其实用性的社会存在与行为的世界——它有义务解放主观性与客观性之一切范围内的感觉、想象和理智。美学转化变成了一种认识和控诉的工具。但是,这种成就以一定程度的自主性为先决条件,有了那种自主性才能使艺术脱离既定事物的欺骗力量,自由地表现它自己的真实。因为人和自然是由一个不自由的社会构成的,它们被压抑、被歪曲的潜能只能以一种具有疏隔作用的形式表现出来。艺术的世界是另一种现实原则①的世界,是疏隔的世界——而且艺术只有作为疏隔②,才能履行一种认识的职能:它传达不能以其他任何语言传达的真实;它反其道而行之。

不管怎么说,同既成现实相妥协的种种强烈的肯定倾向,是同反抗的倾向相辅相成的。我将试图表明,它们并非由于艺术特有的阶级限定,而是由于感情净化的补偿作用。感情净化本身有赖于美学形式在命运面前直言不讳,化除它的神秘威势,向受害者作保证的能力——这是使个人在不自由的领域里能有一点点自由和成就的认识能力。对现实事物的肯定和控诉之间、思想和真实之间的相互作用,是同艺术的结构相适应的。③ 但是,在真正的作品中,肯定并不取消控诉:和解和希望仍然保持着对过去事物的回忆。

艺术的肯定性格还有另一个根源,即艺术对于性爱(生命本能在

---

① "现实原则"指历史原则,即个人为了适应客观环境而推延享乐的原则;后文中享乐原则指生物学原则,即个人自动追求享乐的原则。原为弗洛伊德用语。——译注
② 疏隔(estrangement),在本文中或作 alienation(异化)。"疏隔效果"原系布莱希特的理论,指重建艺术真实的手段,意即艺术并不试图克服异化,而是使之同现实生活疏隔开来,从而扩大它,强调它。——译注
③ "文学中流行两种对于现存权力的截然相反态度:抵抗和屈服。文学当然不是纯粹意识形态,不仅仅表达这样一种社会意识,它产生和谐的幻想,向个人保证一切都是理所当然,无人有权期望命运所予超过本人所得。诚然,文学一再为既成社会关系辩护;然而,它却永远使人怀有在现存社会中得不到满足的渴望。忧伤和苦恼是资产阶级文学的基本因素"(莱奥·洛温塔尔:《人在文学中的形象》[诺伊维德,1966年]第 14 页以下)。

其反抗本能压迫和社会压迫的斗争中对自身的深刻肯定)所承担的义务。艺术的永恒性,它在历史上经受千年毁灭之虞而不朽,证明了这项义务。

艺术服从既定事物的规律,同时又违反这个规律。艺术作为一种基本上自主的否定性的生产力,这个概念反驳了另一个概念,即认为艺术在履行一种基本上不自主的、肯定性的-意识形态性的职能,直言之,在颂扬并开脱现有社会。① 即使十八世纪战斗的资产阶级文学,也仍然是意识形态性的:上升阶级同贵族的斗争主要是在资产阶级道德问题上。低等阶级处于二者之间,可为双方所争取,如果说有什么作用的话。除了少数著名作品外,这种文学不是阶级斗争的文学。按照这个观点,今天要补救艺术的意识形态性,只有使艺术落实到革命实践中,落实到无产阶级的世界观中。

经常有人指出,这样解释艺术,是不符合马克思和恩格斯的观点的。② 诚然,即使这种解释也承认,艺术的目的是表现既定现实的本质,而不仅仅是它的现象。现实被当作社会关系的全部,它的本质则被解释为在"社会因果关系的复合体"中决定这些关系的种种规律。③ 这种观点要求艺术作品中的主人公把个人表现为"典型",这些"典型"转过来又作为例证来说明"整个人类社会发展的客观倾向"。④

---

① 参见拙文《文化的肯定性格》,载《否定》(波士顿,1968 年)。
② 汉斯-迪特里希·赞德尔在《马克思主义意识形态与一般艺术理论》(蒂宾根,1970 年)一书中,彻底分析了马克思和恩格斯对于艺术理论的贡献。为之哗然的结论是:大部分马克思主义美学不仅是明目张胆的庸俗化——而且使马克思和恩格斯的观点变成了它们的反面!他写道:马克思和恩格斯认为"一件艺术品的本质恰巧不在它的政治或社会关系中"(第174页)。他们对康德、费希特和谢林比对黑格尔更为接近(第171页)。赞德尔为证明这个命题所提供的资料是有所挑选的,他抹杀了马克思和恩格斯本人同赞德尔的解释相矛盾的言论。但是,他的分析却清楚地表明了马克思主义美学勉强解决艺术理论问题的困难。
③ 贝托尔特·布莱希特:《人民性与现实主义》,载《全集》(法兰克福,1967年)第八卷第323页。
④ 乔治·卢卡契:《关于现实主义》,载《马克思主义与文学》(弗里茨·拉达茨编)第二卷第77页。

这样的论述引起了如下一个问题：文学是不是因此被分派了一个只有借助理论才能实现的职能呢？表现社会整体，需要一种概念性的分析，这种分析是不可能转为感性媒介的。三十年代那次关于马克思主义美学的大辩论中，卢·麦尔顿提出，马克思主义理论具有它特有的一种理论形式，这种形式妨碍赋予马克思主义理论一种美学形式的任何企图。①

但是，如果说艺术品不能按照社会理论来理解，那么它也不能按照哲学来理解。卢西安·戈特曼在同阿多诺进行讨论中，拒绝了后者的这个主张，即为了理解一部文学作品，"我们必须超越它而达到哲学、哲学文化和批判的知识。"同阿多诺相反，戈特曼坚持作品所固有的具体性，这种具体性使得作品成为一个凭其自身质量而成的（美学）整体："艺术品是一个由色彩、音响、文字和具体性格构成的宇宙。那里没有死亡，只有菲德拉在断气②。"③

马克思主义美学的物化贬低了并歪曲了这个宇宙中所表现的真实——它把艺术作为意识形态的认识功能缩小到最低限度。因为艺术的基本潜能恰在于它的意识形态性格，在于它对于"基础"的超然关系。意识形态并不永远是纯粹的意识形态，虚假的意识。涉及既定的生产过程，真实便显得抽象，对这些真实的意识和表现也是意识形态的功能。艺术呈现这些真实之一。作为意识形态，它反抗既成社会。艺术的自主性包含如下的绝对律令："万物必变"。如果说人和自然的解放根本上是可能的，那么毁灭和屈服的社会联系必须要打破。这并不是说，革命变得主题化；相反，在最完善的艺术作品中，革命并没有主题化。看来在这些作品中，革命的必然是预先假定的，是艺术的 apriori（理所当然）。但是，革命也仿佛被超越了，它究竟在多大程度

---

① 载《左曲线》第三卷第五期（柏林，1931年）第17页。
② 菲德拉，英雄希修斯之妻，向继子求爱被拒，羞愤自缢，见希腊神话。此处借喻文学的形象化。——译注
③ 《关于文学的社会学的国际讨论》（布鲁塞尔，1974年）第40页。

上回报了人的痛苦,在多大程度上完成了同过去的决裂,是受到怀疑的。

同宣传上经常单元化的乐观主义相比,艺术浸染了经常同喜剧分不开的悲观主义。它的"具有解放作用的笑"使人想起已往的危险和祸患——就在这个时候!但是,艺术的悲观主义不是反革命的。它有助于防止激烈实践的"幸福意识":仿佛艺术所乞灵和控诉的一切都可以通过阶级斗争来解决。这样的悲观主义甚至浸透肯定革命本身并以之为主题的文学;毕希纳的《丹东之死》就是一个标准的例证。

马克思主义美学认为,一切艺术都莫名其妙地为生产关系、阶级地位等等所制约。它的首要任务(但也只是首要的)就是对这个"莫名其妙",也就是对这种制约的限度和方式进行特殊的分析。至于艺术有没有超越特殊社会条件的品质,这些品质又怎样同特殊的社会条件发生关系,这个问题仍然没有解答。马克思主义美学还必须追问:超越特定的社会内容与社会形式,并给予艺术以普遍性的艺术品质究竟是什么?马克思主义美学必须解释,为什么希腊悲剧和中世纪史诗到今天仍然被感受为"伟大的""真正的"文学,尽管它们分别属于古代奴隶社会和封建社会。马克思在《政治经济学批判导言》的末尾所说的话,是难以令人信服的;人们完全不能把希腊艺术今天对于我们的魅力,说成我们因社会的"人类童年"的展现而感到欣悦。

不论人们怎样正确地按照社会内容分析一首诗、一篇剧作或一部小说,这个作品究竟好不好,美不美,真不真——这个问题仍然没有得到解答。但是,这些问题的答案也不能从构成各个作品的历史脉络的特殊生产关系方面来提供。这种方法的循环性是很明显的。此外,它还堕入了一种不费力的相对主义,这种相对主义显然不能见容于艺术的某些品质经过一切历史时期的风格变化而不变的恒久性(如超越性、疏隔效果、审美规程、美的表现形式等)。

一件作品果真表现了无产阶级或资产阶级的利益或观点,这个事实还不能使它成为一件真正的艺术品。这种"题材性"的质量可能使它受欢迎,可能赋予它更大的具体性,但它决不是构成艺术品的要素。艺术的普遍化不能以一个特定阶级的世界和世界观为基础,因为艺术预想着一个具体的全称命题,即人性,这是任何阶级,即使是马克思称之为"普遍阶级"的无产阶级也不能体现的。快乐和悲哀,庆幸和绝望,爱情和死亡相互牵连,难分难解,不可能变成阶级斗争的闷葫芦。历史也是以自然为基础的。马克思主义理论没有任何理由忽视人与自然之间的代谢作用,把坚持社会的这个自然土壤谴责为一个倒退的思想概念。

人作为"人类",作为得以生活在自由(它是人类的潜能)的共同体中的男男女女而出现,这是无产阶级社会的主观基础。实现无产阶级社会,其先决条件是根本改造个人的倾向和需要,在社会-历史范围内来一个有机的发展。所谓休戚相关,利害与共,如不扎根在个人的本能构造中,那是靠不住的。在这方面,男人和女人都面临各种心理-生理力量,他们不能克服它们的自然性,又不得不使之成为自己所有。这就是原始精力的领域,即性欲能力和破坏能力的领域。团结和一致的基础在于,使破坏性和侵略性的精力服从于生命本能的社会解放。

马克思主义长久忽视这个方面的带根本性的政治潜能,虽然本能构造的革命化是在需要体系中进行改革的先决条件,这是社会主义社会在质上有所区别的标志。阶级社会只知道质的区别的现象,形象;这种形象同实践相脱离,已被保存在艺术领域中。艺术的自主性就是在美学形式中产生的。它是通过精神劳动和物质劳动的分离(当前统治关系的结果)而被强加于艺术的。从生产过程游离出来,这个状态已变成一个避难所,一个借以谴责通过统治而确立的现实的高地。

然而,社会仍以几种方式呈现在自主的艺术领域中:首先是作为美学表现的"素材",这些过去和现在的素材在这种表现中得到了转化。这就是传统留给艺术家,他们必须用以工作或对之工作的、那种概念上、语言上的和可以想象的物质的历史状况;其次,作为斗争和解放的实际可能性的范围;第三,作为艺术在社会分工中,特别是在脑力和体力劳动的分离状态中的特殊地位,正是由于这种分离状态,艺术活动(在很大程度上,还有对它的接受能力)已变成少数脱离生产过程的"优秀分子"的特权。

艺术的阶级性格仅在于它的自主性的这些客观限制。艺术家属于特权集团,这个事实否定不了他的作品的真实性,也否定不了它的美学质量。适用于"社会主义经典作家"的话,也适用于伟大的艺术家:他们突破了他们家庭、背景、环境的阶级限制。马克思主义理论不是家庭调查。艺术的进步性,它对解放斗争的贡献,不能按照艺术家的出身,也不能按照他们阶级的思想水平来衡量。它也不能由被压迫阶级出现(或不出现)在他们作品中来决定。判断艺术的进步性格的标准,只能在于作为整体的作品本身:在于它说什么和怎么说。

在这个意义上,艺术就是"为艺术的艺术",因为美学形式显示了现实被禁止和被压抑的方面:解放的方面。马拉美①的诗是个极端的例子:他的诗凭幻想制作出种种感觉、想象方式和种种表情——这是一场打破日常经验并预期一种不同的现实原则的感性享受。

同实践的距离和疏隔在多大程度上构成作品的解放价值,在那些似乎严峻地反抗这种实践的文学作品中看得特别清楚。瓦尔特·本雅明在坡、波德莱尔、普鲁斯特和梵乐希②的作品中发现了这一点。他们表现了一种"危机意识":一种对于朽腐、毁灭、恶之美的快感;一种对于反社会、反常态的颂扬——资产阶级对本阶级的秘密的反抗。本雅明这样写到波德莱尔:

---

① 斯特劳·马拉美(1842—1898),法国诗人,象征派代表人物。通过诗作的知识化和音乐化,对现代西方抒情诗颇有影响。——译注
② 马赛尔·普鲁斯特(1871—1922),法国小说家,代表作为《追忆似水年华》;保尔·梵乐希(1871—1945),法国诗人兼批评家,象征主义晚期代表。——译注

让他的作品在人类解放斗争的最先进的堡垒中占一席之地，似乎没有什么价值。从一开始，似乎更有指望的是在他无疑十分内行的诡计中，在敌人的阵营中去追随他。这些诡计只是在最稀罕的情况下，才对于敌人是件幸事。波德莱尔是个特务，一个对他的阶级及其统治心怀不满的特务。认为波德莱尔同这个阶级相对抗的人，将比从无产阶级立场认为他无聊而加以摈弃的人，能从他得到更多的东西。①

这种小圈子文学的"秘密"抗议在于其中进入了原始的情欲的-破坏性的力量，这些力量爆破了交往和行为的正常体系。它们从本性来说是反社会的，是一种对社会秩序的隐蔽的反抗。因为这种文学显示了超出一切社会控制的爱与死的领域，它便引起基本上带破坏性的需要和满足。从政治实践方面来说，这种文学始终是高人一等的、颓废的。它在解放斗争中无所作为——除了打开自然和社会的禁区，这里甚至把死亡和魔鬼作为盟友加以罗致，以拒绝遵守压抑人的法律和秩序。这种文学是批判的审美超脱的历史形式之一。艺术不能废除有助于其小圈子性格的社会分工，但它也不能把自己"通俗化"而又不削弱它的解放效果。

二

艺术脱离物质生产过程，已有可能破除这一过程中所复制的现实的神秘化。艺术向既成现实决定何谓"真实"的垄断权提出了挑战，它是通过创造一个"比现实本身更其真实"②的虚构世界来提出这个挑战的。

---

① 瓦尔特·本雅明：《马克思主义文学分析的方法问题片论》，载《时刻表》第 20 期（法兰克福,1970 年）第 3 页。
② 莱奥·洛温格尔：《人在文学中的形象》第 12 页。

把艺术的离经叛道的自主品质划归美学形式，就是把这些品质置于"任务文学"之外，置于实践和生产的领域之外。艺术有其特有的语言，只用这另一种语言来照明现实。此外，艺术有其特有的肯定与否定方面，这一方面是不能同社会生产过程相协调的。

诚然，可以把《哈姆莱特》或《伊菲根尼》的情节从上流社会的显赫世界转移到物质生产的世界；也可以改变《安提戈涅》的历史结构，使该剧的情节设计现代化；甚至古典文学和资产阶级文学的伟大主题，也可以由物质生产领域内讲普通话的角色（如格·霍普特曼的《织工》）来表现。然而，如果要使这种"翻新"洞察和领悟日常生活的真实，又必须从美学上把它加以风格化：它必须写成一部小说、一篇剧作或一则故事，其中每句话都有其特有的韵律、特有的分量。这种风格化显示了特定社会场面中的普遍内容，不断重现和不断渴望的、具备全部客观性的主体。革命在艺术所保持的这种恒久性中找到它的界限和剩余物——这种恒久性被保持下来，不是作为一项特征，不是作为一点不变的天性，而是一种对往事的追怀，对幻想与现实之间、虚伪与真实之间、快乐与死亡之间的生活的追怀。

特定的社会标志，在艺术品中"被标明年代"并为历史发展所超越的那种社会标志，就是主人公的环境，他们的 Lebenswelt（生活天地）。为主人公们所超脱的，正是这个 Lebenswelt——例如，莎士比亚和拉辛的王侯们超脱了专制主义的显赫世界，司汤达的自由民们超脱了资产阶级世界，布莱希特的贫民们超脱了无产阶级的世界。这种超脱通过一些事件发生在他们同 Lebenswelt 的冲突中，而那些事件则见于特殊的社会环境，同时又显示出不可归因于这些特殊环境的势力。陀思妥耶夫斯基的《被侮辱与被损害的》、维克多·雨果的《悲惨世界》，不仅蒙受了一个特定阶级社会的不公道，还蒙受了一切时代的残酷；他们代表了人类。他们命运所显示的普遍内容超出了阶级社会。事实上，阶级社会本身乃是世界的一部分，其中自然爆破了社会结构。爱与死坚持自己有能力参加或反对阶级斗争。显然，阶级斗争并不能永远为

"有情人不成眷属"①而"负责"。遂心如愿和死亡合而为一,便真有能力蔑视一切浪漫主义的颂扬和社会学的解释。人和自然的不可抗拒的错综关系,保持着它在既定的社会关系中特有的动力,并创造出它特有的超社会的方面。

伟大的文学认识到一种无罪之罪,它在《俄狄浦斯王》中第一次得到真正的表现。这里是既有可变事物,也有不可变事物的领域。显然有些社会,人们不再相信神谕,还可能有些社会,没有乱伦的禁忌,但是难以想象一个社会,会废除所谓的机缘或命运、歧途的偶遇、情人的邂逅,以及地狱的遭际。即使在一个技术上几乎十分完善的极权主义体制中,也只有命运的形式会改变。机器不仅作为控制的引擎而开动,它们还是命运的引擎,将继续在尚未被征服的自然的剩余物中发挥力量。完全被控制了的自然则使机器得不到它们的材料、物质,而它们正离不开这些材料、物质的野蛮的客观性和抵抗力。

超社会方面在资产阶级文学中得到较大程度的合理化;灾祸结局发生在个人与社会的对抗中。但是社会内容对于个人的命运仍然是第二义的。难道巴尔扎克(人人爱引用的例子)在《人间喜剧》中果真违反自己"反动"的政治偏见,在描绘财政和企业资本主义的动力吗?诚然,他那个时代的社会在他的作品中显得栩栩如生,但是美学形式"吸收了"并转化了社会的动力,把它变成特定个人(如吕西安·德·吕庞泼莱、纽沁根、伏脱冷等)的故事。他们在他们时代的社会中行动和受难,他们确是这个社会的代表。但是,《人间喜剧》的美学质量及其真实性在于社会内容的个人化。在这个改观变形过程中,个人命运中的普遍内容照透了他们特定的社会身份。

个人的生与死:即使小说或戏剧明确表达了资产阶级对贵族的斗争和资产阶级特权的上升(如莱辛的《爱米丽雅·迦洛蒂》,歌德的《埃格蒙特》《狂飙与突进》,席勒的《阴谋与爱情》),为作品赋形的仍

---

① 赖因哈德·莱陶伦鲍勃·迪伦:《纳什维尔的天平线》,载《明镜》(1974年)第3期第112页。

然是个人的命运——不是作为阶级斗争的参加者,而是作为情人、恶棍、傻瓜等的主人公的命运。

在歌德的《维特》中,自杀是由两层原因决定的。情人经验了爱情的悲剧(不仅是由流行的资产阶级道德所强加的悲剧),资产阶级蒙受了贵族的轻蔑。这两个动机在作品中是相互关联的吗?阶级内容鲜明地表达出来了:莱辛的《爱米丽雅·迦洛蒂》这本战斗资产阶级的剧作,就摆在维特自杀的那间房子的桌上。但是,作品整个看来却更是情人及其世界的故事;资产阶级因素始终是插曲式的。

社会内容的个人化,现实的升华,爱与死的理想化,经常被马克思主义美学裁诬为顺世从俗、约束行动的意识形态。它谴责把社会冲突化为个人命运,谴责脱离阶级环境,谴责作品的"阳春白雪"的品格,谴责主人公的幻想的自主权。

这种谴责忽略了正是在社会内容的升华中表现出来的批判潜能。两个世界相冲突,每一方都有其特殊的真实性。虚构创造出它自己的现实,这种现实即使为既成现实所否定,也仍然是确凿有据的。个人的是非同社会的是非相对抗。即使在最有政治性的作品中,这种对抗也不仅仅是政治性的对抗;或者不如说,特殊的社会对抗被发展成个人与个人之间、男性和女性之间、人与自然之间的种种超社会力量的发挥。生产方式的变化取消不了这种动态。一个自由社会不可能把这些力量"社会化",虽然它可能把个人从他们对于这些力量的盲目屈从中解放出来。

历史投射出一副崭新的解放世界的图影。先进资本主义已显示出超过一切传统概念的真正的解放可能性。这些可能性又提出了艺术的终结这个观念。自由的基本可能性(具体化在技术进步的解放潜能中)似乎使艺术的传统职能显得陈旧,或者至少由于消减了脑力和体力劳动的差距,使艺术不再是一个特殊的分工部门。美的形象和满足愿望的形象不再为社会所否认时,它们都将化为乌有。在一个自由社会中,这些意象变成了现实事物的外观。即使目前在既成的社会中,保存在艺术中的控诉和允诺由于体现了反抗运动(如在六十年代那样①)的策略,也逐渐丧失了它们空幻的性格。虽然它们是以残破的形式体现那些策略的,它们却表明同过去时期有质的差别。这种质的差别今天出现在对生活即劳动这个定义的抗议中,出现在对资本主义和国家社会主义的整个劳动组织(如装配线、泰罗制、等级制度)的斗争中,出现在结束家长制,重建被破坏的生活环境,发展和培育新道德和新感觉的斗争中。

实现这些目标,不仅同一个彻底改组的资本主义不相容,而且不容于一个按照自身条件同资本主义竞争的社会主义社会。今天显示出来的可能性,毋宁说是一个按照新的现实原则组织起来的社会的可能性,这个现实原则就是:生存将不再由对于一辈子也连不拢的劳动与闲暇的需要所决定,人将不再屈从于劳动工具,不再为强加给他们的工作所主宰。从物质上和思想上进行镇压和弃绝的整个体制将变得愚蠢可笑了。

但是,即使这样一个社会也并不标志艺术的终结,悲剧的克服,酒神性格和光神性格的和解②。艺术不可能脱离它的根源。它证明了自由和成就所固有的限度,证明了人深深植根于自然。艺术以其全部的想象力证明了辩证唯物主义的真实——主体与客体之间、个人与个人之间永远的不同一性。

艺术凭借超历史的普遍的真实,诉诸一个不仅属于特定阶级,而且属于作为"人类"发展了所有生活本领的人的意识。那么,谁是这种意识的主体呢?

对于马克思主义美学来说,这个主体就是无产阶级,它作为特定阶级乃是普遍的阶级。重点却在于特殊性:无产阶级是资本主义社会

---

① 指六十年代西方国家中反权力主义的青年运动。本文作者及其所属的"法兰克福学派"从理论上支持了这个运动。——译注
② 酒神性格(the Dionysian)代表狂乱、放荡;光神性格(the Apollonian)代表节制、理智。尼采曾对此有所发挥,认为二者的对立是大多数文艺作品的主题,前者的胜利以浪漫主义为代表,后者则见于古典主义。——译注

中唯一无意于保存现有社会的阶级。无产阶级不为这个社会的价值所影响，因此可以自由地解放全人类。按照这个概念，无产阶级的意识也就是证实艺术的真实性的意识。这个理论适合于一种不再是（或尚未是）先进资本主义国家常见情况的情况。

卢西安·戈特曼陈述了先进资本主义时期马克思主义美学的中心问题。如果无产阶级不是现有社会的否定，而是在很大程度上同这个社会合而为一，那么马克思主义美学便面临这样一种情况，这里存在着"各种真正的文化创作"，"虽然它们不能附属于一个特定社会集团的意识，即使是一个潜在的意识"。所以，决定性的问题是："经济结构和文学表现形式之间的联系，在这样一个社会中是怎样形成的——这种联系在那个社会中发生在集体意识之外"，即并不以一个进步的阶级意识为基础，并没有表现这种意识？①

阿多诺这样回答：在这样的情况下，艺术的自主性表现为极端的形式——不可调和的疏隔。对于同现有社会合而为一的意识，同时对于物化的马克思主义美学，那些被疏隔的作品看来很可以称作"阳春白雪"或颓废的征兆。然而，它们却是真正的矛盾形式，控诉着一个把一切（连疏隔性的作品也在内）纳入其范围的社会整体。这一点并未取消它们的真实，也没有否定它们的允诺。诚然，"经济结构"是不可抗拒的，它们决定作品的使用价值（以及交换价值），但不决定它们是什么和说的什么。

戈特曼的文章提到一个特定的历史条件——先进的垄断资本主义制度下的无产阶级同现有社会合而为一。但即使无产阶级不是这样，它的阶级意识也不会是保持或改造艺术真实的特权力量或唯一力量。如果艺术一定要适合于任何集体意识，那么它就是这样一些个人的意识：不论他们的阶级地位如何，他们都意识到普遍的解放需要，并为此联合起来。尼采的《查拉图斯特拉如是说》的题辞"致全与无"

---

① 卢西安·戈特曼：《试论小说的社会学》（伦敦，1975年）第10页以下。

（Für Alle und Keinen），也可以移用于艺术的真实。

先进的资本主义把阶级社会变成一个由腐朽的戒备森严的垄断阶级所支配的世界。在很大程度上，这个整体也包括了工人阶级同其他社会阶级相等的需要和利益。如果谈到艺术在资本主义社会中的群众基础，还有点什么意义的话，那么这只是指的通俗艺术和畅销书而已。目前，欢迎真正艺术的主体在社会上是没有个性特征的；它不一定就是革命实践的潜在主体。而且，被剥削阶级即"人民"越是屈服于现有权势，艺术将越是远离"人民"。艺术只有服从自己的规律，违反现实的规律，才能保持其真实，才能使人意识到变革的必要。布莱希特未见得是艺术自主权的拥护者，他却写道："一件作品如不对现实显示主权，如不使读者对现实具有主权，就不是一件艺术品。"①

但是，在艺术中显得远离变革实践的一切，却要求被承认为未来的解放实践中一个必然的因素——被承认为"美的科学""补偿与完成的科学"。艺术不能变革世界，但却有助于变革能够变革世界的男女们的意识和倾向。六十年代的运动原有可能彻底改造主观性和自然，改造感觉、想象和理智。它开辟了事物的新远景，使上层建筑开始进入基础。今天这个运动被压缩了，被孤立了，处于防守地位，而狼狈不堪的左翼官僚们却急于把运动谴责为软弱的知识分子的优越感表现。确实，人们宁愿一个（可以理解）对这些问题不感兴趣的无产阶级安全返回集体领袖的地位。人们坚持艺术服从于通向"人民"的无产阶级世界观。革命的艺术应当讲"人民的语言"。布莱希特在三十年代这样写过："反对不断增长的野蛮状态，只有一个同盟者，就是身受其苦的人民。我们只有从他们指望到一点什么。所以，（作家）又不容辞的是转向人民。"而且，空前必要的是讲他们的语言。② 萨特也有同感：知识分子必须"尽快回到人民中间为他空着的位置上"。③

---

① 《布莱希特全集》第八卷第 411 页。
② 同上书，第 323 页。
③ 让-保尔·萨特：《造反有理》（巴黎，1974 年）第 96 页。

但是,"人民"是谁呢?布莱希特提出了一个非常严格的定义:"人民不但充分参与发展,而且实际上独占了、推动了、决定了发展。我们展望到一个创造历史、改变世界和自身的人民。我们眼前有一个战斗的人民……"①但是,在先进资本主义国家中,这"一部分人民"不是"人民"(全体),不是仰人鼻息的芸芸众生。不如说,布莱希特所指的"人民"乃是同广大群众相对立的少数人民,一个富于战斗性的少数。如果艺术应当不仅献身于这个少数,而且献身于全体人民,那么就不了解为什么作家一定要讲它的语言——它还算不上解放的语言。

有意思的是,上面的引文把艺术划归于"人民",说"人民"似乎是反对野蛮状态的唯一同盟者。在马克思主义美学和新左派的理论和宣传文字中,有一种只谈"人民"而不谈无产阶级的强烈倾向。这个倾向表明:在垄断资本主义制度下,被剥削人口大大超过"无产阶级",它包括一大部分从前独立的中产阶级。如果"人民"为流行的需要体系所支配,那么只有同这个体系相决裂,才能使"人民"成为反对野蛮状态的同盟者。在这个决裂之前,没有什么"人民中间的位置"可以等着作家去占领。作家毋宁必须首先创造这个位置,这是一个可能需要作家同人民对立,可能妨碍作家讲人民语言的过程。在这个意义上,"阳春白雪"今天很可以有一个激进的内容。为意识的激进化而工作,就是使人明确意识到作家与"人民"在物质上和思想上的差异,而不是去蒙蔽和掩饰这种差异。革命的艺术很可能成为"人民之敌"。

艺术必须是一个变革世界的因素,这个基本命题很容易变成它的反面,如果艺术与激烈实践之间的紧张关系被展平了,以致艺术丧失它特有的促进变革的作用。布莱希特的一篇文章清楚地表达了这个辩证法。② 题目本身表明,艺术与实践的敌对力量被调和之后,会发生什么情况(那篇文章的题目是:《把世界描绘得可以加以控制的艺术》)。但是,把被改造的世界表现成被控制的世界,就是表明变革的

---

① 《布莱希特全集》第八卷第 324 页以下。
② 《布莱希特全集》第七卷第 260 页以下。

持续性，就是蒙蔽新事物与旧事物的质的差别。目标不是被控制的世界，而是被解放的世界。布莱希特仿佛承认这个事实，他的文章这样开头："人们如要把世界表现为一个可能的控制对象，那么最好一开始就不要谈艺术，不要承认艺术规律，不要以艺术为目的。"为什么不要这样呢？也许因为把世界描绘为可能的控制对象，不是艺术的事情吧？布莱希特的答案是：因为艺术是"一种配备着惯例和专家的力量，它勉强只接受一些新倾向。艺术如果继续保持其本色，就再也不能前进。"然而，布莱希特又说，"我们的哲学家们"却不必完全拒绝使用艺术的职能，"因为把世界描绘得可以加以控制，无疑还是一门艺术。"艺术与实践之间带根本性的紧张关系，就这样通过巧妙地玩弄"艺术"的双关意义（既是美学形式，又是技巧）而获得解决。

政治斗争的必然性一开始就是本文的先决条件。这种斗争必须伴随意识的变革，这已是老生常谈了。但是，必须记住，这种变革不只是政治意识的发展，它以一个崭新的"需要体系"为目标。这个体系将包括一种从剥削统治中解放出来的感觉、想象和理智。这种解放，达到这种解放的种种方法，超越了宣传的范围。它们不可能充分地翻译成政治经济策略的语言。艺术是一种在质上不同于劳动的生产力；它的必不可少的主观性质坚决反对阶级斗争的无情的客观性。作为艺术家，同无产阶级打成一片的作家们仍然是旁观者——不论他们怎样摈弃美学形式，赞同直接的表现和传达方式。他们始终是旁观者，不是由于有非无产阶级的背景，远离物质生产过程，以及他们作品的"阳春白雪"的品格等等，而是由于艺术的超脱本性，使艺术与政治实践的冲突不可避免。超现实主义在其革命时期就证明了这种艺术与政治现实主义之间所固有的冲突。"人民"和艺术结盟的可能性，以下列条件为前提：为垄断资本主义所支配的男女们完全忘却这种支配方式的语言、概念和形象，他们经验到质变的一面，他们改造了自己的主观内心世界。

马克思主义的文学批评经常嘲笑"内心世界"，嘲笑资产阶级文学对灵魂的解剖——这种嘲笑,布莱希特称之为革命意识的标志。但是,这种态度同资本家嘲笑不赚钱的生活方式相差无几。如果主观性是资产阶级时代的一项"成就",那么它至少是资本主义社会的一个敌对力量。

我已经指出,这个看法同样适用于马克思主义美学对资产阶级文学的个人主义的批判。诚然,资产阶级个人的概念已经变成竞争的经济主体和独裁的家长在思想上的对偶。诚然,个人同其他人团结一致而又自由发展,这个概念只有在社会主义社会才能变成现实。但是,法西斯时期和垄断资本主义已经断然改变了这些概念的政治价值。"逃向内心世界",坚持私人范围,很可以作为堡垒来反抗支配人生一切方面的社会。内心世界和主观性很可以变为借以推翻经验,促成另一个世界的内外空间。今天,把个人作为一个"资产阶级"概念加以摈弃,令人想起并预示了法西斯的做法。团结和一致并不意味着吞没个人。二者毋宁起源于个人自主的决定;二者所联合的是自由结合的个人,而不是群众。

如果艺术所特有的推翻经验的作用,以及其中所包含的对既定现实原则的反抗,不能转化为政治实践,如果艺术的基本潜能恰在于这种不同一性中,那么就产生了这样的问题:这种潜能怎样才能在艺术品中得到有效的表现呢?它怎样才能变成一个改造意识的因素呢?

三

艺术怎样才能讲一种截然不同的经验的语言呢,怎样才能表现质的差别呢?艺术怎样才能产生进入人生深度的解放形象和解放需要呢,怎样才能明确表达不仅属于特定阶级,而且属于所有被压迫者的经验呢?

艺术的质的差别并不产生于选择一个使艺术得以保持其自主权

的特殊地盘。它也不是为了探求一个尚未为既成社会所占领的文化领域。多次有人试图证明,色情文学和秽亵作品乃是离经叛道的孤岛。但是,这样的特权领域并不存在。秽亵作品和色情文学早已同既成社会合而为一。它们像商品一样,也表现了那个压抑人的整体。

艺术的真实性也不单是一个风格问题。艺术有一种抽象的、幻想的自主权:私自任意虚构新事物的能力,一种与内容无关的技巧,或者说没有内容的技巧,没有材料的形式。这种空洞的自主权剥夺了艺术特有的具体性,而具体性即使在否定中也是在称颂现有事物。具备各种因素(文字、色彩、音响)的艺术依赖于被传递的文化品质;艺术同现有社会分享着这种品质。而且,不论艺术怎样推翻文字和形象的通常意义,被美化的仍然是一定的物质。即使文字破碎了,即使发明了新字眼,情况也是这样——否则整个传达过程将被切断。美学自主权的这个限制,乃是艺术得以成为一个社会因素的条件。

在这个意义上,艺术必然是现有事物的一部分,而且只有作为现有事物的一部分,它才能谴责现有事物。这个矛盾被保持和被解决在美学形式之中,正是美学形式赋予熟悉的内容和熟悉的经验以疏隔的能力,并促成一种新意识和一种新感觉的出现。

美学形式并不同内容相对立,甚至并不辩证地相对立。在艺术品中,形式变成了内容,而内容则变成了形式。

> 当一个艺术家,就要能够把所有非艺术家称之为形式的东西当作内容、当作"真实事物"来体验。然后,不管怎样,人便从属于一个颠倒的世界;因为现在,内容(包括我们自己的生活在内)变成了仅仅形式上的东西。①

---

① 弗里德里希·尼采:《权力意志》(斯图亚特,1930年)第552页。

一篇剧作、一部小说之为文学作品,是由于"合并了"并升华了"素材"的形式。后者可能是"美学转化的起点"①。它可能包含这种转化的"动机",它可能被决定了阶级性——但是在作品中,这种"素材"被剥夺了直接性,变成在质上不同的某种东西,另一种现实的一部分。即使有一点现实碎片剩下来没有转化(例如罗伯斯庇尔演说中的引句),内容也被作为整体的作品改变了;它的意义甚至可以变成它的反面。

"形式的专横"——在真正的作品中常见的一种必然现象,要求任何一行文字、任何一个声音都不能加以更换(指在实际上并不存在的最理想的情况下)。这种内在的必然性(区别真假作品的特质)的确是一种专横,因为它压制了表现的直接性。但是这里被压制的却是虚假的直接性:只要它拖曳着未被反映的被蒙蔽着的现实,它就是虚假的。

为了辩护美学形式,布莱希特在一九二一年这样写过:

> 我注意到我开始变成一个古典作家了。那些极端分子迫使〔表现主义的〕精心杰作尽一切办法喷出某种(陈腐的或即将陈腐的)内容!人们责难古典作家尊崇形式,却不知道形式在这里只是仆人。②

布莱希特把形式的破灭同陈腐化联系起来。诚然,这种联系对表现主义不够公平,许多表现主义决不是陈腐的。但是,布莱希特的意见使人想起美学形式和疏隔效果的基本关系:存心不讲究形式的表现方法确会使作品变得"陈腐",因为它抹杀了对既定论域的反抗——这是一种以美学形式具体化的反抗。

---

① K. A. 维特弗格尔,见《左曲线》,第二卷第2期(柏林,1930年)第9页。
② 《日记》(1920—1922年)(法兰克福,1975年)第138页。

服从美学形式,是离经叛道的升华过程的工具,而升华过程伴随着反升华过程①,已如上述(见本文第1节)。二者是在作品中统一起来的。ego和id②,本能目标和情绪、理性和想象,被一个压抑人的社会撤离了它们的社会化,于是努力争取获得自主权——虽然是在一个虚构的世界里。但是,同虚构的世界相遇,又会重新产生意识,并使一个反社会的经验得到感性的表现。美学的升华就这样解放了并证实了童年和成年的乐与苦的梦想。

不仅诗和戏剧,还有写实主义的小说,都必须把作为它们材料的现实加以转化,以便按照艺术的预想来重现这个现实的本质。任何历史现实都能成为这种摹拟的"舞台"。唯一的要求就是它必须风格化,必须经受艺术的"塑造"。而且正是这种风格化才容许对既成现实原则的标准重新估价——容许在升华的店础上进行反升华,容许解除社会禁忌,解除爱与死的社会裁处。男男女女讲话和行动,都不像在日常生活的重压下那样受到抑制;他们在爱与恨中更其伤风败俗(但也更其狼狈不堪);他们忠于他们的情欲,即使为它所毁灭。但是,他们更清醒,更深思熟虑,更可爱,也更可鄙。而且,他们世界里的目标更明晰,更自主,也更激发人的兴趣。

摹拟是以疏隔、推翻意识为手段的表现方式。经验被强化到破裂点。世界显得像是李尔、安东尼、柏尔奈斯、米夏埃尔·柯尔哈斯、沃伊策克的世界,一切时代的情人们的世界。他们恍然大悟地经验着世界。感觉强化到歪曲事物的程度,以致说不出口的话语说出来了,平常看不见的东西看得见了,不堪忍受的一切终于爆破了。这样,美学的转化变成了控诉——但也变成了对于抗拒不义和恐怖的事物,对于仍可挽救的事物的一种赞美。

文学上的摹拟以语言为媒介;它时而紧张,时而松弛,勉力产生否

---

① "升华"或"反升华"又可译作"理想化"或"反理想化"。——译注
② 按照心理分析说,id是储藏本能冲力的一部分心理;ego是通过感官经验外界,合理组织思维过程并支配行动的一部分心理。——译注

则会模糊起来的见识。散文需有自己的韵律。一般不说的话说出来了;一般说得太多的,如果掩盖了本质的东西,也等于没有说。经过凝聚、夸张、对本质的强调、对事实的排比,实现了作品的调整。承受这些变化因素的不是某个句子,不是它的单词,不是它的句法,而是整个作品。只有整个作品才能赋予这些因素以美学上的意义和职能。

批判性的摹拟以最多样化的形式表现出来。它既见于布莱希特的由变革需要的直接性所形成的语言中,也见于贝克特的一语未及变革的、精神分裂症式的语言中。控诉发生在《维特》和《恶之花》的感性的激动人心的语言中,也发生在司汤达和卡夫卡的严峻风格中。

控诉并不止于辨认罪恶;艺术也是对于解放的允诺。这种允诺正是美学形式的一种特质,或者说得更确切些,乃是作为美学形式的一种特质的美的一种特质。允诺是从既成现实夺得的,它产生一种权力终结的现象,自由的现象。但也只是现象而已;显然,实现这种允诺不是艺术份内的事。

有没有、能不能有这样的真正的作品呢,其中安提戈涅们终于消灭了克雷翁们,农民们打败了王侯们,爱比死还强?这种历史的倒转是艺术中一个调节性的观念,是对一个较好世界的幻想,即使在失败中仍然确实可靠的幻想至死不变的忠诚。同时,艺术却反对进步规则这个观念,反对盲目相信人类最终会坚持自身的权利,否则艺术品及其对真实性的要求便变成了谎言。

在改造现实的摹拟中,解放的形象为现实所挫伤。如果艺术答应使善终归胜过恶,这样的允诺将为历史的真实所反驳。在现实中,胜利者是恶,使人得以暂时避难的只是善的孤岛。真正的艺术品意识到这一点;它们摈弃轻易做出的允诺;它们拒绝心安理得的幸福结局。它们不得不摈弃这一切,因为自由的领域在摹拟之外。幸福的结局是艺术的"对立物",不论它出现在哪里,例如在莎士比亚的作品中,在歌德的《伊菲根尼》中,在费加罗或福斯塔夫的下场中,在普鲁斯特的作品中,它似乎都为整个作品所否定。在《浮士德》中,幸福结局只是在天上，伟大的喜剧摆不脱它试图排除的悲剧。摹拟始终是现实的重现。这种束缚力战胜了艺术的乌托邦性质：悲苦和不自由仍然反映在幸福和自由的最纯洁的幻象中。幸福和自由确还包含着对它们被毁灭于其中的现实的抗议。

实际上，这不是结局是否幸福的问题；起决定作用的是作品的整体，它保持着对过去事物的回忆。这些事物可能在悲剧冲突的解决中，在所达到的成就中被废弃。但是，尽管被废弃，它们仍会出现在对未来的悬念中。易卜生就举出了一个例子，这位最"资产阶级"性的伟大剧作家让"海上夫人"通过自己的自由决定，重新回到婚姻生活中，她离开了与之一起在海上冒险的那个陌生男子；她现在企图在家庭中履行义务。但是，整个剧作是同这个解决办法相矛盾的。艾莉达的自由由于不可能摆脱过去而有其局限。这种不可能不是阶级社会的过错；它的根本原因在于时间的不可逆转，在于自然的不可克服的客观性和合法性。

艺术无法履行它的允诺，而现实所提出的决不是允诺，只是机会。我们于是又回到艺术即幻象（虽然也许是美丽的幻象）这个传统观念上。诚然如此，但是资产阶级美学却总把现象理解为艺术特有的那种真实的现象，并使既有现实丧失其要求全部正统性的权利。于是就有了两种现实和两种真实。认识和体验是针锋相对的，因为艺术作为幻象具有认识的内容和职能。艺术的独特的真实同形成社会与自然的整个方面的日常现实和节日现实脱离了关系。艺术正是向着这个方面的超越，它的自主性正是在这个方面成为矛盾的自主性。当艺术抛弃这种自主性、连同表现这种自主性的美学形式时，艺术就屈服于它希图掌握和控诉的那个现实。虽然抛弃美学形式，很可能为反映一个粉碎了主体和客体，剥夺了它们的话语和形象的社会，提供一面最直接的镜子，摈弃美学的升华则使这样一些作品化为社会的碎片，它们将要成为这个社会的"反艺术"。反艺术从一开始就是自拆台脚。

各种状态和倾向的反艺术或非艺术,有一个共同的看法,即现代这个时期以现实的分解为特征,这种分解使任何自成体统的形式、任何意图的表现变得不真实,即使并非不可能。① 拼凑或接置媒介物,或者摈弃任何美学的摹拟,都被认为是对既有现实的适当反应,这种支离破碎的现实反对任何美学的造型。这种看法是同实际情况直接矛盾的,毋宁说全然相反。我们所经验到的,不是每个整体、每个单位或个体、每个意义的破灭,而是整体的统治和权势,人为的强加的统一。因此,结局不是现有事物的瓦解,而是它们的复制和集成。而在我们社会的精神文化中,正是美学形式由于意在言外,才能同这种集成相对抗。彼得·魏斯的近作以《抵抗的美学》(Aesthetik des Widerstands)为题,是很有意思的。

艺术家拚命使艺术成为生活的直接表现,并不能克服艺术同生活的离异。韦勒斯霍夫陈述了如下确切的事实:"罐头工厂和艺术家的工作室——瓦尔霍尔的工厂之间",乱洒颜料的抽象派绘画和它周围所进行的真实生活之间,"有着不可弥补的社会差别"②。这些差别也不能简单地靠事物的巧合(如噪音、运动、闲谈等等),靠把它们一成不变地并合成一个明确的"结构"(如一个音乐会、一本书),来加以弥补。这样表现出来的直接性是虚假的,因为它仅仅是从确定这种直接性的真实生活中抽取出来的。这种直接性于是被神秘化:它看来不是它的本色——它是一种人造的、艺术的直接性。

发生在反艺术中的宣泄(Entschränkung)和反升华就这样抄袭了(并篡改了)现实,因为它们缺乏艺术形式所有的认识能力;它们是不能变化的摹拟。拼凑、蒙太奇、错位等等并不改变这个事实。展示一个汤罐,说明不了制罐工人的生活,也说明不了消费者的生活。摈弃美学形式不能取消艺术与生活的差别——但却取消了本质与现象的

---

① 参见迪特尔·韦勒斯霍夫:《艺术概念的瓦解》(法兰克福,1976年)中的批判性分析。
② 韦勒斯霍夫:《艺术概念的瓦解》第39页。

差别,这种差别正是艺术真实的发祥地,它并决定了艺术的政治价值。艺术的反升华被认为可以发泄艺术家和接受者两方面的自发性。但是,正如在激烈实践中,自发性只有作为间接的自发性(即来自意识的转化),才能推动解放运动,在艺术中也是这样。没有这种双重的转化(主体及其世界的转化),艺术的反升华就不能使创造力民主化和广义化,只能导致艺术家可有可无。

在这个意义上,摈弃美学形式就是不负责任。它剥夺了艺术得以在既成现实之内创造另一种现实——希望的领域——的形式。

废除艺术的自主性,这个政治纲领趋向"使艺术与生活之间的各级现实不分轩轾"。艺术只有抛弃自主地位,才有可能渗进"使用价值的总体"。这个过程会产生矛盾的心理效果。"它既意味着艺术堕入了商品化大众文化的末途,另方面又很容易转化为颠覆性的反主流文化①。"②但是,后一种可能看来是可疑的。一种颠覆性的反主流文化,今天只有同流行的艺术工业及其非自主艺术相抗衡,才是可以想象的。这就是说,一个真正的反主流文化必须坚持艺术的自主性,坚持它特有的自主艺术。因此,反对被并入市场的艺术,岂不必然看来是"阳春白雪"吗?"面对整个市场文学的使用价值不断降低,Dichten(文学创作)作为一门特殊的'高级'艺术,这个包含时代错误的优越概念,又将具有几乎带颠覆性的性质。"③

艺术品只有作为自主的作品,才能在政治上达到目的。美学形式对于艺术品的社会职能是至关重要的。形式的特质否定了压抑人的社会的特质——它的生活、劳动和爱情的特质。

美学质量和政治倾向本来就是相互关联的,但是它们的一致性却不是直接的。瓦尔特·本雅明在如下命题中表达了倾向和质量的内

---

① 反主流文化(counterculture),指六十、七十年代西方年轻一代反对社会的既定准则、价值观念而产生的文化。——译注
② 于尔根·哈贝马斯:《正统化危机》(波士顿,1975年)第85页以下。
③ 米夏埃尔·施奈德,见《文学杂志》第2期(赖因贝克,1974年)第265页。

在关系:"一部文学作品只有按照文学标准是正确的,它才能在政治上是正确的。"①这个公式十分清楚地排斥了庸俗的马克思主义美学。但是,它并没有解决本雅明所谓文学上的"正确"——换言之,他在艺术领域中把文学质量和政治质量等同起来——这个概念所包含的困难。这样等同起来,就调和了文学形式和政治内容的紧张关系:完满的文学形式超越了正确的政治倾向;倾向和质量的统一本是对立的。

四

艺术所着意的世界在任何时候、任何地方都不仅仅是日常现实中的既有世界,但也不是仅由幻想、幻象等等构成的世界。既有现实中所有的一切,男男女女的行动、思想、感情和梦想,他们的潜能和自然的潜能,无不被容纳于艺术的世界中。然而,一件艺术品的世界在通常的意义上又是"不真实的":它是一种虚构的现实。但是,它"不真实",不是因为它少于既定现实,而是因为它多于它,并且在质上"异"于它。作为虚构的世界,作为幻象,它比日常现实包含更多的真实。因为后者在其惯例和关系中被神秘化了,这些惯例和关系使必然变成选择,使疏隔变成自我实现。只有在"幻想世界"中,事物才显得是它本来有和可能有的样子。由于这种真实性(只有艺术才能以感性形式来表现它),世界便颠倒过来——现在显得不真实,显得虚假,显得是骗人的,反倒是既有的现实,普通的世界了。

艺术的世界是真实的显现,日常现实不真实,是谬误:这个唯心主义美学命题有过如下令人愤慨的陈述:

……这整个的外在和内在的经验世界其实并不是真正实在

---

① 瓦尔特·本雅明:《作为生产者的作家》,载拉达茨:《马克思主义与文学》第二卷第264页。

的世界,比艺术还更名副其实地可以称为更空洞的显现和更虚假的幻相。只有超越了感觉和外在事物的直接性,才可以找到真正实在的东西。①

辩证逻辑才可以为这些主张提供意义和理由。这些主张在马克思关于资本主义社会中本质与现象之分歧的分析中才有其唯物主义的真实性。但是,在艺术与现实的对抗中,它们便变成了笑柄。奥斯维辛集中营和美莱事件,拷问、饥饿和死亡——难道这整个世界应当说成"空洞的显现"和"虚假的幻相"吗?它简直是不可想象的现实。艺术回避了这种现实,因为它如不采用美学形式,因而不采用止痛的净化和欣赏态度,便不能表现这种苦难。艺术绝对免不了这种罪过。但是,这并不妨碍艺术必然使人一再回想起居然幸免奥斯维辛之灾,日后还将消灭其根源的人们。如果连这点记忆都非压制不可,那么"艺术的终结"的确已经到来。真正的艺术保持着这种蔑视和反对奥斯维辛的记忆;这种记忆就是艺术永远得以发源的基础——这种记忆,再加上创造可能的"对立物"形象的需要。欺骗和幻想已经是有历史记载以来既成现实的品质。而神秘化也不仅仅是资本主义社会的特征。艺术品从另一方面说并不掩饰现有的一切——它揭露这一切。

可能出现在艺术中的"对立物"是超历史的,因为它超越了任何和每个特定的历史情境。悲剧无时无地不有,只要它随时随地接着又演林神戏;②欢乐比忧伤消失得更快。这种在艺术中得到冷酷表现的见识,很可能动摇对于进步的信念,但也可能保持实践的另一种形象和另一种目标,即按照增进人类追求幸福之潜能的原则改造社会和自然。革命是为了生,不是为了死。艺术与革命之间也许最深刻的亲密

---

① 黑格尔:《美学》第一卷第 11 页。
② 林神戏(Satyr Play),古希腊的一种闹剧,由人身羊腿的林神扮演。悲剧演完,接演林神戏,是为了增强净化效果。——译注

关系就在这里。列宁很喜欢贝多芬的奏鸣曲,他却决心认为不能听它们,这就证明了艺术的真实性。列宁本人知道这一点——但却拒绝认识它。

>……我不能常常听音乐,它会刺激神经,使我想说一些漂亮的蠢话,抚摸人们的脑袋,因为他们住在肮脏的地狱里,却能创造出这样美丽的东西来。但是现在,谁的脑袋也不能抚摸一下,——自己的手会被咬掉的。一定要打脑袋,毫不留情地打,虽然我们在理想上是反对用暴力对待人的。①

的确,艺术并不服从革命策略的规律。但后者也许有一天会添进一些艺术所固有的真实。列宁所谓的"使我想说",不是说的个人偏好,而是说的一种历史性的变通办法——一种行将变为现实的乌托邦。

在艺术中必然会有一种妄自尊大的成分:艺术并不能把它的幻想变成现实。它仍是一个"虚构的"世界,虽然它看透了并预测了现实。于是,艺术修正了它的理想性:它所表现的希望不应当仅只是理想的。这就是艺术的神秘的绝对律令。它的实现在艺术之外。诚然,歌德的《伊菲根尼》的"纯正人类"在本剧最后一幕中得以实现——但不过是在那里,是在戏剧本身中。得出这样的结论,认为需要更多的伊菲根尼来宣传纯正人类的福音,需要更多的国王来接受这个福音,那是荒诞可笑的。此外,我们早已知道,纯正人类补救不了人类所有的不幸和罪恶;它毋宁是它们的牺牲品。因此,它仍然是理想的:它得以实现的火候取决于政治斗争。理想只是作为目的,作为 telos(圆满结局)进入这场斗争;它超越了既成的实践。但是,理想本身的形象是随着千变万化的政治斗争而变化的。今天,"纯正人类"也许在《大胆妈妈》

---

① 高尔基:《同时代人回忆录》,载赞德尔:《马克思主义意识形态与一般艺术理论》第86页。

的聋哑女儿身上才得到最真实的表现,她是在击鼓挽救城镇时被一伙士兵杀死的。

于是,产生了这样一个问题:美学形式的超越性批判因素在那些以肯定为主的艺术品中也发生作用吗?反过来说,艺术中的极端否定也仍包含着肯定吗?

一部作品借以反抗既成现实的美学形式,同时也是一种通过和解的净化进行肯定的形式。这种净化是一种本体上的,而不是心理上的结果。它的基础就是形式本身的特殊品质,即其非抑制性的常态,它的认识能力,它为已经结束的苦难所造的形象。但是,净化所提供的"解决办法"、和解,也保存着不可和解的因素。两极之间的内在联系可用两个极端肯定和极端否定的例证来说明:一个是歌德的《浮士德》①中的《守塔人之歌》:

> 福哉我呼我眼,
> 凡汝之所曾见,
> 毕竟无物不美,
> 不问天上人间。

另一个是魏德京的悲剧《潘朵拉的盒子》最后一幕的最后一句台词:

> 它多美呀!

试问在这最后一幕中,仍能谈到美学的肯定吗?在拆线工人杰克做活儿的那间肮脏的顶阁里,恐怖结束了。连这里的净化仍有肯定作用吗?垂死的格施维茨公爵夫人的最后一番话("该死的!"),是以爱——被残害和被侮辱的爱的名义发出的诅咒。最后的呼号是反抗

---

① 歌德:《浮士德》第二卷。借用郭沫若的译文。——译注

的呼号;它以全部恐怖气氛肯定了爱情的无力的力量。甚至在这里,在凶手的手中,在心爱的鲁鲁被杀的尸体旁,一个妇人也哭喊着要求永恒的欢乐:"我的天使!——让我再看你一眼!我在你身旁!我要永远——呆在你身旁!——该死的!"同样,在斯特林堡最可怖的剧作中,男男女女似乎依赖仇恨、空虚和恶意而生,《梦剧》就响彻着这样的呼喊:"人真可惜啊!"

洋溢着青春气息的《守塔人之歌》,也有这种肯定与否定的统一吗?"凡汝之所曾见",引起了对过去痛苦的回忆。幸福最后说话了,但是一句追怀往事的话。而且在最后一行,肯定还带有忧伤——和挑衅的语调。

阿多诺分析歌德的诗篇《流浪者的夜歌》[1]时曾经指出,最高级的文学形式在宁静的顷刻保持着痛苦的回忆:

> 最伟大的抒情作品之所以身分高贵,正在于自我从疏隔中返回来,在作品中借以产生自然的幻相的力量。它们的纯粹主观性,其中显得完整而和谐的一切,证明了相反的情况:证明了一个同主体不相容的生活中的苦难,也证明了对这种生活的爱。的确,它们的和谐实际上无非是这种苦难和这种爱的协调而已。甚至"且少安,汝亦将入睡"这句诗也有安慰的表示:它的深不可测的美不可能同它没有讲出来的、一个拒不安静的世界的形象分开。只因为诗的风格同这种忧伤相一致,它才可以坚持应当安静下来。[2]

---

[1] "山巅静谧,
 树梢风息,
 鸟寂于巢。
 且少安,
 汝亦将入睡。"(译者试译)

[2] 泰奥多尔·W.阿多诺:《文学札记》(法兰克福,1958年)第80页以下。

五

美学结构起源于美的规律,而肯定与否定的、安慰与忧伤的辩证法就是美的辩证法。

马克思主义美学坚决拒绝美的观念,"资产阶级"美学的这个中心范畴。把这个概念同革命艺术联系起来,看来是困难的;在政治斗争的必然性面前来谈美,看来是不负责任,摆臭架子。此外,既成体制已经以造型完美可爱的形式(使用价值的一种伸延)创造了美,并将它全部出卖给色情艺术部门。然而,同这种顺世从俗的做法相反,美的观念还一再地出现在进步运动中,作为改造社会和自然的一个方面。这种基本潜能的源泉又是什么呢?

首先是美的性爱素质,它禁得住"趣味判断"的一切变迁。美属于性爱的领域,所以体现了享乐原则。① 这样,它才反抗流行的统治的现实原则。艺术品讲着使人解脱的语言,产生使死与毁灭从属于求生意志的形象。这就是美学肯定中的解放因素。

但是,在某种意义上,美又似乎是"中立的"。它可以是一个倒退的,也可以是一个进步的(社会)总体的特质。我们可以讲一个法西斯节日的美,(莱尼·里芬施塔尔就为它拍过片!)但是,如果它所压制或掩饰的内容被识破的话,美的中立性就显得是骗局。不过,形象化表现的直接性使它不易被识破,这种直接性抑制着想象。

相反,在文学中却有可能表现法西斯,因为文字没有为图画所制止或压倒,它自由地传播着认识和控诉。但是,认识性的摹拟只能达到主人公及其仆从——却达不到他们所组成的体制,达不到整个恐怖统治,这一切超出了净化性摹拟的破除力量。于是,风格化便把那些混世魔王定型下来,成为长存而不致湮灭的纪念物了。

---

① 参阅本卷第268页注①。——译注

在许多作品中（例如布莱希特的诗，他的《阿尔图诺·乌伊的可防御的高升》《第三帝国的恐怖与悲惨》；萨特的《阿尔托纳的死囚犯》；冈特·格拉斯的《狗年》；保罗·策兰的《死亡赋格曲》），促成转化的摹拟终于认识到法西斯主义臭名昭著的现实，表现出它的世界性历史现象下面的日常具体性。而且，这种认识就是一种胜利；在（戏剧、诗歌、小说的）美学形式中，恐怖的记忆被唤醒了，它直截了当地表现出来，来出庭作证，来告发它自身。这只是一刹那的胜利，意识流中的一刹那。但是，形式掌握住它，使它获得永久性。由于摹拟的这种成就，这些作品包含着可以说最纯净的美的品质，那就是政治性的"厄洛斯"①。在美学形式中，法西斯恐怖不顾一切抑制和健忘的势力继续大喊大叫——在这种美学形式的创造过程中，生命的本能反抗着当代文明的全球性的施虐 - 受虐狂状态。被抑制者的再现，完成并保存在艺术品中，可能加强了这种反抗。

完美的艺术品使人永远记得那心满意足的一刹那。而艺术品越是以其特有的常态同现实的常态相对抗，它便越显得美——在其非抑制性的常态中，连诅咒都是以爱的名义说出来的。这种常态出现在遂心如意、泰然自若的短暂的刹那，出现在"美的一刹那"——这一刹那打断了连绵不绝的动乱状态，打断了为了继续生存去做必须做的一切的经常需要。

美是一种解放的象喻：

> 昨天我走在山谷中，看见两个女孩坐在岩石上：一个在挽头发，另一个在帮她挽；金黄色头发垂下来，一张庄重的苍白脸庞，但很年轻，穿一身黑衣服，另一个热心地在帮忙……我简直时时希望成为美杜萨的头，把这两个女孩变成石头，好让人人能看到它。她们起身了，美的群像破坏了；但她们从岩石中间走下来的

---

① 厄洛斯的本义是"性爱"，转义为心理学上的里比多（渴望）。前后文中的"性爱"均作如是解，是弗洛伊德学派美学的基本概念之一。——译注

当儿,又出现了另一幅图画。最美妙的图画,最洪亮的音调重新组合起来,接着又消失掉。只留下一件东西:从一种形式化为另一种形式的无限的美。①

美的刹那就这样不断地"重新组合而后消失",每一刹那都一去不复返了。它一过去,就迎来了另一个遂心如意、心平气和的刹那。于是,惹人愤慨的记忆缓和了,美变成肯定的和解性的净化效果的一部分。艺术无力抗拒这种同不可和解的事物的和解;这种和解是美学形式本身所固有的。按照它的规律,"连绝望的呼号……都在赞助那声名狼藉的肯定",把最严重的苦难加以描写,也"仍然包含着强颜为欢的可能性"。② 因此,连《浮士德》中的监狱场面也是美的,正如毕希纳的《伦茨》中清醒的疯狂、卡夫卡的《美国》中特里西讲述她母亲的死,以及贝克特的《最后一着》都是美的一样。

美的感性的实质保存在美学的升华之中。艺术的自主性及其政治潜能表现在这种感性所具有的认识能力和解放能力之中。所以,不足为怪的是,对自主艺术的非难从历史上来看,是同以道德和宗教的名义斥责感性相联系的。

霍斯特·布雷德坎普已经指出,有组织地动员平民大众反对把艺术从宗教仪式中解放出来,其根源在于中世纪鼎盛期的禁欲运动。自主的艺术被谴责为无耻的荒淫。"放纵艺术上的感性刺激","巧妙地挑逗感官"被说成是"艺术自主化的基本条件"。焚烧绘画,毁坏雕像,不是"一个盲目的狂信的表现",毋宁是"小资产阶级的反唯智论的生活理想的结果;萨沃纳诺拉③就是它不屈不挠的代表。"④阿多诺同样说过:"对幸福的敌视,禁欲主义,那种把路德和俾斯麦之类名称

---

① 《格奥尔格·毕希纳全集及书简》(慕尼黑,1974年)第87页。
② 阿多诺:《文学札记》第三卷第126—127页。
③ 萨沃纳诺拉(1452—1498),意大利僧侣,宗教改革家,因异说被烧死。——译注
④ 霍斯特·布雷德坎普:《自主性与禁欲主义》,载《艺术的自主性》第121,133页。

唠叨不休的民族气质,并不需要美学的自主性。"①阿多诺在这里发现了"小资产阶级的性憎恨"的痕迹。

感性的媒介还构成艺术对于时间的自相矛盾的关系——所谓"自相矛盾",是因为通过感性媒介被经验的一切就在眼前,而艺术要表明它在眼前,又不能不把它表明为过去。在艺术品中变成形式的一切,是已经发生过的:它被回忆起来,它被再现出来。摹拟把现实化为回忆。在这种回忆中,艺术认出了社会环境以内和以外所存在的和可能存在的一切。艺术把这种认识从抽象概念的领域中抢救出来,移栽到了感性的领域。艺术的认识能力就是从后一领域汲取力量的。美的感性力量使允诺持续下去,那就是对于一度有过并试图恢复的幸福的回忆。

虽然艺术的世界弥漫着死亡的气息,艺术却拒绝赋予死亡以深意的引诱。对于艺术,死亡是常有的意外,是不幸,是屡见的威胁,即使在幸福、胜利、遂心如意的刹那间(甚至在《特里斯坦》②中,死亡仍是一桩偶然事故,春药和创伤所引起的双重事故。死的颂歌就是爱的颂歌)。所有的痛苦变成了垂危的疾病——虽然疾病本身是能够治好的。《穷人之死》很可以说是解放,贫穷是能够消除的。然而,死亡仍是社会、历史所固有的否定。它是对于过去事物的最后的回忆——对于一切被放弃的可能性,对于可以说而没有说的话,对于每一次没有表示的友谊和温情的最后的回忆。

艺术宣布警戒这样一个命题,所谓"改造世界的时刻已经到来"。虽说艺术证明了解放的必然性,它也证明了解放的限度。已经发生的无从取消,已经过去的无从挽回。历史是犯罪,不是赎罪。爱与死是情人,也是敌人。破坏力可以在更高的程度上用来为生命服务——爱本身活着就带有限定的、痛苦的征兆。"欢乐的永恒"是从个人的死亡而来的。对于个人,这种永恒是一个抽象的普遍概念。而且,说不定

---

① 阿多诺:《文学札记》第三卷第 132 页。
② 托马斯·曼的著名艺术家小说之一。——译注

永恒并不持久。世界过去既不是为人类而造,现在也没有变得更合乎人性。

因为艺术在提出幸福的允诺的同时,保持着对于失败的目标的回忆,所以它就可以作为一个"调节的观念",进入改造世界的苦斗中。反对生产力的拜物教,反对客观条件(仍然是统治条件)对个人的继续奴役,艺术表现了一切革命的最终目标:个人的自由和幸福。

结 论

马克思主义理论把既成社会理解为一个需要变革的现实。在任何情况下,社会主义至少可说是个较好的社会,人可以享受较多的自由和较多的幸福。今天受支配的人们越复制那些压抑他们自身的力量,越避免同既有现实相决裂,革命理论便越取得一种抽象的性格。社会主义作为一个较好的社会,这个目标也显得抽象起来——联系必然在既成社会的具体条件下进行的激烈实践来说,它显得意识形态化了。

在这种情况下,艺术和激进实践之间的相互吸引和相互反抗是非常清楚的。两者都展望着一个起源于既定社会关系,同时把个人从这些关系解放出来的世界。这个梦景看来是革命实践的永久的未来。在社会主义社会继续进行阶级斗争,这个观念就表明了这一点,尽管是采取歪曲的形式。社会按照自由的原则永远进行改造,不仅由于阶级利益继续存在而有其必要。社会主义社会的机构和制度,即使在最民主的形式下,也决不能解决一般与特殊之间、人与自然之间、个人与个人之间的一切冲突。社会主义并没有也不能把爱从死解放出来。这就是使革命不致停留在任何完成的自由阶段的极限:这就是争取不可能事物,反抗不可征服事物的斗争,虽然这些事物的范围可能越来越缩小。

艺术在坚持自己的真实的同时,反映了这种动态,因为它的真实以社会现实为基础，又是这个现实的"对立物"。艺术打开了一个其他经验达不到的领域，人、自然和事物不再屈从于既定现实原则的领域。主体和客体遇到它们在社会上被拒绝的那种自主性的显现。同艺术的真实相遇，发生在使人疏隔的语言和形象中，后者使得在日常生活中不再或尚未被感觉、被说出和被听到的一切感觉得到、看得见和听得着。

艺术的自主性反映出个人在不自由社会中的不自由。如果人们是自由的，那么艺术就会是他们的自由的表现形式。艺术仍然有不自由的标志；艺术同不自由相抵触，才获得它的自主性。艺术所服从的规律，不是既定现实原则的规律，而是否定既定现实原则的规律。但是，纯否定会是抽象的，是"坏的"乌托邦。伟大艺术中的乌托邦决不是对现实原则的简单否定，而是对它的超脱的扬弃，过去和现在在扬弃过程中对乌托邦的实现投下了阴影。真正的乌托邦以回忆往事为依据。

"一切物化都是一种忘却。"①艺术使僵硬的世界说话、唱歌、跳舞，它这样来同物化斗争。忘却过去的苦难和过去的欢乐，可以缓和压抑人的现实原则之下的生活。相反，回忆则刺激起征服苦难，使欢乐永久化的动力。但是，回忆的力量被挫败了：欢乐被痛苦比得黯然失色。非如此不可吗？历史的眼界仍然是开阔的。如果对往事的记忆真是变革世界的斗争中的一种动力，那么这场斗争便是为一次在以往历史性革命中一直被压制的革命而进行的。

---

① 马克斯·霍克海默尔与泰奥多尔·W.阿多诺：《启蒙辩证法》（纽约，1972 年）第 230 页（译文有修改）。

新的感受力

[美]赫伯特·马尔库塞

新的感受力已经成为一个政治因素①。这件大事充分预示了当代社会发展的一个转折点,因此要求批判理论把新的因素纳入它的概念中,为可能建设一个自由社会而突出它的推论。这样一个社会从头到尾以现有社会的成就、特别是后者的科学技术成就为前提。这些成就如果不再为剥削的目的服务,就可以用来在全世界消灭贫困和奴役。的确,精神生产和物质生产的方向这样一改变,就已经预示了资本主义世界的革命;理论上的预测似乎为时过早——如果没有这样一个事实,即觉察到自由具有超验的可能性,必定会在为这场革命准备土壤的意识和想象中成为一种推动力量。② 这场革命恰恰是按照它为这股力量所推动的程度而有所不同,而产生效果的。

---

① 本文系作者专著《论解放》(波士顿·灯塔出版社1969年版)的第二章。他在该书引言部分及第一章《社会主义的生物学基础》中已经提出:自由人类的新世界是不能由任何既成社会来建立的。这类社会不论如何现代化或合理化,其阶级结构无不通过固有的价值观念产生奴役,并使奴役变成自愿。这种"自愿"的奴役只有通过包括与传统决裂的新的感受力在内的政治行动才能粉碎。只有这种新的感受力才能使人类的视觉、听觉、触觉等感官得以接受一些通向非侵略性、非剥削性世界的潜在形式。所以,本文接着说,"新的感受力已经成为一个政治因素"。——译注
② 意即人的自由是超验的、天生的、与生俱来的,后来才在阶级社会中受到约束以至丧失。只有觉察到这一点,才能促使意识和想象(而不止是理性认识)为革命准备土壤。——译注

新的感受力说明生活本能克服了侵略性和犯罪感,将会在社会规模内促使人们感到十分必要废除不义和悲惨,而且将会促成"生活标准"的进一步发展。① 生活本能将会在计划分配各种不同的生产部门之内和之间的社会必要劳动时间方面,从而在优先选择和决定生产什么以及产品"形式"等方面,得到合理的表现(升华)②。被解放的意识将会促进这样一种科学技术的发展,它可以发现和实现物与人在保障和满足生活方面的种种可能性,操纵达成这一目的的形式和内容的种种潜能。那时,技术将逐渐变成艺术,而艺术将逐渐成为现实:想象和理性的对立,高级和低级技能,文学创作思维和科学思维等等,都将变得没有意义。于是,出现了一种新的现实原则:按照这一原则,一种新的感受力和一种反升华的科学智力③将在一种审美特质的创造过程中结合起来。

"审美"(aesthetic)一词有双重的涵义,既"与感官有关"又"与艺术有关",因此可以用来表达自由环境中的生产-创造过程的性质。技术既具有艺术的特征,就可以把主观的感受力变成为客观的形式,变成为现实。这将是那些已经克服犯罪感而不再感到羞耻的男男女女的感受力:他们已经懂得不去同那些虚伪的父辈打成一片了,后者建立了、容忍了而且忘记了历史上的奥斯维辛和越南,所有世俗和教会的审讯裁判所的行刑室,少数民族居住区和大公司的纪念堂,后者还崇拜这个现实的高级文化。男男女女果真一旦不同他们的父辈打成一片,而自主地行动和思维,他们就会打破世世代代把父亲和儿子拴在一起的锁链。他们将不会为那些反人类的罪行赎罪,而会自由地制止它们,预防它们重演。果真一旦消除了使人类历史成为统治和奴

---

① "生活本能"是弗洛伊德学说的基本概念之一,其中包括里比多。"侵略性"使他人不自由,"犯罪感"使自己不自由,而"新的感受力"则意味着"生活本能"超越了"侵略性"和"犯罪感",在社会范围内获得自由的发展。——译注
② 意即在解放了的社会里,人的劳动(包括劳动时间、生产门类及产品形式等)只以满足生活本能为目的。"升华"又可译作"理想化",此处意即"合理的表现"。——译注
③ 意即没有得到合理表现的科学智力,指不以满足生活本能为目的的科学智力。——译注

役的历史的那些原因,不再回到过去的时刻就会到来。这些原因都是经济性－政治性的,但是任何经济上和政治上的变革都不会中断这个历史连续性,除非那些变革是由生理上和心理上能够在暴力和剥削之外体验事物,而且彼此体验①的人们来完成。

照此看来,新的感受力已经变成了实践:它们出现在反对暴力和剥削的斗争中,这场斗争是为了争取崭新的生活方式,即否定整个既定制度,否定这个制度的道德和文化,肯定建立一个新社会的权利,在那个社会由于废除了贫困和劳役,终于出现了一个新天地,一切感官的、好玩的、平静的和美的事物在这里成为生存的形式,从而成为社会本身的形式。

审美事物作为一个自由社会的可能形式,出现在那样一个发展阶段上,其中可以得到为克服匮乏所必需的精神资源和物质资源,其中从前带进步性的抑制变成了退步性的镇压,其中使审美价值(以及美学真实)被垄断而且被分离出现实的高级文化崩溃了,分解为反升华的、"低级的"而且有害的形式,其中青年人的仇恨忽然变成歌声笑语,并把路障街垒和跳舞地板混在一起,把爱情戏剧和英雄主义混在一起。而且青年人在社会主义阵营还要抨击 esprit de sérieux(认真精神):用超短裙反对机关干部,用摇滚舞反对苏维埃现实主义。强调一个社会主义社会可能而且应当是轻松的、愉快的、好玩的,强调这些优点是自由的基本因素,相信想象的合理性,要求一种新的道德和文化——这种伟大的反独裁主义的反抗行为难道不表示彻底变革的一个新的方面和方向,表示彻底变革的新经办人的出现,表示在质上不同于既定社会的社会主义的一个新的美景吗?在美学方面有没有与自由发生密切关系的地方,不仅在其升华的文化性的(艺术性的)存在形式方面,而且在其反升华的政治性的存在形式方面,这样才可使审美事物变成一种 Gesellsehaftliche Produktivkraft(社会生产力):生产技术中的

---

① 意即人类能在摆脱暴力和剥削的情况下处理(体验)人与物的关系和人与人的关系(包括性爱关系)。——译注

要素,物质和精神必然从中得到发展的地平圈?

几百年以来,对美学方面的分析集中在美的观念上。这个观念是不是表示了为美学事物和政治事物提供共同标准的审美性格呢?

作为被要求的目标,美的事物属于爱与死(Eros and Thanatos)等原始本能的领域。神话连接了对立面:快乐和恐怖。美有力量遏制侵略:它能禁止侵略者行为。美丽的美杜莎能使站在她面前的男人变成石头。"长着天蓝色卷发的波赛东,却和她一起睡在柔软草地上铺满春花的床上。"① 她被柏修斯杀死了,从她被砍头的身体里跳出了飞马柏加苏斯,那诗才的象征。美,神圣和诗固然有亲缘关系,但是美和未曾升华的欢乐也有亲缘关系。因此,古典的美学在主张感性、想象和理性和谐地统一于美之中的同时,同样主张美具有客观的(本体论上的)性格,即:美就是使人和自然各得其所的形式,美就是完满。康德问道,在美和完善(Vollkommenheit)之间有没有一种看不见的联系?② 而尼采却说,"美是逻辑的镜子,换言之,逻辑法则是美的法则的对象。"③ 对于艺术家来说,美就是"毫不紧张,因此不再需要暴力地"掌握对立面。美具有一切"有用、有益而又提高生活"(Lebensteigernd)的事物的"生物学价值"④。

由于这些品质,美学方面可以用来作为一个自由社会的某种尺度。全部人类关系不再为市场所调节,不再以竞争性的剥削或恐怖为基础,而要求摆脱不自由社会的抑制性满足的感受性;一种可以接受迄今只由审美想象设计的现实形式和风尚的感受性。因为审美需要有其特定的社会内容:这些需要正是人的有机结构即心身的权利,它有权要求一种得以发挥自身的尺度,而这种尺度是只有在反抗按其职能否认并侵犯这些权利的社会制度的斗争中才能被创造出来。要求

---

① 希西奥德(希腊诗人,公元前八世纪):《神谱》。
② 康德:《手稿》(学院版)第662页。
③ 《尼采全集》(斯图亚特,1921年)第九卷第185页。
④ 同上书,第十六卷(1911年)第230页。

使审美需要得到最基本的满足已变为大规模的集体行动,这种需要的激进的社会内容便变得日益明显了。从要求分区布局规定完善化和对噪音与灰尘略加防范的无害运动,到迫切要求禁止汽车进入整个市区,禁止在公共场所使用晶体管收音机,自然非商品化,城市全面重建,控制生育——这样的行动将不断破坏资本主义的制度及其道德。这类改良的量将转化为彻底变革的质,直到严重地削弱经济上、政治上和文化上的压力和在保存经商牟利的环境和生态中有着既得利益的权力集团。

美的道德是清教主义的对立面。它并不坚持要那些以一贯拷打、屠杀、毒害进行大扫除的人们每天洗一次澡或一次淋浴;它也不坚持要那些以从事肮脏交易为业的人们换上干净衣服。但是,它确实坚持要求从地球上清除资本主义精神所产生的物质垃圾,清除这种精神本身。而且,它坚持把自由看作生物学上的必需品,即人的身体不能忍受任何抑制,除了为保护和改良生命而必有的那一种。

康德在他的第三部《批判》中几乎抹杀了感受力和想象力的界线,他却承认感官具有"生产"性、创造性的限度——它们参与制造自由的形象的限度。就想象力来说,它依赖于提供经验材料的感官,它正是利用这些材料创造它的自由领域的,方法就是将已经是感官的材料并已由感官形成的种种客体和关系加以变形。想象力的自由就这样受制于感受力的命令,不仅受制于它的纯形式(空间和时间),而且受制于它的以经验为根据为内容,后者作为将要被超越的客体-世界,仍然是超越的一个决定因素。无论怎样优美的或崇高的、舒适的或可怕的现实形式,想象力都可能凸现出来,它们都是从感性经验中"派生"出来的。然而,想象力的自由不仅受制于感受力,而且从有机结构的另一极端来看,还受制于人的推理力即其理性。对于新世界,对于新的生活方式的最大胆的意象,仍然要由概念引导,由一种在代代相传的思维发展中形成的逻辑引导。从感受力和理性这两方面来说,历史成为想象的方案的一部分,因为感官的世界是一个历史世界,而理性则是从概念上对历史世界的掌握和翻译。

阶级社会的秩序和组织形成了人的敏感性和理性,因此也形成了想象的自由。想象在科学(包括纯科学和应用科学)中有其被约束的活动范围,而在诗歌、小说、艺术中则有其自主的活动范围。一方面是以工具主义为根据的理性的命令,另方面是为这种理想的实现所毁坏的一种感官经验,想象的力量在这二者之间便受到了抑制;它只有在抑制的总框架之内,才可以变得实用,即改变现实;越出这些限度,想象的实用便是对社会道德禁忌的违犯,便是滥用和破坏。在伟大的历史性革命运动中,想象曾经在短暂时期内无拘无束地参与制订过一个新的社会道德和新的自由机构的方案;接着,它却牺牲于有效理性的需要。

如果现今在青年知识界的反抗行为中,想象的权利和真实变成政治行动的需要,如果超现实主义的抗议和拒绝形式传遍了整个运动,那么这个看来不重要的发展可能预示一个根本的形势转变。具有整体性质的政治抗议扩展到了一个本质上非政治性的方面,如美学方面。而且政治抗议在这方面恰恰激活了基本的有机因素,即反抗抑制性理性命令的人的感受力,与此同时还触发了想象的感性力量。主张以一种新道德和一种新的感受力作为社会变革的前提和后果的政治行动,发生在这样一个时刻,即曾经带来工业社会的成就的抑制性合理行为完全变成退步的了——只是在它"包含"解放的效能中才是合理的。超越了抑制性理性的界限(和力量),便出现了感受力和理性的一种新关系的前景,即感受力和一种激进意识的和谐:能够明确规划自由的客观(物质)条件、自由的真正限度和机会的推理力。但是,感受力并不是由统治的理由所形成、所渗透,它是由调节推理力和感性需要的想象引导的。赋予康德批判哲学以生命的伟大概念,粉碎了他借以保存其哲学的哲学框架。把感受力和理性连在一起的想象,变成了"生产性的",因为它变成了实用性的:变成了一支重建现实的指导力量——这种重建系借助于一种 gaya scienza(快乐的科学①),一种不再为毁灭与剥削服务,从而可以自由满足想象的解放性的紧急需要的科学技术。世界的合理转变于是得以通向一种为人的审美感受力所形成的现实。这样一个世界能够(在真实的意义上!)体现人的能力和欲望,到这样一种程度以致它们显得是自然的客观决定论的一部分——通过自然的因果关系和通过自由的因果关系的一致。安德烈·布勒东曾经把这个观念当作超现实主义思维的中心:他的 hasard objectif(客观的偶然性)这个概念表明了两系列的因果关系相遇并促成事件发生的波节点。②

美学天地就是自由的需要和机能赖之以求解放的 Lebenswelt(生活天地)。它们不能在一个由侵略性冲动形成,并为之形成的环境中发展,它们也不能被设想为一整套新的社会机构的效果。它们只能出现在集体的创造环境的实践中:一级一级地,一步一步地——在物质生产和精神生产中,创造这样一个环境,人的非侵略性的、性爱的、感受性的机能,与自由意识相一致,可以从中努力争取人与自然的调和。在社会的重建过程中,为了达到这个目标,现实完全会具备一种表示新目标的 Form(形式)。这种 Form 的主要审美性质将使之成为一件艺术品,但是因为 Form 势必出现在生产的社会过程中,艺术便将改变它传统的位置和社会功能:它将在物质改造和文化改造中成为一种生产力。作为这样一种力量,艺术在形成事物的性质和"表象",形成现实、生活方式等方面将是一个不可或缺的因素。这将意味着艺术的

---

① 原指西班牙巴塞罗那一三九三年为革新行吟诗体而创立的诗社的作品。一八八二年尼采曾以此命名他的一部著作。这里系泛指一般革新派的作品。——译注
② 特别参阅《娜佳》(译者按:这是法国超现实主义诗人兼理论家安德烈·布勒东的一部小说):"这是些用简单的巧合解释得并不好的机缘,而这类机缘如同艺术的机缘、美的创造者一样,产生了一种激动,看来和客观的合目的性相像,或者至少和我们不是唯一的创造者的那种感觉的印象相像。这种合目的性,这种感觉,在现实中,提出要以一种假使作为其根源的顺序为前提。哪一种顺序(有别于日常因果关系的顺序)对我们才是有意义的呢?"(斐迪南·阿尔其耶:《超现实主义的哲学》,1955 年巴黎版第 141 页)。

Aufhebung(扬弃):审美事物和真实事物的隔离状态将告结束,事务和美、剥削和娱乐的商业性联合状态也将告结束。艺术将重新获得它的一些更其原始的"技术"内涵:如调制(烹饪!)、栽培、饲养的艺术,这种艺术将给这些东西一种既不妨碍它们的内容,也不妨碍感受力的形式——形式上升为存在的必要条件之一,其普遍程度超过了种种主观的爱好、吸引力等等。按照康德的学说,所有人类都具有先验的感受力的纯形式。只是空间和时间吗?或者,会不会还有一种更富于物质性的构成形式,例如美与丑、善与恶①的基本区别——在所有推理和思想意识之前,还有一种由各种感官(它们的感受性就具有生产性)所造成的区别,将妨碍感受力的一切和满足感受力的一切区分开来?在这种情况下,各种各样的爱好、吸引力、偏爱将会是感受力、感官经验的一种"原始的"基本形式,而制作、束缚和压抑力量则将按照各个不同的个人和社会情况对上述感受力产生影响。

规划和指导这种重建工程的新的感受力和新的意识,要求一种新的语言来限定和传达新的"价值"(包括文字、形象、手势、语调的广义语言)。有人说过,一场革命在多大程度上发展了在质上有所不同的社会状况和社会关系,也许可以由一种不同的语言的发展程度来表示:同统治的连续统一体的决裂也一定是同统治的词汇的决裂。诗人是彻底的离经叛道者,这个超现实主义的命题在新的语言中找到了语义上的革命成分。

> 因为诗人……不再可能被认为是常人,他将作为他所生存的世界上的一个彻底的离经叛道者。他敢于抗拒任何人,包括革命者,这些革命者置身于纯政治的土壤,独断地同文化运动的整体相隔绝——坚持主张文化应当屈从于社会革命的成就。②

---

① 康德的美学在这一点上也通向了最进步的观念:美即道德的"象征"。
② 原文为法语。班明·伯雅雷:《诗人的耻辱》(巴黎:波魏版,1965年,第65页,写于1943年)。

超现实主义的命题并不放弃唯物主义的前提,但它反对把物质发展和文化发展割裂开来,这样会导向后者对前者的屈从,从而导向削弱(如果不是否定)革命鼓吹公民自由的可能性。在把它们纳入物质发展之前,这些可能性是"超现实主义的":它们属于用诗的语言形成和表达的诗的想象。这种语言不是也不能是一种工具主义的语言,不是一种革命的工具。

看来抗议和解放的诗和歌曲,总是太迟或者太早:不是回忆就是梦想。它们的时间不是现在;它们在它们的希望中,在它们对现实事物的拒绝中,保存它们的真实。诗的天地和政治的天地之间的距离是如此之大,证实诗的真实和想象的合理性的调解工作是如此之复杂,以致沟通这两种现实的任何捷径似乎对诗都是致命的。在文化运动和革命运动的关系上,我们根本无法想象会有一个历史性变革,能够跨越日常语言和诗的语言之间的鸿沟,能够废除前者的优势。后者似乎正是从它的不同一般处,从它的超然存在汲取它的全部力量和全部真实。

但是,要彻底否定既成体制,传达新的意识,越来越严重地依赖于一种属于它们自己的语言,因为整个传达过程是由一度空间社会①所垄断和证实的。诚然,否定的语言按其"物质"来说永远是同肯定的语言一样的;语言的连续性在每次革命之后都会重新坚持下来。或许必然如此,因为经过所有革命,统治的连续性保存下来了。但是,在过去,控诉和解放的语言虽然同主子及其仆从共用其词汇,却在最终改变既成社会的现实革命斗争中找到它的意义和效用。人所共知的(被使用过和被滥用过的)自由、正义和平等的词汇就这样不仅能够获得新的意义,而且能够获得新的现实——这种现实在十七八世纪的历次革命中出现过,并且导向自由、正义和平等的比较不受限制的形式。

---

① The one-dimensional society,又可译"线性社会",作者此处系指只有压抑性现实生活,没有解放性精神生活的既成社会。——译注

今天,同既成体制的语言体系的决裂是更其彻底的:在最富于战斗性的抗议领域,这种决裂无异于有计划地把字义颠倒过来。亚文化群①发展了自己的语言,把日常交流的一些无害语言从其前后关系中取出来,用以指明为既成体制所禁忌的物体和活动,这是一种习以为常的现象。这就是嬉皮派的亚文化:"远足""草""壶""酸",等等。②但是,还有一种更富于颠覆性的论域显现在黑色斗士们的语言中。这里是一种蓄意的语言叛乱,它粉碎了一般用以使用和规定文字的思想上的前后关系,把这些文字放在相反的前后关系中——是既成的前后关系的否定。③ 这样,黑人们便把西方文明的一些最崇高的、纯化了的概念"接受"过来,去掉它们的纯化成分,重新加以限定。例如,"soul"④(自柏拉图以来,它本质上是洁白的),人身上真正富于人性的、温柔的、深沉的、不朽的一切事物的传统席位——这个在既成论域中已变得令人难为情的、陈腐的、虚假的语儿,已经丧失其纯化成分,并在这一变质过程中移入了黑人文化:他们是 soul brothers(黑人男

---

① 在一个社会或一种文化内具有其独特性的一群人。——译注
② "远足"指"服食迷幻药后的迷幻体验";"草"指"大麻";"壶"指"大麻叶";"酸"指"迷幻药"。——译注
③ 黑人和白人激烈分子的语言中常见的那些"粗话",必须放在这种有计划破坏既成体制的语言体系的前后文中来观察。"粗话"并没有正式地为当权的口笔从业界所吸取和批准,它们的采用便破坏了虚假的空论语言,并使其定义归于无效。但是,只有在"总拒绝"的政治性前后文中,淫词秽语才执行这个职能。例如,如果全国或某一州的最高行政人员不被称作 X 总统或 Y 州长,而被称作 X 猪或 Y 猪,如果他在竞争演说中所说的一切被说成是"啰啰啰"的猪哼声,这种无礼的称呼是用来从他们身上剥夺一心为公的公仆或领袖人物的气氛的。他们被"重新规定"为他们在激烈分子眼中的真面目。如果他们被称作犯有不可言说的恋母情结罪的人,那么他们就从他们本身的道德行为方面被控诉了:他们如此激烈推行的命令就诞生在他们的犯罪感中。他们同母亲一起睡觉,而没有杀死父亲,这个行为不像俄狄浦斯的行为那样应受谴责,但却比它更可鄙。在激烈分子的政治语言中有计划地使用"粗话",只是一种初步行动,即赋予人和事以新名称,抹杀那个重新命名人物在制度中并为这个制度而骄傲佩有的虚假、伪善的名称。如果重新命名乞灵于性的范围,这正符合打破文化理想化的伟大规划,激烈分子们认为这是解放的一个重大方面。
④ Soul 原意为"灵魂",现指美国黑人。——译注

子);soul 是黑色的、猛烈的、狂乱的;它不再是在贝多芬、舒伯特的作品中,而是在布鲁斯舞曲、爵士舞曲、摇摆舞曲、"soul food"(美国南部黑人传统食物)中。同样,"黑就是美"这个战斗口号,由于颠倒了它的象征价值,把后者同黑色人种的反肤色歧视、禁忌魔术、不可思议事物相联系,便重新限定了传统文化的另一个中心概念。审美事物进入政治事物,还出现在对富足资本主义社会的反抗行为的另一端,出现在离经叛道的青年中间。原意的颠倒在这里也达到了公开对抗的程度:把花送给警察,所谓"花的力量"[①]——这就是 power(力量)一词的重新限定,甚至是否定;抗议歌曲中的色情挑衅;长发、整形美化的肉体的美感,等等。

一种新的感受力的这些政治性表现表明了反抗的深度,同抑制的连续统一体相决裂的深度。这些表现证明了社会在构成经验的整体,构成有机体及其环境之间的代谢作用方面的力量。感受力的迫切需要,超越了生理的层次,发展为历史的需要:感官所面临和领悟的对象是一个特定的文明阶段和一个特定的社会产物,而感官反过来则被调整到适应它们的对象。这种历史性的相互关系甚至影响最初的感受:一个既成社会给它的所有成员增加了同样的感受手段;通过个人和阶级的观点、视野、背景的所有差别,社会提供了相同的经验总体。结果,同侵略和剥削的连续统一体的决裂,也将同适应这个经验总体的感受力相决裂。今天的反抗者要按照新的方式来看、来听、来感觉新的事物:他们把解放同废除普通的、守法的感觉联系起来。"trip"(远足,见前注)就包含着由既成社会形成的自我的废除——一种人为的、短暂的废除。但是,人为的"私人的"解放以一种歪曲的方式预示了社会解放的迫切需要:革命必须同时是一场感觉的革命,它将伴随社会的物质方面和精神方面的重建过程,创造出新的审美环境。

意识到需要一场感觉革命,需要培养一种新的感官系统,也许是

[①] "花的力量"是嬉皮士的口号,他们自称"花孩",以花表示爱。——译注

幻觉研究中的基本真实。但是，如果其麻醉性不仅使人暂时摆脱了既成体系的理智和推理力，而且摆脱了改造既成体系的其他推理力，如果感受力不但摆脱了既行秩序的迫切需要，还摆脱了解放的迫切需要，那么这场感觉革命便算失算了。有意不承担任何义务，这种引退便在其所引退的社会内部创造了它的人为的乐园。这些乐园因此仍然受制于这个社会的惩罚不称职行为的法律。相反，彻底的社会改造则暗示着新的感受力和新的推理力的结合。如果想象力变成了以感受力为一方，以理论上和实践上的理智为另一方的媒介，并在这种官能协调（康德从中见到自由的表征）中引导社会的重建，那么想象力便变得富于生产性了。这样一种结合已经是艺术的显著特征，但是到它变得和基本制度和社会关系不相容的时刻，它的实现便被阻止了。物质文化、现实，继续落后于理智和想象力的进程，继续谴责这些官能为不现实、空想、虚构。艺术不能成为一种重建社会的方法；感受力仍然受压抑，经验仍然被残害。但是，对压抑性理智的反抗，释放了新的感受力中被束缚的审美力量，也使它在艺术中变得激烈化了：艺术的价值和功能正在经历着根本的变化。这些变化影响了艺术的肯定性格（艺术凭借这一性格，才有同 status quo〔现状〕相妥协的力量），影响了理想化的程度（而所谓理想化①是不利于实现真理，实现艺术的认识力的）。对于这些艺术特征的抗议，早在第一次世界大战以前，就已遍及整个艺术领域，并有日益加剧之势：它对于艺术的否定机能，对于抵制文化纯化倾向的种种趋势，赋予了声音和形象。

当代艺术（我通篇将使用"艺术"一词，它包括视觉艺术以及文学和音乐）的出现，不仅意味着用一种风格代替另一种风格的传统做法。非写实派的、抽象的绘画和雕刻，意识流和形式主义文学，十二音乐曲，布鲁斯和爵士舞曲：这一些不仅是新的感觉方式，修正和强化了旧的感觉方式；它们毋宁摧毁了感觉的结构，以便让出地盘

---

① 另处译作"升华"，见前注。——译注

给——给什么呢？艺术的新对象还不是"已知"的，而熟悉的对象已变得不可能，变得虚假的了。从错觉、模仿、协调到现实——但是现实还不是"已知"的；它不是那种作为"现实主义"对象的现实。现实必须被发现，必须加以具体化。感官必须学习不再利用原来养成它们的那种法则和秩序来观察事物；组织我们感受力的恶劣的机能主义①必须粉碎。

从一开始，新艺术就在同布尔什维克革命及其推动下的革命运动的紧张关系或冲突中，坚持其激进的自主性。由于艺术家专心致志于形式：形式就是艺术固有的现实，就是 die sache seibst（问题本身），艺术始终是同革命实践格格不入的。俄国"形式主义者"B.艾亨包姆坚决认为：

> 形式的概念已经得到一种新的意义，它不再是一个外壳，而是一个功能的整体，在全部相互关系之外有其本身的内容。②

形式是艺术感觉的成就，这种艺术感觉打破了无意识和"虚假的""自动性"，即作用于一切实践（包括革命实践）的无人怀疑的通俗性——一种对于直接经验，但却是一种由社会操纵的、阻碍感受力解放的经验的自动性。艺术感觉应当破坏这种直接性，它实际上是一种历史产物：由既成社会所强加的，但却凝结成一种自足的、封闭的、"自动的"体系的经验媒介。

> 于是生活消失了，转化为无。自动性吞没了物件、服装、家具、女人和战争恐怖。③

---

① 机能主义（functionalism），是强调任何事物的结构或设计必须符合其机能（即讲求实用）的理论或实践。——译注
② 原文为法语。B.艾亨包姆语。见《文学理论》。《俄国形式主义文选》，兹韦坦·托多罗夫编（巴黎：普及版，1965 年）第 44 页。
③ 原文为法语。V.切洛弗斯基，见上书，第 83 页。

如果这种致命的生活规律需要改变而又不为另一种致命的生活规律所代替，那么人们就必须学着养成对于生活——对于自己的生活和万物的生活——的新的感受力。

而且，为了反映生活的感觉，为了感知事物，为了证明石头是石头，于是有所谓艺术。艺术的目的，在于按照想象而不按照认识来提供对事物的感觉；艺术的创作过程是将事物个别化的过程，是在于模糊形式、增加感觉作用的差异程度和持续时间的过程。艺术中的感觉活动，本身就是一种目的，因此应当加以延长；艺术是一种证明事物变化的工具；已经"变化了"的一切，对于艺术是不足道的。①

我提到了形式主义者，因为这个学派主张艺术感觉本身就是目的，主张形式就是内容，他们强调了艺术中的变形因素，这一点看来是富有特征的。艺术正是凭借形式，超越了既有现实，在既成社会中反对了既成现实；而这种超越因素正是艺术，艺术方面所固有的。艺术改造了经验的对象——用文字、音调、形象改造了这些对象，从而也改变了经验。为什么呢？显然，艺术的"语言"必须传达一种真实，一种普通语言和普通经验不能接近的客观性。这种迫切需要在当代艺术局面下激剧地发展着。

当代艺术的这种改造的激烈性格、"迅猛程度"，似乎表示它并不反对一种或另一种风格，而是反对"风格"本身，反对艺术的艺术形式，反对艺术的传统"意义"。

第一次世界大战期间艺术上的大反抗就发出了信号。

---

① 同前。

> 我们对伟大的世纪说个"不"字……为了给我们的同代人开个玩笑,使他们目瞪口呆,我们走上一条几乎不是路的小路,而且宣称:这是人类发展的康庄大道。①

那次战斗是针对"欧洲的幻觉艺术"②:艺术决不再是幻觉式的,因为它对现实的关系已经改变了:后者已经变得敏感于甚至依赖于艺术的变形功能。革命,包括紧接战争发生的失败了的被出卖了的革命,谴责了一种使艺术成为幻觉的现实,而且正因为艺术曾经是一种幻觉(schöner Schein,美的假象),新艺术便自称是反艺术。此外,幻觉艺术已把既成的所有权观念(Besitz vorstellungen)幼稚地合并于它的表现形式中:它并不怀疑为人所左右的世界的客体性格(die Dinglich-keiten,物性)。艺术必须同这种实体化决裂:它必须变成以一种取代牛顿式镜片的新镜片为根据的 gemalte oder modellierte Erkenntniskritik(被描绘过或被塑造过的认识批判),而且这种艺术将适应于一种"与我们不相同的人的类型"③。

从此以后,艺术中的反艺术的爆发已经表现在许多普通形式中:句法的消灭,词和句的碎裂,普通语言的爆炸性使用,没有乐谱的乐曲,为任何事物都可写的奏鸣曲。但是,这整个畸形就是形式:反艺术仍然是艺术,仍然像艺术一样为人所供应、购买和期待。

猛烈的艺术反抗仍然是一次短暂的冲击,很快就被市场吸入了艺术画廊,在四堵墙壁之内,在音乐堂中,装饰着生意兴隆的大企业的广场和门厅。转变艺术的意图是弄巧成拙——一种深入艺术结构内部的自拆台脚的行为。不论作品可能是怎样富于肯定性,怎样"逼真",艺术家还是赋予它一个形式,这个形式并非他所呈现的、他

---

① 原文为德语:弗朗兹·马尔克:《蓝骑士》(1914 年),载《宣言之宣言,1905—1933 年》(德累斯顿,艺术出版社,1956 年),第 56 页。
② 拉乌·豪斯曼:《艺术与时代》1919 年,(同上),第 186 页。
③ 拉乌·豪斯曼:《艺术与时代》1919 年,(同上),第 188 页。

在其中工作的现实的一部分。作品是不真实的,正因为它是艺术:小说不是一篇新闻报道,静物画不是活的,哪怕在流行艺术中真实的罐头也不能放到超级市场上去。艺术的真正形式不承认废除艺术分异的尝试是一种"第二现实",要把产生想象的真实转化为第一现实。

艺术的形式:我们必须再一次略说一下,将艺术分析集中于"美"的概念(尽管事实上有许多艺术显然是不美的!)的哲学传统。美曾经被解释为伦理上和认识上的"价值":所谓 kalokagathon(美好)①;美是理念的感性显现;真的道路通过美的领城。这些隐喻究竟是什么意思呢?

审美的根源在于感受力。美的东西首先是感觉上的:它诉诸感官;它是令人愉快的,是未经理想化的本能冲动的对象。但是,美似乎又在理想化目标和未经理想化目标之间占据了一个位置。美并不是直接的性对象之本质的、"有机的"特征(它甚至可能阻止未经理想化的本能冲动!)。而从另一个极端来说,一个数学定理也可能是"美"的,只是在一个非常抽象的、象征的意义上。看来美的各种含义汇聚在形式的观念上。

在美学形式中,内容(素材)被装配、被规定并被整理出来,以便获得一种条件,使素材、"原料"的直接的、未被制服的力量得以被制服、"被安排"。形式是否定,是对混乱、强暴、苦难的制服,即使是在它呈现混乱、强暴、苦难的时候。艺术的这种胜利是通过使内容从属于审美常态而完成的;这种审美常态尽管迫切需要,却是独立自主的。艺术品有其自身的限制和目的,它按照自身的规律,如悲剧、长篇小说、奏鸣曲、图画……的"形式",而使诸因素相互协调起来,在这一点上它是 sinngebend(有意义的,可理解的)。内容因此变了形:它获得一种超越内容诸因素的意义,这种超越性常态便是美作为艺术之真实的显

---

① 古代希腊通过完整教育而达到的身心健美的男子典型。——译注

现。悲剧叙述俄狄浦斯和城市的命运的方法,它安排事件的后果的方法,把没有言说和不可言说的一切都说出来了——悲剧的"形式"到剧终时结束了恐怖——它使毁灭停顿下来,它使盲人睁开了眼,使不可忍受的事物可以忍受并且可以理解,它使过失、偶然、邪恶从属于"诗的正义"。这个短语表明了艺术固有的矛盾心理:既控诉现有事物,又用美学形式"取消了"控诉,同时赎偿了苦难、罪过。这种"赎偿"、和解的力量看来是艺术所固有的,正因为它是艺术,正因为它有提供形式的力量。

艺术的赎偿、和解力量甚至见于非幻觉艺术和反艺术的最激烈的表现中。它们仍然是作品:绘画、雕刻、乐曲、诗歌。作为作品,它们有自己的形式,同时有自己的常态:它们自己的结构(虽然可能是看不见的),自己的空间,自己的开端,和自己的结局。艺术的审美必然性取代了现实的可怕的必然性,使它的痛苦和欢乐理想化;自然(以及人的"自然")的盲目的苦难和残酷具有了意义和目的——"诗的正义"。被钉死在十字架上的恐怖为高耸于美丽的构图之上的耶稣美丽的面孔所净化,政治的恐怖为拉辛的美丽的诗所净化,永别的恐怖为 Lied von der Erδe(大地之歌)①所净化。而在这个审美的全领域,快乐和完成在痛苦和死亡的旁边找到它们的位置——一切重又归于常态。控诉被取消了,连挑衅、侮辱、嘲笑——艺术的极端的艺术否定——都为这个常态所左右。

随着常态的恢复,形式确实完成了一种 katharsis(感情净化)——现实的恐怖和欢乐被净化了。但是,这种完成是错觉上的,虚假的,捏造的:它停留在艺术的范围之内,一件艺术品之中;在现实中,恐惧和挫折仍然没有减退(正如在短暂的 katharsis 之后,它们在心灵上没有减退一样)。这也许是深入艺术内部的矛盾,自拆台脚行为的最有力

---

① 奥地利作曲家古斯塔夫·马勒尔(1860—1911)的作品,歌词取自德国诗人汉斯·贝特格(1876—1946)所译中国诗集《中国长笛》。——译注

的表现:素材的令人安心的征服,对象的美化仍然是不真实的——正如感觉的革命仍然是不真实的一样。而艺术的这种替代性格已经一再提出了艺术是否无可非议的问题:巴台农神庙是否值得一个奴隶的苦难? 经过奥斯维辛集中营之后还能不能写诗? 问题已经被辩驳了:当现实的恐怖逐渐变得全面而彻底,并且阻碍政治行动时,除了在激烈的想象(作为对现实的拒绝)中,还能在另外什么地方记得起反抗及其寸步不让的目标呢? 但是今天,形象及其实现难道仍然是"幻觉"艺术的领域吗?

我们曾经说过,历史上有可能出现这样的状况,即美能够变成一种 gesellschaftliche produktivkraft(社会生产力),并且通过其实现导向艺术的"终结"。今天,这种状况的轮廓仅仅出现在先进工业社会的否定性中。这就是其潜能使想象无能为力的社会。不论艺术希望发展什么样的感受力,不论它希望赋予事物、赋予生活什么样的形式,不论它希望传达什么样的幻景——经验的彻底改变都是在工业能量的技术范围之内,这些能量的可怕的想象按照其自身的形象组织着世界,并使残缺不全的经验越来越大地永久化。

然而,被束缚在这些社会的下层建筑中的生产力,却使这种否定性到此为止了。固然,科学技术促进解放的可能性实际上被包含在既有现实的结构中:人类行为的有目的的设计和管理,奢侈品和废物的无意义的发明,对耐久力和破坏手段的极限的试验,都标志着为了剥削的利益而对必然的掌握——然而同时也表示了在掌握必然方面的进步。想象力从剥削的束缚中解放出来,为科学的成就所补充,便能使它的生产能力转而彻底重建经验和经验的全领域。在这个重建过程中,美的历史性的 topos(场所)就会改变:它将表现在作为艺术品的Lebenswelt(生活天地)——社会的改造中。这种"乌托邦"式的目标(像自由的每一个发展阶段一样),取决于一次在可达到的解放高度上实行的革命。换言之,这种改造只有作为自由人(或者正在争取自由的人们)团结一致地发展生活,建立一个使生存斗争失去丑恶和侵略特征的环境的方式方法,才是可以想象的。自由的形式不仅仅是自我决定和自我实现,而且还是提高、保卫和团结地球上的生命的那些目标的决定和实现。而且,这种独立自主性不仅表现在生产方式和生产关系中,还表现在人与人的个人关系中,他们的语言和沉默中,他们的手势和容貌中,他们的感受力中,他们的爱与恨中,美将是他们的自由的基本品质。

但是今天对既成文化的反抗者们,也反抗这种文化中的美,反抗这种美所有的过分理想化、不合群、整洁、和谐的形式。他们的解放愿望是作为传统文化的否定:作为一种有计划的反理想化而出现的。也许它的最强烈的动力来自迄今仍然留在整个高级文化领域之外,留在肯定、理想化和辩护这种文化的魔术之外的社会群体——生活在这种文化的阴影中的人们,作为这种文化的基础的权力结构的牺牲者们。他们拿自己的音乐来抵抗所谓"天体音乐"①,这种文化最崇高的成就,而他们自己的音乐充满叛逆的牺牲者的挑衅、仇恨和欢乐,针对主子的定义规定了他们自己的人性观念。侵犯白人的黑人音乐,是"O Freunde, niclit diese Töne!"(朋友们,不要这些声音!)的令人骇然的实现——这一声拒绝,打击了歌唱《欢乐颂》的合唱队,这首名曲在歌唱它的文化中已失效了。② 托马斯·曼的《浮士德博士》知道这一点:"我要废除第九交响乐。"被压迫者以破坏性的、刺耳的、又哭又喊的节奏(它诞生在盛行奴役和剥夺的"黑大陆"和"南部深处")废除了第九交响乐,赋予艺术一种反理想化的、感性的、富于惊人的直接性的形式,激动、震动着肉体,以及在肉体中物质化的灵魂。黑人音乐原来就是被压迫者的音乐,它说明了高级文化及其崇高的理想化,以及它的美,已经被贬抑到什么程度。黑人音乐(及其在先锋派白人中的发展)

---

① 原为希腊哲学家毕达哥拉斯的一种假想,认为天体的振动可以产生一种和声。此处系借用。——译注
② 《欢乐颂》原为席勒诗作,后由贝多芬谱曲,作为他的"第九交响乐"。文中德语为歌词中的一句歌词。

和对于"富裕社会"的政治反抗之间的密切关系,证明了文化日益增强的反理想化。

　　这仍然是简单的、初步的否定,是直接否定的对立面。这种反理想化并没有征服传统文化、幻觉艺术,而是把它们遗留下来;它们的真实,它们的资格仍然有效——并同反抗力量一起,共存于同一个既定现实之内。反抗的音乐、文学、艺术因此很容易为市场所吸收、所协调——变得毫无害处。为了获得生存权利,它们将不得不放弃直接的要求,放弃表现上粗糙的直接性,后者在抗议中求助于通俗的政治和商业整体,同时援用了失败和暂时从失败解脱的毫无裨益的通俗性。激进艺术的有计划的目标,原来不正是要同这种通俗性决裂吗?疏隔效果①(它在很大程度上还在伟大的幻觉艺术中起作用)的废除,使今天艺术的激进主义一败涂地。这样,"活的戏剧"正因为它是活的,正因为我们同演员紧密地打成一片,经验着我们所熟悉的同情、移情和反感,便宣告失败了。戏剧并没有超脱这种通俗性,这种"déjà vu"(司空见惯)——它加强了它。正如日益组织起来的"即兴表演",正如日益打开销路的流行艺术,这种文化气氛在社会内部创造了一个骗人的"共同体"。

　　对这种直接的通俗性的克服,使多种多样的反抗艺术在社会上成为一股解放力量(即一种破坏力量)的"调解作用",还有待于争取。这些作用将存在于工作和享乐、思想和行为的方式中,存在于工业技术中和表现社会主义的审美气质的自然环境中。然后,艺术便可能对想象、美、梦想丧失它特许的、独有的支配权。这可能是未来的事情,但是未来进入了现在:今天的反理想化的艺术和反艺术以其否定性"预期"了这样一个阶段,社会的生产能力可能近似艺术的创造能力,艺术世界的建设可能近似现实世界的重建——起解放作用的艺术和

---

① 疏隔效果(Fstrangement Effect),系德国戏剧家布莱希特用语,原称 Verfremdungseffekt,又称 V-Effekt,即赋予熟悉的现实面一个陌生的表现,以引起观众的批判。——译注

起解放作用的工业技术终于结合起来。① 由于这种预期，混乱的、粗野的、滑稽的文化艺术上的反理想化，便成为激进政治：过渡时期诸破坏力量的一个必不可少的因素。

---

① 这确实是个乌托邦式的幻景，但却又现实得足以激励美术学校（the Ecole des Beaux Arts）富于战斗性的学生们采取了一九六八年五月的行动：他们要求发展这样一种意识，引导"每个个人所固有的创造活动"，以便"艺术品"和"艺术家"变得仅仅是"这种活动的要素"——这些要素在每一个"使作品和人变成遗物的"社会"制度"中都瘫痪了。（上述引文见《什么大学？什么社会？》第 123 页）

反现实主义的政治

[美]杰拉尔德·格拉夫

随着六十年代政治激进主义的衰微,"文化激进主义"相应地产生了影响。新左派的激进遗产和对应文化似乎日益集中于文化的领域,而不是政治的领域。当然,"文化激进主义"和"文化革命"是含糊的名词。它们并不表示什么特殊的思想流派,而毋宁是某种思想方式,某种通常未曾说明其基本原理的对立和同化。这种思想方式今天可以见于结构学派、后结构学派、现象学派、后弗洛伊德学派和容格学派、存在主义的和黑格尔主义的马克思主义者身上,以及艺术、批评和社会思想中的先锋派精神的其他无数表现中。更广泛地说,激进文化思想的种种花样,已经成为作为一个集体的知识分子——和那些由知识分子形成其观点的人们的民间神话的一部分。名称和运动可能变化,但思想结构依然存在。今天任何试图对文化和社会抱"先进"思想的人,大概都会至少利用我在本文中将加以评述的某种模式来思考它们。

文化激进主义的中心观点是一种浪漫主义的历史观,它把客观合理性的进化过程看作是一种对于未经反思的(Prereflective)生存阶段的有机统一的背叛。一种浪漫主义力图在想象中回到工业社会以前的过去,回到古代、中世纪、原始或民间文化,来克服这种背叛,或者避免它的后果。另一种浪漫主义并不想扭转历史进程,而是想推进它,实现它对于人类解放的诺言。这种"左派浪漫主义"不是怀旧式地而是预言式地运用想象力,力图克服这种背叛,使之合理化,并通过一场以艺术感受力示范的革命来促进那种有机统一的恢复。这种激进的浪漫主义既推翻了启蒙运动乌托邦式的臆说,同时又用一种新的形式(例如对于意识的边界标新立异地追求一种进步的扩张)来重申这些臆说。

激进的对应论

文化激进主义从这种左派浪漫主义继承下来的臆说是,在心理的、认识论的、美学的和政治的种种经验之间存在着一种对应现象。心理学上的抑制,认识论上的唯理论,美学上的表现论和高级文化优越感,都是资产阶级社会统治的对应表现。乔伊斯·卡洛尔·欧茨在题为《新的天与地》一文中有一段话,表明了这种对应现象有时达到了直线平行的地步。

> 我们终于告别了,我们受够了,"客观的"一文不值的哲学,它们总想保持一种不论怎么陈旧的现状。我们厌倦了古老的两分法:清醒/疯狂,正常/病态,黑/白,人/自然,胜利者/被征服者,以及——尤其是笛卡尔的二元论,我/物……它们不再有用了,或者有实际意义了。它们不再是**真实的**。[①]

政治统治(胜利者/被征服者),是同知者与其对象(我/物)在认识上的隔离,同正常与疯狂在心理学上和医学上的差异相互依存的。这里主要的说法是,客观思想是政治专制在心理上和认识论上的对应物。这句话有几层意思可以理解:客观思想需要我们抑制我们的情

---

① 乔·卡·欧茨:《新的天与地》,载《星期六艺术评论》(1972年11月号)第53页。

绪,需要我们为了有效的性能采取"毫无价值"的立场。这种"物化"(Reification)①摧毁了我们和我们所察觉的事物之间的统一,把"对方"变成了一个随时能够加以统治和操纵的异己事物。按照一种平行方式,西方文明一方面通过技术优势,另方面通过殖民主义与剥削,把自然和人都变成了可操纵的事物。最后,又由于认为"那里"理所当然地存在着一个稳定的世界,客观思想预先假定了一个基本上不可改变的现实。我们适应于"现实原则",便顺从了既成的公意,仿佛它是一项永恒的自然规律。因此,罗兰·巴尔特可以这样说,"思想疾病本质上……在于资产阶级每一种关于人的神话的深处"。②

客观思想决不代表人对无知与迷信斗争的顶点,那么它充其量不过作为扩大了的物质基础的一个先决条件而出现,这个物质基础正是一个非侵略性社会,作为意识向重新统一的感受力进化的过程中的一个阶段,所不可缺少的。由此可见,文化革命必须被理解为一场以享乐原则的名义对现实原则的反抗,被理解为由想象力——或者由一种以性爱、幻想、非侵略性欲望为基础的新理性"对压制性理性的征服"。正如赫伯特·马尔库塞所说,这场斗争发生在"统治逻辑与要求满足的意志之间",双方都坚持自己有权"规定现实原则。传统的本体论受到了辩驳:以逻各司(Logos)为依据的存在概念让位于以非逻辑为依据的存在概念。这种反潮流努力陈述自己的逻各司:要求满足的逻辑。"③文化革命摧毁了统治势力在认识论上和本能上的基础,便为社会的政治转变铺平了道路,虽然这种转变的确切性质目前还只能模糊地预见到。正如理查德·波瓦利叶所说,现在只能说,任何政治解决"都需要在历史的,哲学的和心理的种种假说(它们是任何政治或经济

---

① 参阅本卷第265页注①。——译注
② 罗兰·巴尔特:《神话》(纽约版)第75页。
③ 赫·马尔库塞:《厄洛斯与文明:对弗洛伊德的一次哲学探讨》(1962年纽约版)第113页。

制度的基础)中来一次彻底的变革。所以,某种文化革命,甚至对于我们明智地思考政治革命的能力来说,也是必不可少的序曲。"①

艺术在文化革命的社会前景中起着主要的作用,但它不是宣传艺术,也不是社会主义现实主义。因为,虽然在内容方面,这些方法可能是激进的,而在它们的形式上,在由其形式而具体化的感觉方式上,它们都是因袭的,反动的。推翻社会的既成形式,意味着推翻现实主义,或者"超越现实主义"。艺术如果是想象力的一种自主的表现,不是被动地从自然接受它的规律,而是自由对自然口述它的规律,那么它就被看作是解放了的感受力的缩影了。推论式的意义和创造式的意义之间、用作实用符号的语言和用作本质象征的语言之间的浪漫主义的对立,是同专制和解放的差别相一致的。想象力独立于现实之外,证明了人的精神同政治压迫和心理抑制,同现实的一切预定观念相决裂。弗朗克·克尔摩德响应巴尔特的观点,这样写道:"通向'书记式'现实主义的整个运动"代表了"普通理解力和公共论域的一个不合时宜的神话。"②艺术既不肯给自然照镜子,并且打破了固定"自然"这一观念,它便摧毁了统治秩序的心理上和认识论上的基础。对现实主义和表现的反抗,是同对自我的单一心理状态的反抗密切相连的。正如莱欧·伯尔桑尼在《阿斯蒂雅纳克斯的未来》一文中所说,"一个严格安排的自我的文学神话",一个由现实主义永久化的神话,"促成了为既成社会秩序服务的自我之普遍的文化意识"。③

激进艺术不仅打破了自我的强迫统一,而且打破了将一层不变的臆断强加于人,一再向我们保证现实已被预知的语言"契约"。阿兰·罗伯-格利叶说,"像在共产党国家一样,西方的学院派批评使用'现

---

① 理查德·波瓦利叶:《表演的自我:当代生活的语言中的构成和分解》(1970年纽约版)第144页。
② 弗·克尔摩德:《小说:认识与欺骗》,载《批判研究》第一卷(1974年9月号)第112页。
③ 莱·伯尔桑尼:《阿斯蒂雅纳克斯的未来:文学中的性格与欲望》(纽约,1976年版)第56页。阿斯蒂雅纳克斯,系希腊神话人物,死于特洛伊战役。——译注

实主义'一词,仿佛当作家一登上舞台,现实就已经全部构成(不论是否永久)。于是,这种批评便假定,作家的任务仅限于'解释'和'表现'他那个时期的现实"。① 罗兰·巴尔特以同样的口吻把叙事体小说的种种惯例指责为"作家和社会为了前者的自我辩护和后者的宁静而订的正式合同"。② 巴尔特说,"古典语言是一种精神愉快剂,因为它立刻变成社会的",③暗示了一个已知的预先一致同意的世界——仿佛为了消费者的方便而把它包装了起来。叙事现实主义就是"在这样一个社会流行的通货,这个社会凭借文字的形式就知道了它所消费的一切的意义"。④ 预定的法规暗示着一个预定现实与秩序的神话,而"'秩序'一词的内容永远表示着压制"。⑤

要超越语言的"对应"理论,就需要对批评的摹拟观点连同文学的摹拟观点一齐加以拒绝。正如文学必须破除一个独立于人的感觉与幻想之外的真实世界的资产阶级神话一样,批评也必须抛弃"作品本身"、作者的"意图",以及作为物化对象的"本文"等学院派神话。文学使我们对现实的感觉彻底"陌生化",这种理论产生了必然的推论,即批评应当使我们对文学的感觉陌生化。正如文学作品摧毁了我们对于现实性质沾沾自喜的赞同态度,批评"瓦解"了传统学术借以诱捕作品并驯化其潜在的爆发能量的、那种静止的教条式的解释。这些超越现实主义和超越客观解释的做法,转而又引起争取超越自以为高人一等的所谓高低级文化等级观念的第三种冲动与之相应。旧式作家遵从一种既定的现实,或者旧式批评家遵从一种客观的本文或一批批评原则和准则,正是广大群众遵从有组织的技术社会的宣传和操纵的标志。这些方程式未必会同时存在于所有激进理论中,但它们却形成了一个逻辑的整体。我想对它们分别进行如下的检讨。

---

① 阿兰·罗伯-格利叶:《为了新小说》(1965年纽约版)第160页。
②③④⑤ 罗兰·巴尔特:《零度写作》(1953年纽约英译版)第32,49,32,26页。

超越现实主义

试图最有系统地建立一种反现实主义的激进美学理论的理论家之一是赫伯特·马尔库塞,我在本文中将对他多谈几句。马尔库塞不同于巴尔特,他反对把"古典语言"和古典形式与资产阶级的政治统治等同起来;他抨击赫伯特·里德及其他先锋派非理性主义者们认为"古典主义是政治专制在文化上的对应物"。资产阶级艺术,包括资产阶级现实主义,按照马尔库塞的说法,"超越了所有特定的阶级内容"。① 这种艺术特别表现了资产阶级的重大事件,所以取得了一种普遍的意义。马尔库塞赞同托洛茨基对于排外的无产阶级文化的责难,他主张文化革命不应当摈弃资产阶级文化,而应当试图"接收和改造"它的"批判的、否定的、超越的性质"。② 马尔库塞本人的美学理论试图利用康德、席勒和弗洛伊德的观念,同时克服它们的资产阶级局限性。马尔库塞对古典艺术的尊重,使他的立场有别于巴尔特的立场。但是,马尔库塞维护古典艺术,只是用浪漫主义的词句来描述它。因此,他像巴尔特一样,把艺术同古典主义的理性和任何模拟论之类对立起来。像任何浪漫主义理论家一样彻底,他把艺术同享乐原则等同起来,否认它对现实原则的依赖关系。马尔库塞追随康德和席勒,把艺术说成是一种"感官的非概念性的真实"。③ 虽然艺术可以利用概念作为它的一部分原料,它却不一定非反映概念性或理论性的真实不可。马尔库塞因此驳斥卢卡契称赞资产阶级批判现实主义描绘了"反映资本主义社会的基本规律"。他说,这种要求"违反了艺术的本性。因为社会的基本结构和动态是绝对找不到感性的审美表现的:根

---

① 赫·马尔库塞:《反革命与造反》(波士顿,灯塔出版社,1972)第89—90页。
② 同上书,第93页。
③ 赫·马尔库塞:《厄洛斯与文明》第169页。"指导审美程序的准则不是'理智的概念'。"(《反革命与造反》第95页)

据马克思的理论,它们乃是现象后面的本质,这个本质只有通过科学的分析才能达到,只有用这样一种分析的语言才能表述出来。公开的形式是不能弥补科学真实与其美学现象之间的鸿沟的。"①

这一段话暗示出,马尔库塞对于古典主义理性具有多么矛盾的心理,他是怎样彷徨于浪漫主义的非理性主义的边缘,却从来没有贸然跳进去。一方面,他提倡一种新的"用非逻辑语言:意志与欢乐来表达的生存概念",一种"满足的逻辑"。② 另方面,他并不排斥马克思的"科学分析"。我们在后文中还要谈到这个问题。目前来说,重要的是马尔库塞虽然并不完全否认一种客观主义的或现实主义的认识论的必要性或可取性,他却把这种认识论同艺术的认识论区别开来,按照流行的浪漫主义方式把艺术同科学对立起来。对于创作想象,他这样概述康德的学说,"客体在其中这样(译者按:指在创作想象中)'被规定'的经验,完全不同于日常生活中的以及科学上的经验;客体和理论与实践理性世界之间的所有链环都被切断了,或者不如说暂时脱扣了"。③ 按照他的看法来推测,审美领域和理论与实践领域之间的这些对立,都被艺术品本身"超越"了,或者说被艺术幻想在未来社会中的革命实现"超越"了。但是,马尔库塞认为,艺术仍然是一个非概念性的经验方式,它并不反映现实。

同样一种(虽然显得更暧昧一些)对于现实主义的摈弃态度,更反映了当前重新流行的马克思主义批评的特性。新马克思主义赞同布莱希特对于卢卡契的见解,经常倾向于某种类似的推论——久已见于资产阶级先锋派中——即把"开放"的形式视作进步的,把"封闭"的形式视作反动的。特里·伊格尔顿在《批评与意识形态》中,就是这样把"卢卡契的怀乡病式的有机性,他对于封闭的、对称的、整体的传统偏爱",同"开放的、多样化的形式(它们在其扭曲形态中带有它们所

---

① 赫·马尔库塞:《反革命与造反》第 125 页。
② 同上书,第 113 页。
③ 同上书,第 162 页。

揭露的种种矛盾的痕迹)"①对立起来。但是,开放的多样化的形式怎么能够"揭露"矛盾呢,如果它们本身经常反映了一种为异化所歪曲的观点的话?文学从哪里看得到这样的前景,使它得以把歪曲呈现为歪曲,使它本身成为矛盾的一种批评,而不是矛盾的一种症状?

在另一本《马克思主义与文学批评》中,伊格尔顿对这些问题闪烁其词。他说,艺术能够"给我们提供一种真实",但这种真实"确实不是一种科学的或理论的真实"。不如说,它是"人们怎样体验他们的生活条件,又怎样对它们表示抗议的真实"。换言之,"虽然艺术本身不是一种科学方式的真实,然而它却能够传达对于社会的这样一种科学的(即革命的)理解的经验。这正是革命艺术能够给我们提供的经验"。这些话听来仿佛是苏珊娜·朗格理论的一种左翼的翻版,她认为艺术提供没有理解内容的理解的一种"似虚实实的经验",或者仿佛是 T. S. 艾略特的观点,诗并不要求信念,但却对我们显示出,有信念"会觉得是什么样子"。概念事物和经验事物之间的差距,在资产阶级美学理论中是如此常见,却并没有被克服。难道不是这样吗?伊格尔顿确实说过,艺术以某种方式对意识形态提出了一种批判的观点:

> 科学给我们提供了一种情境的概念知识;艺术给我们提供了那种情境的相当于意识形态的经验。但是,它由于提供了这种经验,使得我们"看见了"那种意识形态的性质,于是开始使我们逐渐充分理解成为科学知识的意识形态。②

一件艺术品怎样才可以既不传递意识形态的概念性理解,却又让我们"看见"那种意识形态的性质(也不知道为什么要用括号),这一

---

① 特里·伊格尔顿:《批评与意识形态:马克思主义文艺理论一得》(伦敦,1977 年)第 161 页。
② 伊格尔顿:《马克思主义与文学批评》(巴克莱,加利福尼亚大学出版社,1976 年)第 74、83 页。

点是不清楚的。或者读者把意识形态理解为一种意识形态,在这种情况下他们便把它概念化了,或者他们根本看不见意识形态。对于现实主义的同样模棱两可的见解,还可以在当前另一些黑格尔主义的和存在主义的马克思主义者身上找到,但我们在本文中不能详论这些理论了。我们能够欣赏新马克思主义者们决心避免斯大林主义的庸俗现实主义的粗鲁举止及其对现代主义试验形式的排斥。但是,当他们同情现代主义的反现实主义的前提时,新马克思主义者可能抛弃了使马克思主义成为传统现代主义文学立场的矫正剂的批判观点。马尔库塞毫不含糊地否定艺术的现实主义性质和理论性质,他便避免了这些矛盾。但是,我们将会看到,马尔库塞试图说明艺术的颠覆力量时,他也会碰到问题的。

马尔库塞究竟是怎样说明这种颠覆力量呢?马尔库塞说,这种力量不在于艺术的内容中,而在于其形式中。艺术之所以成为一种对于现存秩序的批评,正由于它摆脱了概念性的现实。事实上,正由于它能够凭借想象力的自主性创造出"另一种自然",这种"自然"正如康德所说,提供了一种"在自然中见所未见的完整形态"。艺术可以自由地梦想在现实世界中从未实现过的欲望的种种新的可能性,它便给我们提出了一个测度周围不令人满意的现实标准。在这个意义上说,马尔库塞认为所有艺术都是形式主义的艺术——连现实主义也是。因为,一件艺术品的世界虽然如他所说,可能是"从现存世界中衍化出来"的,它却按照艺术的美学规律和心灵的心理学规律把这种原料加以改造了。① 换言之,艺术虽然可以运用现实主义的常规惯例,却不能适用于现实主义的本体论。"支配艺术程序的准则不是支配现实的准则,而毋宁是对现实加以否定的准则",②这种否定正是艺术之为艺术的形式与风格中所固有的。马尔库塞把康德的想象力观念和席勒的艺术作为"游戏"的观念同弗洛伊德的享乐原则、性爱和"被抑制者的

---

① 赫·马尔库塞:《反革命与造反》第92页。
② 同上书,第95页。

复归"①连在一起了。

因此,艺术不论具有什么特定的内容,都会产生"否定的力量"。它的结构正是由"文字、形象、为现存秩序所排斥而仍然活在记忆和希望中……的另一种现实、另一种秩序的音乐"②所组成的。这就是说,即使企图为既成政治秩序辩护的艺术家,实际上也以颠覆这种秩序而告终。马尔库塞就这样对于显然"反动"的艺术作出了一种不同于传统的马克思主义批评的肯定,虽然后者也试图找出作品的作者本来没有想过的一种"进步"的内容。马克思、恩格斯和卢卡契称颂巴尔扎克的小说,认为它描绘了无意间与作者的保皇主义的主观意图不相一致的社会现实。在马尔库塞看来,这些作品之所以是革命的,并不是他们模仿了真实的世界,而是因为它们否定了它。形式不是现实的透明的表现,而是现实的改造,正由于这一点,所以它是颠覆性的。

另方面,马尔库塞又认为,艺术否定的纯审美性质限制了艺术的政治效力:"艺术的批判职能是自拆台脚的。艺术对于形式的信奉,使艺术中对不自由的否定完全失效了。"艺术中的"形似"因素"必然使被表现的现实屈从于审美标准,因而剥夺了它的恐怖性质"。③ 这个事实为马尔库塞说明了,为什么各个社会经常能够驯化激烈的艺术,并使其叛逆性化为无害。马尔库塞的美学论著处处提醒人们,不要过高估计艺术本身促进革命的力量。然而,尽管发出这些警告,马尔库塞仍然不断地肯定,艺术体现了人类解放的精神。而且,在《论解放》这篇六十年代后期的宣言中,马尔库塞判断说,"混乱的、粗野的、滑稽的、文化艺术上的反理想化,便成为激烈政治过渡时期诸破坏力量的一个必不可少的因素。"④

在左翼文化界美学中,艺术可能用来发挥一种颠覆性政治效力的

---

① 赫·马尔库塞:《厄洛斯与文明》第130页。
② 赫·马尔库塞:《反革命与造反》第92页。
③ 赫·马尔库塞:《厄洛斯与文明》第131页。
④ 赫·马尔库塞:《论解放》(波士顿,灯塔出版社,1969年)第48页。

主要手段之一,就是摧毁司空见惯的感觉方式。这种所谓"陌生化"①的美学,扎根于这样一个浪漫主义概念,即艺术揭掉了通常感觉的帷幕,允许我们用新的眼光来观察世界。乍看之下,这种学说似乎是反形式主义的,而且确实成为十九世纪那些以揭露社会假象为己任的现实主义作家的主导思想之一。但是,形式主义本身看来正是一种陌生化的美学,一种试图爆炸现实主义老一套的美学。形式主义把经验陌生化,不是为了揭示帷幕后面的某些真实,而是为了使我们再也不要希望遇到真实。正是马尔库塞对审美陌生化这一概念的这种用法,使他得以把他的康德的形式主义同某种超现实主义调和起来。

马尔库塞写到"抗议与拒绝的超现实主义形式",把它说成线性社会中"抑制性理性"的必要的缓解剂。② 他庆贺试验文学在字句上的混乱现象,认为它们打破了既成的语言与形象对于人心的压迫性统治。他强调说,艺术融化了先进社会里隔在现实和我们的感觉之间的那层陈词滥调的软片:

> 非写实派的、抽象的绘画和雕刻,意识流和形式主义文学,十二音乐曲,布鲁斯和爵士舞曲:这一些不仅是新的感觉方式,修正和强化了旧的感觉方式;它们毋宁摧毁了感觉的结构,以便让出地盘给——给什么呢?艺术的新对象还不是"已知"的,而熟悉的对象已变得不可能,变得虚假的了。从错觉、模仿、协调到现实——但是现实还不是"已知"的;它不是那种作为"现实主义"对象的现实。现实必须被发现,必须加以具体化。感官必须学习不再利用原来养成它们的那种法则和秩序来观察事物;组织我们

---

① 见罗伯特·修尔斯在《结构主义与文学:一篇导论》(新港,耶鲁大学出版社,1974年)中第83—85,73—76页关于俄国形式主义批评中这一概念的讨论,又见乔纳桑·卡勒:《结构主义诗学:结构主义、语言学与文学研究》(伊萨卡,康奈尔大学出版社,1975)第134页。
② 赫·马尔库塞:《论解放》第30页。

感受力的恶劣的机能主义必须粉碎。①

这样,艺术便促成了一种"新的感觉中枢"。马尔库塞说,在艺术的领域里,一切事物都"是'新'的,各不相同的——打破了感觉和理解的,感觉确定性和理性的,把人与自然封闭起来的老一套前后关系。"②

感觉上的激烈崩溃,这一概念鼓舞了"自我意识"的小说、科学小说和其他背离现实主义的倾向。例如,大卫·克特瑞写到科学小说手法在读者中间造成了"彻底的迷惑",达尔柯·苏文把这种后果称之为一种"认识上的异化"。按照克特瑞的说法,科学小说的新认识论倾向于"摧毁旧的假说,提出一种新的,往往更富于幻想的现实"。③ 罗伯特·修尔斯也提出过同样的见解。修尔斯说,科学小说"通过未来模式的构造……可以重新产生一种对当前生活的批判。"按照修尔斯的说法,科学小说所以能起这种"制造模式"的批判作用,正因为它不受现实主义盖然性的反动约束,而是如修尔斯所说,"摆脱了同某种当前现实或某种经验过的过去是否相吻合的问题"。④ 同样,对于以这种腔调写作的批评家们,文学的反省性是彻底的:它对悟性范畴可供参考的适当性表示怀疑,便使我们再也不受意识形态的影响了。

结构主义由于表明语言是并非必然依赖自然真实的惯例、文化创作之类事物,因而符合了激进美学理论的目的。结构主义告诉我们,字义并不是一个由永恒的意义所调节的封闭体系,而是一个可供无限解释的过程。按照巴尔特对于结构主义的用法,现代诗对于散文的"自然化"文化准则的种种背离表现,粉碎了认为惯例与其所包含的意识形态之间、与自然之间存在一种天然联系的幻想,因而具有示范的

---

① 赫·马尔库塞:《论解放》第38—39页,见本卷第314页。
② 赫·马尔库塞:《反革命与造反》第98页。
③ 转引自詹姆士·斯图坡:《对未来的虚构》,原载《美国学者》第四十六卷第2期(1977年春)第219页。
④ 罗伯特·修尔斯:《未来的虚构批评》,原载《三期性季刊》第34期(1975年秋)第242页。

价值。巴尔特把预定一个封闭的完整宇宙的现实主义散文,同现代诗所引起的"一种无法无天、惊世骇俗的表现手法"相对比,他说在后者那里,"单词不再预先由一种社会舆论的普遍意图所引导"。① "每个诗人用语因此是一种出乎意外的事物,一个从中飞出语言的一切可能性的潘朵拉之盒"——一种"可怕的非常人所有的"谈话。② 现代诗人就这样暴露了资产阶级"通货"一文不值,因为它的基础不过是一个永恒的现实秩序的虚构。

巴尔特和马尔库塞都意识到这种艺术否定的自相矛盾而又模棱两可的性质。马尔库塞在《线性人》一书中,引用巴尔特的《零度写作》作为一种先锋派理论的范例,说它由于"全面动员了一切保卫既成现实的宣传手段",便不得不提倡一种"同思想交流"本身的"决裂"。③ 马尔库塞承认,这样一种反艺术,连同表现"一种时髦的反升华的、口头上的性解放"④的艺术,在政治上可能是无关痛痒的。他谴责诺曼·O·布朗、查尔斯·莱希和反主流文化派的非理性主义和神秘主义。他证明,"感觉上的革命"是毫无成效的,如果采用药物或其他刺激物,"其麻醉性不仅使人暂时摆脱了既成体系的理智和推理力,而且摆脱了改造既成体系的其他推理力"。⑤ 特别是在七十年代初期,马尔库塞似乎收回了他过去对先锋派艺术的非理性主义决裂行为所表示的某些同情。在《反革命与造反》(1972 年)一书中,马尔库塞抨击阿陶德式残酷剧、生活剧和摇摆文化是一个病态社会的症状,而不是对它的批评:这种艺术"越是使自己成为现实生活的一部分",他说,"它便越发丧失了使艺术与既成秩序相对立的超越性……"⑥这段批

---

① 罗兰·巴尔特:《零度写作》第 48 页。
② 同上书,第 26 页。
③ 赫·马尔库塞:《线性人:先进工业社会意识形态研究》(波士顿,灯塔出版社,1964年)第 68 页。
④ 赫·马尔库塞:《反革命与造反》第 118 页。
⑤ 赫·马尔库塞:《论解放》第 37 页。
⑥ 赫·马尔库塞:《反革命与造反》第 101 页。

评诚然有道理。不过,不了解马尔库塞自己赞同形式主义和超现实主义,当然还有他对一切艺术的定义,为什么不应当受到同样的批评。马尔库塞既然提倡粉碎现实原则,抹杀主客观的差别,出现一种"新的感觉中枢"——这一切看来会使马尔库塞在这里所悲叹的艺术和生活必然出现。

不讲现实主义的激进美学,曾经由几位美国批评家以一种乍看似乎反政治的形式辩护过。在《领域的混淆》一书中,理查德·吉尔曼攻击了一切认为文学应当"为了本身之外的目的而使用语言"①的艺术理论和艺术实践。吉尔曼援引新近问世的反省性的试验小说(巴塞尔姆、加斯、厄普代克)和苏珊·松塔克的批评,申辩说文学作品是在自身之内自给自足的、自我证明的宇宙,而不是某种既成现实的第二等表现。文学本来是一种"增值",而不是一种"补充",吉尔曼说,②它不需要传递"任何一种经验,除了审美经验",③而且它"没有理由不去检验和举例说明新的意识形式,这些形式正因为现实生活不能产生它们,便不得不虚构出来。"④吉尔曼还在另外地方赞颂"艺术的非宗教化",即"它的精练化,使它摆脱那些应当在其他地方去获得的'价值',如道德、社会和哲学价值,人们曾指望文学艺术来传递这些价值。"⑤理查德·波瓦利叶主张一种"表演的自我"的美学,他同意这些意见。他赞成吉尔曼对那些人的抨击,那些人使艺术从属于政治目的,从而"混淆了领域",他还主张"文学只有一个责任,就是不得不从事于同时迫使人不得不关心于它自身的虚构。"⑥在《另外一个世界》一书中,波瓦利叶申辩说,美国文学按其标准的体现而论,可以看作是一系列针对政治、道德和社会行为等异己法则而创造纯"风格"的虚幻

---

① 理查德·吉尔曼:《领域的混淆》(纽约,兰登书屋,1969 年)第 49 页。
② 同上书,第 264 页,第 48 页。
③ 同上书,第 48 页。
④ 同上书,第 72 页。
⑤ 理查德·吉尔曼:《先锋派的观念》,载《党派评论》第 39 期(1972 年夏)第 395 页。
⑥ 理查德·波瓦利叶:《表演的自我》,第 31 页。

世界的试图。这些作品创造了"一个想象的环境,它摈弃了大多数批评家认可的'真实'环境的标准。"①同样一种反政治的形式主义似乎出现在苏珊·松塔克、莱奥、柏桑尼及其他许多人的理论中。这些批评家提到,现代艺术的心理试验是同人道主义者的社会改革(不论是自由主义的还是社会主义的)不相容的。在他们看来,文化革命要求培养反遵从②的精力,这些精力是不能在组织起来的政治形式中加以驯化的,也不能加以制裁来符合任何想象社会(不论多么理想)的需要。

然而,正由于它游离了社会和政治,这种形式主义露出了它的政治意图。表面上一尘不染地为文学而摈弃人道主义的主张,正适合推翻资产阶级意识的进攻性目的。吉尔曼认为文学不应当"为了本身以外的目的而使用语言",这是同他的另一个主张,即文学的目的应当是"检验和举例说明新的意识形式"相矛盾的,因为建立新的意识形式,显然是为了推翻旧的意识形式。像马尔库塞一样,吉尔曼建议把形式主义作为一种武器——资产阶级现实原则和"日益使我们有些人厌恶地产生一种摧肝裂胆的讽刺感"的"古老的地中海价值"③的认识论上的溶剂。把文学鼓吹成"另外一个世界",在使文学脱离政治的过程中,正泄露了政治上的愤怒情绪。它表明了这样一种观念,正如波瓦利叶所说,"在真实的世界内,或者说,在统治这个世界的体系中,没有什么东西能够满足"我们的愿望。④ 一种以形式主义反对社会的冲动,同样会使它来反对激进政治,后者被看作不过是过于组织化、过于

---

① 理查德·波瓦利叶:《另外一个世界:风格在美国文学中的地位》(纽约,牛津大学出版社,1966)第7页。
② 原文为 antinomian,原指主张单凭信仰而不必遵从道德法规即可得救的宗教派别,此处借用来宣传文学应当摆脱政治。——译注
③ 理查德·吉尔曼:《领域的混淆》第9页(所谓"地中海价值",意指十五世纪发现好望角以前的东西方价值)。——译注
④ 理查德·波瓦利叶:《另外一个世界》第5页。本文作者在《唯美主义与文化政治》(载《社会研究》第40卷(1973年夏)第311—343页)一文中详论过吉尔曼和波瓦利叶。

合理化的社会秩序的延伸而已。

超越客观的批评

正如我在前一篇文章①中说过的,近来有些评论家把批评对艺术的扼杀看作帝国主义或工业污染在文学上的一种对应现象。苏珊·松塔克这样说,"像汽车或重工业污染城市空气的烟雾一样,艺术诠释的倾泻今天毒害着我们的感受力。"她还说,诠释就是"智力对于艺术的报复"。② 由此可见,艺术必须自称是感受力对于智力,即对于一种从其过分理智化想见其政治抑制性的文化的报复,来昭雪自己。莱斯利·菲德勒以这种精神提倡一种后现代派的批评,它抛弃对于正确性的空洞主张,大言不惭地自称为创造性写作,一种"在形式和内容上都富于诗意"的批评。③ 仿佛是对菲德勒的号召作出了响应,许多理论应运而生,其中包括艾哈卜·哈桑的"副批评"(它"混杂使用不确定性和不连续性,使用空间、沉默、自问和惊人"),罗兰·巴尔特关于本文乃"一片仅由性爱关系组成的狂喜"的称法,斯坦利·菲什的"感情文体学",以及哈罗德·布鲁姆和J.希利斯·米勒的关于"误解"之必要性的论据。④ 这些理论不仅宣称读者必须创造本文——如果加以正确理解,这个命题原本无可厚非——而且宣称他必须(或应当)不顾在虚构之外由其主观性或者由语言的无限可能性所强加的任何控制而

---

① 见《何谓新批评?文学诠释与科学的客观性》一文,载《大杂烩》第27期(1974年秋)第72—79页。
② 苏珊·松塔克:《反诠释》(纽约,德尔塔出版社,1967年)第7页。
③ 莱斯利·菲德勒:《越过边界,堵塞豁口》,载《花花公子》第十六卷(1969年12月)第230页。
④ 艾哈卜·哈桑:《乔伊斯、贝克特和后现代派的想象》,载《三期性季刊》第34期(1975年秋)第181页;罗兰·巴尔特:《正文的意向》,R.米勒译(纽约,希尔与王氏出版社,1975年)第16页;斯坦利·菲什:《诠释集注版》,载《批评研究》第二卷第3期(1976年春)第463页;哈罗德·布鲁姆:《误解一览》(纽约,牛律大学出版社,1975年),J.希利斯·米勒:《毁坏毁坏者》,载《发音符号》(1975年夏)第30页。

创造它。读者因此在某种程度上就"被解放了",这一点被认为是毋庸置疑的,即使所有这些理论并不是从政治方面来理解解放。

但是,在有些情况下,对于客观诠释的攻击还被赋予一种马克思主义式的曲解,似乎认为本文确切性这一概念是私有财产制的伸延。而且,推论也是极其类似的。客观性是一种压制诠释的创造性流量的警察力量。或者说,客观诠释把本文当作一种由语言"契约"约束于现有阶级制度的"通货"。如果批评家把本文从作者的立意中解放出来,把它看作"多义的""复数的",可以接受诠释任意"戏弄"的,那么不言而喻,他便触犯了资产阶级的所有制:

> 一篇多义的本文(巴尔特论证道)能够实现它的基本的两重性,只要它打破了真与伪的对立,只要它并不认为引文(即使在试图怀疑引文的时候)有什么明确的依据,只要它藐视所有对于渊源、出处、所有权的尊敬,只要它破坏了能够给予本文以其("有机")统一性的主张,简言之,只要它冷淡而又欺瞒地取消引号,而这些引号正如我们所说,必须老老实实地圈起一段引文,把这些文句的所有权合法地分配给它们各自的所有者,像一小片一小片的土地一样。因为多义性(嘲讽除外)正是对于所有制的触犯。①

巴尔特在《S/Z》中引用巴尔扎克的《萨拉金》②,摆脱了原作者的明显意图,这一点正是针对资产阶级的"所有权"(与资产阶级的"父权"平行)而发的,不仅是符合社会礼节和文学礼节的外部所有权,而且是这种礼节加以合理化的符合占有和控制的结构。至少可以说,这种读法大概会破坏职业文学研究者的思想方式吧。

---

① 罗兰·巴尔特:《S/Z》,R.米勒译(纽约,希尔与王氏出版社,1974年)第44—45页(巴尔扎克的《萨拉金》描写了一个女性化的男性演员。巴尔特在其专著《S/Z》中以此书为例,突出了性变态的主题)。——译注
② 罗兰·巴尔特:《何谓批评?》,载《批评文章》,R.霍瓦德译(埃文斯顿,西北大学出版社,1972年)第260页。

希望把读者从正文的确定性中解脱出来的批评家,写起文章来总仿佛唯一的选择就是在批评上作出最后的答案,它出于一种对于不确定性的神经衰弱的恐惧而将所有不同意见排斥在外。于是,巴尔特宣称,"每个批评家所选择的语言并非从天而降",③从而摆脱了诠释的真实性这个问题。他这样说的意思是,如果你想在你的诠释中寻找真实性,你或许会渴望某种神权来解除你选择时的忧虑。一旦相信存在着一种客观的世界或本文,那么你知道第二件事便是,你将高呼思想警察——要求审查制度,镇压不同意见。至少可以说,你证明你自己就是实际存在的胆小鬼。把问题这样归纳为专制与自由、欺诈与真实的简单对立,见于德利达的一段经常被引用的文字中:

> 于是关于诠释、结构、符号、戏笔便有两种解释。一种解释试图破译、梦想破译决非戏笔或决非限于符号的一种真实或者一个出处,这种解释像流亡者一样仅靠诠释的必要性为生。另一种解释不再关心出处,它肯定戏笔,试图超越人和人文主义,人的名字是这样一种存在物的名字,它在形而上学和实体神学(Ontotheology)的整个历史中——换言之,在他的全部历史的整个历史中——曾经梦想过无所不在,事业的令人放心的基础及其起源与结局。①

弗朗克·克尔摩德引用这一段话,来说明诠释的类型之间的对立,乃是"陈旧的、清教徒式的、严格的、有限的、神权式的、在象征和类型周围散发确定气氛的"一种和"依赖个人创造心灵的积极性,依赖想象之光的崭新的"②一种之间的对立。选择的余地既然只限于采守势的清

---

① 雅克·德利达:《结构,符号及关于人类科学的论述中的游戏》,载《结构主义论战:批评的语言和人的科学》一书,E.多纳托与 R.马克西合编(巴铁摩尔:霍普金斯大学出版社,1972 年)第 264 页。
② 克尔摩德:《小说:公认和欺骗》第 119 页。

教主义和坦率的创造力之间任择其一,那就没有什么可讨论的了。

超越高级文化

像文学上的现实主义和客观批评一样,高级和低级文化之分也被攻击为优越感的一种征候。不仅偏爱高级文化,不欢喜大众文化,被认为是"高人一等",而且这个标签事实上有时应用在任何对大众文化抱有保留意见的人们身上。例如,莱斯利·菲德勒把高级文化等同于"斯文传统的清规戒律"。① 为了反对这种斯文传统,菲德勒提出了一种反抗的、反等级的、傲慢无礼的通俗文化和一种受不了陈旧边界,决心"越过边界,堵塞豁口"的后现代派的艺术与批评。"通俗文艺终于闯进了高级艺术的堡垒",菲德勒说,这便提供了"令人振奋的新的可能性,使人们得以摆脱高低之分及其隐藏的阶级偏见,来评判艺术的优劣了。"②

理查德·瓦松表现了同样一种振奋。他相信,高级文化和大众文化相结合,标志了使知识分子处于徒劳无功的孤立境地的那种行动与意图两分法的结束。他写道,六十年代"给我们提出了那种可称之为肉化的文化的一系列隐喻,那种文化离开了它神圣的修道院,走到世界上来,参与了人群的悲欢,并为他们的拯救而工作。"③瓦松的这种"肉化"地克服差别的例子之一,就是诺思罗普·弗赖伊的原型体系,这个体系表明同样神话式的全称性的结构遍及高级和低级的形式中,从而使我们得以"揭穿英语学习的训练方法的神秘"。"这就是为什么弗赖伊的标准批评——这种批评可以使任何地方的原型精细起来——是那样荒诞;正因为它们无所不在,文学批评家才能够谈文明

---

① 莱斯利·菲德勒:《越过边界,堵塞豁口》第 230 页。
② 同上书,第 256 页。
③ 理查德·瓦松:《从牧师到普罗米修斯:后现代主义时期的文化与批评》,载《现代文学杂志》第三卷第 5 期(1974 年 7 月)第 1201 页。

问题,才能够利用他的特殊能力参与人类构成世界的尝试。"①还有,"在弗赖伊看来,文化人的职责不在于捍卫阳春白雪的文化,而在于展现各种交流形式之间的联系,从而揭穿它们的神秘。"②关于马尔库塞和弗赖伊,瓦松总结道,"富于想象力的文化"超越了传统的差别;它"推进了性爱、自由、解放的目标;它不是一种精神的训练,一种内在的控制,一种针对大众和通俗艺术的敌对力量,而是一种解放的工具。"③

这种论证的逻辑使得瓦松竟然祝贺弗赖伊不肯"认为广告是'坏的'或'假的',或者是一种不齿于高雅趣味的大众宣传工具。"他特地援引了弗赖伊的一段话,"为了在我们的这个世界上保护我们自己",我们必须假话真听地看待广告,这样我们才不致拒绝它,而"从摆在我们面前的一切来选择我们所需要的东西,放弃其余的东西"。瓦松评论道,"广告已被纳入文学的总形式中,纳入原型的世界中。我们按照字面的理解,按照文学所给予的世界景象,来对广告作出反应,并在那种场合下接受或拒绝那个景象。文学,文学批评,和文学教育因此在构成我们所有的文明和我们所需要的文学方面,起着决定性的作用。"④

这种论证是难以捉摸的:如果像弗赖伊所说,广告是某种我们需要借用假话真听来加以防御的东西,那么这种假话真听法如果不是来自某种高于广告的外景,又是从哪里来的呢?是不是假话真听法有点恩赐的气味,有点"优越感"呢?瓦松显然承认有必要对大众文化抱批评的眼光,但是也有必要避免"高雅趣味"的优越感,来鼓励人们消除批评的距离。如果大众文化不能恰好符合"我们需要的文明",我们又该怎么办呢?而且我们又怎么知道"我们需要什么",如果我们不批判地、客观地检验我们的欲望?批评的原则在这里似乎是需要的,但是

---

① 同前书,第1195页。
② 同上书,第1197页。
③ 理查德·瓦松:《从牧师到普罗米修斯:后现代主义时期的文化与批评》,载《现代文学杂志》,第三卷第5期(1974年7月)第1201页。
④ 同上书,第1197页。

这样的原则又似乎同被称为性爱乐趣和"存在的肉化统一"的一种表现的文化水火不相容。如果超然物外和二元论可以等同于优越感,那么知识分子对于社会的反抗便会变得可疑了。以彻底的平均主义的名义,批评是必须加以废除的。

根本的矛盾

我们在这里可以开始看出,激进美学的有代表性的等同和对立是怎样使它陷入困境。它把想象、性爱和享乐原则同解放等同起来,把概念上的合理性同抑制和优越感等同起来,激进美学就依从了感受力的那种技术上的分裂,而这正是它所力图反对的。虽然这种美学反对把艺术实证主义地、庸俗地贬低到幻想和神话的地位,它自己却把艺术界说为心灵的不合理方面的一种爆发,从而加强了这种贬低行为。激进美学可能有权要求"调和"艺术和理智,但是由于排斥了艺术的模仿论,由于把理论上的真实和想象上的真实对立起来,这种调和便无法实现了。它预先蔑视理智,使理智等同于实用的合理性,激进美学便徒劳无功地努力让创造性、想象力、性爱、感官去做只有推理智力才能做的工作。这种努力把一个常见的矛盾放进了激进文化;激进主义把客观理智揭露为一种意识形态,它便没有办法使自己对非正义和剥削行为的批判合法化。如果客观性是一种神话,那么专制的理论基础便被削弱了,然而对专制的原则性反抗的理论基础也同样被削弱了。激进美学把解放同超越主客观差别等同起来,恰如在艺术和新的感受力中所体现的那样。但是,这种超越模糊了现实与神话之间的界线,削弱了批评的可能性。

这种认识论所惯有的含糊其词,使形式主义成为一种不妥协的激进美学的模棱两可的基础。形式主义一方面反对现实,反对日常会话,另方面又要挪用它们,在两者之间摇摆不定。虽然形式主义欢喜把艺术同生活对立起来,它也经常把艺术同生活混淆起来,把"生活"

本身变成一套文学虚构。像吉尔曼和波瓦利叶这样的形式主义者提出,"现实"是想象力的一种神话,这时他们便犯了他们所攻击的"领域的混淆"的错误了。假如形式主义的一个策略是背弃政治和历史,退缩到艺术的"另外一个世界",那么另一个策略便是把政治和历史纳入艺术的结构,把它们变成想象力和自我的表现形式,从而对它们加以报复。

例如,波瓦利叶说,"生活、现实和历史的所有表现形式"都是"虚构":"南北战争在哪里,我们怎么知道它?林肯总统在哪里,人们怎么知道他?他是一本历史书,一篇史诗,或者是大卫·莱文的一幅卡通画?"[1]艺术把戏剧性和非现实对生活的总侵袭加以普遍化,废除了现实本身,就这样来反抗这种总侵袭。在这过程中,艺术丧失了它的批评的远景。

激进美学混淆了接受普通现实和向暴政投降两件事。正是这种混淆,使得巴尔特(举例来说)谴责表现和现实主义的美学,因为这种美学来源于关于语言的"古典"(或用德利达的术语,logocentric[2]的假说),预先假定共同现实是语言的基础。正如乔纳森·卡勒(以明显的赞同口吻)对巴尔特的论点所做的转述,以表现为主的写作"大部分取决于读者对它加以采纳的能力,以及承认作为基准点的共同世界的能力;因此,社会状况中的变革使人明白世界并非那样一个世界,便把这个 ecriture(写作,作品)破坏了。"[3]不同的阶级和民族纷纷丧失了对一个共同世界的感知,乃是模仿论这种文学方式走向衰微的主要原因,这是一个历史事实。但是这并不是说,我们可以把一个共同世界的丧失作为一种朴实的哲学真理来接受,当然也不能作为激进主义的口头禅来接受。把共同世界的存在作为资产阶级的神话来加以拒绝,简直就废除了政治论述,后者正取决于有没有可能对"剥削""正义""平

---

[1] 理查德·波瓦利叶:《表演的自我》第29页。
[2] 意为:以词为中心的。——译注
[3] 乔纳森·卡勒:《结构主义诗学》,第135页。

等""压迫者"和"被压迫者"这类名词做出一致的解释。① 当然,这些名词可能一贯为某一统治阶级的传统语言所滥用,但是我们能不能认出滥用是一种滥用,就看我们能不能诉诸一个共同世界。巴尔特错把共有的现实和共有的语言当作令人窒息的遵从,他终于没有攻击任何特定社会,而是攻击社会化的过程。他竟然为自由提出了一个反遵从的定义,即对群体的拒绝——如果说关于自由有过资产阶级的定义,那么这就是一个。②

以形式主义和陌生化为基础的激进美学,还会遇到其他种类的问题。这种美学脱离了普通语言,便加深了艺术与社会的分裂,长久保持了艺术上的疏隔与无能这一发展趋势。各门艺术越是猛烈地推翻客观意识、以表现为主的艺术观和普通语言,那么它们便越是一定会保证它们的边际作用和无害性——这一情况反过来又鼓舞了艺术家重新试图推翻客观意识,表现艺术方法和普通语言。为了达到不妥协的目的,艺术终于和它的敌人如科学、功利主义和商业携起手来,以保障它的无关紧要的地位。艺术把它同社会的疏隔说成是一种自由的方式,鼓吹它的"非宗教化",仿佛这是一个自觉选择的立场,而不是对抗状况所产生的后果。从策略上拒绝服从社会对艺术提出的要求,使得艺术家忽视了社会已不再提出要求了这个事实。

形式主义的策略(这里包括了那些放肆的形式主义,它们并不从生活退却,而是通过神话的投射将生活加以吸收),实际上是一种放弃

---

① 乔纳森·卡勒说,"批评性的论证有无可能,取决于什么可以接受,什么不可以接受,有共用的概念,这是一个共同的基础,实则无非是阅读的常规"(同上书,第124页),足见他也承认"普通世界"的必要性。卡勒指出,巴尔特有时也承认这一点(同前书,第190—191页)。

② 参看卡勒对"Tel Quel"(《如此这般》)集团的批判(同上书,第241—254页)。伊格尔顿狠批了一些人把批评看作"抑制人的父亲,他截断了本文和读者之间感官上的性爱游戏,以其超体系的荆棘堵住了它们之间令人欣悦的多元的意义交流。总之,这是"Tel Quel"集团所特有的、本文和读者的意志自由论,像一切意志自由论一样,注定要变成资产阶级社会关系的一种映象"(《批评与意识形态:马克思主义文艺理论一得》〔伦敦,1977年〕第42—43页)。

和一种适应。它利用了资本主义强加于艺术家知识分子的无家可归、无能为力以及边际作用的附带价值。从美学上肯定"游戏"的态度，肯定对意识边界的无拘无束的探索，便忽视了这种游戏和这种探索必然从中发生的严重规定的界线。游戏和探索预先假定艺术家不再占有使他得以掌握社会经验的诠释。形式主义的词汇承认艺术家是同社会相疏隔的，如果疏隔或疏远可以不必这样称呼的话。脱离社会，而又丧失使这种脱离得以理解的远景，不再只是艺术在某种社会形式下的不幸遭遇，而是变成艺术定义的一部分了。

但是艺术自发的脱离主义只代表了矛盾事态的一方面。由于各门艺术存心脱离社会，它又以某些新的自相矛盾的方式变得与社会结合在一起。艺术与社会的疏远已经同社会或社会大部分与自身的疏远相一致了。由于中产阶级对科学、商业、富裕和消费感到幻灭，对传统的资产阶级种种必然性感到怀疑，艺术的脱离主义实际上已使艺术和社会发生了更密切的关系。先进艺术毕竟在社会上不是边际性的，或者说正是它的边际作用使它处于社会的中心，在这个社会里脱离中心（或者与中心无关，也就是说没有中心）已变成普通的命运。① 如果艺术像家庭和教堂一样，已变成克里斯多夫·拉施所谓的"无情世界的避风港"，②"通人性的"避难所，借以临时摆脱威胁人的劳动和竞争的世界，那么这个事实仅只建立了艺术和群体的共同基础。如果形式主义美学是一种以疏隔为手段的谋生之道，这个事实便越来越是社会

---

① 早在一八七八年，恩格斯在《反杜林论》一书中就预见过，法人资本主义的发展会使资本家本人成为多余："如果说，危机暴露出资产阶级无能继续驾驭现代生产力，那么，大的生产机构和交换机构向股份公司和国家财产的转变就表明资产阶级在这方面不是不可缺少的。资本家的全部社会职能现在由雇佣的职员来执行了。资本家拿红利、剪息票，在各种资本家相互争夺彼此的资本的交易所中进行投机，除此之外，再没有任何其他的活动了。资本主义生产方式起初排挤工人，现在却在排挤资本家了，完全像对待工人那样把他们赶到过剩人口中去，虽然暂时还没有把他们赶到产业后备军中去。"（弗·恩格斯：《反杜林论》〔人民出版社，1971 年〕第 275 页）。

② 克里斯多夫·拉施：《家庭，无情世界的避风港》，载《大杂烩》第 35 期（1976 年秋）第 42—55 页。

妥协，而不是社会分离的根源了。由于它能够把脱离中心地位说成自由和力量的一种革命形式，先进文化便提供了一个榜样，说明社会上的软弱无力可以作为欢悦来加以体验。在这个意义上，那些认为知识分子都像他们自己一样软弱无力的人们（大半是左翼），和那些认为这样的知识分子太过分了的人们（大半是右翼），便都是正确的。在今天的文化世界里，软弱无力（以及对其智力范例的支配）竟然可以产生权力。

激进美学用以界说革命和自由的那些名词，使得它和消费社会的许多因素一拍即合了，因为摆脱传统的制约正是扩大消费的一个必要条件。消费社会由于利用风气、短暂的新奇和人为的商品废弃而毁坏了连续性，造成了一种"有计划的感官错乱"，使得先锋文化反熟悉化的分裂行为和陌生化相形见绌。对过去的淘汰，个人关系的流动，物质环境在科学技术面前，精神环境在广告、新闻、文娱节目以及政治宣传的神话制造面前的顺从，加在一起不仅腐蚀了我们对现实的确信，而且腐蚀了我们认识这种腐蚀及其危害性的能力。脱离劳动，拒绝与社会结为一体，不相信现实是可以理解的，这些日益成为中产阶级生活的共同基础。由于发生了这种情况，那些不相信语言和头脑同事物之间存在着"logocentric"（以词为中心的）交流的敌对性认识论，便丢失了他们的对抗力量。巴尔特和其他激进批评家们要求把言辞从社会化论述预先固定的含义中解放出来，他们忘记广告和大众艺术已经在多大范围内实现了这一目的。他们抛弃了思想的内在性，这一点在通俗的挖苦话中找到了回声，即所有的判断不过是"看法问题"，是"谁在说"什么是真实的，什么不是而已。

消费社会不仅产生了社会无用的感觉，还帮助形成了对这些感觉的诊断，并且提出了相应的药方。因此出现了新式工业，以便有利可图地传播关于疏隔与自由的先进理论。自我的政治，把历史归纳为反抗抑制性超我的自主想象力的心理剧，从知识分子的深奥谈论传播到日常的社会生活以至商业生活中来了。但是，还应看到，商业、广告和通俗文娱节目,通过一种使性格、"生活方式"和"环境"无限增多的生活,在提供挣脱日常人生的局限性的预期退路方面,远远超过了最空幻的艺术的力量。通过象征放荡生活的商品,个人的自主性格为了补偿消费者的奢侈习性而被消磨着。总括浪漫主义艺术的命运,当一个人的贡献变得无关紧要时,他便完成了自主性格。正如自主的艺术想象力无从加以批评一样,现代的自我由于其"需要"已无从加以批评,不再占有历史、社会和现实,从而得到了安慰。"治疗的成功"填补了精致文化和粗俗文化之间的差距:向艺术寻求"一组仅由性爱关系组成的幸福"的文学批评家,便同寻求"与其群体保持联系"的病友谈心治疗小组①的参加者相去不远了。

"敌对性文化"由于其风格上的软弱无力被说成是一种性爱能力的形式,因而变得同"敌手"无从区别。虽然先进艺术不一定受人欢迎,或者在商业上也未必成功,但是不受欢迎或者商业上的失败再也不能归因于公众不容忍创新。以反遵从的态度藐视"资产阶级价值",为广告代理人所赞美,为文化样式的操纵者所利用,在个人行为方面为人所仿效——这是又一个理由,说明为什么挑衅行为和激进试验必须不断地加码,如果各门艺术要证明它们的先锋派证件有效的话。也许只有干脆拒绝接受物质生活,艺术才能顺利达到使人失望的目的——虽然即使这个命题也由于最近对"概念艺术"②所表示的热情而变得令人怀疑。艺术上的不妥协态度无异于颂扬群体社会的物力论,这一点似乎已经达到了。无法断言,艺术上的"先锋派"究竟是在引导社会,还是在努力跟上它。

总而言之,文化上的激烈主义看不见它所要废除的家长式抑制已经消失。虽然"保守分子"可能在这里或那里抗议不信神和不道德行为的胜利,但没有一种保守主义会反对消费市场的必然扩展。从前的

---

① encounter-group,病友谈心治疗小组,由精神病患者相互畅谈内心感情,美国现代流行的一种精神病治疗法。——译注
② conceptual art,西方流行的一种以概念代替形象的艺术。——译注

权力要求有高级文化的神圣观念的批准,而今天的权力发现,利用一种激进多元论的和思想不协和的文化,是可以不要这种批准的。当代的法人远没有代表传统和"高人一等的优越感",它倒是敌视阻碍进步的传统标准的固定化。所以,法人社会对越过一切边界,堵塞一切豁口的那种文化表示了容忍。对高级文化标准和现实主义感受力的残余发动攻击,只会促进文化转变为时尚工业的附庸,使所有艺术和观念从属于人为废弃的规律。菲德勒和瓦松把文化水平的抹杀称颂为"隐蔽的阶级偏见"的克服,这只表明传统的情趣差别同经理们和广告员们的目标风马牛不相及。只要激进主义把根除高级的附庸风雅作为中心目标,它便提倡了这样的幻想,即大众文化才是人民的民主表现,仿佛大众文化不是私人股份所占有、所经营似的。

大学里文学系和人文学科系的情况反映了社会上的宏观世界的情况。正如激进的陌生化的美学同消费社会的动力混在一起一样,对传统的批评方式和诠释方式的攻击同学院派的职业作风也是相一致的。前些时,人文学科系变成了美学创新的主要赞助者和鼓吹者。他们没有明显的理由不在批评方面提倡激进的创新。"学院派"和"先锋派"的对立像"布尔乔亚"(鄙俗的)和"波希米亚"(放荡不羁的)的对立一样已经过时了。正如后萧条期的经济可能有赖于传统社会节制的取消,学院派的职业作风可能甚至需要激进的批评上的创新作为它的发展的延续。哪里把学业成绩和批评在量上的"生产"作为业务成就的主要尺度,证明、证据和逻辑连贯性等狭隘准则便会在那里拖进步的后腿。批评方面的超批评的即兴发挥新浪潮,和诠释对散文诗的转变,现在可能终于到来,评定业务进步的惯用方式似乎越来越不灵了。

抑制性的反理想化

但是,文化上的激进派并没有忽视这些社会变化。他们有些人认为，既成社会对于先锋派艺术与观念的新适应，不过最后证明了，革命已经来临。对于那些对现状不大乐观的人们，这种适应威胁着文化革命的成功——但是决不会使它的基本前景丧失信誉。对于马尔库塞，先锋派文化观念的新普及，是"抑制性的反理想化"的一种现象——是社会以无害的形式把文化革命思想加以同化从而加以抑制的主要方式。马尔库塞敏锐地观察到，高级资产阶级文化连同它的唯心论，它对美、对自我克制、对理想化的爱好，"已经不再是占优势的文化"了。于是出现了一个新问题：

> 如果我们今天亲眼得见资产阶级文化的瓦解，它是当代资本主义的内在动力的成果，是文化对当代资本主义的需要相适应的成果，那么文化革命既然以消灭资产阶级文化为目的，岂不与资本主义对文化的适应和再限定相一致了么？它这样岂不挫败了它自己为一个在质上迥然不同的、一个根本反资本主义的文化准备土壤这一目的么？在造反势力的政治目标和它文化上的理论与实践之间，岂不有了一个危险的歧异，如果不是矛盾的话？而且，造反势力难道不需要改变它文化上的"策略"，以便解决这个矛盾么？①

在《反革命与造反》一书的这一段文字后面的五十页中，我找不到一段话涉及这些十分中肯的问题。马尔库塞承认革命纲领是太容易加以庸俗化，太容易变成轻佻和自我欺骗，但是这个事实不能用来怀疑纲领本身。马尔库塞满足于重申他的信念，"文化革命依然是一股根本上进步的力量。"②

换言之，马尔库塞不肯得出他自己的社会理论把他引向的逻辑

---

① 赫·马尔库塞：《反革命与造反》第85页。参看巴尔特关于先锋派戏剧的政治无害性的议论："谁的戏剧？谁的先锋派？"载《评论集》第67—70页。
② 赫·马尔库塞：《反革命与造反》第103页。

结论:艺术和文化上的新的感受力并没有否定"线性社会",像它反映后者那样。马尔库塞和其他社会批评家在先进社会的技术方面、官僚体制方面和经济方面的变化过程中发现了自我生效的自主性,他的形式主义美学不正反映了这种自主性么?在《线性人》一书中,马尔库塞说,线性社会的语言"简化反射、抽象、发展、矛盾在语言学上的形式和象征,用形象代替概念,从而进行统制。它否认或者同化超验的词汇。"①但是,用形象代替概念,按照马尔库塞的康德美学,乃是艺术的真谛,艺术正是以"感官的非概念真实"为目的的。艺术被说成是与现实断绝概念交流的感性"经验",它便只有线性社会的技术统治的语言作为超越既有现实的基础了。它变成了它所反抗的事物的一方面。

这就是为那些使人迷失方向的"制造式样"的艺术界权势人物广泛提出的颠覆性要求的主要困难所在,不论这些要求是专门为某些反现实主义流派还是为一般艺术而提的。不见得一部作品可以用来"破坏陈旧的设想,暗示一个新的、更不实际的现实",就一定会引导它的读者更富于批判眼光地观察世界。由反省小说造成的感觉上的迷惑和认识上的疏隔,可能导致读者的现实感的迟钝,或者导致不仅疑惧思想而且疑惧真理的患战斗疲劳症的相对主义。批评家们在科学小说中看到的所谓"未来的模式",可能刺激逃避现实者的幻想,而不是批判性的思考,如果这些模式放进一种已经毫无批判能力、一味追随时尚的大众文化中,情况也许更其如此了。换句话说,如果我们不知道一部文学作品对于现实的倾向,那是无法决定它的批判性格的。如果美学上的崩裂和喷射不为一种尊重现实的理智态度——即为一种有控制作用的现实主义所调节,它们的批判价值是不能视为当然的。激进美学虽然决心想从"与某种目前现实或某种旧日经验发生交流或不交流的问题"中解放幻想,却没有办法为幻想的批判力量实现它的

---

① 赫·马尔库塞:《线性人》第103页。

主张。詹姆士·斯图波用科学小说本身说明了这个问题：在这类作品中使用使人迷失方向的习惯手法，斯图波写道，"不是鼓励人们去从事分析，实际上是妨碍分析，封闭批判的思维。"①幻想究竟是使我们更富于批判能力，还是使我们不过更倾向唯我论和自我放纵，最终取决于它能不能解说它本身之外的一切。但是，激进美学正是把这种可解说性同默认混为一谈了。

　　大量被公认的激进艺术已经变成它所反抗的混乱想象的一方面，如我们已经看到的，这正是马尔库塞本人对当代艺术和反主流文化中的非理性主义冲动所作的批评。马尔库塞说，新的感受力把艺术和生活打成一片，往往会"丧失使艺术与既成秩序相对抗的超然态度"。②但是，这个批评同样可以合乎逻辑地应用于马尔库塞自己的艺术概念。既然马尔库塞使艺术没有义务反映概念性的现实，他就没有办法解释为什么艺术会以一种批判的方式而不是一种唯我主义或逃避现实的方式，来"超脱"既成的现实。他的理论使自己丧失了区分艺术想象力的重要形式和不重要形式所必需的批判原则。马尔库塞把艺术看作"为既有现实、既有秩序所排斥的另一种现实、另一种秩序。"但是，一部艺术品怎么可能为既有现实所"排斥"呢，如果它没有能力理解那个现实是什么的话？必须使艺术有能力，在它有效地否定既有现实之前，把后者加以概念化，把它看成是畸形的。

　　马尔库塞和其他文化激进派并没有按照他们的立场的逻辑达到自然的结论。如果他们要这样做，他们必定会放弃他们的文化革命和政治革命对应论的信念。他们必定会承认强调陌生化和喷射性的美学，对现实原则进行形式主义攻击的美学，是同"资本主义对文化的调节和重新限定"相一致的。这一点反过来又会使下列更广泛的设想成问题了，即所谓性爱和享乐原则从抑制中解放出来，是反压迫的造反行动的必要补充。于是，我们可以问一下，如果我们试图实现更大的

---

① 詹姆士·斯图波：《对未来的虚构》第219页。
② 赫·马尔库塞：《反革命与造反》第101页。

正义和真实,难道我们一定要有一种新的文化感受力,一个"新的感觉中枢",一个感觉上的重定方向,一种对存在的"非逻辑"的颂扬,一种"意志与欢乐"和性爱的解放,一种超越人道主义和关于人的 logocentric 观念的逃遁? 或者,消遣、解闷的目标已经代替正义和真理作为政治的目的了么? 但是,想一下这些问题,就使人不得不怀疑文化左倾主义的基础。文化革命可惜容易"被同化过去",这是可以承认的。但是,文化革命本身根本就想错了——这一点却是不能考虑的。

弗洛伊德与文学*

莱昂内尔·特里林

一

弗洛伊德的心理学是唯一有系统地叙述人类心理的心理学,就其内容微妙复杂、笔触引人入胜和悱恻动人而论,它抵得上几百年来文学所积累的一大堆乱七八糟的心理常识。读了一部伟大的文学作品,再读一篇学术性的心理学论文,就从一种知觉过程转向了另一种知觉过程,但弗洛伊德心理学所研究的人性却正是诗人一贯借以大显身手的素材。所以,心理分析学说对文学产生了巨大的影响,是不足为怪的。不过,两者之间有来有往,文学本身对于弗洛伊德的影响也并不下于弗洛伊德对于文学的影响。在他的七十诞辰庆祝会上,弗洛伊德被尊为"潜意识的发现者",他当时谢绝了这个头衔,并这样纠正了那位发言人:"在我以前的诗人和哲学家早就发现了潜意识。我不过发现了研究潜意识的科学方法罢了。"

---

* 莱昂内尔·特里林(1905—1975),美国著名社会文化批评家与文学家,生于纽约,执教于哥伦比亚大学。著有《马修·安诺德》(1939)、《爱·摩·福斯特》(1943)、《不拘一格的想象》(1950)、《相反的自我》(1955)、《逃亡者的聚会》(1956)、《文化以外》(1965)等,还写过几部小说。本文最初发表于一九四一年,后收入《不拘一格的想象》中。中译文刊于《美国文学丛刊》1981年第1期(总第1期,全国美国文学研究会编辑,山东人民出版社出版)。

由于缺乏具体的证据,我们无从考虑文学对于心理分析学说创始人的特殊"影响";此外,如果我们想到那些在弗洛伊德以前就已经明确地有过他的许多观念的人(例如,叔本华和尼采),接着了解到他是在已经系统阐述自己的理论之后才读到他们的著作的,那么我们就一定会明白,这里谈不上什么特殊影响,我们所要讨论的无非是整个的"时代精神"①,一种思想方向而已。因为,心理分析本是十九世纪的浪漫主义文学的高潮之一。要说一门科学是站在一门自称在许多方面与科学为敌的文学的肩膀上发展起来的,这个观点未免包含着矛盾;但我们只要记住,这门文学虽然自称如此,它却热忱地致力于研究自我,至少在这个意义上它还是科学的——那个矛盾就可以解决了。

要说明弗洛伊德和这个浪漫主义传统之间的联系,简直不知道从什么地方着手,但未尝不可以追溯到这个传统以前,直至一七六二年狄德罗的《拉摩的侄儿》。无论如何,十九世纪中叶的某些人一致认为,这篇卓越的小作品具有特别重大的意义:歌德翻译过,马克思赞赏过,黑格尔(马克思在致恩格斯的信中提到了这一点,信中还说,他正把这本书当作礼物送给他)称颂过并且详细地阐述过,肖伯纳对它有深刻的印象,而弗洛伊德本人则如我们从他的《异论》中的一句引文得知,他也心心相印地读过它。

对话发生在狄德罗和著名作曲家拉摩的一个侄儿之间。主角年轻的拉摩是一个被鄙视、被摒弃的无耻之徒;黑格尔把他称作"崩溃了的意识",认为他才智横溢,因为正是他推倒了一切正常的社会价值,又把这些碎片重新组合起来。至于配角狄德罗,黑格尔则称之为"诚实的意识",认为他通情达理,体面大方,但却呆板乏味。看来很清楚,作者并不鄙视他的拉摩,也不想让我们去鄙视他。拉摩又好色又贪婪,傲慢而自卑,灵敏而"邪恶",就像一个儿童。但是,狄德罗似乎仍想把这家伙写得高出他本人一头,仿佛拉摩代表了社会生活中正派品

---

① 原文系德文。

行下面的那些危险而又完全必然的因素。要说在拉摩身上找到了弗洛伊德的 id，在狄德罗身上找到了弗洛伊德的 ego①，未免有点穿凿附会；但两者的联系却是有目共睹的；至少我们由此看出弗洛伊德和浪漫主义两者之间的共同特征，看出人性的潜在因素以及潜在因素和明显因素的对立。我们还鲜明地看出原来看不见的一切："如果把小野人扔下不管，让他一直胡闹下去，既有一个三十岁成人的狂暴激情，又像一个摇篮里的婴儿那样蛮不讲理，那么他就会拧断他父亲的脖子，同他的母亲睡觉去。"

从拉摩的自我暴露到卢梭关于自己童年的叙述（在《忏悔录》中），其间一脉相承，相去无几；社会却可能忽略或者不承认在"好"人一生的开端也会有"不道德"的潜意识，连布莱克②努力想阐述一种包括一般社会礼法下面的种种力量的心理学，他也不愿意这样看；但是潜意识这一观念继续发展，终于成为当代的主导观念之一。潜意识具有多种形式，并不必然是"黑暗的"和"坏的"；布莱克认为，"坏的"就是好的，而华兹华斯和伯克③认为，所谓潜意识就是不顾有意识的理智而发生作用的慧心和力量。

心理已变得远不那么简单了；人们致力于各种形式的自传，这本身就是这个传统的一个重要事实，它为已经发生的变化提供了大量的例证。诗人们利用他们认为几乎是一种新被发现的才能来写诗，却发现这种新才能往往为心理的其他力量所掣阻，甚至还会被剥夺自由；

---

① 按照心理分析学说，id 是指被认为储藏着本能动力和精神力量的那一部分心理，它一方面为快乐原则和无理性欲望所支配，另方面它的冲动须通过发展 ego 和 superego 而加以控制。ego 是指经由感官经验了外在世界、合理地组织了思维过程并能主宰行为的那一部分心理，它负责协调 id 的本能冲动、环境的要求和 superego 的准则。superego 则是对自我或 ego 反复吹求、强行道德准则的那一部分心理，它不自觉地阻止 id 的各种不可接受的冲动。
② 威廉·布莱克（1757—1827），英国诗人、艺术家，对英国浪漫主义很有影响。
③ 华兹华斯（1770—1850），英国诗人；伯克（1729—1797）英国作家、演说家，著有一本美学著作《对我们关于崇高与美的观念之根源的哲学性探讨》（1757）。

我们又同时想起了华兹华斯、柯尔律治和阿诺德①等人的名字,而弗洛伊德还引证席勒的例子,向诗人指出了仅仅依靠分析性理智的危险。而且,面临这种危险的不仅是诗人,全欧洲有教养的敏感的人们都知道理智对于情感生活可能造成的危害,典型的例子就是约翰·斯图尔特·米尔②。

我们还必须考虑到对儿童、妇女、农民和野蛮人的专门研究(这门研究始于十八世纪甚至十七世纪),看来这些人的精神生活不同于受过教育的成年男人的精神生活,他们没有为社会习惯的礼法所压倒。由于这种专门研究,人们于是关心教育和个人发展,使之与当代的历史倾向和进化倾向相一致。而且,我们当然还必须注意到(几乎可以说)由"教育小说"③所引起的道德革命,因为在这种以(歌德的)《威廉·迈斯特》为滥觞的小说中,我们发现作者和主人公以及读者和前两者几乎完全相一致,而这种相一致又几乎不可避免地令人想起一种进行道德判断的宽容态度。自传性小说进一步影响了人们的道德感情,还因为它充分探讨了动机的一切变化,暗示我们不可以单凭一个人一生的某一时刻,而不考虑到它的决定性的过去和补偿性和完成性的未来,便来判断这个人。

很难知道再怎样往下说了,因为我们越往前看,便越发现文学对于弗洛伊德的密切关系;即使我们仅限于列举书目,我们再怎样详尽也不能列举完全。但我们仍必须提到当时正有不少人在要求性的革命,例如雪莱、《路清德》的作者施莱格尔④、乔治·桑,后来易卜生还批判地要求过。关于艺术的性根源,蒂克直言不讳地陈述过,叔本华则更精微地阐释过;司汤达研究过性的失调,他对于性爱情感的观察使我们明显感到弗洛伊德的味道。我们一再看到,实际的讲求功利的

---

① 阿诺德(1822—1888),英国诗人、批评家。
② 旧译穆勒(John Stuart mill,1806—1873),英国哲学家、经济学家,对文学亦有精深研究。可能是说他的逻辑思维过浓,妨碍他对文学艺术的进一步理解。
③ 原文系德语。
④ 即弗里德里希·施莱格尔(1772—1829),德国早期浪漫派代表作家。

ego 被贬低到次要地位，而混乱的颓放的 id 则不断受到辩护。我们还发现有人力持这种观念，把心理说成一个可以分割的整体，一部分可以默察和捉弄另一部分。这种观念便同陀斯妥耶夫斯基表现情绪矛盾的光辉例证相去不远了。诺伐利斯开始了对死亡意愿的专门研究，据说这种意愿一方面同睡眠相联系，另方面还感觉到那些荒谬的自我毁灭的冲动，转过来又把我们导向那种耽迷于恐怖事物的精神状态，如在雪莱、坡①和波德莱尔②身上所见到的。此外，人们永远对于梦有强烈的兴趣——格哈·德·奈伐尔③说过，"梦是我们的第二生活"，而且还对隐喻发生兴趣，这在兰坡④和后期象征派身上达到了顶点，而隐喻由于接近梦的相对自主性，便变得越来越晦涩了。

但是，我们也许还不得不停下来问一下：既然这一些都是弗洛伊德所发展的"时代精神"的组成部分，是不是可以说弗洛伊德果真对于文学产生了广泛的影响呢？弗洛伊德还说过，如果没有他，文学本身的倾向是不会有所发展的，这又是什么意思？如果要找一个表现得受过弗洛伊德影响的作家，我们随便可以举出普鲁斯特⑤来；他的小说的题目（在法文版中较之英文版更甚）就暗示出一种进行心理分析的企图，他的写作方法也不下于此，例如探讨睡眠、性变态、联想方式等，他还几乎顽固地对隐喻发生兴趣；在这些方面及其他方面似乎倒可以看出那种"影响"来。但是，我相信，普鲁斯特确实并没有读过弗洛伊德的著作。再说，如果对《荒原》一诗作注释，那些注释读起来往往酷似一个梦的心理分析式的译解，而我们知道艾略特⑥的写作方法并不是弗洛伊德，而是其他诗人提供给他的。

---

① 坡（Edgar Allan Poe，1809—1849），美国诗人、小说家、批评家。
② 波德莱尔（Charles Pierre Baudelaire，1821—1867），法国诗人。
③ 格哈·德·奈伐尔（1808—1855），法国作家，晚年疯狂。
④ 兰坡（1854—1891），法国象征主义诗人。
⑤ 普鲁斯特（1871—1922），法国小说家。代表作《追忆似水年华》包括几部小说。
⑥ 指 T. S. 艾略特（1888—1965），英国诗人、批评家。他的诗作《荒原》（1922）以象征手法和宗教性隐喻表现现代生活的苦恼和荒凉以及个人的孤独，长期成为西方批评界研讨的对象。

然而,弗洛伊德对于文学影响巨大,这当然也是确实的。他的影响大部分是如此普遍,几乎难以确定它的范围;不是以这种方式,就是以那种方法,经常是通过曲解或者荒谬的简单化,它已灌输到我们的生活中,成为我们文化的一个组成部分,至今我们还难以明确地认识到这一点。在传记作品中,它当初曾经轰动一时,但是成绩并不美妙。早期的弗洛伊德派传记作家们大都是吉尔顿斯吞之流,他们看来往往只知其然而不知其所以然,这个断语同样适用于早期的弗洛伊德派批评家们。但是,近年来人们听惯了心理分析这个名词,日益认识到它的精微复杂处,文学批评便从弗洛伊德体系获得许多极有价值的东西,特别值得注意的是,人们在阅读一部文学作品时,开始可以甚至不得不鲜明地感受到它隐藏的暧昧的含意,仿佛作品就是(而且实际上就是)一个居然同作者一样生动而又矛盾的人。于是这种对于文学作品的新反应,便对我们关于文学传记的概念产生了矫正作用。利用弗洛伊德理论的文学批评家或传记作家跟从前一样,仍有陷于理论体系化的危险,但是他大概比较容易觉察到这些危险了。我想,未尝不可以这样说,他现在解释作品,并不是为了暴露作者的隐私,限制作品的意义,反倒是为了找理由使人同情作者,增加作品可能有的意义。

在腔调上或者态度上多少具有弗洛伊德风味的富于创造力的作家们,当然是多不胜数的。但是,只有比较少数的作家才认真严肃地运用过弗洛伊德的观念。弗洛伊德似乎已经觉得这是理所当然的:据说他很少预期作家们会由于学习过他而把自己的作品写上感激的题词寄给他。超现实主义者尽管有点前后矛盾,为了使他们的纲领得到"科学"的批准,曾经仰仗过弗洛伊德。卡夫卡①显然知道自己在干什么,曾经探讨过弗洛伊德关于罪与罚、关于梦以及对父亲的恐惧的概念。托马斯·曼②自己说过,他的倾向永远遵循弗洛伊德的兴趣的方向,他最能接受弗洛伊德的人类学,并在神话和巫术的理论中找到一

---

① 卡夫卡(1883—1924),奥地利作家。
② 托马斯·曼(1875—1955),德国作家。

种特有的魅力。詹姆斯·乔伊斯①由于对许多模糊意识状态感兴趣，由于把文字当作实物来运用，而文字又不止指一个实物，由于他处处感到一切事物的相互关联和相互渗透，而且并非最不重要的，由于他处理家族性的主题，他也许是最彻底地、最自觉地运用了弗洛伊德的观念。

二

弗洛伊德的思想有许多地方近似浪漫主义传统的反理性主义，这是相当清楚的了。但我们必须看到，他的体系还有许多地方富于战斗的理性主义成分，这也是同样清楚的。托马斯·曼在他的第一篇论弗洛伊德的文章中，似乎认为心理分析的"阿波罗式"的理性主义的一面虽然重要，而且十分令人钦佩，但毕竟是次要的，甚至是偶然的：这个说法未免有点失言。他给我们描绘了一个局限于生活的"阴暗面"的弗洛伊德。完全不是这样：弗洛伊德的理性主义因素是主要的。首先，他信奉实证主义。如果这位详梦者②是通过歌德进入医学的（他告诉我们，他是这样），那么这并不是由于《瓦尔普吉斯之夜》③，而是由于那篇对十九世纪许多科学家的一生起过重大作用的论文，即论自然的那篇名文。

这样订正一下，不单是为了确切的需要，还为了多少可以理解弗洛伊德对于艺术的态度。而且，为了达到那种理解，我们必须看到弗洛伊德怀着多么强烈的激情相信，实证主义的理性主义具有其革命前黄金时代的纯洁性，正是智力美德的形式和范本。他说，心理分析的目的就是对生活的阴暗面的克制。它要"加强 ego，使之独立于 super-ego，加宽它的视野，从而扩大 id 的组织。""id 在哪里，"——就是说，所

---

① 詹姆斯·乔伊斯(1882—1941)，爱尔兰小说家、诗人。
② 指弗洛伊德。他的重要著作为《梦的解析》。
③ 《浮士德》中的一章，描写女巫和魔鬼的幽会。

有非理性的、非逻辑的、寻欢作乐的黑暗势力在哪里——"哪里就一定得有 ego,"——就是说,一定得有明智和克制。他最后还提到《浮士德》说,"这是一种填筑工程,仿佛要把须德海①抽干一样。"这段话曾经由曼引用过,那时他第二次评述弗洛伊德,他的确谈到了弗洛伊德的实证主义纲要;但是,即使在这里,曼由于对"阴暗面"感兴味的艺术家气质所产生的偏见,也使他未能适当地强调弗洛伊德的其他方面。曼似乎把他说成为使神话和心理的黑暗荒唐状态合法化的人,看来弗洛伊德是决不会接受这个角色的。如果说弗洛伊德为科学发现了黑暗,他却决不会赞同黑暗。相反,他的理性主义拥护否认神话或宗教的合法性的启蒙运动的一切观念;他坚持一种朴素的唯物论,坚持一种朴素的决定论,坚持一种相当有限的认识论。今天还没有一个伟大的科学家那样明白、那样猛烈地怒斥过所有那些用形而上学腐化对十九世纪来说相当完善的科学原则的人。概念论或者实用主义是他大部分著述生涯中最感厌恶的东西,当我们考虑到他自己光辉的科学方法的性质时,这一点肯定是其中一个似乎不然而又不得不然的因素。

弗洛伊德的强处和他所有的弱点有许多来自他的理性主义的实证主义。强处在于他能够巧妙而干脆地执着确定的目标,追求治疗方法方面的目的,希望给人类带来适当的人世幸福。但是,理性主义还由于那些往往显得幼稚的科学原则而不得不受到责难,那些原则(虽然后来经过修订)表明了他的早期思想的特征,而且大部分是为了断言他的理论完全符合外界现实——这个立场对于那些倾慕弗洛伊德的人,特别是对于那些认真接受他的艺术见解的人,乃是极其令人苦恼的。

我相信,弗洛伊德有许多艺术见解要告诉我们,但是他的任何带启发性的话都未必见诸他那些专门论述艺术的著作。弗洛伊德对于艺术并不感觉迟钝——恰巧相反——他从不打算以轻蔑的口吻来谈

---

① 荷兰海湾。

艺术。他确实带着一种真正的温情谈到它，把它算作美好生活的真正魅力之一。谈到艺术家，特别是作家，他往往带着钦佩的心情，甚至是某种敬畏的心情，虽然他在文学中最欣赏的也许是特定的关于情感的见识和观察；我们说过，他把一些文学家称作他所创立的科学的先驱和助手，因为这些人懂得潜伏动机在生活中所起的作用。

但是，弗洛伊德毕竟还是以我们必须称之为轻蔑的口吻谈过艺术的。他告诉我们，艺术是一种"满足的代用品"，这样说来，它便是"一种同现实相反的幻想"。不过，不像大多数幻想那样，艺术是"几乎永远无害而又有益的"，因为"它仅仅企图成为一种幻想，而不想成为别的什么。除了在少数——不妨说——为艺术着魔的人们的情况下，它决不敢于侵犯现实的范围。"它的主要功能之一就是充当"麻醉剂"。它具有梦的特征，而梦的曲解事物的因素，弗洛伊德正称之为"一种心灵上的不忠实"。至于艺术家，他实际上同神经官能症患者属于一类人。弗洛伊德谈到一部小说的主人公时说过，"由于把想象和智力这样分开，他注定要成为一个诗人或者一个神经官能症患者，他属于不以尘世为家的那种人。"

在心理分析学说的逻辑中，并没有什么东西需要弗洛伊德产生这些见解。但是，在心理分析疗法的实践中，却有许多东西使得人们可以理解，弗洛伊德由于缺乏适当的哲学的保护，他不得不像他所做的那样去做。心理分析疗法就是对付幻想的。患者来到医生这里，要求治疗（譬如说）在街头走路时的恐惧感。这种恐惧是相当真实的，在这一点上并无幻想可言，而且它还产生了一种比较合理的恐惧所有的一切生理特征，例如手心出汗，心脏急速跳动，呼吸短促等。但是，患者又知道那种恐惧是没有原因的，或者用他的说法，是没有"真实的原因"的：没有机关枪，没有捕人的陷阱，也没有老虎上街。不过，医生却知道，那种恐惧确有一个"真实的"原因，虽然它同街上有没有什么东西毫不相干；那个原因就在患者身上，治疗过程就是要一步一步地发现那个真实的原因到底是什么，从而使患者从它的效果中解脱出来。

患者来看医生，医生接待患者，双方于是就现实达成了一个默契。为了他们的目的，他们承认有限的现实，即我们借以谋生、求爱、赶火车以及伤风之类的现实。精神疗法将设法训练患者正常地应付这个现实。当然，患者也一直就在应付这种现实，不过采取了错误的方式。弗洛伊德认为，应付外界现实的方式有两种。其一是实际的、有效的、积极的方式，这就是有意识的自我，亦即必须使之独立于superego并将其组织扩充到能够支配id的ego的方式，这是正确的方式。对立的方式，为了我们的目的，可称之为"虚构的"方式。采用这种方式的人要是有所作为的话，那也不是关于外界现实或者对于外界现实，而只是对于他的感情状态或者关于他的感情状态罢了。这方面最普通、也最"正常"的例子就是白日做梦，我们在白日梦中想象我们的困难解决了，我们的欲望满足了，从而使自己得到一定的快感。于是弗洛伊德发现，睡着做的梦以比较复杂的方式，即使相当不愉快，也在为这个"虚构"的活动服务。而我们的患者所患的实际的神经官能症，则以更其复杂、更其不愉快的方式在应付这样一种外界现实，患者的心理认为它比痛苦的神经官能症本身更其痛苦。

弗洛伊德作为心理分析医师认为，现实和幻觉可以说是两个极端。现实是个敬词，它意味着存在的东西；幻觉是个贬词，它意味着对于不存在的东西的一种反应。因此，如果要让人了解心理分析这一方法，无疑应当把两者一清二楚地加以区别。说到底，不是要求它在理论上更加精致，而是要求它在实践上能够生效。所谓极端就是实际的现实和神经病患者的幻觉，后者是由前者来判断的。无疑，情况就应当是这样；是在给病人治病嘛，又不是在给他教形而上学和认识论。

这种切合实际的假说并不是弗洛伊德关于心理与现实之关系的唯一见解。实在可以称之为弗洛伊德基本见解的观点认为，心理不论在什么情况下，都凭借选择和评价来帮助创造它的现实。按照这个观点，现实是有伸缩性的，是有待于创造的；它不是静止的，而是一系列需要从其自身出发加以对待的情境。但是，除了这个心理概念外，还有一个概念来自弗洛伊德的医疗实践的假说。按照这个观点,心理在应付一种相当稳定而静止的现实,一种完全"被给予的",而不是(用杜威的话说)"被接受的"现实①。从他在认识论方面的一些说法来看,弗洛伊德坚持上述第二种观点,虽然不容易了解他为什么要这样。因为,他希望使神经官能症患者与之相协调的现实,毕竟是一种"被接受的"、而不是"被给予的"现实。这就是由人的心理和意志所设想和主张的、社会生活和社会价值的现实。爱情、道德、荣誉、尊敬——这些就是一个被创造的现实的组成部分。如果我们称艺术为一种幻觉,那么我们就得把 ego 的大部分活动和满足也称之为幻觉;当然,弗洛伊德是决不愿这样称呼它们的。

那么,梦和神经官能症二者又同艺术有什么区别呢?它们有某些共同因素,这是显而易见的:双方都有潜意识过程在起作用,任何诗人或批评家都不会否认这一点;它们还共有着幻想的因素,虽然在程度上各不相同。但是,它们之间仍有一个重大的区别,查尔斯·兰姆②在为真正天才的心智健全辩护时,就看清了这个区别,他说:"……诗人是醒着做梦。他不为自己的主题所迷,他能支配它。"

全部区别就在于:诗人能够控制自己的幻想,而神经病患者则为想象所控制,这正是他之为神经病患者的标志。兰姆还提出了一个区别,他谈到诗人对于现实(他称之为自然)的关系时说,"他优美地忠于那位女君主,即使在他似乎最可能背叛她的时候";原来艺术的幻想是为更密切、更真实地与现实发生关系这个目的服务的。雅克·巴珍在一篇剀切而赞赏地论述弗洛伊德学说的文章中,把问题说得很清楚:"他把艺术和做梦相比拟是对的,但因此而把艺术和睡觉相比拟就不对了。一件艺术品和一场梦的区别仅仅在于,艺术品由于考虑到外界现实,便把我们引回到了这个现实。"弗洛伊德认为艺术几乎只有享乐的性质和目的,这就使他无法认识到这一点。

---

① "被给予的"即被假定的;"被接受的"即现实的、客观存在的。
② 查尔斯·兰姆(1775—1834),英国散文家、批评家。

艺术家和神经病患者之间必须有所区别，弗洛伊德当然了解这个区别；他告诉我们，艺术家之不同于神经病患者，是他找得到从想象世界回来的道路，并能"重新在现实中获得牢固的立足点"。可是，这句话不过是说，艺术家中断了他的艺术实践，便不得不应付现实；至少有一次，弗洛伊德谈到艺术应付现实时，他确乎也认为这是一个成功的艺术家所能得到的报酬。他并不否认艺术有其职能，有其用途：它有一种解除精神紧张的病疗效果；它服务于这样一种文化目的，即作为一种"满足的代用品"，使人们安于他们为文化所做出的牺牲；它使社会上更多人能分享到非常宝贵的感情经验；它使人们想起了他们在文化上的理想。我们有些人会认为，艺术的效果还不止于此，但即使这一点，也未必是某种"麻醉剂"办得到的。

三

我开头说过，弗洛伊德的意见多少可以帮助我们了解一下艺术，但到此为止，我不过是想说明：弗洛伊德关于艺术的概念是不完善的。那么，把分析方法应用于特定的艺术品，或者应用于艺术家本人，是不是会有点启发性呢？我也并不这样看，要说只能说弗洛伊德本人了解心理分析法在艺术中的界线和限度，即使他在实践中并不总是服从前者或者承认后者。

例如，弗洛伊德无意于干犯艺术家的自主权；他并不希望我们读他关于莱奥纳多①的专论，然后说什么《岩间圣母》是一幅表现同性恋、自恋的样版画。如果他说在调查研究中，"精神病学者不能听从作者"，他立刻会坚持，"作者也不能听从精神病学者"，并且还警告后者，不要忽视人间万象，尽量使用临床程序中一些"实际上无用而又可笑的术语"，来"把一切大而化之"。甚至当他主张美感也许来自性感

---

① 意大利大艺术家达·芬奇。《岩间圣母》是他的一幅名画。

时，他仍然承认心理分析学说"对于美没有什么可谈的，不及对其他许多事物那样"。他坦白地表示，他在理论上不关心艺术的形式，只限于研究它的内容。心境、情调、风格以及各部分的相互修饰，他都不予考虑。

〔他说〕外行人可能对于心理分析求之过苛……必须承认，它根本没有说明他也许最感兴趣的两个问题。它无法说明艺术才能的性质，也不能解释艺术家的工作方法即艺术技巧。

那么，弗洛伊德认为，分析方法到底能干什么呢？两件事：一，解释艺术品的内在意义，二，解释艺术家作为人的气质。

心理分析方法的著名例子就是试图解决《哈姆莱特》的"问题"，这个问题是先由弗洛伊德提出来，后由他早期卓越的追随者欧内斯特·琼斯博士加以解决的。琼斯博士的专文是一篇精心制作、独出心裁的学术著作。这篇研究成果不仅致力于澄清哈姆莱特性格的秘密，而且还试图发现"了解莎士比亚心理的更深沉颤动的线索"。个中秘密有一部分当然是指哈姆莱特在下定决心之后，为什么又没有为他的亡父向他所憎恨的叔父复仇。但是，这出戏还有另一个秘密——弗洛伊德所谓的"它的效果的秘密"，即它如此引人入胜的魅力。他历数许多人劳而无功地试图解决该戏魅力之谜，然后表示怀疑，我们会不会被迫得出这样的结论，"它的魅力仅在于其思想感人，语言华丽而已"。弗洛伊德认为，除此之外，我们还可以找到魅力的另一种来源。

我们记得，弗洛伊德告诉过我们，梦的意义在于它的意向。我们可以说，戏剧的意义也在于它的意向。琼斯的论著试图发现，莎士比亚在哈姆莱特身上究竟想说什么。他看出那个意向由作者包裹在一层梦幻似的朦胧中，因为它深深地触及了他的个人生活和人世间的道德生活。莎士比亚想说的是，哈姆莱特在潜意识中爱慕他的母亲，感到自己有罪，因而变得无能为力，所以终于没有行动。《哈姆莱特》一剧有一种俄狄浦斯式的情境,我想是毋庸争议的;心理分析果真给该剧增加一点兴味的话,那倒是值得称赞的①。正是这样,就没有理由挑剔弗洛伊德试图为我们解释《李尔王》的意义时所作的结论;他曲曲折折地探讨过三口棺材②这一主题的神话意义,探讨过这几口棺材同命运三女神的关系,探讨过这三个女性同李尔王的三个女儿的联系,探讨过死亡女神突然变为爱情女神的过程,探讨过考狄利娅和这两位女神的同一性,这一切都是为了达到这样的结论,即《李尔王》的意义在于一个老人令人心酸地拒绝"放弃爱情,选择死亡,接受死亡的必然性"。这个结论相当优美而又富于启发性,但它之不能解答《李尔王》,正如俄狄浦斯式的动机不能解答《哈姆莱特》一样。

这里且不谈证据可靠与否的问题,虽然这一点也很重要。我们不得不反对弗洛伊德和琼斯博士的结论,理由是他们两位对于艺术品的意义没有充分的理解。任何一件艺术品,不仅只有一种意义;这句话之所以正确,不仅因为它以正确为好,就是说,因为这样才可以使艺术成为更丰富的东西,而且还因为历史经验和个人经验都表明它是正确的。历史脉络和个人心境所发生的变化,可以改变一部作品的意义,并暗示我们,对艺术的理解不是一个事实问题,而是一个价值问题。即使作者的意向可以确定(事实上它是确定不了的),一部作品的意义也不可能单纯在于作者的意向,它还在于它的效果。我们可以说,一个住人的岛屿上爆发了火山,"意味着可怕的灾难",但是如果这个岛屿荒无人烟,或者容易撤退,那么就意味着另一回事。简言之,观众(读者)也在一定程度上决定着作品的意义。尽管弗洛伊德多少也认

---

① 不过,A. C.布雷德利在他讨论哈姆莱特的文章(《莎士比亚的悲剧》)中,明白地说到哈姆莱特对于性的强烈厌恶,还认为这种厌恶可以说明他的摇摆不定的目的,这个观点,伦宁比布雷德利提得更早。众所周知,而且多弗·威尔逊最近还强调过,对于伊丽莎白时代的观众,哈姆莱特的母亲匆匆忙忙嫁给克劳迪亚斯,不仅像对于现代的观众一样,是很不雅观的,而且他们还会认为,她竟然嫁给了他,实际上是在通奸,因为他作为小叔子,属于禁止通婚的亲等。——作者注
② 指李尔王三女儿之死。

识到这一点，例如他说除了作者的意向之外，还必须考虑到《哈姆莱特》的效果的秘密，但是他继续说下去，却仿佛《哈姆莱特》的效果从历史上说一贯只有一种，而且仅仅是出之于俄狄浦斯式的动机的"魅力"，使我们不自觉地产生了强烈的反应。然而，我们知道，《哈姆莱特》有个时期相对地不大走红，而且传说法国人一直就不欢喜它，他们是个不无孝心的民族，对于《哈姆莱特》的"魅力"是相当冷淡的。

我认为，我说弗洛伊德的解释方法不够完善，丝毫不会限制我们对待一部艺术能采用的方式。培根说过，实验可以压榨自然，向它勒索它的秘密，而批评可以对一部艺术品采用任何工具，来找出它的种种意义。艺术的因素并不限于艺术的世界。这些因素深入到人生，而且不论我们（例如，通过研究作品的历史脉络）对它们获得什么肢解性的知识，都可以刺激我们对于作品本身的感受，甚至可以合情合理地成为那些感受的一部分。此外，我们关于艺术家本人所了解的任何情况，也可以丰富对作品的美感，而且也是合情合理的，但是，对于艺术家的心理，有一种研究却又简直行不通，不管它在理论上是如何合情合理，那就是研究存在于作品之外的作者不自觉的意向。批评（家）懂得，艺术家供述他的自觉的意向，虽然有时是有用的，但最终并不能决定作品的意义。那么，从他的不自觉的意向（被视为整个作品之外的东西）又能知道些什么呢？无疑，可以称之为结论性或科学性的东西，是微乎其微的。因为，如弗洛伊德所指出的，我们不能去讯问艺术家；我们必须把分析梦的技巧应用于他的象征，但是弗洛伊德相当激烈地说过，那些认为无需做梦者自由联想他的梦的许多细节，就可以解释一个梦的人，是不懂得他的理论的。

到此为止，我们忽视了这个方法的另一方面，就是到莎士比亚本人的气质中去寻找《哈姆莱特》之类戏剧的"秘密"的解决办法，然后利用这个被解决的秘密来说明莎士比亚的气质的秘密。这里有趣的是，弗洛伊德到一九三五年转而相信这样一个理论，即这些戏剧的作者原来不是斯特拉特福镇的莎士比亚，而是牛津伯爵，于是莎士比亚之父卒于《哈姆莱特》创作时间前不久——这个重要证据便被一笔勾销了。这一下对于琼斯博士的论证固然打击得够惨,但是他据以为文学下结论的证据却栽倒在更关乎文学本身的理由上。因为当琼斯博士通过分析《哈姆莱特》,把我们引入"莎士比亚心理更深刻的颤动"时,他是完全自信他了解《哈姆莱特》是个什么戏,它与莎士比亚的关系又如何的。他告诉我们,这是莎士比亚的"主要杰作",远远超过他的其他作品,因此可以置于"一个完全另眼相看的水平"。琼斯博士确立了一个完全主观的文学判断之后,接着又告诉我们,《哈姆莱特》"也许表现了莎士比亚的哲学和人生观的核心,是他的任何其他作品所不及的"。这就是说,由于琼斯博士承认《哈姆莱特》在莎士比亚的全部剧作中占有特殊的地位,其他作品所有矛盾的、或麻烦的、或起缓和作用的证据便都被抹杀了。琼斯博士正是在这个十分令人不满意的判断上建立了他的论点:"所以,可以预期,使我们得以解答戏剧的内在意义的任何东西,都必然地使我们得以了解莎士比亚心理的许多更为深沉的颤动。"

如果看来我是在说心理分析与文学无关,那么我将感到歉意。我相信,我所说的恰好相反。例如,文学中多的是暧昧手法,明显的意义和潜在的——不是"神秘莫测的"——意义相互发生作用,这一整套看法就得力于弗洛伊德的概念,甚至说不定是从这些概念受到最初的激发。近年来,更聪明的心理分析学者们放弃了他们老师早年自命"科学地"对待文学的态度。这样只有好处,没有坏处。例如,弗朗茨·亚力山大博士论《亨利四世》的文章,一篇朴实而谨严的论著,并不自命"解决"问题,而只试图阐释问题,它的问世便是深得人心的。亚力山大博士不过是想说,在哈尔王子的发展过程中,我们看到 ego 为了能够适应常规所进行的古典式的斗争,先从反抗父亲开始,进而征服 superego(霍茨波,连同他对于荣誉的生硬概念),进而征服 id(福斯塔夫,连同他的一味胡闹的自我放纵),然后达到同父亲相一致(加冕场面)以及承担成人的责任。这样一种分析并不怎么了不起,也并不排斥其他意义；也许它不过指出了和阐述了有目共睹的一切。它颇为得体地肯定了这部剧作，不像琼斯博士论《哈姆莱特》的文章，去搜寻什么"潜在的动机"和什么"更深刻的颤动"——这种"颤动"说表明有一种现实，戏剧对于它的关系恰如梦对于愿望的关系一样，而梦正是从愿望产生的，又可以同愿望分开；按照琼斯博士的观点，正是这种现实，这种"更深刻的颤动"，产生了戏剧。然而，《哈姆莱特》不仅仅是莎士比亚的思想的产物，它还是他的思想的工具，而且如果意义就是意向，那么莎士比亚确乎意不在俄狄浦斯式的动机，他完全只是要写《哈姆莱特》；如果意义就是效果，那么使我们感动的正是《哈姆莱特》，而不是俄狄浦斯式的动机。《科利奥兰纳斯》同样写了、而且非常可怕地写了俄狄浦斯式的动机，但两个戏的效果迥然不同。

四

如果我们既不接受弗洛伊德关于艺术在生活中的地位的概念，又不同意他对分析方法的运用，那么他为我们的艺术理解或者为艺术的实践所做的贡献又是什么呢？依我看来，他所做的贡献超过了他的错误；他的贡献具有十分重大的意义，它不在于他为艺术所作的任何特定的陈述，而暗含在他关于心理的整个概念中。

在所有研究心理的理论体系中，弗洛伊德的心理学正是主张诗歌为心理的素质所固有的。的确，照弗洛伊德的看法，心理就其大部分倾向而论，恰恰是一种造诗的器官。这样说无疑有点言过其实，因为它似乎使无意识心理的活动等同于诗的本身，忘记了无意识心理和完成的诗篇之间还附带发生了自觉心理的社会意图和对于形式的控制。但是，这个说法至少可以弥补一般人所持的一个信念，即真实情况恰巧相反，诗原来是一种对于心理正轨的有益的乖离。

弗洛伊德不仅把诗歌移植到正常的心理领域，他还发现它具有拓荒者的地位，他把它看作一种思想方法。尽管他常常试图指明，诗歌作为一种思想方法,要它来征服现实,是如何得不可靠和无效果;但他本人在制定他自己的科学的过程中却又不得不采用它,那时他谈到了心理的地形学,并以一种挑衅性的辩解口吻告诉我们,他所使用的关于空间关系的隐喻实在是最不确切的,因为心理根本没有空间可言,但是要设想这个艰难的概念,除了使用隐喻,又有什么别的办法呢?在十八世纪,维柯谈到过早期文化阶段所使用的隐喻式的意象语言;后来就归弗洛伊德来发现,人们到了科学时代仍然是用象征结构在感觉和思考,并由他创造出心理分析法,创造出一种关于借喻、隐喻及其变种(如举隅法、换喻法)的科学。

弗洛伊德还告诉我们,心理有一部分可以不要逻辑而发生作用,但不能没有那种指引性的目的,不能没有那种对意向的控制(也许可以说,逻辑正由此而来)。因为,无意识心理发生作用,就没有那些可谓逻辑精华的句法上的连接词。它不承认什么"因为""所以""但是";诸如相似、一致、共同之类概念在梦中由于凝聚成一个统一体,便得到了形象的表现。无意识心理在同自觉心理的斗争中,总是从一般转向具体,感到可触知的琐事比广泛的抽象更加惬意。弗洛伊德正是在心理的组织中发现了艺术借以奏效的那些手法,例如意义的浓缩、语气的替换等。

所有这一切也许够清楚了,我不想再推究下去,尽管按照它的重要性以及我和弗洛伊德的分歧所占的篇幅来说,我本希望发挥一下。因为,在弗洛伊德的思想中,还有两个因素对于艺术至关重要,我想在结论中加以介绍。

其一就是弗洛伊德到了中年(1920)在《快乐原则以外》一文中所提出的一个特殊观念。这篇文章本身就是试图思辨地解决临床分析中一个恼人的问题,但是弗洛伊德看得很清楚,它不可避免地同文学有关系,尽管他对它在文学批评方面的重要意义还认识不足,未能使他修正他早期对于艺术的性质和职能的看法。这个观念有资格同亚里士多德的情绪净化说并列,既可以补充它,又可以缓和它。

原来弗洛伊德碰到了某些事实,不符合他早期关于梦的理论。根据这个理论,所有的梦、即使是最不愉快的梦都可以加以分析,证明具有实现做梦人的愿望的意向。这些梦都是为弗洛伊德所谓的快乐原则服务的,这一原则恰好同现实原则相反。当然,正是这种关于梦的解释在主要方面决定了弗洛伊德的艺术理论。但是,现在他却不得不重新考虑他关于梦的理论了,因为人们已经发现,在战时神经官能症(我们一度称之为"震吓痴呆症")的病例中,病人极其痛苦地一再梦见当时悲惨可怖的情景,正是那种情景促发了他的精神病。那些梦似乎不可能拿任何快乐主义的意图来解释。在那些梦中看来也没有多少常见的牵强附会:病人倒是屡试不爽地梦见当初犯病的可怖情景。同样的心理行为还可以见于儿童的游戏中;有些游戏远不是在实现什么愿望,而似乎一心在表现儿童生活中最不愉快、最危及他的幸福的那些事情。

为了解释这类心理活动,他提出了一个理论,不过他先还不以为意,后几年才逐渐重视起来。他先假定,在精神生活中确有一种反复－强制性活动,不是快乐原则所能解释的。这样一种强制性活动不能毫无意义,它必定有一个意向。而那个意向,弗洛伊德终于相信,恰恰就是逐步显现的恐惧。他说,"这些梦通过显现恐惧,试图恢复对于刺激物的控制,正是这种控制的中断才造成了创伤性精神病。"这就是说,梦是修复恶劣情境的努力,以便使无能应付这个情境所造成的损失得以补偿;在这些梦中,没有任何躲避这一情境的朦胧意向,只有应付这一情境、重新努力进行控制的尝试。而在儿童的游戏中,看来"儿童甚至重复不愉快的经验,因为他通过自己的活动,可以获得一种对于强烈印象的主宰能力,这种能力比仅仅被动的经验所产生的能力远为彻底。"

说到这里,弗洛伊德不会不想起悲剧来;不过,他并不愿意断定,悲剧要产生魅力,非得有这种从精神上与某一情境相抗击的效验不可。我们不妨说,他受到亚里士多德强调苦中见乐的悲剧理论的影响。但是,包含在悲剧中的快乐也许是一种暧昧可疑的快乐;有时我们一定会觉得,那个著名的净化感,也许只是用美丽词句掩饰恐怖的结果,而不是真正排除了恐怖。有时,恐怖甚至推开了语言,摆脱了戏剧,赤裸裸地站在那里,就像俄狄浦斯抠掉眼珠后血淋淋的面孔一样。不论怎么说,亚里士多德的理论并不否认弗洛伊德的创伤性精神病理论为悲剧(和喜剧)所提出的另一种职能——不妨称之为抗毒性职能,按照这种职能,悲剧不啻把痛苦充作以毒攻毒的药物,用以使我们习惯于生活将加在我们身上的更大的痛苦。自不待言,在悲剧的净化理论中,关于悲剧职能的看法未免太消极了,不足以提示出悲剧还能使人积极主动这一意义。

弗洛伊德在同一篇论文中,除了申述心理为了某种重大目的而承受自己的痛苦这一点之外,他还暂时地赞同了这样一种观念(他告诉我们,这个观念是由叔本华先提出来的):人类也许有一种把死亡当作渴望达到的最终目标的冲动。死的本能冲动却是许多甚至最彻底的弗洛伊德派理论家所拒绝的一个概念(弗洛伊德在他最后的一本书中委婉地指出过这一点);已故的奥托·芬尼歇尔在他的论神经官能症的权威著作中,剀切有力地批驳过这个概念。但是,即使我们不接受这个理论,认为它不能以任何实用的方式适应事实,我们仍不能忽略它的宏伟气派、它最终默从命运的悲壮精神。现实原则的观念和死亡本能的观念乃是弗洛伊德对人生的广泛考察的极致。这些观念的品质有如冷酷的诗,正是弗洛伊德体系及其为他而产生的诸观念的特征。

正如弗洛伊德对于文学的其他任何贡献一样,他的思想的这种品质也是重要的。虽然艺术家在他的作品中最终不会为他周围的思想体系所左右,他却不能避免它们的影响;而且还可以说,有各种各样相互对抗的体系,其中一些比另一些使艺术家产生了更大的希望。例如,我们想到朴素的人道主义乐观(它近二十年来风靡一时),就必须看出它不仅在政治上和哲学上是不适当的,而且它由于对人的多样可能性认识不足,还意味着对于创造能力是一种妨碍。在弗洛伊德的人生观中,却没有包含这样一种限制。诚然,他的体系的某些因素似同一般对于人的尊严的概念相矛盾。像每个伟大的人性批判者(弗洛伊德就是一个)一样,他在人的骄傲中发现了人的忧患的最终根源,而且他还乐于知道,他的思想同哥白尼和达尔文的思想并列,能使人类难以继续骄傲下去。不过,我冒昧地认为,弗洛伊德所设想的人比起其他任何现代体系所能设想的人来,是一种尊严得多、有趣得多的生物。尽管一般人的看法恰恰相反,弗洛伊德所设想的人却不应理解为任何简单的公式(例如性的公式),而毋宁是文化和生物学的一团乱麻。人本来并不单纯,因此就不能单纯地说他善良;正如弗洛伊德在什么地方说过,人的心里还有一个地狱,从里面不断生长出种种冲动,威胁着他所达到的文明。他有一种本领,能够在享乐和满足方面为自己想象出比他所能完成的更多的东西。他所获得的每样东西,他都用比等值更高的代价来偿付;妥协和向失败让步构成他最高明的混世办法。他的最优秀品质都是一场以悲剧告终的斗争的产物。但他是一个有爱情的生物;弗洛伊德对于阿德勒派①心理学的最尖锐的批评,就是认为它大谈人的侵略本性,而一语未及爱情。

我们阅读弗洛伊德的书,总会留意到他的思想中很少愤世嫉俗的成分。他要求于人的,就只是他应当有人性、通人情,他的科学就专门研究这一点。艺术家所应合的人生观,没有一种能够保证他的作品的质量。但是,弗洛伊德的诸原则的诗意品质(它们显然属于古典悲剧的现实主义)却启示我们,这种人生观对于艺术家来说,并没有使人的世界狭隘化和简单化,反倒使它变得开阔和复杂起来。

---

① 阿尔弗雷德·阿德勒,同卡尔·容格一样,是弗洛伊德的早期门生,后来脱离了老师,创立自己的心理分析学派。——原注

弗兰茨·卡夫卡作品中的希望和荒诞[*]

[法]阿尔贝·加缪

卡夫卡的全部艺术在于使读者不得不一读再读。它的结局,甚或没有结局,都容许有种种解释,这些解释都是含而不露的,为了显得确有其事,便要求按照新观点再读一遍。常常可能有两种读法,因此读两遍看来是必要的。作者的本意也正是这样。但是,如果想把卡夫卡的作品解说得详详细细,一丝不差,那就错了。一个象征永远是普遍性的,而且尽管它可以构思得一清二楚,一个艺术家却只能暗示它。字面上的复现是不可能的。此外,没有什么比一件象征艺术品更难以理解的了。一个象征始终超越利用这个象征的艺术品,并使它实际上表现得比它存心要说的更多。所以,只要不打破砂锅问到底,并不存心穷究它的潜在意义,而是不怀先入之见,让作品来影响自己,那我们就能最可靠地理解它了。特别是读卡夫卡,最好还是顺应他的笔路,从外部现象来掌握戏剧,从形式来掌握小说。对于一个天真的读者,第一眼看到的就是令人不安的奇闻;这些奇闻涉及这样一些人物,他

---

[*] 本篇原文为法文,选自作者所著《西西弗斯神话》(最初发表于1942年)。作者阿尔贝·加缪,作家,哲学家,法国存在主义哲学和文学流派的代表者之一。当过演员、记者,三十年代一度是法共党员(后退出),参加过反法西斯抵抗运动。诺贝尔奖金获得者,写有小说、剧本、哲学随笔等。中译文依据 H. 波里策所编《弗兰茨·卡夫卡》一书德文版第 163—174 页,发表于《论卡夫卡》(外国文学研究资料丛书,中国社会科学出版社 1988 年版)中。

们颤栗而固执地琢磨着一些从未讲清楚的问题。在《诉讼》中，约瑟夫·K被控诉了。但他不知道为了什么。他坚持为自己辩护，但也不知道为什么。律师们认为他的案子很繁难。同时，他却没有耽误恋爱、饮食和读报。后来他被判决了，但法庭很阴暗。他有点莫名其妙。他只是猜测他被判决了，但几乎没问过判了什么刑。有时他甚至怀疑是不是判了刑，他继续活下去。过了很久才来了两个衣冠楚楚、文质彬彬的人，请他跟着他们走。他们极有礼貌地把他引到一个荒凉的郊外，把他的头放在石头上，把他杀掉了。被判决的人死前只说了半句："像一条狗。"

可见，对于一篇小说，如果它最明显的特征是自然性，那就谈不上什么象征了。自然性是个难于理解的范畴，在许多作品中，读者发现既有情节完全是自然而然的。在另一些作品中（它们当然很稀罕），主人公发现他所遭遇的一切完全是自然而然的。一个值得注意，但也显而易见的佯谬是：主人公的遭遇越是不寻常，故事便越显得自然而然；它正符合人生的庞杂性与此人借以承担此种生活的质朴性之间的明显差距。看来这就是卡夫卡的自然性。正是这样，我们才确切地感受到《诉讼》所要陈述的一切。有人说过，它是人的境遇的一个复本。一点不错。但是，事情既简单又复杂。我就此想说：对于卡夫卡，小说有一种更特殊、更涉及个人的意义。当我们忏悔的时候，他在某种程度上代替我们在说话。他活着，他却被判决了。他在小说的前几页就体验到这一点，他本人在这个世界上就经历了这部小说，每当他设法改悔时，都毫不令人惊讶地发生了这样的事情。对于这种毫不惊讶的态度，他倒感到惊讶不已。从这种矛盾可以看出一件荒诞艺术品的最初的征兆。天才作家把他的精神悲剧具体地突现出来。而他能够做到这一点，只有借助于进一步的佯谬手法，就是为了复现空虚而发明颜色，并使日常活动有能力表现对于永恒的追求。

也许《城堡》正是这样，才成为一部转化为情节的神学，但首先是一个寻求恩赐的心灵的个人奇遇，是这样一个人的奇遇，他向世界万物探寻王室的秘密,向妇女探寻睡在她们身体内的上帝的标志。反之,《变形记》则是一部明察秋毫的伦理学的惊人的画卷,但它也是人在发觉自己一下子变成动物时所经验的那种骇异感的产物。这种基本的双重意义就是卡夫卡的秘密所在。自然性与非常性之间、个性与普遍性之间、悲剧性与日常性之间、荒诞性与逻辑性之间的这种持续不断的抵消作用,贯穿着他的全部作品,并赋予它以反响与意义。要想理解荒诞作品,必须清点一下这些佯谬手法,必须使这些矛盾粗略化。

一个象征先要有两个平面,一个观念的世界和一个感觉的世界,此外还要有一个适合于二者的词汇。提供这种词典是最困难的。理解这两个变得历历在目的世界,就是找出它们相互间的隐秘关系。在卡夫卡的作品中,一方面是日常生活的世界,另方面是超自然的苦恼①的世界。看来我们这里不得不漫无边际地解释一下尼采的一句话:"大问题俯拾即是。"人的境遇(这是一切文学的共同场所)经受着表现为一种基本的荒诞和表现为一种严峻的伟大。两者天然地同时发生。两者表现为可笑的分裂,把我们心灵的无限性同暂时的肉体的欢乐分裂开来。荒诞的是,心灵竟然属于一个肉体,它原本超出后者不知多么远。谁要表现这种荒诞性,必须使它在平行的对立面的运动中活跃起来。卡夫卡就是这样用普通事物表现悲剧,用逻辑性表现荒诞的。

一个演员越少夸张,便越是令人信服地扮演了一个悲剧角色。如果他很有分寸,他所唤起的恐惧和惊骇会是无穷尽的。希腊悲剧在这方面就很有教益。在一部悲剧作品中,命运在逻辑性和自然性的面具下变得最清楚。俄狄浦斯的命运是被预言过的。超自然的力量已经决定,他将犯下弑父娶母罪。戏剧本可以充分提示使主人公的灾祸得

---

① 这里必须注意:可以按同样的理由把卡夫卡的作品视作社会批判(例如《诉讼》)。看来似乎别无选择,两种理解都是对的。在"荒诞"这个术语中,如我们所知,发生了对人也就是对神的反抗:伟大的革命永远是形而上学的。——原注

以一步步实现的逻辑规律。仅仅提示一下这个不寻常的命运也不至于那么吓人,因为它毕竟是个未必会有的命运。但是,一当它在社会、国家和亲昵经验的日常范围内作为必然性呈现在我们面前,惊恐就有其根据了。使人们颤栗地说出"这决不可能"的反对理由,同时也包含着绝望的确信,"这"实在是可能的。

个中就是希腊悲剧的全部秘密,或者至少是这个秘密的一个方面。就是说,还有另一方面允许我们借助相反的方法,更好地理解卡夫卡。人心有一种恼人的倾向,仅仅把某种摧毁人的东西称之为命运。但是,由于幸运是不可避免的,所以按其方式来说也是不合理的。虽然如此,现代人只要认识到它的话,就都把它归功于己。此外,关于希腊悲剧所偏爱的命运,还大有可谈之处,古代传说中最受人喜爱的角色也是这样,他们(如奥德修斯)在最凶险的遭遇中又重新自行得救了,找到绮色佳①的归途却不那么容易啊。

无论如何有必要抓住在悲剧事物中把逻辑性和日常性结合起来的隐秘关系。正因为这样,《变形记》的主人公萨姆沙才是一个旅行推销员。正因为这样,使他在那个变成甲虫的罕见的遭遇中感到忧虑的,只有一件事:他的上司会不会为他的缺勤而发脾气。他长出了爪子和触须,他的脊椎弯曲起来,白色斑点盖满了他的腹部,——我不能说,这件事使他骇然,这个效果未必确切,——这一切在他身上倒引起了一阵"淡淡的哀愁"。卡夫卡的整个艺术就在于这种细微差别。在他的主要著作《城堡》中,日常生活的细节又占了优势,在这部与众不同的小说中,一切都是徒劳无功的,永远不得不重新开始,从中就表现了一个寻求恩赐的灵魂的存在的奇遇。像这样把问题变成行动,像这样使普遍事物和特殊事物相结合,还可见之于每个伟大艺术家都擅长的一些小手法中。在《诉讼》中,主人公也可以叫作施密持或者弗兰茨·卡夫卡,但他却叫约瑟夫·K。他不是卡夫卡,他又确是卡夫卡。

---

① 绮色佳,希腊西部一小岛,传说为奥德修斯的故乡。

他是个普通欧洲人，一个凡人。此外，K这个人却又活生生地等于某个人。

卡夫卡甚至在表现荒诞时也采用这个关系。我们都知道傻子在浴盆里钓鱼的笑话——一个正在思考精神病医疗方案的大夫问他："上钩了吗？"得到的却是一个粗暴的回答："你这个白痴！在浴盆里吗？"这个笑话有点古怪。但它清楚地使人理解，荒诞的效果多么取决于逻辑上的过度。卡夫卡的世界实际上是个不可言说的天地，人在里面沉湎于痛苦的奢侈，在浴盆里钓鱼，虽然他明知道毫无收获。

因此本文有必要按照他的基本原则谈谈他的荒诞作品。例如《诉讼》，我可以说，它的成就是圆满的。肉体胜利了。这里什么也不缺少——不缺少尽在不言中的反抗（它就是作者本人），也不缺少看得透、说不出的绝望（它就是创造的因素），更不缺少不可思议的行为自由，小说中的人物一直到死都生活在这种自由中。

然而，世界并不是这样封闭着的，像它表面上看起来那样。在这个没有出路的宇宙中，卡夫卡引进了一种特殊的希望。这样看来，《诉讼》和《城堡》并不完全相符，它们却相辅相成。可以从一部作品到另一部作品之间觉察到的看不见的进步，实际上同退避难分轩轾，恰如一次无限的征服。《诉讼》提出了一个问题，《城堡》以某种方式把它解决了。前一部按照一种似乎科学的方法描写，没有得出任何结论。后一部仿佛提供了解答。《诉讼》诊断病情，《城堡》开出疗方。但被推荐的药物在这里无济于事，它只能使疾病在正常生活中复发，它可以帮助人忍受疾病。在某种意义上（让我们想想克尔恺郭尔吧），它甚至使我们爱上了疾病。土地测量员K一心只想着使他坐卧不安的忧虑。连他的熟人都为这种空虚、为这种无名的痛苦所控制，仿佛烦恼在作品中有一个偏爱的形态。弗丽达对K说："我多需要呆在你身边啊，打我认识你以来，我就没离开过你。"这种微妙的药物使我们爱上了毁灭我们的东西，使希望出现在一个没有出路的世界，这种突如其来的"飞跃"使一切为之改观，这就是存在主义革命的秘密，也是《城堡》固有的秘密。①

很少艺术品像《城堡》那样在结尾处显得冷酷无情。K 被委派为城堡的土地测量员,于是来到了村庄。但村庄和城堡老死不相往来。K 从各个方面着手,固执地坚持寻找一条通道,他尝试了一切办法,施了小计,探了小路,从没生过气,而是怀着一种莫名其妙的信念,一心想去担任人家委派给他的职务。每一章都是一次挫折。但也是一次东山再起。这不是逻辑,而是坚韧不拔。正是以这种充分的执拗为基础,产生了作品的悲剧性。K 同城堡通电话,他听见一阵嘈杂的声音,模糊的笑声和遥远的呼唤声。这就足以维系他的希望了——正如出现在夏空的某种征兆,或如对我们具有生活意义的黄昏之约。我们在这里发现了卡夫卡的特殊哀愁的秘密。此外,我们还在普鲁斯特的作品中或者在普洛丁的景物中,碰见了同样的哀愁,即对于失去的乐园的眷恋。奥尔加说:"巴纳巴斯早上说他要到城堡去,我听了很伤心。这说不定是条冤枉路,这说不定是白过的一天,这说不定是一场落空的希望。""说不定"——卡夫卡的全部作品也就是这个调调儿。但是,它无济于事;对永恒的追求在作品中是懦怯的。而这些生气勃勃的机械装置(卡夫卡的人物都是)却使我们想到,我们要是没有自己的消遣②,完全蒙受神性事物的屈辱,将会变成什么样子。

在《城堡》中,这种对日常生活的屈服变成了一种伦理学。K 的伟大的希望是,他终于会被城堡所接纳。因为他独自一人做不到,他便想方设法来邀获这项恩宠,如变成一个村庄居民,抛弃外来户的身份(当时每个人都让他感觉到自己是个外来户)。他想有个职业,有个家,过正常、健康人的生活。他再也受不了他出的洋相。他想要过理

---

① 即普罗坦努斯(Plotinus,205—270),埃及出生的罗马哲学家,新柏拉图哲学体系的创建者,利用柏拉图的形而上学的神话(特别是爱的辩证法)建立一种通过沉思与狂喜,达到天人合一的神秘宗教。
② 在《城堡》中,帕斯卡尔的"消遣"显然是通过使 K"摆脱"忧虑的"助手们"表现的。弗丽达最终成为这样一个助手的情人,这时她正是宁要假象,不要真理,宁愿过日常生活,不愿与人分忧了。——原注

智的生活。他想解脱那使他同村庄格格不入的奇怪的诅咒。同弗丽达勾搭的一段插曲在这方面是颇有意义的。如果他把这个认识了一位城堡官员的女人作为自己的情人，那不过是为了她的过去的缘故。他尽量从她身上利用比他本人更强的东西——但同时他心里明白，是什么使她在城堡的眼中永远不足取。想一想克尔恺郭尔对雷吉娜·奥尔森的特殊的爱吧。在许多人身上，吞噬他们的永恒之火强大到连他们朋友和熟人的心都会给燃烧掉。《城堡》的这段插曲还涉及一个不幸的错误，即把不属于上帝的归于上帝。但是，对于卡夫卡，这显然不是什么错误，而是一条教义和一个"飞跃"。它一点也没拿出不属于上帝的东西。

　　土地测量员甩掉弗丽达，去找巴纳巴斯的姊妹去了，这件事更有意义。就是说，巴纳巴斯一家是村庄里唯一同城堡、同村庄本身都不来往的一家。姊姊阿玛丽亚拒绝了一位城堡官员多次向她提出的猥亵的求欢。不道德的咒骂便追随着她，永远把她逐出了上帝的爱。谁不能为上帝牺牲自己的荣誉，谁就不配得到上帝的恩宠。我们从中辨认出一个存在哲学所熟悉的主题：与道德相对立的真理。不过，许多事情还很渺茫。因为卡夫卡的主人公所走过的道路，从弗丽达到巴纳巴斯的姊妹的道路，是从信而不疑的爱到荒诞崇拜的道路。就是在这里，卡夫卡也在追随克尔恺郭尔。巴纳巴斯一章置于书末，这并不令人感到意外。土地测量员最后的努力在试图通过否认上帝的一切事物去发现上帝，不是按照我们关于善与美的范畴，而是在他的冷漠、他的不公道和他的憎恨的空虚、可厌的面孔后面去认识他。这个一心想为城堡所接纳的陌生人，到了穷途末路便更加为人所摒弃，因为他这次对他自己也不忠实了，抛弃了道德、逻辑和心灵的真实，以便——仅仅凭借荒唐无稽的希望——得以进入神性恩宠的荒漠。①

　　"希望"一词用在这里绝不可笑。相反，卡夫卡所陈述的境遇越悲

---

① 这显然只指卡夫卡遗留下来的《城堡》未完稿而言。但是，作者在最后几章中是否放弃了小说的统一风格，是值得怀疑的。——原注

惨,这个希望就变得越强烈,越咄咄逼人。《城堡》实际上越荒诞,《城堡》中的紧张的"飞跃"便显得越令人伤感,越没有道理可讲。但是,我们在这里不得不涉及纯文化中的存在主义思维的佯谬了,正如克尔恺郭尔举例说过:"我们必须毁掉人间的希望,才能在真正的希望中得救。"①——这句话也可以改个说法:"必须写了《诉讼》,才能开始写《城堡》。"

卡夫卡的大多数解说者把他的作品称为一种让人无路可走的绝望的叫喊。这个说法需要修正。希望和希望并不相同。亨利·波尔多②的乐观主义作品,我觉得特别令人沮丧。因为在那部作品中,生性有些别扭的心灵什么也得不到承认。反之,马尔洛的思维却永远鼓舞人心。但这两种情况,既无关乎这种希望,也无关乎这种绝望。我只看见,荒诞作品本身可能把人引入我想避免的不忠不信的歧途。一部作品如果漫不经心地重复一个没有结果的境遇,细致入微地美化转瞬即逝的事物,它就会成为幻想的发祥地。它启示着,它赋予希望以形态。艺术家再也同它分不开了。它不是它所应是的悲惨游戏。它使作者的生活获得一种意义。

卡夫卡、克尔恺郭尔和谢斯托夫③的意气相投的作品,简言之,存在主义小说家和哲学家的作品,完全转向荒诞及其后果,最后却以这种强有力的充满希望的呼喊结束,这无论如何是令人叫绝的。

他们拥抱上帝,上帝吞噬他们。在屈辱上面悄悄爬进了希望。因为这种生存的荒诞更向他们保证了一种超自然的现实。如果这种生活道路通向上帝,那么就没有出路可言了。而且,克尔恺郭尔、谢斯托夫和卡夫卡的主人公们重复他们道路的那种顽固的执拗,正是不断增强这种确信的力量的保证。④

---

① 心灵的纯洁性。——原注
② 亨利·波尔多(1870—1963),法国作家。
③ 列夫·谢斯托夫(1866—1938),俄国存在主义哲学家,文学批评家。一九二〇年后侨居巴黎。
④ 《城堡》中唯一没有希望的人物是阿玛丽亚。连土地测量员都最激烈地同她相矛盾。——原注

卡夫卡同他的上帝争执道德上的伟大、启示、善与一致性——但只是为了更热切地投入他的怀抱。荒诞被认识了并被承认了，人只有听其自然，我们从这一刹那知道，它不再是荒诞了。在人性的领域，还有什么比容许我们从这个领域潜逃出来有更大的希望呢？我一再看出，在这方面，同一般常见相反，存在主义思维的基础是一种无限制的希望，是那种曾经以原始基督教、以救世福音翻掘过的旧世界的希望。但是，在这种为存在主义思维所特有的飞跃中，在这种执拗中，像这样测量不可测量的神性，我们怎么会看不出一种否认自身的明智的特征呢？为了得救，只需抛弃一种骄傲。这样一种弃绝可能是有效益的。但是，什么也没有因此而改变。按照我的看法，我们如果说明智（像每种骄傲一样）是无效益的，它的道德价值并没有因此而减弱。甚至一种真理，要给它下定义的话，也是无效益的。每种证据都是无效益的。在一个什么都具备、什么都不明白的世界里，一种价值或一种形而上学的效益性将会是一个荒唐的概念。

卡夫卡的作品应当列入什么样的思想传统，无论如何是很清楚的了。事实上，要把从《诉讼》到《城堡》的一步称为严峻无情的一步，那也是轻率的。约瑟夫·K和土地测量员K不过是吸引卡夫卡的两极。① 我将按照他的愿望宣称，他的作品也许并不是荒诞的。但是，虽然如此，我们必须承认它的伟大和它的普遍性。因为他懂得如此透彻地表现从希望到恐惧、从绝望的明达到自愿的被骗之间的平庸道路。他的作品是无所不包的（一个真正荒诞的作品不是无所不包的），因为它表现了逃避人类的人这个激动人心的形象，这个人为了他的信仰而从他的矛盾中搜寻理由，以便在他的有效益的绝望中能够有所希望，这个人把生存称之为一种对于死亡的可怕的准备。说它无所不包，是由于它能够鼓舞宗教情绪。正如在一切宗教中一样，人在这里也摆脱

---

① 关于卡夫卡思想中的两种观点，试比较：发表在《南方杂志》上的《在狱中》（In Bagno）：“过失（请注意：人的）是无可怀疑的”，和《城堡》中的一段（摩麦斯的报告）：“土地测量员K的过失是不容易证实的。”——原注

了他的生命的重量。但是，如果我知道并能敬佩这一点，那么我也会知道，我并不追求普遍性，而是追求真理。而这两者绝不是一回事。

这个看法是不难理解的，如果我说，真正令人绝望的思维恰恰是按照相反的标准来阐释的，而悲惨的作品如无任何预示未来的希望，正可以成为一个幸运人的传记。生活越是乖戾，要摆脱这种生活的想法便越是荒诞。也许这就是从尼采作品中吹向人们的那种雄伟的无效益性的秘密所在。尼采具有这样的思想体系，似乎是唯一从荒诞美学中得出最后结论的艺术家；因为他的最后的音息是以一种强制的无效益的明智，以一种对任何超自然安慰的坚决否认为基础的。

这大概足以在这篇试论的范围内指明卡夫卡作品的基本意义了。我们至此濒于人类思维的边缘。是的，在这部作品中，一切都是真正地带本质性的。无论如何，它全面地提出了关于荒诞的问题。如果我们把这个结论同我们的导言比较一下，把内容同形式比较一下，把《城堡》的隐秘含义同它借以发展开来的自然无伪的艺术比较一下，把K的热情而骄傲的追求同它借以发生的平庸的侧景比较一下，我们就会懂得他伟大在哪里了。因为，如果说憧憬是人性的标志，大概再没有别人曾经给这些苦恼的幽灵以那许多肉和血了。但是，我们同时理解到，荒诞的作品要求怎样一种奇特的伟大，一种这里也许根本不存在的伟大。如果艺术的特质在于把普遍同特殊结合起来，把一粒水珠的转瞬即逝的永恒同它的光影结合起来，那么按照他可以在这两个世界之间提出的距离来衡量荒诞作家的伟大，那就更正确了。他的秘密在于能够确定它们以其最大的不和谐相撞击的那一点。

坦白地说，纯洁的心灵到处都能找到人和非人性的这个几何学的位置。如果说《浮士德》和《堂吉诃德》是杰出的艺术创作，那么这不过是由于它们以其无限的人间双手给我们指出的那种无限的伟大罢了。但是，艺术品不再是悲惨的，而只是被认真对待的，这个时刻必将会到来。到那时人才谈得上有所希望。但这并不是他的要务。他的要务就是避免任何遁词。而在卡夫卡向整个宇宙所提出的激昂的控诉的末尾,我正碰见了这种遁词。他难以置信的裁决就是这个丑恶的革命的世界,在这个世界连鼹鼠都想有所希望。①

刘半九　译

---

① 本文显然只是一种对卡夫卡作品的解说。公正地说,应当补充一句,我们可以不要任何解说,放心地以纯审美的观点来观察它。例如,B.格勒图森在他的值得注意的《诉讼》序言中,(像我一样敏锐地)专注于一个(如他的中肯的称法)"醒着的睡眠者"的痛苦的妄想。——这部作品提出了一切可能性,但一个也没有证实,这就是它的命运,也许还是它的伟大。——原注

叶芝论

[英]迈克尔·施米特[①]

> ……人在两个极端之间走完他的路程。

叶芝的一生是一个由偶然会晤、偶然影响、思想上的自相矛盾所组成的综合体,是一个在本质单纯的个性中表现出来的公开和秘密冲突的戏剧性程序。他的作品虽然有其发展过程,在较深层次上却是前后一贯的。同样的主题重复出现在一八八七年和一九三九年,同样的声音道出了它们,虽然当他由容忍转变为激愤时,所用的象征改变了。

他一八六五年出生于都柏林。他的父亲,约翰·巴特勒·叶芝是一位有成就的画家,他的母亲,苏珊·波利克斯芬,是一个古老的英裔爱尔兰家庭的成员,叶芝喜欢把这个家族视为阀阅之家。这个英裔爱尔兰家庭的背景——在宗教上为新教,而在感情上却是谨慎的共和党人——鲜明地反映在对于各种题目(与文学艺术毫无关系)的顽固坚持和热烈争辩的意见上。

叶芝的童年大部分是在伦敦度过的,他的双亲于一八六七年搬迁到那儿。他们依靠基尔代尔郡的家族土地的收入为生,直至一八八〇

[①] 迈克尔·施米特,英国卡坎内特出版社(诗歌出版社)总编辑,《新诗评论》主编,曼彻斯特大学诗歌讲座教授。本文选自作者著作《英国现代诗人五十家》(1979,牧神书屋)。中译来自《东西南北集》(人民文学出版社1991年版)。

年土地战争结束这笔收入为止。一八七五年,叶芝进哈默史密斯的戈多尔芬学校念书,他仅仅在较长的假期中去过爱尔兰,那时他同斯莱戈的波利克斯芬一家人住在一起。他的第一个诗情冲动,也许就是将他的玩具游艇由"日光"改名为"月光"。这是个有决定意义的举动。

一八八〇年,叶芝一家迁回都柏林,直到一八八三年,威廉进入哈考特街的中学就读。其后进入艺术学校。他最初的诗作发表于一八八五年。这篇早期作品拿给当时住在都柏林的杰勒德·曼利·霍普金斯看过,霍普金斯在给科文特里·帕特莫尔的信中,把这首诗说成是"关于一个青年和海中礁石上的斯芬克斯的一个勉强而无用的寓言……但仍不无优美的诗行和生动的比喻。"

关系至大的是,叶芝于一八八六年参加了他的第一次巫师降神会。他对于招魂术和巫术的热情极为高涨,鬼魂在那时刻对他所说的无论什么,都增加了他的狂热。他对爱尔兰的事务亦越来越怀有强烈的热情,他阅读爱尔兰诗歌和盖尔人的英雄传说的译本。他开始批评英裔爱尔兰人。一八八七年,他作为一个坚定的爱尔兰人回到伦敦,遇到了威廉·莫里斯(后者喜欢那些早期诗歌),并且成为一名通神论者。

在伦敦,叶芝活跃于文坛和政坛。一桩特殊事件发生了:一八八九年,他和一个萦绕他半生的激烈的共和党人产生了爱情:她就是茅德·冈。自一八八九年起,到茅德·冈结婚为止,然后自她离婚起,到叶芝本人结婚为止,他的传记插入了这样一些文字:"叶芝向茅德·冈求婚",暗示被"拒绝"。

一八九一年,叶芝和"诗人俱乐部"——一群经常聚会于伦敦柴歇·吉士酒店,讨论诗歌的诗人——渐渐有了往来。莱昂内尔·约翰逊和欧内斯特·道森成为他这个时期的密友。约翰逊是他的哲学教师之一。阿瑟·西蒙斯,十九世纪九十年代杰出的诗评家,是这个俱乐部的常客。一八九五年叶芝和他同住一个寓所。西蒙斯为他打开了欧洲文学的窗口,劝他去读马拉美、喀尔德隆、圣胡安·德·拉·克鲁兹和其他人的作品。"诗人俱乐部"的成员们，除了约翰·戴维森，都在实践"为艺术而艺术"的美学，叶芝不像他们，开始觉得"文学必须是信念的表现，是崇高情感的外露，并不以其本身为目的"。虽然他同他们相去越来越远，但他却承认他对这个俱乐部所欠的恩情："我同他们一道学艺的诗人们／柴歇·吉士酒店的伙伴们……"

布莱克和雪莱是对他的写作产生早期影响的人。他同埃德温·埃利斯一起编了一本布莱克诗集（1893）。这些诗人们的信仰和情操比起他们的技巧，更深深地打动了他。他也许从这些诗中学到了一些夸张，布莱克教他学会一种象征性的表现手法。但是，他们关于诗人的个性、社会作用和想象范围的见解，尤其吸引他。

伦敦和巴黎是他在这个时期经常朝拜的圣地。在巴黎，他遇见剧作家约翰·辛格，并常给他以鼓励。一八九六年，他遇见格雷戈里夫人，随后数年中，他同她在爱尔兰的库利花园同居，一起研究爱尔兰的民俗。一八九七年，他们开始一起认真筹建修道院剧场，剧场于一九〇四年在都柏林开幕。叶芝为它写了许多诗剧。的确，这个修道院剧场多年来锻炼了他的忍耐力、修辞学和坏脾气，使他由天真的社会理想主义转变为半贵族式的蔑世态度。

一九〇八年，他的八卷文集出版了。他已经四十三岁，成为一个国内外确立了声誉的诗人、剧作家、散文家、讲师。他感到精疲力尽了。他到了第一个创作阶段的尾声。

埃兹拉·庞德对于叶芝的影响，文学评论家们是强调得不够的。叶芝于一九一二年与庞德结识，自那时起，直到叶芝逝世，庞德与他经常在一起，成为他的一位亲密的朋友，在他的婚礼上担任过傧相，并为他的遗嘱签名作证。正当叶芝的早期风格表现殆尽，而前进道路模糊难辨之际，庞德进入了叶芝的生活。从他结识庞德的时期起，一种新的独特性和具体性进入了叶芝的诗中。这个变化不仅表现在对于内容的探讨方面，而且也表现在对遣词造句的探索中。庞德大概并没有建议这种发展，相反，劝告叶芝重写这些诗篇，使叶芝的风格所包含的倾向充分表现出来。

　　一九一三年叶芝被授予王家年俸,一九一五年他拒绝爵士封号。一九一七年他在巴利利买下他的"城堡"——距库利花园和格雷戈里夫人不远的地方。它不过是一幢破旧钟楼和几个村舍,但在叶芝看来,它却充满了传奇的回声。一九一七年是叶芝活跃的一年,其间包括了他对三个不同女性的三次求婚。最后一位应允了他,叶芝到五十二岁才结婚。

　　一九二三年,他荣获诺贝尔文学奖,后来他成为爱尔兰议会的参议员。但是他的健康状况开始恶化。一九二四年,叶芝患高血压及呼吸系统疾病,他前往西西里,在那儿参观了拜占廷的镶嵌细工,深深地为它们所吸引。他在疾病中进入了最热情的创作阶段,写出了诗集《塔》及其续集。朋友们相继去世,本人日渐衰微,爱尔兰及欧洲政局动荡不定,都是影响他紧张不安的因素。他最大的损失就是一九三二年格雷戈里夫人的去世。他给她的挽歌写得悲壮而亲切。

　　他为保持他的性青春采取了实际措施,一九三四年接受了斯太纳赫氏手术(输精管结扎术)。他越来越久地呆在法国南部的适意气候里,于一九三九年逝世,下葬在罗克布罗恩。一九四八年,他的遗体运回斯莱果郡,在那里重新安葬。

　　看来,叶芝曾经更想当一名伟大的诗人,而不仅是想写伟大的诗篇。诗是个性的模式,诗篇常常反映诗人本身。他朝着不可辩驳的艺术而努力,倏忽不定、神秘莫辨、奥妙难言,其内容完全仅为内行人所理解。艺术是一种自卫。他从爱尔兰吟唱诗人那里得到暗示,最终使自己与衰微的贵族结盟。在《库利花园和巴利利,1931》中,他写道:"我们是最后的浪漫主义者——作为主题而选定／传统的神圣和美好"。这个态度使他想到在一个敌视艺术的世界里重重设防。"我的诗通常写于绝望中,"叶芝叙述道,"像巴尔扎克一样,我看见到处是日益增多的凡俗,像巴尔扎克一样,我知道没有一个人到我工作的宅邸和我共居。"所谓"像巴尔扎克一样",有意以昔日伟大作家自况,是很说明问题的。他是从自我制造神话的人。他最终为我们撰述的自传决非真实。纯粹的真实令他气馁。因此他不懂心理学,不承认因果关系。他的目光总是停留在效果上,这部分地说明了他在政治上和社会上的天真。爱尔兰民众不愿接受他和他的朋友们的艺术——在修道院剧场,或在艺术博物馆——这败坏了他政治上的乐观主义。尽管他对中产阶级利益抱敌对态度,作为上院议员,他仍然与贵族、银行家、律师和商人们一起投票反对工人阶级的代表。他的许多诗显示了这个主题——特别是《在地震撼动的房屋上》和《写给都柏林一个富翁,他答应为市美术馆第二次捐款,如果人民需要绘画得到证实的话》。

叶芝早期的志愿之一就是,为了一个政治目的,将谦恭的新教徒遗产与爱尔兰殉教而粗暴的天主教徒的传统协调起来。然而他不想要他的诗仅仅成为爱尔兰的地方作品。"如果我们拥有一种使爱尔兰在回忆中显得美丽的民族文学,而又以严密的文艺批评和欧洲人的心理摆脱偏狭的地方风格,我想我们也许能够将二者合而为一。"后来他谈到政治诗,"所有从有意识的政治目的产生的文学,最终由于产生一种轻率服从的习惯而产生了弱点。为文学本身,为某种永恒的精神需要而产生的文学,能够为政治所利用。据说,但丁统一了意大利。越是无意识的创作,就越是强有力。"叶芝所预言的不是一个新爱尔兰。最初他赞颂古代贵族,而后赞颂奄奄一息而外表非凡的贵族。

叶芝渴望神秘。在放纵的时刻,他声称能够相信所有曾被相信过的一切——反驳的义务属于怀疑者。对未知事物的这一冲动,使叶芝从事于炼金术的研究。但是,他的理想世界——像他对往昔的观察一样——不相称地却是唯物而求实的,即使是在月光的照明之下。它们是被创造得更美好、更崇高而强大,摆脱了旧时代及其他的人类的无能、然而又是可感知的、为感官所接受的现今世界。由于他想赋予神秘以形态,而又无法给它以形态(除非依据我们所共享的世界的形象),他便果真产生了与他界、与死者相通的兴趣。

为了在神秘事物的范围内发展规律体系,他引申出一种伪几何学,一套回旋运转,月的变象,主观性与客观性的等级。于是,他有意识地追求概念上的规律,补足了他对于神秘事物的追求。他毕竟是十八世纪英裔爱尔兰作家斯威夫特、伯克、巴克莱和哥特史密斯的倾慕者,他渴望学到他们坚实可靠与恰到好处的文风。幸而他的理论——终于在诗集《幻象》(1925)中得以阐明——对鉴赏他的诗篇并不起决定性的重要作用。

他的信念和体系的确帮助他使某些内心冲突具体化。自一九〇九年至一九一一年,他完全忙于与灵魂的往来。他发现了利奥·阿弗里卡纳斯,他精神上的对立面。他们通起信来:说得更精确些,叶芝给他写信,他(通过叶芝)回信。利奥帮助他达到某种自知的能力。这种自我阐明表现在几首诗中,著名的是《Hic et Ille》,即庞德戏称为《Hic et Wille》的对话体诗。诗人,为了寻求自我,不得不凭借对立事物来寻求自我的形象。

对立事物给叶芝的整个创作造成经常不断的紧张。他来往于两个极端之间:自发对以技巧,欢笑对以严肃,假面具对以真面孔,精神振奋对以性欲痛苦。诗开始表现紧张,在紧张中保持着对比或对立。主要的紧张在于勒达和忘河之间,在爱情与死亡之间。叶芝写道:"性与死亡是使严肃心灵感兴趣的唯一事物"。的确,他的最佳诗作就是那些在死亡的预期之中写成的,同时具有仍然激励着他的那种肉体情欲的快乐。

自一开始,在叶芝的写作中就存在着两种风格的冲动:幻影与神秘内容的高度发展的韵律风格;以及一种与确切形象相联系的、僵硬刻板、短语式的具体风格。他的发展就在于交错地运用这两种风格,以反映他的雄心与激情的交错变化的本性。起源于凯尔特神话、充满迷茫情感的早期诗作主要采用第一种风格。在中间阶段,诗歌出现了传记体和地方特色,情感变得更加明确,这两种风格处于不太令人满意的平衡之中。最后阶段则以僵硬而准确的口语风格为特征,这些诗基于传记体和地方特色,但此时却带有一种特殊的情感和理智的内容。自然,在每一阶段中,都有预示后期发展或回响着前期声音的诗歌。

在早期诗作中,叶芝的象征手法是不可捉摸的,它的作用是使这些诗失去个性。在晚期诗作中,它变成一种探索的手段。但是,在《塔》中,即使那些取自生活的象征,也具有属于这类诗的含义。这些含义并非出自它们特定的上下文中的那些内容。在他的中、晚期诗作中,叶芝常常解说诗中的象征,唯恐我们会领悟不到它们的重大意义。在《为我的女儿的一次祈祷》中,我们读到很不成功的最后解释:"礼仪是昂贵的号角的名称/而习俗是枝叶繁茂的月桂树的名字。"这正是他的兴之所至的象征主义固有的弱点。早期的象征,例如玫瑰,往往赋予理想以人性。后来的象征,尤其是假面具,则往往使人性理想化。叶芝早期试图将神圣而神秘的事物引入他早期的象征符号中,后来转而试图将天然人性的东西变成超自然的英勇、神圣而神秘的东西。

诗总是让人听的,而不是被人偷听的。这几乎是一种逃避社会的诗。关于叶芝没有什么隐私可言。叶芝最优秀的评论家理查德·埃利曼曾写道,有时他的"圆熟显得有点过度",近于"过分精通"。晚年,叶芝承认他的象征不可捉摸,承认他的诗有可能转变方向或转向内在,他在晚期诗作的极度热情中,曾经试图纠正这一点。但作为诗人,他的主要弱点是,他对普遍性没有完全的感受力,总想把老生常谈夸张成真理。他的技巧提高了,他的艺术就变得较少真实了。但是他主要关心的,不是——直至最后几首诗——真实,而是神话的房屋,他可以用一种浮夸的语言(我们听到他的声音正在以此施展魔法)成为其中主要的房客,在那个神话房屋里,真实的人们缩小成——或者在他的心目中扩大成——有益于神话的假面和形体,而不顾他们所具有的人类的真实性。如果他戴上了假面具,他们也一定戴上假面具了。伟大的诗篇《回忆罗伯特·格雷戈里少校》由于过度简单化,由于遮上了假面,便窜改了莱昂内尔·约翰逊、约翰·辛格和乔治·波利克斯芬本人的形象。他像漫画家一样,有选择地改写了他们的某些部分。

哈代所特有的个人孤立感建立在记忆的基础上（传记中的一些事件使我们完全明了这一点），而叶芝的孤立感则是建立在自我意识的基础上。此人意识到自己的他在性，意识到别人正安排他担任不同的角色。因此，他戴上面具，制造神话。一切事物也在观察它们的自身。他的诗时常还原到诗人本身。在《印地安人致其情人》中，叶芝写道："一只鹦鹉摇摆在枝头/对映在光滑海面上的自己身影大发脾气。"强烈得足以驱散自我意识的唯一体验则是性爱与对死亡的忧惧。

在早期诗集《十字路口》(1889)和《玫瑰》(1893)中，诗歌与其说具有不同的情感，不如说是一时的心境。叶芝后来说这些诗"缺乏丈夫气"。玫瑰是有益的象征。它被钉在十字架上，与受难者一起受难。它悬挂在时间的十字架上。它包含有它传统的象征意义。但是在早期诗作中，它竟象征了爱尔兰和茅德·冈："红色的玫瑰，骄傲的玫瑰，我全部岁月的悲伤的玫瑰！"纵令古已有之，这个象征对于诗人来说，也能带有不可忽视的意义。

这些诗表达了并不热情的热情：虚构的浪漫情感。但有一种近乎古典克制态度的印象：

> 一切玫瑰中的玫瑰，全世界的玫瑰！
> 思维编织而成的高高的风帆，
> 飘展在时间的潮汐上……

《英尼斯弗里的湖岛》之所以受人欢迎，部分由于这样一个事实：这是一个以十足浪漫风格处理的浪漫主题。

克制的印象首先由于叶芝大量使用不及物动词、分词和"to be"结构而造成的，尤其在较短的抒情诗中。这样，在名词周围便具有一种静止的效果。不及物动词在某种意义上是古典的要素，平息了浪漫的名词内容。虽然韵律在流动，形象和象征却因一种奇异的惰性而受到损害。在《爱的同情》和《爱的悲哀》中，叶芝控制及物动词，产生了良好的效果,审慎地将它们展开到了极点。但是,不及物动词的通常效果是消吸的和梦幻的,与节奏不协调。

叶芝的最糟的诗集《在七个树林中》(1904)标志了一个转变。这些诗写得很冷淡。在《杂树林》中,一个名词携带了一大堆形容词和一个前置词短语,例如:"that sliding silver-shoed / Pale silver-proud queen-woman of the sky……"(大意是"穿着银色滑行鞋的 / 苍白的银色骄傲的上天女王……")六年以后才出版了下一部诗集,这些年他在剧院里工作,创作剧本,并且重新斟酌他的措辞。《绿头盔及其他的诗》(1910)显示出,他变得更为迎合人意,但是诗由于理智化的情感,爱用不及物动词,本质上仍然是雕像般的静止不变。虽然情感提出了问题,但却是由理智加以表述,并给以含蓄的或明确的答案。叶芝仍然不得不吸取自己的教训:"作品愈是无意识,便愈是有力量。"

《责任》(1914)是叶芝与庞德成为挚友后两年出版的。庞德的影响也许从那种中国式的题献双韵对句中感受到,但更多表现在新的严谨风格中,表现在这种手法中,即观念不是借助赋予象征以意义来实现,而是存在于象征本身之中。他在一些诗中采纳了大众风格,其中存在着一种新的权威。当他攻击资产阶级的市侩习性和谴责误入歧途的工人阶级时,他尝试采用吟游诗人的苛刻的讽刺手段。他把文艺复兴期的艺术庇护人和文艺复兴期的读者同那些粗俗而吝啬的公务人员、麻木不仁的社会相对比。他忧虑钱箱的叮当声已经愉快地代替了吟游诗人信手弹奏的竖琴声。在《一九一三年九月》中,他悲叹:"浪漫的爱尔兰死了,走了,/它与奥利里一道葬入坟墓。"所有爱尔兰的英雄们和殉道者们捐躯献身,建立了一个怯懦无能的资产阶级制度:

> 恢复了神志,你需要什么
> 除了在油腻的钱箱里摸索
> 往一堆钱币中再扔进半便士

跟着颤抖的祈祷声一起祈祷
直至你吸干骨头中的骨髓?

"恢复了神志"是一个小心加上去的短语。缺乏神秘意味的"神志",对于叶芝来说,是最拙劣的思想贫乏。他嘲笑地补充道:"因为人们生来就要祈祷和节省。"在后来的一首诗《希腊七贤》中,他为他深恶痛绝的辉格党纲领这样下定义:

……什么是辉格党的纲领?
一种打抱不平的满怀怨愤
　的理智思想
它决不以圣人
或者醉汉的目光看世界。

《责任》充满了乞丐、隐士、流浪汉以及奉献遭到拒绝、徒然做出牺牲的人们。人们应该对英雄和爱国者负有责任,尊重他们眼前——以及将来赢得的一切。诗句的新鲜生气反映在形象的精确性和具体性之中,这些诗用主动动词形式表达了显然更为真切的感情。《山坟》是一首充满了主动动词的诗——一首活跃的诗,清除了早期的怯懦的被动语态。愤怒和觉醒打破了梦幻者的文体。

《库利的野天鹅》(1919)是叶芝的第一部伟大诗集。"野天鹅"栖息在格雷戈里夫人的贵族庭园里。它们是野生的,美丽、多情、有力,而且意味深长,它们飞回来了,它们具有高尚的永恒性。"那些民众,那些粗野的民众"就是敌手。《回忆罗伯特·格雷戈里少校》透露了叶芝对于诗友们的温情。他回忆"不能够同我们一起共进晚餐的朋友们"。他从一位过于博学而不适应这个世界的社会隐遁者莱昂内尔·约翰逊开始。他回忆起约翰·辛格,也是一位隐遁者,并不致力于学识,而是潜心于社会观察。第三个亡灵是乔治·波利克斯芬,一名骑手和退隐的星相观察家。这位少校是个活动家,一个艺术家,集其他亡灵单独具有的长处于一身。"他、战士、学者、骑手。"他是一个文艺复兴式的人。这首诗通过由几位伟人到这位伟人(诗的主角)的推进而达到了高潮。亡灵们的不完全的呈现和 all 一词的滥用(它和 entire 一词同时出现达十四次之多),使这首诗受到了损伤。但是,"all"是叶芝偏爱的一个词,一个包揽一切的言辞手势。

他还考虑到现代英雄气概的可能性。《一位爱尔兰飞行员预见他的死》回想起一位飞行员,不是被社会的或宗教的义务所激发,相反地,是由于寂寞的心血来潮——一个在精神贫乏的世界里产生英雄行动的充足动机。

在《库利的野天鹅》中,诗人开始迅速变老了。神话化的自传因为"虚构之我"代替了早期诗作中毫无根据的"虚构之我们",而变得强有力。叶芝开始强调独特的个人经验。《给一位妙龄丽人》也许是傲慢的自夸,而《学者们》则具有过分讥讽的味道。但他也能够自我讥讽。在《失意中的数行》中,他遗憾于巫术、月亮幻象的消亡,无可奈何地接受"使人痛苦"而"胆怯"的太阳。他表示渴望质朴单纯的读者——"智慧而质朴的人"。在《渔人》中,他似乎渴望一个像他自己的理想化的青春一样的读者:

> 在我年迈之前
> 我将为他写一首诗
> 一首也许像黎明一般
> 寒冷而热烈的诗。

作为一位诗人,叶芝无情地修改他的诗,有时从散文草稿入手,把它改写成韵文。融于《渔人》写作过程中的谨慎细心看不见了。诗具有自然的口述性质,只不过由于近于浮夸而略有损伤。这种技巧成功地隐蔽了技巧。幽默和粗鄙猥亵的语言在诗里采用得越来越多,表现得越加使人信服了。

《迈克尔·罗伯茨和舞蹈家》(1921)，还有《1916年复活节》、《第二次到达》和《为我的女儿的一次祈祷》、《所罗门和女巫》等名篇，都包括了叶芝对于自我意识及其在爱情中的消释（好坏在所不计）这一主题的最有效的表现：

> 也许婚床带来的竟是绝望，
> 因为每一个人带来一个想象的偶像
> 却在那里发现一个真实的偶像。

在整个诗集中，尤其在那些被选录过的诗篇中，叶芝熟练地运用他的动词。《第二次到达》粗糙而空幻，带有政治的和宗教的泛音，像后来吟咏拜占廷的诗一样，是不能意译的。它用的是"一种滴水不漏的语言"。

《航往拜占廷》出现在诗集《塔》(1928)中。在这首诗中，一位老人拒绝了（像他被后者拒绝一样）青春的感官世界、朝生暮死和自然轮回。他旅行到"不衰智力的纪念碑"，到拜占庭——在那里，艺术停止了变化，但在停止变化中，却将它转变为别的什么东西。在那里，他决意使自己有所转变，摆脱掉人类的激情和身躯，那"濒死的动物"。他决意采用"永恒的技巧"。一种强有力而又富于理智的情感赋予诗以生命。《塔》本身就是叶芝最优秀的长诗之一，它探讨了时代的主题。他的自我神话是古代吟游诗人式的，表明诗人疯狂了，他的工作就是使别人疯狂。在这部诗集中，叶芝最终满足于对艺术家的困境做并非尝试性的陈述。《祖先的家园》和《内战时期的沉思》第一部分使人回想起堂皇的贵族气派的家园，这些家园系由悲哀、愤怒的人们委托建造，以便表示亲切、文雅和开化的品质。如果这房屋并不具备亲切的力量，又该怎样呢？如果在本身并不感人而又显得不自然的内战时期，艺术最终变得消极起来，又该怎样？这些问题在叶芝的政治诗的中心显得十分重要。沙托的宝剑就放在笔和纸的旁边。最重要的领悟就是,恨比爱更有力:恨通向行为。《在学童中间》研究了希望、信仰和爱情的命运。在著名的结尾几行中,它还暗示了形式和内容、行动和行动者在观念上是不可分割的。被领悟的观念产生于对现实做准确的描述。

在《塔》之后还出版了三部诗集《螺旋梯及其他》(1933)(包括《或许为乐谱填词》和《少妇与老妪》),《三月里的圆月》(1935)和《最后的诗》(1936—1939)。死亡和爱情是突出的主题。著名的组诗《疯狂的简》充满了叶芝晚年的智慧、哀伤和激情,而《拜占廷》是他的组诗及奥妙语言的顶峰,是后期著作的大部分的成就。但是叶芝晚年杰出的诗是《马戏团动物们的逃亡》。为了寻求一个可信的主题,他(像他被后者所摈弃一样)摈弃"专横的偶像"。他承认他的闪烁其词,这是他的"过分圆熟"的代价。重新开始的决心由一个已经有过许多次开始的人强有力地表现出来。这一次是探求不戴面具的、裸露的"我"。从语言的力量中,我们可以推测,这绝不是对崇高理想的否定,而是一件最崇高的行为:

　　既然我的梯子移开了,
　　我必须躺在所有梯子开始的地方,
　　在内心的肮脏的破烂店铺里。

《儒林外史》德译本译后记[*]

伊尔玛·波得斯著

长篇小说《儒林外史》的作者吴敬梓,一七〇一年生于安徽省长江北岸的全椒县。又以敏轩、文木等别号见称。出身于世代仕宦多显达的地主家庭。父亲的地位不甚高,做过赣榆县教渝,以与上司不相投,去职。

敬梓十三岁丧母,十年后丧父。父亲对儿子的成长产生过很大影响,为他日后反对科举与宦途奠定了基础,早年为他传授了广泛的知识,使他受到儒家的基础教育。

敬梓二十岁入泮,获古中国的初级学位,此后再未参加科举考试。父亲死后,他生活颓放,性耽挥霍。满手银子往外抛洒,十年内就把一点祖业花光了。这种生活方式在乡绅亲友间引起了反感,众人把他视为地主社会的外人和叛徒,"传为子弟戒"。他在家乡无以立足,三十三岁遂移居南京,在当时文人中间名重一时。

在南京住了几年,又一次回到故省,准备参加乡试,这是清政府为了罗致中国生员而举办的。本省巡抚荐举他进京参加会试,这次考试可能为他开辟高官厚禄的前程,他却托病谢绝了。

---

[*] 《儒林外史》德译本由魏玛古斯塔夫·基彭霍伊尔出版社出版。杨恩霖、格哈德、施米特合译,诺亚·基彭霍伊尔、弗里德里希·明克维茨修订。德译本译后记的中译刊于《河北大学学报》(哲学社会科学版)1983年第4期,译名署柳如等。

随着年龄增长,他日益穷愁潦倒,因为一有点钱,就花个精光。恰如小说中所写,他为在南京雨花台修葺古贤祠,花了一笔可观的款项。他经常断炊,不得不鬻书以籴米。更多情况是求助于友人。冬季常与志趣相投的朋友作长夜游,谓之"暖足"。一七五四年客死扬州,后移葬南京。

夫人出身医门,与之甚相得,早故。三子,长子系著名数学家。

他的生平详见其友人的笔墨,如程晋芳的传记和金兆燕的一首诗《寄吴文木先生》,亦可见他本人的诗作和这一部小说。小说的主要人物之一杜少卿便是作者的影子,表现了他的思想发展过程。吴敬梓的思想是通过什么表现出来的呢?是由哪些因素决定的呢?

一方面,要提到他父亲的影响,这种影响最清楚地见之于他轻视功名利禄、重视教养和学识以及本人的高尚品格,见之于他对儿辈所施行的儒家教育。所以,难怪小说许多地方把儒家伦理原则,如孝、悌、遵守传统礼仪等,加以理想化。

此外,首先由于朋友的影响,他晚期接触到十七世纪启蒙学者顾炎武(1613—1682)和颜元(1635—1704)的思想。顾虽以古代为理想,但要求把古代学说与当今的问题联系起来,即古为今用。颜十分重视劳动者,认为劳动者在社会上虽有不同的地位,但每人对于社会都有其贡献。他也像顾一样,反对八股文,主张研究科学和技术。两人都极其重视实践在认识过程中的作用。

这些世界观方面的影响反映在这部小说中,同时说明了吴本人见解中的某些矛盾。

全书的主旨就是吴对于八股文科举考试、对于儒生们通过考试追求富贵,以及对于人们共同生活中封建准则的某些方面的控诉;那些封建准则是在中国长期封建统治过程中形成的,许多方面都已僵化,并且落后于发展。

但是,为了更好地理解本书,还需略述一下当时的状况。

十八世纪正值满清皇朝统治时期,满清于一六四四年入主华夏,平定中国人民的反抗之后,一直统治到一九一一年。

十八世纪是同康熙(1662—1723)和乾隆(1736—1796)两个皇帝的名字相连的清代所谓"盛期"。这个帝国当时正经历着最高的权势和最大的扩张。同时,一方面压迫者和被压迫者的矛盾,另方面统治阶级内部的矛盾,都开始加剧。然后,封建社会的瓦解过程首先表现在十九世纪,当时随着帝国主义列强入侵和鸦片战争,中国开始了半封建半殖民地时期,同时一系列大规模人民起义动摇了清朝的统治。

十七世纪满清征服中国之后,试图争取中国知识分子作为它的统治的支柱。清朝统治者为此采用了两手:有时他们十分酷烈地惩办忠于明朝(1368—1644)、不愿为清朝所用的人们,另方面则试图实行并扩大明朝的考试制度,把读书人笼络到清朝方面来。所以,许多知识分子认为,通过国家考试,打开宦途,争取富贵,是唯一的出路。

因为科举考试制度和官吏体制之间有非常密切的联系,自明代中叶起,许多皇家内阁成员都是从翰林院出身的。此外,师生关系,即考生对于考官的关系,即使在考试以后也很有作用。因为考生大部分出身于地主阶级,这个阶级和官僚集团之间肯定也有密切的联系。此外,同年参加考试的应试者可能做了大官,还可利用同他们的关系来谋取私利。

清朝善于利用这种考试制度来牢笼大部分读书人,从而巩固它的统治。

吴敬梓的讽刺的主攻对象,就是读书人争取参加科举考试的这种努力,其中位于前列的不是求知,而是对于等级地位的渴望。因为他本人出身于书香门第,同样参加过考试,所以他对这个领域有很深的洞察,能够根据自己的体验进行丰富的创造,并能把朋友们的经验普遍化。他的描绘十分逼真,清代儒生们的种种表现证实,他所创造的形象对于当时的儒林是典型的。他的人物有一些甚至是以朋友和当时的士人为原型的。

他如此讽刺地刻画他们,未必是为了娱悦读者。他的意图是严肃的。由于他的教养,他十分关怀儒生们的命运。儒林的不断退化,科学能力和道德品质的沦丧,以及对于权力和财富的不足取的追求,即便因此变为统治阶级的驯顺奴仆,与人民的利益相对立亦在所不惜,凡此种种都使他十分悲伤。

他鞭挞这些弊端,是为了警醒儒生们,使他们从这条邪路上回过头来。

我们看了头几章的描写,会为周进和范进的形象发笑,他们为了准备考试,虚度了自己一生——直到白发苍苍,虽然最后考中,也没有找到梦想的幸福;但另方面,他们的命运又何其悲惨,因为他们不知道,他们变成了衰朽的科举制度的牺牲品。此外,从这个例证身上,还可清楚看出,在这些考试中常常不是实际的成绩,而是考官的主观理由起着决定作用。他进而指出,由于这个考试制度,道德已经被斫伤到何等地步。许多儒生在向上爬的热忱中,采取了欺骗、贿赂的手段,丧失了善恶的一切尺度。匡超人和牛布衣可以作为例证代表许多人。

但是,作者根据科举制度所产生的狭隘关系,不仅揭示了读书人的生活,同时还暴露了官僚和地主的全部堕落和邪恶本质。他还由此显示了统治状况的腐败。

他以若干基本上的正面的形象同那些反面形象相对照,如最能体现作者理想的杜少卿,以及庄绍光、虞博士、迟衡山等人。他们虽然也出身于地主官僚阶层,如杜和庄,却不追求名利,宁愿谢绝参加进爵的考试,专心致志于求知,过一种自由自在的独立生活。

吴敬梓想在这些人身上表现出来的理想,是个什么样子呢?他基本上是想从复古中、从宣扬古色古香的孔学原则中寻找出路,而在长期封建统治过程中所形成的对孔学的解释却远远偏离了孔学的原则。

在第一章里的人物王冕身上,他塑造了一个理想的学者。他可以看作是检验本书其他出场人物的标准。这些见解在描写泰伯祠大祭的章节中尤为明显。

如果概乎言之,把杜少卿周围的这些人物看作正面人物,那当然是指在当时的社会条件之下而言,他们当时的立场意味着对科举制度、对官场的批判,从而意味着对现有状况的弃绝。这决不是说,知识分子脱离政治,过一种放荡不羁的自由生活,在另一些历史条件下都可以称为进步的、好的。这要看他们拒绝服务于什么样的制度,是进步的制度还是反动的制度。而在清代,这是一个极端反动的封建社会,所以这些读书人反抗这个社会及其与之相连的恶劣现象,他们的精神倾向必须基本上加以肯定。同时,在吴的复古努力中还可看出他的儒家教育的影响。本书尽管极力抨击科举考试制度及其产生的弊端,其中仍然表现出作者的精神局限性;因为恢复古代状况当然不是真正的出路。

除了科举试制度外,本书还以广阔篇幅攻击了封建道德的某些侧面。而这是在当时情况下值得高度重视的一面——作者本人出身封建家庭,则尤为如此——正是在这方面,他的进步思想得到了深刻的反映。

例如,他反对蓄妾制,主张一夫一妻制——即使这个主张的理由仍不免表现出作者的局限性。

同时,他在沈琼枝身上体现了一个打破传统风尚的女子。为了不作盐商的妾,她宁愿到南京去,以自己的手工独立生活。所以,无怪乎她在众人眼中被看作烟花女子。作者对于沈琼枝的明显的同情,在妇女社会、家庭地位很低的当时,无疑是一份勇敢的告白,一次对传统见解的挑战,也是最早一次对于妇女平等地位的呼吁。

即使在妇女的贞节问题(旧道德中十分重要的一章)上,他也在某种意义上摆脱了传统的见解。诚然,他并没有坦率地反对王玉辉女儿的自尽;但是,促成女儿自尽的父亲的事后反应,却表现出他不再全盘赞同这件事。他的讽刺矛头还投向了迷信和堪舆。

在本书的许多章节中,例如在第一章和最后一章中,他描写了人民中间的普通人,他们自食其力——尽管过着十分贫寒的生活——却具有非常高尚的合乎人性的品质。这类人在本书中占有不小的位置。

当然不能说，他已完全明白普通人对于废除旧制度的意义，对当时的社会条件有了精确的提示。可是，这里表现了人道主义思想和某些民主思想。

最后一章使人可以充分设想，他多么清楚地认识到，在那些儒生中间，凭借考试制度及其与腐败官场的密切关系，是找不到任何力量来实现他的理想的。所以，他在普通人中间来寻找这种力量。

对于少数民族问题，他缺乏正确的认识。所以他在描写苗人起义的章节中，毫不含糊地站在镇压起义的官府一边。

总而言之，尽管吴敬梓尖锐地批判了封建科举制度和封建礼教的某些现象，他到晚期仍不能对他身上的儒家教育的影响和某些民主思想之间的矛盾，做出明确的有利于后者的解决。

但是，这一点丝毫不会削弱它作为批判现实主义作品、明确反对当时统治事物的价值。吴敬梓依赖自身的体验和优越的观察力，塑造了大量的个别人物形象，他们个个都具备自己的色调和特征，并通过他们的言行细致地阐明了和揭露了当时社会的某些方面。虽然他的批判基本上是针对儒林和官场的腐败现象，但从中无疑可以看出他对整个现状的抨击，即使他由于世界观的矛盾，还没有提出达到推翻现制度的激烈要求。此外，教育和传统的束缚——尽管他背叛了自己的阶级——还太强大，他的民主思想也还远没有足够的发展。

《儒林外史》被认为是中国古典文学中第一部伟大的讽刺作品，属于古代文学的杰作。过去诚然已有讽刺文学的萌芽，但它们都不能和这部作品同日而语。

作者的讽刺虽然尖锐，却以现实生活为基础，反映了当时的典型现象，正因如此，所以是十分有力的。

他的讽刺的特点是，个别反面人物大都通过言行不一的方式来暴露自己，而作者在大多数情况下并没有对此发表评价（这里只有一个例外，五河县的恶俗却是通过讲故事之口来描述的）。他宁愿让读者自己利用所描写的事实去思考和判断，就是说，让他们自己去认识这种状况的荒谬无理。

尽管许多情节使读者感到可笑,但处处都潜藏着一个严肃的心愿,而且还对被描写的人物怀有某种同情,这些人物都陷入科举考试的罗网而不自知。

讽刺的力量还由于本书简朴的群众语言(它是用当时的口语写成的)而加强,这种语言能使作品为广泛阶层的读者所接受。这种群众性语言同文人所宣传的文学语言相比,表现了作者的另一成就。

关于作品的形式,曾经有过一系列议论,首先是关于这个问题,即鉴于其松散的结构(它是由有时彼此很少联系的章节组成),一般能不能够称之为长篇小说,连鲁迅都在他的《中国小说史略》中这样说,本书缺乏连贯的中心情节,不同人物逐一上场又逐一消失,都采用故事的形式。①

但是,尽管如此,最新的文学史却倾向于称它为长篇小说。虽说人物繁多,情节复杂,但往往仍有其主要人物,全书仍贯穿着一条红线,那就是它反对以八股文取士的科举制度,反对科场举子对于富贵的追逐,反对封建道德的某些原则的立场。我们决不能忽略如下事实,即作者所采用的形式(中国文学批评家称之为"画廊"或"画卷",只有打开来方能展示全景),很好地表现了内容,它通过人物和事件的丰富性传达了儒林和官场的一幅广泛的繁复的画面。就这种表现方法而言,同时可以说,它还在形式方面对晚清小说起过巨大的影响。

关于这部小说的原始回目,众说纷纭。有人认为是五十回或五十五回,作者的同时代人和友人程晋芳就说它是五十回。但是,不清楚对一部假定的原著究竟增补了哪五回。一般流行的版本甚至有五十六回。但因这第五十六回在内容和风格上同作品的其余部份相乖异,它一般被认为是后人的窜改。所以,本译文对此亦不予考虑。基本上以一部一八〇三年印行的汉文版本(译按,即嘉庆八年卧闲草堂本)为

---

① 原文为:全书无主干,仅驱使各种人物,行列而来,事与其来俱起亦与其去俱讫。虽云长篇,颇同短制。

依据，后来出现的大多数版本也都是按照这个版本复刻的。由于原著的刻版今日已不复存在，研究工作因此变得困难。汉文版本由于这个缘故，也有若干文字不够确切，在称呼、亲戚关系、庚序等方面存在着一些小歧异。

　　就是本书的写作年月，也没有确切的陈述。按照书中的描写，它一般被看作吴敬梓的晚期作品。他的朋友程晋芳一七四九年就在诗中提到它，所以人们认为它写成于一七四五至一七四九年间。

　　除这部小说外，吴敬梓还写过一本《诗说》，已佚，《文木山房集》十二卷，仅存四卷。

　　本书将使德语读者看到一个相当陌生、异样，因而也十分有趣的世界，这个世界在今天的中国，在人民当家作主的条件下早已成为陈迹了。我们读了这些过去的事物，将会更好推断中国在这方面已经完成的巨大变化，同时还会懂得这个变化又是多么必要。

　　尽管人名众多，官衔繁复，很难译成德语，加之一些次要情节的过于琐碎的描写，可能使德语读者感到扑朔迷离，但是这部描写古中国儒林官场生活的现实主义的讽刺作品肯定会为他提供许多愉快而又有意义的时光，并会帮助他更好地理解中国的文化。